NEUE SCHRIFTEN DES DEUTSCHEN STÄDTETAGES

——————————————————— Heft 48 ———————————————————

Unser Land braucht starke Städte

Vorträge, Aussprachen und Ergebnisse
der 22. ordentlichen Hauptversammlung
des Deutschen Städtetages
vom 13. bis 15. Juni 1983 in Frankfurt am Main

VERLAG W. KOHLHAMMER

DIE NEUEN SCHRIFTEN DES DEUTSCHEN STÄDTETAGES

veröffentlichen neben offiziellen Äußerungen des Deutschen Städtetages auch Arbeitsergebnisse und Diskussionsbeiträge seiner Gremien, seiner Mitglieder und sonstiger Mitarbeiter. Meinungen, die in den Schriften geäußert werden, stellen deshalb nicht in allen Fällen die festgelegte Ansicht des Deutschen Städtetages dar, sondern werden von den Verfassern verantwortet.

Sonderdruck für den Deutschen Städtetag

ISBN 3 17 008247 7

Werk-Nummer 8247

© Copyright 1983 Verlag W. Kohlhammer GmbH, Stuttgart, Berlin, Köln, Mainz - Verlagsort Köln

Druck: Drei Kronen Druck GmbH, Hürth/Rheinland

Printed in Germany   Imprimé en Allemagne

Inhalt

Geschäftsf. Präsidialmitglied Dr. Bruno Weinberger, DST
Aktuelle Bemerkungen zum Geschäftsbericht
Die Städte nach der Wahl

**Stellungnahme der Gruppensprecher
zu den Entschließungen der Hauptversammlung
des Deutschen Städtetages**

Oberbürgermeister Erich Kiesl, München, CDU/CSU

Oberbürgermeister Dr. Gerhard Gebauer,
Villingen-Schwenningen, SPD

Oberbürgermeister Kurt Scherzer, Fürth, F.D.P.

Präsident des Deutschen Städtetages,
Oberbürgermeister Günter Samtlebe, Dortmund
Schlußwort

**Entschließungen der Hauptversammlung
des Deutschen Städtetages**

Unser Land braucht starke Städte

Die Städte fordern vom Bund vollen Verlustausgleich

Arbeitskreis I — Städte und Ausländerpolitik

Bürgermeister und Senator für Inneres
Heinrich Lummer, Berlin
Staatssekretär Dr. Siegfried Fröhlich,
Bundesministerium des Innern, Bonn

Arbeitskreis II — Kultur in unseren Städten unverzichtbar

Oberbürgermeister Dr. Gerhard Gebauer,
Villingen-Schwenningen
Dr. Manfred Beilharz, Intendant der
Städt. Bühnen, Freiburg

Prof. Dr. Hugo Borger, Generaldirektor
der Museen der Stadt Köln

Dr. Hans Joachim Kuhlmann, Ltd. Bibliotheksdirektor,
Stadtbibliothek Essen

Stadtrat Hilmar Hoffmann, Kulturdezernent
der Stadt Frankfurt am Main

Arbeitskreis III — Krankenhäuser gesund erhalten

Oberstadtdirektor Franz Josef Schmitt, Neuss

Prof. Dr. Dr. Hans-Werner Müller, Hauptgeschäftsführer
der Deutschen Krankenhausgesellschaft, Düsseldorf

Gerhard Utter, Geschäftsführer der Ortskrankenkassen
Saarland, Saarbrücken

Arbeitskreis IV — Die Verantwortung der Städte für Versorgung und Verkehr

Oberbürgermeister Erich Kiesl, München

Direktor Dr. Hermann Flieger, Vorstandsvorsitzender
der Dortmunder Stadtwerke AG, Dortmund

Oberbürgermeister Felix Zimmermann, Trier

Arbeitskreis V — Die Zukunft der Sparkassen

Oberstadtdirektor Dr. Klaus Müller, Hagen

Dr. h.c. Helmut Geiger, Präsident des Deutschen
Sparkassen- und Giroverbandes, Bonn

Direktor Alfred Lehner, Vorsitzender des Vorstandes
der Stadtsparkasse München

Vorwort

„Unser Land braucht starke Städte" war das Motto, unter dem sich rund 1200 Teilnehmer auf der 22. ordentlichen Hauptversammlung des Deutschen Städtetages vom 13. bis 15. Juni 1983 in Frankfurt versammelt hatten. Die Anwesenheit ausländischer Gäste aus Finnland, Israel, Jugoslawien, den Niederlanden, Österreich und der Schweiz unterstrichen die Bedeutung dieser Veranstaltung.

Die Hauptversammlung eröffnete der Präsident des Deutschen Städtetages, Oberbürgermeister Manfred Rommel, Stuttgart, am 14. Juni 1983. Die anwesenden Delegierten und Gäste wurden durch den Oberbürgermeister der gastgebenden Stadt Frankfurt, Dr. Walter Wallmann, sowie durch den Ministerpräsidenten des Landes Hessen, Holger Börner, begrüßt. Bundeskanzler Dr. Helmut Kohl versicherte in seiner Ansprache, man müsse dem Anliegen der Gemeinden entgegenkommen, die Gewerbesteuer als eine zentrale Steuerquelle zu bewahren. Das Gewerbesteueraufkommen, das den Gemeinden zufließt, bleibe insgesamt erhalten, versicherte der Bundeskanzler weiter. Oberbürgermeister Manfred Rommel ging in seinem Vortrag „Unser Land braucht starke Städte" insbesondere auf die finanziellen Probleme der deutschen Städte ein: Er warnte vor Experimenten im Bereich der Gewerbesteuer und wies darauf hin, daß es keine Möglichkeit gebe, die Gewerbesteuer durch eine andere Steuer zu ersetzen, die nicht den gleichen Personenkreis träfe. Es sei politisch unmöglich, diese Steuer abzuschaffen und statt dessen die Mehrwertsteuer entsprechend anzuheben.

Am Nachmittag begann die Arbeit in den fünf Arbeitskreisen, die zu den Themen „Städte und Ausländerpolitik", „Kultur in unseren Städten", „Krankenhäuser gesund erhalten", „Die Verantwortung der Städte für Versorgung und Verkehr" und „Die Zukunft der Sparkassen" gebildet wurden.

Zwei ehemalige Präsidenten des Deutschen Städtetages überbrachten zu Beginn des II. Teils der Hauptversammlung am 15. Juni 1983 die Grußworte ihrer Bundestagsfraktionen: Dr. Alfred Dregger für die Fraktion der CDU/CSU und Dr. Hans-Jochen Vogel für die Fraktion der SPD. Die Grüße der beiden anderen im Deutschen Bundestag vertretenen Parteien überbrachten der Parlamentarische Geschäftsführer der FDP-Fraktion, Torsten Wolfgramm, und Walter Sauermilch von der Fraktion Die Grünen. Anschließend legte das Geschäftsführende Präsidialmitglied des Deutschen Städtetages, Dr. Bruno Weinberger, den Geschäftsbericht 1982 vor und befaßte sich in seinen Ausführungen mit dem Verhältnis zwischen den Städten und der Politik.

Nach der Stellungnahme der Gruppensprecher zu den beiden Entschließungen „Unser Land braucht starke Städte" und „Städte fordern vom Bund vollen Verlustausgleich" wurden diese Entschließungen von den Delegierten verabschiedet.

Zum Präsidenten des Deutschen Städtetages wurde Oberbürgermeister Günter Samtlebe, Dortmund, gewählt, zum Vizepräsidenten Oberbürgermeister Erich Kiesl, München, Stellvertreter des Präsidenten wurden Oberbürgermeister Dr. Gerhard Gebauer, Villingen-Schwenningen, Oberbürgermeister Manfred Rommel, Stuttgart, sowie Oberbürgermeister Kurt Scherzer, Fürth. Oberbürgermeister a.D. Günther Bantzer, Kiel, und Alt-Oberbürgermeister Dr. Theodor Mathieu, Bamberg, wurden zu Ehrenmitgliedern des Deutschen Städtetages gewählt.

Dr. Bruno Weinberger
Geschäftsführendes Präsidialmitglied
des Deutschen Städtetages

▶

22. ordentliche Hauptversammlung des Deutschen Städtetages „Unser Land braucht starke Städte" in der Alten Oper zu Frankfurt am Main. Oben: Das Präsidium des DST. Unten: Blick in das Plenum.

Rückseite:
Die 22. ordentliche Hauptversammlung des DST wählte Dortmunds Oberbürgermeister Günter Samtlebe (3. von links) zum neuen Präsidenten des DST. Neuer Vizepräsident wurde Münchens Oberbürgermeister Erich Kiesl (2. von links), zu Stellvertretern des Präsidenten wählte die Hauptversammlung Oberbürgermeister Dr. Gerhard Gebauer, Villingen-Schwenningen (rechts), Oberbürgermeister Manfred Rommel, Stuttgart (2. von rechts), und Oberbürgermeister Kurt Scherzer, Fürth (links).

Unser Land braucht starke Städte

Deutscher Städtetag 1983 in Frankfurt am Main

Unser Land braucht starke Städte

Deutscher Städtetag 1983 in Frankfurt am Main

MANFRED ROMMEL

Eröffnung

Als Präsident des Deutschen Städtetages eröffne ich in der Alten Oper in Frankfurt am Main unsere 22. ordentliche Hauptversammlung.

Es ist uns eine besonders große Ehre, daß wir den Präsidenten des Deutschen Bundestages begrüßen können, der ein Grußwort an uns richten wird. Ich heiße Sie, Herr Bundestagspräsident Dr. Barzel, herzlich willkommen.

Ebenso sehr freuen wir uns, den Herrn Bundeskanzler in unserer Mitte herzlich willkommen heißen zu können, der ebenfalls zu uns sprechen wird.

Ich begrüße ebenfalls sehr herzlich Herrn Ministerpräsidenten Holger Börner, der für das Land Hessen das Wort an uns richten wird.

Als Repräsentanten der gastgebenden Stadt Frankfurt am Main darf ich unseren Kollegen Oberbürgermeister Dr. Wallmann herzlich begrüßen, ebenso Herrn Stadtverordnetenvorsteher Dr. Hellwig sowie die weiter anwesenden Mitglieder der Stadtverordnetenversammlung und des Magistrats und Ihnen allen herzlich danken für die Wohltaten, die Sie uns bereits erwiesen haben und noch erweisen werden.

Den Vertretern der gesetzgebenden Körperschaften, der Parteien, der in- und ausländischen Schwesterverbände, der Bundes- und Landesbehörden sowie der anderen befreundeten Verbände und Institutionen gilt unser Gruß. Ich darf nennen aus den Ministerien die Herren Staatssekretär Dr. Horst Waffenschmidt, Dr. Friedrich-Adolf Jahn und Herrn Dr. Otto Schlecht.

Ich begrüße sehr herzlich die Herren Bundestagsabgeordneten Dr. Karl Ahrens, Hans-Gottfried Bernrath, Dr. Theo Blank, Carl Ewen, Dr. Adolf Herkenrath und Walter Sauermilch und schließe damit gleichzeitig die Mitglieder des Deutschen Bundestages ein, die als Delegierte unserer Mitgliedstädte anwesend sind.

Wir freuen uns, und wir fühlen uns dadurch hochgeehrt, daß wir wieder eine Reihe von Freunden aus dem Ausland bei uns haben. Ich heiße willkommen: Herrn Direktor Alanen, Finnischer Städteverband; Herrn Generaldirektor Almog, Israelischer Städteverband; Herrn Bürgermeister Dr. Hrazdil, Österreichischer Städtebund; Herrn Magistratsdirektor Dr. Meister, Salzburg; Herrn Generalsekretär Popovic, Jugoslawischer Städteverband; Herrn Bürgermeister Dr. van Schaik, Niederländische Gemeindetag, Herrn Stadtpräsidenten Wiedmer, Schweizerischer Städteverband, sowie Herrn Direktor Singelsma, Internationaler Gemeindeverband.

Von den kommunalen Spitzenverbänden begrüße ich den Präsidenten des Deutschen Städte- und Gemeindebundes, Herrn Bundestagsabgeordneten Theo Magin; das Geschäftsführende Präsidialmitglied des Deutschen Städte- und Gemeindebundes, Herrn Dr. Mombaur, sowie das Geschäftsführende Präsidialmitglied des Deutschen Landkreistages, Herrn Dr. Tiedeken; von den kommunalen Spitzenverbänden in Hessen den Geschäftsführer des Hessischen Städtetages, Herrn Claus Demke.

Zahlreiche Mitarbeiter der Bundes- und Länderministerien befinden sich unter unseren Gästen. Auch die befreundeten Verbände und Organisationen sind so zahlreich vertreten, daß ich nicht alle so nennen kann, wie sie es verdienen würden. Der Konflikt zwischen Können und Wollen zeigt sich auch hier.

Ich darf willkommen heißen die Vertreterin des Deutschen Gewerkschaftsbundes, die Vertreter des Deutschen Beamtenbundes, des Sparkassenbereichs und der Finanzwissenschaften.

Einen herzlichen Gruß richte ich an die Vertreter von Presse, Rundfunk und Fernsehen.

Mit besonderer Herzlichkeit begrüße ich die Ehrenmitglieder des Deutschen Städtetages, Herrn Oberstadtdirektor i.R. Dr. Kurze, Aachen, und Herrn Oberbürgermeister i.R. Dr. Reschke, Mannheim; den früheren Präsidenten des DST, Herrn Oberbürgermeister a.D. Bantzer, Kiel, und den früheren Vizepräsidenten des DST, Herrn Altoberbürgermeister Dr. Mathieu, Bamberg. Einschließen in meinen Gruß darf ich die zahlreichen früheren Mitglieder des Präsidiums des Deutschen Städtetages, die unserer Einladung gefolgt sind.

Zuletzt wende ich mich den Hauptteilnehmern dieser Tagung zu. Aus mehr als 500 Mitgliedstädten des Deutschen Städtetages sind Sie, meine Damen und Herren Delegierten, hier zusammengekommen, um Ihre Aufgaben als oberstes Organ des Deutschen Städtetages wahrzunehmen. Ich begrüße Sie herzlich und bitte um gute Zusammenarbeit. Ebenso heiße ich die zahlreichen Gastdelegierten unserer Städte willkommen.

Vor Eintritt in die Arbeit wollen wir uns von den Plätzen erheben und derer gedenken, die seit der letzten ordentlichen Hauptversammlung von uns gegangen sind. Stellvertretend für die vielen Kollegen rufe ich in Erinnerung:

Herrn Oberstadtdirektor Dr. Ernst Finkemeyer, Essen; Herrn Oberbürgermeister Herbert Karrenberg, Neuss; Herrn Zweiter Bürgermeister Johann Maaß, Landsberg am Lech; Herrn Stadtdirektor Hans Oehler, Marl; Herrn Bürgermeister Dr. Franz-Josef Schleyer, Bamberg; Herrn Oberbürgermeister Dieter aus dem Siepen, Mülheim an der Ruhr; Herrn Oberbürgermeister Wilhelm Varnholt, Mannheim.

In unsere Ehrung schließen wir auch die verstorbenen Kollegen ein, die dem Deutschen Städtetag in früheren Jahren eng verbunden waren. Wir erinnern uns ihrer in Dankbarkeit. Stellvertretend für viele nenne ich: Herrn Bürgermeister a.D. Franz Amrehn, Berlin; Herrn Bürgermeister a.D. Max Beyerlein, Kulmbach; Herrn Oberbürgermeister a.D. Karl Faller, Emmendingen; Herrn Altoberbürgermeister Josef Harnisch, Trier; Herrn Oberbürgermeister i.R. Willi-Werner Macke, Koblenz.

Sie haben sich zu Ehren der Toten erhoben. Ich danke Ihnen.

Ich darf ein herzliches Wort des Dankes sagen an die gastgebende Stadt Frankfurt am Main, und darf Sie, sehr geehrter Herr Oberbürgermeister Dr. Wallmann, bitten, ein Wort der Begrüßung an die Versammlung zu richten.

WALTER WALLMANN

Begrüßung

Sehr herzlich heiße ich Sie zur 22. Hauptversammlung des Deutschen Städtetages in unserer Stadt willkommen. Ich überbringe Ihnen Grüße und gute Wünsche von Magistrat und Stadtverordnetenversammlung, und ich darf dieses Grußwort auch im Namen von Herrn Stadtverordnetenvorsteher Dr. Hellwig an Sie richten. Wir möchten Ihnen gute Gastgeber sein, und ich hoffe, daß Sie sich in Frankfurt am Main wohlfühlen.

Frankfurt gehört zu den großen Städten unserer Republik. Es liegt in der Mitte Deutschlands. Es war und ist Schnittpunkt wichtiger Verkehrswege. Es war und ist eine der großen Handelsmetropolen. Diese Stadt war immer Bürgerstadt und niemals weltliche oder geistliche Residenz.

„Stadtluft macht frei" — Bürgerrecht und Bürgerpflicht — in unserer Stadt war dies und der Wille nach Demokratie und nationaler Einheit lebendige Wirklichkeit über die Jahrzehnte und Jahrhunderte hinweg. Aber Frankfurt am Main hat nicht nur für die deutsche Geschichte im Auf und Ab, sondern auch für Europa seine besondere Bedeutung.

Symbol für das, was hier Geschichte geworden ist, ist neben der Paulskirche und dem Römer der Kaiserdom. Die freie Reichsstadt als Wahl- und Krönungsort der Kaiser und Könige, war Ausdruck des wichtigen Geschehens in einer europäischen Ordnung und eines transzendentalen Verständnisses, aus dem das Heilige Römische Reich Deutscher Nation lebte. Mancher dieser „deutschen" Kaiser und Könige war nicht einmal der deutschen Sprache mächtig. So verkörpert sich in unserer Stadt eine Geschichte, die für uns in unserer Zeit nichts an Aktualität und Auftrag eingebüßt hat: Der Wille zu Demokratie und Menschenwürde, das Recht auf nationale Einheit durch Selbstbestimmung und die große Idee der Einheit Europas, das Frieden für seine Bürger stiftet und sichert.

Diese Geschichte unserer Stadt hat sich im Bewußtsein unserer Mitbürgerinnen und Mitbürger bis auf den heutigen Tag erhalten. Diese oft hektische, manchmal brodelnde Stadt hat sich trotz vieler Veränderungen, Zerstörungen und Wunden seine geistige Identität in einer höchst erstaunlichen Weise bewahrt. Frankfurt am Main, diese Stadt ist nicht bequem, sie ist nicht behaglich — gemütlich, sie kennt übrigens auch weder eine sogenannte Gesellschaft noch eine Schickeria. Sie ist oft unbequem. Vor allem aber ist Frankfurt ehrlich — manchmal rücksichtslos ehrlich. Die geistigen, die kulturellen Ströme — hier prallen sie nicht selten eruptiv aufeinander. Sie ist eine verletzbare, wie manchmal auch verletzende Stadt, die geprägt ist von Offenheit, auch Toleranz und bemerkenswerter Liberalität. In Frankfurt — so sagt man — geschieht alles früher; wie unter einem Brennglas seien Tendenzen, Chancen wie Gefahren der ganzen Republik erkennbar.

„Unser Land braucht starke Städte" — ich verstehe das nicht nur in rechtlicher und finanzpolitischer Dimension. Natürlich auch so — aber vor allem in der bewußtseinsprägenden, in seiner geistigen Bedeutung. Ich will das unter zwei Gesichtspunkten kurz erläutern: Unser Leben ist wie nie zuvor politisch geprägt. Unsere Mitbürgerinnen und Mitbürger nehmen sehr bewußt am politischen Geschehen teil. Sie bilden sich ihr eigenes kritisches Urteil. Sie sind weniger manipulierbar als mancher annimmt. Sie sind weniger manipulierbar als zu irgendeiner Zeit. Politische Führung ist immer weniger durch reine Administration und Verordnung möglich, immer stärker verlangt politische Führung Überzeugungskraft, Argumentationsbereitschaft und -fähigkeit, also geistige Führung. Ich füge allerdings freimütig hinzu: Wir sind auch in der Gefahr, in eine so starke Politisierung zu geraten, daß sie zur Polarisierung führt. Das Ergebnis wäre, daß der common sense schwindet, daß das Teilinteresse verabsolutiert wird, daß das Gemeinsame verloren geht.

Richtig verstandene Kommunalpolitik will und muß solche Gefahren überwinden. Ich erlebe Kommunalpolitik seit 17 Jahren. Auch in der kommunalen Politik hat es in vielen Orten seit Ende der 60er Jahre eine Entwicklung zur säuberlichen Trennung von sogenannter Regierung und Regierungsfraktion einerseits und Opposition andererseits gegeben. Ich möchte es mit Nachdruck hier zum Ausdruck bringen: Ich warne vor dieser Entwicklung.

Oberbürgermeister und Bürgermeister sind keine Regierenden. Die parteipolitisch reinrassige Zusammensetzung von Gemeindevorständen und Magistraten verletzt nach meiner festen Übersetzung das Grundverständnis von kommunaler Selbstverwaltung. Der vernünftige Kompromiß, in dem sich der Wille zur gemeinsamen Arbeit und Verantwortung ausdrückt, ist für unsere Kommunen, und das heißt im Interesse unserer Mitbürgerinnen und Mitbürger, unverzichtbar. Städte und Gemeinden leisten damit über ihren eigenen Bereich hinaus einen wesentlichen Beitrag für die Politik schlechthin, in der Toleranz, Menschlichkeit und Liberalität nicht untergehen dürfen.

Städte sind stark, wenn es in ihnen die Kraft zum Dialog, zum Gespräch gibt. Städte leisten ihren entscheidenden Beitrag zum demokratischen und sozialen Rechtsstaat, ja sie sichern ihn in seinen Grundlagen, wenn sie die Stärke besitzen, den Austausch unterschiedlicher Meinungen zu ermöglichen. Nimmt die Stadtfeindlichkeit zu — und wir können das im Zuge einer allgemeinen Technologiefeindlichkeit beobachten — und das ist ja nicht einmal neu: das Land ist gut, der dort lebende Mensch ist seelisch gesund, die Stadt ist Babylon, ist Sodom und Gomorrah, — nimmt die Stadtfeindlichkeit zu, dann werden wir uns auf Dauer als Kulturnation verlieren. Denn Stadt heißt Kultur, Großstadt heißt Hochkultur. Ich sage das, auch wenn einige lachen. Sie haben nichts begriffen von der geistigen Dimension, die heute in unseren Städten stattfindet und die Kultur überhaupt erst ermöglicht hat. Ich sage das, auch wenn es in manchen Ohren pathetisch klingt: Die Stadt ist mehr als eine Ansammlung von Funktionseinrichtungen, Straßen, Wohnungen und Arbeitsplätzen. Die Stadt ist eine weltgeschichtliche Idee. Deswegen lebt jede Nation, jedes Land von der geistigen und kulturellen Höhe der Städte. Tocqueville drückt das in seiner Schrift über die Demokratie in Amerika großartig aus, daß nämlich „die Kraft der Völker in der Gemeinde ruht" und daß „ein Volk ohne Gemeindeeinrichtungen sich eine freie Regierung geben kann, aber den Geist der Freiheit besitzt es nicht".

In diesen Tagen werden wir gewiß über Fragen der Finanzausstattung und dem Recht der Selbstverwaltung der Gemeinden, über Probleme der Aushöhlung dieser Selbstverwaltung oder über das Thema des goldenen Zügels, der uns so oft übergeworfen wird, diskutieren. Auch ich könnte aus meiner Erfahrung manches dazu beitragen.

Aber wir dürfen nicht an der Klagemauer stehen. Wir haben allen Anlaß, unsere Arbeit selbstbewußt zu bewerten. Wie schreibt Tocqueville in seinem schon erwähnten Buch? „Die Gemeinden sind für die Freiheit, was die Volksschulen für die Wissenschaften sind: Sie machen sie dem Volke zugänglich; sie wecken in ihm den Geschmack an ihrem freiheitlichen Gebrauch und gewöhnen es daran." Gibt es eine schönere, eine dankbarere Aufgabe? Städte und Gemeinden erfüllen mehr als eine bloße Funktion in einem arbeitsteilig organisierten modernen Leistungsstaat.

Ich wünsche der diesjährigen Hauptversammlung des Deutschen Städtetages, daß sie dieses Bewußtsein stärken möge, bewußt halten möge. Noch einmal: Herzlich willkommen in Frankfurt am Main und uns allen eine gute Arbeit, für die wir uns zusammengefunden haben.

RAINER BARZEL

Grußwort

Gerne und in herzlicher Verbundenheit bringe ich Ihnen die Grüße des Deutschen Bundestages. Wir hoffen, daß Sie gute Beratungen und Entscheidungen treffen im Interesse des allgemeinen Wohls.

Uns verbindet insbesondere das demokratische Mandat. Die kommunale Selbstverwaltung ist das Wurzelwerk unserer Republik. Das frei gewählte Parlament ist das Herz unserer Demokratie. Nur wenn beides rundherum gesund ist, blüht unser Gemeinwesen.

Unsere Republik ist stärker als Farbbeutel, schlechtes Benehmen und textilhaft bekundete Überzeugung. Solche Äußerlichkeiten stellen nichts Wesentliches in Frage. Wir müssen nur darauf achten, daß es niemandem gelingt, unsere Institutionen herabzusetzen, gar lächerlich zu machen oder ihre Wirksamkeit zu zerfasern.

Eine andere Herausforderung hat sich eingestellt, ich spreche sie aus: Für Faustrecht ist kein Platz in der zivilisierten Gesellschaft eines freiheitlichen und sozialen Rechtsstaates. Von Widerstand wird geredet, von zivilem Ungehorsam, von Gewalt gar. Einige nehmen die Legitimität in Anspruch, um gegen die Legalität zu Felde zu ziehen. Hier heißt es: Aufpassen und den Anfängen wehren. Unser Grundgesetz anerkennt ein Widerstandsrecht, falls jemand es unternimmt, unsere freiheitliche, demokratische und soziale Ordnung zu beseitigen. Diese Gefahr ist nicht in Sicht. So müssen sich einige öffentliche Kritiker öffentlich zu Maß und Ordnung rufen lassen. Sie sind auch zu ermahnen, den ehrenvollen Widerstand gegen Hitler nicht herabzusetzen, weil ihnen die Kraft der Unterscheidung fehlt zwischen Widerstand gegen die Diktatur und Widerstand gegen Verteidigungsmaßnahmen der Demokratie wegen einer anderen Diktatur.

Hier in Frankfurt hat der unvergeßliche Franz Böhm als Rektor der Universität in den ersten Jahren nach dem Krieg diese Erkenntnis ausgedrückt: „Die schwerste Gefahr, die uns heute bedroht, ist nicht die Gefahr der Atombombe, sondern die Gefahr des totalitären Staates, der heute die einzige Ursache davon ist, daß wir vor der Gefahr der Atombombe zittern müssen." Mir liegt daran hinzuzufügen: Wieder wird in Deutschland über Legitimität und Legalität gestritten. Hierzuland ist nach dem Grundgesetz die Legalität durch die Legitimität begrenzt, aber was das ist, steht auch im Grundgesetz. Deshalb kann es nicht hingenommen werden, wenn wenige die Legalität der Mehrheit bestreiten, obwohl diese im Rahmen der Legitimität des Grundgesetzes und so handelt, wie sie es den Wählern versprachen! Hier ist Intoleranz am Werk, welche die Demokratie auf den Kopf stellt, das freie Mandat mißachtet und den Anspruch auf den Besitz der alleinigen und absoluten Wahrheit erhebt.

Wie groß immer die Namen sind, die im Schutz der Demokratie, solche (es tut mir leid, aber ich spreche es aus) elitären Allüren verkünden — wir müssen sie um der Freiheit aller willen in ihre Schranken verweisen und ihnen sagen: Die Rücksicht auf das Recht des anderen, das ist der Frieden, und den wollen wir nach innen wie nach außen.

Ich danke Ihnen und wünsche Ihnen eine gute Tagung und den deutschen Städten Segen und Wohlfahrt in Frieden und Freiheit.

HELMUT KOHL

Ansprache

Zuerst darf ich Ihnen namens der Bundesregierung zur 22. Hauptversammlung des Deutschen Städtetags unsere herzlichen Grüße und unsere guten Wünsche übermitteln. Ich bin froh, daß ich die Chance habe, heute wenige Monate nach meiner Wahl zum Kanzler der Bundesrepublik Deutschland in dieser Funktion zum erstenmal zu Ihnen zu sprechen.

Das erste, was ich hier sagen will, ist ein Wort des Dankes für viele Unterstützung, für sachkundige Stellungnahmen und für engagierte Mitarbeit, die wir und auch ich persönlich in vielerlei Funktionen unseres Staates aus Ihrem Kreis erfahren durften. Und ich will das ganz offen sagen: Für mich ist dieser heutige Besuch auch eine persönliche Demonstration für die kommunalen Verantwortungen in der Bundesrepublik Deutschland, für die Haupt- und Ehrenamtlichen in unserem Lande, die diese wichtige Pflicht und diese wichtige Aufgabe wahrnehmen. Eine persönliche Demonstration — ich sage das sehr deutlich, weil ich auch selbst in meinem Leben, in meiner persönlichen Entwicklung aus meiner kommunalen Erfahrung und Tätigkeit sehr viel für alle anderen Funktionen, die ich dann später innehatte, gewonnen habe. Und ich sage ganz offen aus meiner Erfahrung als langjähriger Fraktionsvorsitzender im Deutschen Bundestag, daß ich mir wünsche, daß für die Zukunft es wieder selbstverständlicher wird, daß Abgeordnete in ein Mandat des Landtags oder des Bundestags gewählt werden, zu irgendeinem Zeitpunkt auch kommunale Erfahrungen gewinnen können und gewinnen konnten. Und, meine Damen und Herren, ich bitte Sie, das nicht so mißzuverstehen, daß es da eine Laufbahn gibt, denn ich habe das nie so verstanden. Und zu dem blühenden Unsinn — und das sagt Ihnen nun der Parteivorsitzende einer großer Partei — zu dem blühenden Unsinn, der auch im Lande verbreitet wird, gehört ja diese Unterscheidung zwischen großer und kleiner Politik. Die kleine Politik, so meinen da manche, das sei die Kommunalpolitik und die große Politik, das sind die weltpolitischen Zusammenhänge. Im Alltag des Lebens denkt der Bürger sehr viel normaler. Er schaut die Parteien an und ihre Politik und sieht sie als Ganzes. Und er hat auch einen feinen Sinn dafür, daß eine Erhöhung irgendeiner Abgabenordnung in der Gemeinde, das Wassergeld oder sonst etwas, viel schwieriger ist, weil da jeder Spezialist ist in der Gemeinde, während bei den weltpolitischen Zusammenhängen häufig schon in der Terminologie die Spezialisten der Realität zu weit entwachsen sind, daß die meisten ihm nicht mehr folgen können. Und das wirkt dann bedeutend. Ich finde, meine Damen und Herren, wir sollten klar aussprechen, daß eben Bund, Länder und Gemeinden drei gleichwertige Ebenen sind, ohne die es keine blühende Republik und keine blühende Demokratie in Deutschland gibt.

Und das zweite — mein Freund Walter Wallmann hat es angedeutet — will ich auch hier offen aussprechen. Es wird manchen verwundern, daß einer wie ich dies ausspricht, der ja mitten im politischen Alltagskampf steht, der ihn selbst ertragen muß und der auch nicht gerade immer zimperlich ist beim Zurückgeben. Ich kann Sie nur ermuntern, weil Sie auf dieser Ebene wie ich finde, die größte Chance haben, den Akt der Vernunft immer wieder zu wagen, bei allem, was parteipolitisch trennend ist, was scharf konturiert sich darstellt, Gemeinsamkeit zu versuchen und zu bewahren. Es ist unsere Pflicht, dies auf allen Ebenen zu tun, aber gerade weil auf dem Rathaus, auf dem Stadthaus Augenmaß sehr viel direkter ablesbar ist und gerade weil auf dem Rathaus auch das Miteinander im bürgerschaftlichen Interesse noch deutlicher ausprobiert und gelebt werden kann, möchte ich Sie ermuntern, was immer das Feldgeschrei im Lande sein mag, versuchen Sie bei allem, was uns parteipolitisch trennt, ein Stück Miteinander immer wieder zu wagen und gegen eine bloße tumbe Polarisierung in der Politik anzugehen, die so aussieht, daß die jeweils Herrschenden — und das sage ich mit Bedacht — glauben, sie haben die historische Wahrheit für sich gepachtet, und die, die die Minderheit haben, wissen nichts. Regierung von heute ist Opposition von morgen, Opposition von heute ist Regierung von morgen. Das ist ein Grundgesetz der Demokratie, und das muß wieder jedermann begreifen.

Und ich sage dies so offen und so direkt, weil ich sehr stark die Herausforderung empfinde, vor der wir stehen, und vielleicht auch den geschichtlichen Ablauf der nächsten Jahre, nämlich die Frage, ob nicht in diesem Jahrzehnt schicksalhaft Entscheidungen der Weltpolitik unser Land und unser Volk zutiefst prägen werden, die Zukunft der nächsten Generation mit entscheiden, und weil es jetzt darum geht, den richtigen Weg zu finden. Laßt uns also streiten über den richtigen Weg, aber unterstellen wir uns gegenseitig, wo immer wir stehen, daß wir das Beste für unser Vaterland wollen. Ich glaube, das ist eine wichtige Voraussetzung lebendiger Demokratie. Die kommunale Selbstverwaltung, meine Damen und Herren, ist beispielhaft für die Bürgernähe und für Staat und Gesellschaft für die Vielfalt, für den Pluralismus freiheitlicher Gesellschaft. Im Alltag einer Gemeinde wird Demokratie gelebt, stellen sich Einzelinteressen und allgemeines Wohl sehr viel direkter auch auf dem Prüfstand. In lebensfähigen Stätten findet der Bürger weiten Raum, um sein privates Glück zu finden, um seine Lebensumwelt selbst zu gestalten. Er prägt vor allem auch die örtliche Gemeinschaft. Hier wachsen Eigenverantwortung, Gemeinsinn und Mitmenschlichkeit. Hier kann das bürgerschaftliche Element, das ehrenamtliche Element sich besonders engagieren in der Selbstverwaltung, bei den freien Trägern, in Selbsthilfegruppen, im Dienst am Nächsten.

Und ich denke, hier geschieht auch ganz Entscheidendes im Ringen um die politische Richtung, Ausrichtung unseres Landes. Und man kann in diesen Tagen auch nicht vor den Repräsentanten der deutschen Städte und Gemeinden mit allen Sorgen, die uns im Inneren bedrücken, sprechen, ohne wenigstens ein kurzes Wort zu sagen zu der entscheidenden Frage: Sicherung von Frieden und Freiheit. Sie erleben das ja auch ganz praxisnah. Die Kundgebungen finden ja auf öffentlichen Plätzen in den deutschen Städten und die Demonstrationen auf den Straßen der Gemeinden und Städte statt. So ist jedermann in unserem Lande in dieses Forum heftiger Auseinandersetzungen um die Schicksalsfragen des Landes eingebunden. Hier äußern Demonstranten ihre Meinung, manches Mal in großer Zahl und oft getragen von starker Emotion und Gefühlen. Das ist ihr Recht, das ist ein Recht, das wir achten. Meine Damen und Herren, es ist ein Grundrecht: das Recht auf friedliche Demonstration. Und eine Republik, die Demonstrationen nicht ertragen kann oder schon gar nicht zuläßt, ist keine freiheitliche Republik mehr. Das Recht, gegen etwas zu demonstrieren, ist ein Grundrecht der Demokratie. Das Recht, vielleicht wieder für etwas zu demonstrieren, ist ein Stück Ratio einer Demokratie. Vielleicht haben wir hier dazuzulernen.

Es kann sein, daß wir in diesem Jahr oder in den nächsten Jahren vor der eigentlichen Herausforderung der deutschen Demokratie nach Wiederbegründung der zweiten Republik stehen. Das ist die — ich sage es pathetisch — historische Bewährungsprobe. Es gibt nicht wenige, die meinen, der Zeitgeist blase uns kräftig ins Gesicht und wie ein Sturm ins Gesicht. Aber, meine Damen und Herren, Demokratie ist keine Schönwetterdemokratie. Die deutsche Republik muß durchstehen schwierige Zeiten und weniger schwierige Zeiten. Und wir haben jetzt vor allem die Pflicht, den äußeren und den inneren Frieden zu wahren. Nur, man kann dem Frieden in der Welt nicht einen Beitrag leisten, wenn man den inneren Frieden im eigenen Lande nicht auch selbstverständlich wahrt. Und der Rechtsstaat muß die Rechtsordnung wahren. Die friedensstiftende Kraft des Rechtes darf nie bezweifelt oder gar angetastet werden. Das gilt auch für das Grundrecht, sich friedlich zu versammeln. Das gilt aber vor allem — und der Bundestagspräsident hat aus gutem Grund davon gesprochen — für das demokratische Verfahren politischer Willensbildung und Mehrheitsentscheidungen.

Wir können und wir werden nicht zulassen, daß unsere Demokratie im öffentlichen Meinungsstreit Schaden leidet. Wir wollen Frieden, nicht zuletzt und gerade auch die Bürger, unsere Mitbürger in den Städten. Nur ein Volk — ich sage es noch einmal —, das den inneren Frieden bewahrt, kann zu sich selbst finden und seinen Beitrag zum Frieden in der Welt leisten, denn Frieden wollen wir alle. Und deswegen gehört es zu den Torheiten unserer Tage, daß darüber gestritten wird, ob der eine mehr oder weniger für den Frieden ist. Wir sind alle für den Frieden, weil wir die

Lektion der Geschichte gelernt haben. Hier in Frankfurt kann man es beinahe, wenn Sie die Stadtgeschichte betrachten, mit Händen greifen. Wir alle haben die Lektion der Geschichte begriffen.

Aber wir meinen nicht irgendeinen Frieden, sondern den Frieden in Freiheit. Und alle unsere Bemühungen um die Zukunft, um eine lebenswerte Zukunft wären umsonst, wenn nicht der Frieden in Freiheit erhalten bleibt. Und, meine Damen und Herren, der wird uns nicht geschenkt. Dafür müssen wir Opfer bringen und müssen von anderen Opfer abverlangen. Die Bundesrepublik Deutschland, unser Staat, und die Werte, auf die diese Bundesrepublik gegründet ist, Menschenwerte, Freiheit und Gerechtigkeit, verdienen es, verteidigt zu werden. Und das müssen wir wieder sagen. Und das ist nicht nur eine Frage von ein paar Offiziellen. Das ist die Herausforderung an unsere Bürger. Das ist die Herausforderung an die Eltern im Verhältnis zu ihren eigenen Söhnen. Das ist die Herausforderung an die Schulen, an die Lehrer in diesen Schulen. Und das ist die Herausforderung an alle, die in dieser Gesellschaft in einer besonderen Weise Verantwortung tragen. Wir müssen jungen Mitbürgern sagen, daß die Verteidigung von Frieden und Freiheit Opfer kosten. Man kann seinen Beitrag in vielfältiger Weise leisten.

Ich habe Respekt vor dem, der aus seinen Gewissensgründen den Wehrdienst verweigert und wirklich einen Ersatzdienst nach Quantität und Qualität leistet. Aber, meine Damen und Herren, das, was wir vor allem brauchen, ist der Friedensdienst der jungen Männergeneration in unserer Bundeswehr. Und auch das muß wieder im Bild unserer Bevölkerung, auch unserer Städte deutlich werden. Die jungen Soldaten unserer Bundeswehr verteidigen unsere Freiheit, im übrigen auch das Recht auf Gewissensfreiheit derer, die den Wehrdienst verweigern. Deshalb ist es so wichtig, daß wir bei all unseren Sorgen, die uns bedrücken — und die Zahl der Sorgen ist groß genug —, zu keinem Zeitpunkt vergessen, daß diese Bundesrepublik ihre Chance gefunden hat, in den letzten 30 Jahren Frieden und Freiheit zu verteidigen und zu erhalten, weil zwei Grundentscheidungen deutscher Politik getroffen wurden, die für mich irreversibel sind: Das erste ist, daß wir herausgetreten sind aus dem national-staatlichen Denken des 19. Jahrhunderts und wissen, es gibt kein Zurück zum Nationalstaat des 19. Jahrhunderts, und daß wir aufgebrochen sind in eine europäische Zukunft, in eine schwierige Zukunft. Wer weiß das mehr als ich in der Woche vor dem Stuttgarter Gipfel? Aber es ist die einzige wirklich zukunftsversprechende Wegorientierung für deutsche Politik, daß wir am Bau der Vereinigten Staaten von Europa arbeiten, und wenn es noch so lange dauern mag und schwierig sein mag.

Und das zweite ist, daß wir den Frieden und die Freiheit nur bewahren können gemeinsam mit unseren Freunden und Partnern, in der Allianz mit den amerikanischen Freunden. Wir sind

Teil der westlichen Welt, und wir wollen es bleiben. Wir haben auch aus der Erfahrung der Weimarer Republik gelernt. Wir sind Teil der westlichen Welt, und wir wollen es bleiben. Und das ist eine irreversible Grundorientierung deutscher Politik. Und wenn dies alles als Position klar ist, dann ist es selbstverständlich, daß wir eine Politik des Ausgleichs, der friedlichen, wenn möglich, gutnachbarschaftlichen Beziehungen mit allen führen, aber auch und selbstverständlich mit unseren Nachbarn in Mittel- und Osteuropa, nicht zuletzt und vor allem auch mit der Sowjetunion, die unser mächtigster Nachbar ist und die im Blick auf den anderen Teil Deutschlands, auf die DDR, ja ein gewichtiges Wort in der Frage der Einheit, ein entscheidendes Wort in der Frage der Einheit der deutschen Nation mitzusprechen hat. Dies ist das Ziel meines Besuches in ein paar Tagen in Moskau, um diese Grundposition deutscher Politik einmal mehr klarzumachen. Und aus diesem Grunde bemühen wir uns auch um wirkliche Abrüstung und wirkliche Entspannung. Niemand von uns hat seine Freude an Raketen und einer raketen- und waffenstarrenden Welt. Aber Abrüstung und Entspannung, meine Damen und Herren, werden nur möglich sein, wenn beide Seiten sich bewegen, aufeinander zuzugehen. Einseitige Abrüstung — dies zeigt die Geschichte des 20. Jahrhunderts, vor allem im Umgang mit totalitären Regimen und Staaten — führt zu einer Schwächung der einen Seite, macht sie letztlich wehrlos und wird niemals ein Werk des Friedens sein. Deshalb treten wir in der Kontinuität auch meines Amtsvorgängers und seiner Politik für die beiden Teile des NATO-Doppelbeschlusses ein. Deshalb wollen wir den Erfolg in Genf und werden alles tun, um vor allem auch unsere amerikanischen Freunde zu ermuntern, die notwendigen Vorschläge zu machen. Wir bestehen auf der Wiederherstellung des Gleichgewichts der Kräfte. Unser Ziel muß sein: Frieden schaffen mit immer weniger Waffen. Aber es muß auch klar sein: Wir, die Deutschen, sind mit all unseren Problemen nicht erpreßbar auf diesem Weg zu mehr Frieden schaffen mit weniger Waffen.

Und, meine Damen und Herren, es ist eine Schlüsselfrage für die Zukunft, ob wir dabei an unseren demokratischen Prinzipien festhalten, jenen Prinzipien, daß demokratisch getroffene Mehrheitsentscheidungen verbindlich sind und daß die Minderheit diese Entscheidung akzeptieren muß. Es mehren sich die Stimmen der Vernunft. Und ich erwähne hier ganz besonders aus gutem Grund das Wort des Bundeshauptausschusses des Deutschen Gewerkschaftsbundes, der gesagt hat: In der Demokratie gibt es kein Recht zum Widerstand gegen Mehrheitsentscheidungen, auch dann nicht, wenn sie von einzelnen zu Überlebensfragen erklärt werden. Wir sind auf Grundentscheidungen unserer Republik hingestoßen — ich will es so formulieren — und es ist eine der großen und wichtigen Bewährungsproben. Das ist nicht, wie manche glauben, zunächst eine Frage der Stadt- oder der Kommunalpolitik. Aber alle Grundfragen unserer Republik und unserer Verfassungsordnung berühren ganz unmittelbar alle Ebenen der deutschen Demokratie und demokratischer Politik. Und deswegen habe ich dies aus der Sorge der Stunde heraus auch vor Ihnen ausgesprochen.

Meine Damen und Herren, auch die anderen großen Probleme, die wir lösen müssen, werden ganz unmittelbar von unseren Mitbürgern erfahren: die Frage der Wiederbelebung der Wirtschaft, die Überwindung der Arbeitslosigkeit, insbesondere der Jugendarbeitslosigkeit. Sie wissen aus Ihrer Erfahrung, was es bedeutet, wenn in manchen deutschen Gemeinden oder Städten der Arbeitslosenanteil die Markierung von 20 Prozent überschritten hat. Ich weiß, daß die Firmenzusammenbrüche und der Verlust von Arbeitsplätzen für viele von Ihnen zu den Hauptsorgen der letzten Jahre gehören. Massenarbeitslosigkeit kann niemand gleichgültig lassen. Wenn jemand ohne Arbeit ist, dann fehlt ihm ein wichtiges Stück seiner persönlichen Selbsterfüllung seines Glückes. Und für uns ist vor allem wichtig, daß wir junge Leute die Ausbildungsplätze sichern, daß wir den geburtenstarken Jahrgängen in einer sehr schwierigen Lage die Hoffnung erhalten. Und das hat sehr viel mit den Grundlagen der Republik zu tun. man kann nicht erwarten, daß in einem Land mit allgemeiner Wehrpflicht, ein Junge, der die erste Erfahrung, aus der Welt der Schule und des Kindes kommend, in die Welt der Erwachsenen als Arbeitsloser erlebt — daß er diesen Staat für sehr sinnvoll und diese Gesellschaft für sehr überzeugend für sein privates Glück hält. Und wir brauchen ja neben modernen Waffen für unsere Bundeswehr vor allem die persönliche Einstellung des Soldaten zu diesem Land, daß es für ihn einen Sinn gibt und macht, daß er diese Pflicht auf sich nimmt.

Deswegen habe ich mich und andere so besonders engagiert — und ich darf Sie herzlich einladen, uns dabei zu helfen —, daß das wichtige Ziel, daß junge Leute Ausbildungsplätze erhalten, erreicht wird. Wir haben sehr gute Chancen, in diesem Jahr das zu tun. Und ich freue mich — und das ist ja auch etwas Positives aus Europa —, daß die Arbeits- und Sozialminister im Blick auf die Konferenz für das nächste Wochenende in Stuttgart uns, den Staats- und Regierungschefs, empfohlen haben, über vier Mrd. D-Mark zur Bekämpfung der Jugendarbeitslosigkeit und als Ausbildungshilfen in Europa aus den verschiedenen Fonds beizusteuern. Ich glaube, das ist ein wichtiger Beitrag auch zum inneren Frieden in unserem Land. Meine Damen und Herren, nur über wachsende Investitionen, über eine wachsende, sich entwickelnde Wirtschaft werden wir die Arbeitslosigkeit bekämpfen können. Und deshalb muß es ein vorrangiges Ziel unserer Politik sein, den Investitionswillen und die Investitionsfähigkeit nachhaltig zu stärken. Die Wiederbelebung unserer Wirtschaft wird nur dann wirklich gelingen, wenn wir die technologische Herausforderung annehmen, wenn wir unsere internationale Wettbewerbsfähigkeit stärken und wir nicht den Gedanken träumen, daß ein

Rückfall in den Protektionismus uns weiterhelfen kann. Es gibt wenige Länder auf dieser Erde, die so auf den freien Welthandel angewiesen sind wie die Exportnation Bundesrepublik Deutschland.

Sie alle wissen, daß Industrialisierung und Technisierung von den Bürgern unseres Landes nicht mehr mit jenem selbstverständlichen Fortschrittsoptimismus der Wiederaufbaujahre angenommen werden. Wachstum, Technik, Rationalisierung, das sind Begriffe, die bei nicht wenigen Besorgnisse auslösen; Besorgnisse um die natürliche Umwelt, Besorgnisse um die Zukunft des eigenen Arbeitsplatzes. Wenn wir eine moderne Gesellschaft weiter formen wollen, dann muß es sein eine Gesellschaft mit menschlichem Gesicht. Und in einer solchen Gesellschaft mit menschlichem Gesicht wird ganz entscheidend das Umfeld des einzelnen von seiner Lebenserfahrung in der Gemeinde, in der Heimatstadt geprägt. Ohne kommunalen Beitrag gibt es keine menschliche Gesellschaft in unserem Land. Und die menschliche Qualität des Lebens des einzelnen wird zunächst von ihm auch durch seine Erfahrungen geprägt, die er zu Hause hat. Der Begriff Heimat und Heimatstadt ist unlösbar miteinander verbunden. Die jungen Leute, die hier in Frankfurt oder in irgendeiner anderen Stadt in Deutschland aufwachsen, erfahren die ersten Begegnungen, machen die ersten Erfahrungen von Gemeinschaft und Miteinander in der Erfahrung mit Mutter und Vater, Geschwistern, mit der eigenen Familie, mit den Nachbarn, mit den Leuten in der Straße, im Stadtteil und in der Heimatstadt.

Der große Sohn dieser Stadt, Johann Wolfgang von Goethe, hat es ja in einer unnachahmlichen Weise beschrieben, was Heimat bedeutet, was sein Herkommen für ihn bedeutet hat. Und das gilt eben für jeden, wo immer ihn das Leben hinträgt, es bleibt eben unsere Heimatstadt. Das ist die prägendste Erfahrung, die man einem Menschen außerhalb der Familie mit auf den Weg geben kann. Und deswegen ist es so wichtig, daß im Bereich von Städtebau, im Bereich von Schulbauten, im Bereich von Krankenhausbauten und überall dort, wo Erfahrungen des Menschen besonders prägend sind, eben wir zu einem menschlichen Maß zurückfinden dort, wo wir es verloren haben, und daß die Frage von Effizienz und menschlichem Maß in eine vernünftige Güterabwägung gebracht wird.

Eine Bundesregierung kann dazu einen Beitrag leisten, und werden das tun. Ich habe in der Regierungserklärung die Themen angesprochen vom verbesserten Umweltschutz, über die Überschaubarkeit unseres Rechtssystems, den Abbau von Bürokratie, die Stärkung und Förderung der Familie, um nur ganz wenige Beispiele zu nennen.

Ich will hier ausdrücklich würdigen, welch gewaltigen Beitrag die Kommunen in der Bundesrepublik in den letzten Jahren auf diesem Weg geleistet haben. Vieles von dem, was durch gelungene

Stadtplanung und Stadtsanierung, durch Landschaftspflege, durch den Wiederaufbau historischer Baudenkmäler möglich wurde, hat den Bürgern ein Gefühl von Heimat und Behaustsein vermittelt, was ganz wichtig ist, um in einer Massengesellschaft die notwendigerweise sehr viel Kälte entwickeln muß, in eine Gesellschaft, in der die Datentechnik immer weiter vorhanden ist und vordringen muß, das Stück Wärme und Behaustsein zu erhalten, das einfach notwendig ist.

Alle Bemühungen um mehr Qualität des menschlichen Lebens und die Lebensumwelt werden wir aber nur dann fortsetzen können, wenn es uns gelingt, wieder mehr in die Zukunft zu investieren und nicht nur an den Konsum der Gegenwart zu denken und uns an solchem Denken zu orientieren. Dabei müssen wir, so bitter das ist, die Struktur der öffentlichen Ausgaben und Einnahmen zugunsten investiver Mittel ändern und die öffentliche Ausgabendynamik allgemein bremsen. Wir haben aus der Not der Lage heraus eine Politik strenger Haushaltsdisziplin eingeleitet, um die öffentliche Neuverschuldung zurückzuführen und um Umschichtungen im Staatshaushalt und die Möglichkeiten privater und öffentlicher Investitionen zu erweitern.

Meine Damen und Herren, die Sanierung der öffentlichen Finanzen bringt für viele Einschränkungen, ja Opfer mit sich. Ich sage klar: Sie sind unausweichlich. Ich habe dies auch vor der Wahl gesagt. Und die große Mehrheit unserer Bürger im Lande hat das auch durchaus verstanden. Wenn wir wirklich wieder zu Wirtschaftswachstum kommen wollen — und wir müssen dieses Ziel behalten —, wenn wir die soziale Sicherheit gewährleisten wollen, wenn wir die kommenden Generationen nicht unzumutbar belasten wollen, ist dies in Wahrheit der einzige Weg. Und der Einsatz beginnt sich ja auch auszuzahlen. Es gibt deutliche, unübersehbare Anzeichen der Erholung der Wirtschaft. Das Klima hat sich verändert, es hat sich verbessert. Aber, meine Damen und Herren, ich bin mir darüber im klaren, wir stehen erst am Anfang eines schwierigen Weges.

Als wir vor wenigen Tagen in Williamsburg über eine Koordinierung der internationalen Wirtschaftspolitiken sprachen, hat sich für mich jedenfalls deutlich gezeigt, daß der Weg, den wir genommen haben, von der riesigen Mehrheit unserer Partnerländer positiv beurteilt und gesehen wird und auch unterstützt wird, wobei ich mir wünsche — auch das spreche ich hier offen aus, gerade am Platz Frankfurt —, daß unsere amerikanischen Freunde aus der Überlegungsphase heraustreten möchten und im Blick auf ihre eigene Budgetpolitik, genau auf die Zinspolitik der Vereinigten Staaten, einen wesentlichen Schritt auf die Europäer zu tun. Das, glaube ich, ist wichtig für die zukünftige Entwicklung.

Natürlich, meine Damen und Herren, ist keine Politik in der Lage, Fehler der Vergangenheit kurzfristig zu tilgen und die Probleme sehr schnell zu lösen. Das heißt also: Bund, Länder und Gemeinden sitzen hier, obwohl es manchmal nicht so scheint, von der Aufgabenstellung und vom Ziel her in einem Boot. Wir sind gemeinsam verpflichtet, die Ärmel hochzukrempeln und anzupacken.

Wir, die Bundesregierung, werden die Politik strikter Ausgabenbegrenzung fortsetzen. Wir wollen uns damit der Mitverantwortung stellen für unseren Teil der Ausgabenpolitik der öffentlichen Haushalte. Wir werden weiter darauf hinwirken, die strukturellen Defizite bei Bund, Ländern und Gemeinden abzubauen. Und es gilt der Satz meiner Regierungserklärung: Wir haben nicht die Ansicht, auf dem Wege eines Verschiebebahnhofs unsere Probleme zu Lasten anderer zu lösen. Das ist nicht meine Politik. Das heißt mit anderen Worten: Die notwendige Konsolidierung des Bundeshaushaltes kann nicht zu Lasten der Länder und Gemeinden gehen. Das sind schwierige Verhandlungen. Aber ich habe immer föderale Ordnung so verstanden, daß die Beziehungen zwischen Bund und Ländern gut sind, aber natürlich auch die Beziehungen zwischen Bund, Ländern und Gemeinden gut sind. Die föderale Ordnung kann nicht sich beziehen auf das Verhältnis von Bund — Ländern allein, sondern muß immer natürlich die Ebene der Gemeinden einschließen.

Sie wissen, daß die Kommunen nach unseren Vorstellungen jährlich etwa 1,5 Mrd. D-Mark einsparen sollen. Wir sind aufgeschlossen und offen für die Vorschläge aus dem Bereich der Länder — wir sind mitten in den Gesprächen — und der kommunalen Spitzenverbände, wie ich überhaupt sagen möchte — Ihr Präsident Herr Rommel weiß dies, wir sprachen gerade eben davon —: Mein Interesse ist, daß wir in einem sehr regen Kontakt unsere Probleme angehen. Und ich will damit nicht die Verfassungsordnung verwischen und nicht die Autorität aufgeben und schon gar nicht mir sozusagen billige Schützenhilfe verschaffen. Das ist nicht mein Interesse. Aber ich finde, es ist besser, wir reden häufiger miteinander, als öffentlich übereinander. Das tut der Republik gut und bringt uns auch in der Sache weiter.

Es steht außer Frage: Die Investitionskraft der Gemeinden muß erhalten bleiben und, wenn möglich, gestärkt werden, denn die Gemeinden sind die Hauptträger der öffentlichen Investitionen. Und sie können nur so einen wesentlichen Beitrag zum wirtschaftlichen Wiederaufstieg leisten. Deswegen appelliere ich auch an die Kollegen in den Ländern — wir hatten gestern ein solches Gespräch im Bereich meiner eigenen Partei —, daß die entsprechenden Mittel auch weitergegeben werden, an die Gemeinden weitergegeben werden.

Der Bund unternimmt eine zusätzliche Anstrengung, indem er seine Finanzhilfen für Investitionen der Länder und Gemeinden um rund 500 Mill. D-Mark verstärken will. Neben der Förderung öffentlicher Investitionen wollen wir vor allem — und das ist ein wichtiges Ziel aus unserer Überlegung der sozialen Marktwirtschaft — die Ertragschancen der Betriebe verbessern, insbesondere mit steuerlichen Erleichterungen für die gewerbliche Wirtschaft und auch mit dem Ziel, vor allem den Mittelbau der deutschen Wirtschaft zu unterstützen und zu motivieren. Die Belastung der Betriebe durch ertragsunabhängige Steuern muß abnehmen. Gleichzeitig müssen wir dem Anliegen der Gemeinden entgegenkommen, die Gewerbesteuer als eine zentrale Steuerquelle zu bewahren. Die Lösung, für die wir uns entschieden haben, so hoffe ich, berücksichtigt beide Gesichtspunkte. Das Gewerbesteueraufkommen, das den Gemeinden zufließt, bleibt insgesamt erhalten. Die kommunale Finanzautonomie bleibt gewahrt. Die Bundesregierung erkennt, daß die Gewerbesteuerverluste nicht in jeder einzelnen Gemeinde ausgeglichen werden können. Um den besonders betroffenen Gemeinden den Übergang zu erleichtern, hat sie die Ausgleichsbeträge für die schwierigen Jahre 83 und 84 erhöht. Auch auf der kommunalen Ebene — dies würdige ich dankbar — ist anerkannt worden, daß der Bund seine Möglichkeiten ausgeschöpft hat. Über weitere Ausgleiche ist nun mit den Ländern zu sprechen und zu diskutieren und zu entscheiden.

Wir nehmen in der Bundesregierung die Sorgen der Gemeinden über die Höhe und die Berechenbarkeit ihrer Einnahmen sehr ernst. Und wir verfolgen — ich sage es noch einmal — aufmerksam Ihre Gespräche, auch das, was mit Sicherheit aus dieser Tagung des Städtetages, der 22. Vollversammlung in Frankfurt, sich ergeben wird. Ich bin ganz offen auch für die Gespräche der Zukunft.

Lassen Sie mich noch einige Probleme ansprechen, die uns gemeinsam bedrängen.

Ich nenne zuerst die Sozialhilfe. Die Ausgaben in diesem Bereich steigen enorm. Eine realistische Neugestaltung ist überfällig. Und wir werden hier bei diesen Diskussionen und Entscheidungen natürlich auch Ihre Arbeit und Ihre Vorschläge einbeziehen. Ich denke, der Grundsatz muß unbestritten gelten: Hilfe des Staates, Hilfe der Gesellschaft dem, der die Hilfe wirklich benötigt. Die Mehrheit unserer Bürger will Solidarität mit den Schwachen, vor allem auch in der nachwachsenden Generation, aber mit Sicherheit will die Mehrheit, die Allermeisten unter uns, nicht eine Umverteilung von einer Tasche in die andere Tasche. Und es kann und darf auch nicht so sein, daß Empfänger öffentlicher Leistungen sich in nicht wenigen Fällen dann am Ende besser stellen als Erwerbstätige, Steuer- und Beitragszahler in der Gesellschaft. Aber, meine Damen und Herren, auch das gilt unter dem Prinzip sozialer Gerechtigkeit: Opfer, die heute notwendig sind, dürfen nicht allein den Schwächeren aufgebürdet werden. Es kann nicht den sozialen Frieden fördern, den wohlverstandenen sozialen Frieden, wenn Besitzstände mächtiger Gruppen, die

Druck ausüben können, die streiken können, die drohen können, unangetastet bleiben. Alle müssen ihren Beitrag leisten. Ich denke, unter diesen Voraussetzungen wird die große Mehrheit bereit sein, notwendige Einschränkungen hinzunehmen. Das gilt auch für die für uns bitteren Entscheide im Bereich der Bundesanstalt für Arbeit. Auch hier bleibt es bei dem Grundsatz: Keine Lastenverschiebung vom Bund auf Länder und Gemeinden. Wir bereiten gegenwärtig die entsprechenden Initiativen vor.

Meine Damen und Herren, ein weiteres Problem, das gerade die Städte belastet, sind die Kosten der Heimpflege für ältere Mitbürger. Es ist kein guter Zustand, und der bedrückt uns, daß viele alte Mitbürger nach einem langen Arbeitsleben selbst bei einer guten Rente, einer bislang als ausreichend angesehenen Rente, auf Sozialhilfe angewiesen sind, wenn sie in einem Pflegeheim aufgenommen werden. Die Schwierigkeiten werden weiter wachsen wegen der demographischen Entwicklung, die uns auch in anderen Bereichen — denken Sie an die Rentenpolitik — größte Sorgen bereitet. Ich danke Ihnen, meine Damen und Herren, und der Bundesvereinigung der kommunalen Spitzenverbände und den Sozialfachverbänden für die Lösungsvorschläge. Wir werden in der Diskussion der nächsten Monate gerade an diesem Punkt intensiv arbeiten müssen, und wir brauchen dabei auch Ihren fachkundigen Rat und Ihre Unterstützung. Ich denke aber, wir sollten auch offen aussprechen, daß wir vor allem die häusliche Pflege ausweiten und unterstützen wollen. Pflege in der gewohnten und vertrauten Umgebung ist menschlicher und vernünftiger als eine Heimbetreuung, wenn sie noch so gut ist. Und sie trägt vor allem auch dazu bei, ein Klima der Mitmenschlichkeit und der Geborgenheit zu schaffen. Das heißt, anders ausgedrückt: Wir brauchen mehr ambulante Dienste wie Sozialstationen, die bereits in vielen Städten und Gemeinden auch als Punkt ehrenamtlicher Mitarbeit und ehrenamtlicher Hilfe ihre segensreiche Wirkung tun können. Viele sind bereit, hier ihren Dienst am Nächsten zu tun. Ich glaube, das ist ein großes Kapital für die Zukunft, wie ich überhaupt dazu aufrufen möchte, freiwillige ehrenamtliche Dienste in allen Bereichen, nicht zuletzt im sozialen Bereich, wo immer es geht, zu fördern und zu unterstützen. Das ist genau jene Gesinnung, die eine freiheitliche Gesellschaft auszeichnet.

Meine Damen und Herren, zu den wichtigen sozialpolitischen Aufgaben gehört auch die Neuordnung der Krankenhausfinanzierung. Wir wissen alle, daß das vorhandene System in erheblichen Schwierigkeiten geraten ist. Ich erinnere an den Ausgabenzuwachs der gesetzlichen Krankenversicherung für stationäre Behandlung, die Finanzierungslücke für Rationalisierungs- und sonstige Maßnahmen in den Ländern, die nach den ersten Schätzungen bis zu 15 Mrd. D-Mark betragen kann, und an das jährliche Defizit bei städtischen Krankenhäusern. Sie kennen die Zahlen bei sich zu Hause. Sie sind Fachmann. Hinzu kommt, daß es immer noch nicht gelungen ist, ein bedarfsgerecht gegliedertes System leistungsfähiger Krankenhäuser zu verwirklichen. Wir wollen nicht nur, sondern wir müssen, meine Damen und Herren, die Kosten im Krankenhausbereich in den Griff bekommen. Im Ziel sind wir uns sicher alle einig, nicht zuletzt auch mit den Ländern. Aber dies Ziel kann nur dauerhaft erreicht werden, wenn die Entscheidungsstrukturen und die Verantwortlichkeiten im Krankenhausbau eindeutig sind. Es gibt hier ein erhebliches, wie ich finde, Übermaß an Bürokratie. Daher wollen wir in der Bundesregierung die Mischfinanzierung zwischen Bund und Ländern bei den Krankenhäusern kostenneutral abbauen und zu einer klaren Aufgabentrennung kommen. Aufgabentrennung heißt auch die entsprechende Zuständigkeit. Auch im übrigen müssen wir das bestehende System überprüfen. Unser Hauptziel ist, erstens den Investitionsstau abzubauen und damit für eine vernünftige Voraussetzung zu sorgen, für stabile betriebswirtschaftlich durchdachte Finanzierungen und zum zweiten die Ausgaben der gesetzlichen Krankenversicherung für Krankenhauspflege gleichgewichtig einzubeziehen in die überfällige Kostendämpfung im Gesundheitswesen. Wie Sie wissen, hat mein Kollege Blüm dazu notwendige Beratungsgruppen beauftragt. Die Leitlinien wurden mit den Ländern, den Hauptbeteiligten im Krankenhauswesen, auch mit dem Deutschen Städtetag im Grundsatz bereits abgestimmt. Auf der Grundlage dieser Erwägungen wird der Meinungsaustausch fortgesetzt. Ich bitte Sie sehr, sehr herzlich, in dieser entscheidenden Frage uns Ihre Hilfe und Ihren Rat auch für die Zukunft zu gewähren.

Meine Damen und Herren, seit vielen Jahren trägt der Bund wesentlich zu der Entwicklung der Verkehrsverhältnisse in den Gemeinden bei. Es sind gewaltige Summen, die in den letzten Jahrzehnten hier zur Verfügung gestellt wurden. Grundlage war, das Gesetz zur Finanzierung des Gemeindeverkehrs. Durch die zweckgebundene Finanzierung hat es vor allem eine stetige Investitionspolitik für den öffentlichen Personennahverkehr ermöglicht. Dies bleibt ein entscheidender Vorteil. Mit irgendeinem Zickzackkurs lassen sich die Probleme bei Wachstum und Beschäftigung eben nicht lösen. Wir stehen zu unserer finanziellen Verpflichtung und zum Engagement im öffentlichen Personennahverkehr. Und wir müssen auch in Zukunft die öffentlichen Gebietskörperschaften in diesem Sinne unterstützen.

Meine Damen und Herren, ich weiß, daß das Städtebaurecht zu Ihren Sorgen gehört. Durch immer neue Änderungen ist es immer unhandlicher und vor allem auch für den Bürger undurchsichtiger geworden. Wir wollen in Übereinstimmung mit Ihnen keine weitere Teilnovellierung, wir wollen die rechtlichen Grundlagen für den Städtebau in einem einheitlichen, übersichtlichen und für den einzelnen auch noch durchsichtigen verständlichen Gesetzeswerk zusammenfassen. Auch hier brauchen wir Ihre Hilfe und Ihre Unterstützung.

Und, meine Damen und Herren, ich spreche gerade hier in Frankfurt noch eine weitere Sorgenfrage an. Das ist die Frage unserer ausländischen Mitbürger, die unsere Gäste sind, die uns helfen, auch unsere Existenz in unserem Lande gut fortentwickeln zu können. Von den über 4,6 Mill. Ausländern leben die meisten in Städten. Die Ausländerfrage ist auch zu einer Frage der deutschen Städte geworden. Und wenn man zu diesem Thema nähere Erfahrungen gewinnen will, braucht man ja nur hier sich in Frankfurt zu bewegen. Unsere Aufnahmemöglichkeiten sind erschöpft. Die Bundesrepublik Deutschland ist kein Einwanderungsland, auch wenn natürlicherweise ein erheblicher Teil der bei uns lebenden Ausländer auf Dauer im Land bleibt und Bürgerrecht gewinnt. Und auch da ein offenes Wort. Es wird sehr viel diskutiert über tatsächliche oder vermeintliche Ausländerfeindlichkeit. Ich glaube nicht daran. Ich denke, daß zu den großartigen Ergebnissen der Entwicklung in der Bundesrepublik Deutschland auch im Psychologischen, vielleicht sogar besser gesagt, im Tiefenpsychologischen die zunehmende Weltoffenheit unserer Bürger gehört; eine Weltoffenheit, die vor allem bei der jungen Generation da ist, eine Weltoffenheit, meine Damen und Herren, die ja großartige Ergebnisse in den letzten Jahren gezeitigt hat. Wenn Sie sich überlegen — und das Beispiel paßt sehr gut hier herein —, daß seit den Tagen vor über eindreiviertel Jahren der Verhängung des Kriegsrechts in Polen in Kirchengemeinden, in privaten Kreisen, in Familien in Deutschland 300 Mill. D-Mark gesammelt wurden als Hilfe für unsere polnischen Nachbarn nach alldem, was deutsche und polnische Geschichte belastet, nach dem Schrecklichen, was im deutschen Namen in Polen und nach dem Schrecklichen, was in der Revanche im polnischen Namen an Deutschen geschehen ist, dann ist das ein großartiges Zeichen der Weltoffenheit, der Fähigkeit, aus der Geschichte zu lernen. Und deswegen — und ich kann das erweitern auf die Beziehungen, die unser Volk inzwischen zum Volk und zum Staat Israel gewonnen hat und zu vielen anderen Teilen der Welt, das Engagement so vieler, auch Privater, nicht nur der öffentlichen Hand, im Blick auf die Dritte Welt — wir sind nicht auf dem Weg zu tumber Ausländerfeindlichkeit. Aber man muß die Dinge vom Grund her wieder begreifen. Und eine Mutter, die hier in Frankfurt lebt oder in irgendeiner anderen deutschen Stadt — und es gibt die Beispiele — und ihre Kinder in die Grundschule schickt und die Hoffnung hat, daß diese Kinder dann im nächsten Jahr, wenn sie zehn sind, ins Gymnasium überwechseln und eben diese Kinder in einer Grundschulklasse sieht, in der sie in einer völligen Minderheit gegenüber ihren türkischen Mitschülern sind, eine solche Mutter ist nicht fremdenfeindlich, wenn sie besorgt ist, daß ihre Kinder nicht die notwendige Ausbildung erfahren. Das ist eine ganz andere Frage.

Ich bekenne mich zu den drei Grundsätzen unserer Ausländer-Politik: der Integration der seit langem bei uns lebenden ausländischen Arbeitnehmern und ihrer Familien, der Begrenzung des weiteren Zuzugs und der Förderung der Rückkehrbereitschaft. Integration bedeutet ein friedliches Nebeneinander ein verständnisvolles Miteinander von Deutschen und Ausländern. Das Zusammenleben mit einer großen Zahl von Menschen anderer Mentalität, anderer kultureller, anderer religiöser Herkunft stellt für alle Betroffenen eine riesige Aufgabe dar. Hier sind Vernunft und Realismus selbstverständlich gefordert. Und wir dürfen klar aussprechen, daß uns diese ausländischen Mitbürger geholfen haben. Und unsere Politik kann nicht die Politik sein — ich sage es drastisch formuliert —: Der Mohr hat seine Pflicht getan, der Mohr kann gehen. Soziale Gerechtigkeit und Mitmenschlichkeit muß unser Tun selbstverständlich beherrschen. Aber wir dürfen auch von den Ausländern Loyalität zu unserem Land verlangen, die Beachtung seiner Ordnung, der Aufgeschlossenheit seiner Menschen. Ausländer sollen sich nicht abkapseln. Und sie müssen bei aller Respektierung ihrer Eigenständigkeit die Grundwerte anerkennen, die unsere freiheitliche Gesellschaft prägen und die uns Lebenskraft spenden. Und sie müssen wissen, daß wir Kriminalität und Extremismus, auch vor allem politischen Extremismus, nicht dulden werden. Das ist eine ganz wichtige Grundvoraussetzung für die Zukunft. Wir haben dabei große Probleme, und wir werden bei den neuen Diskussionen um die Beitritte zur Europäischen Gemeinschaft — denken Sie an Spanien und Portugal — daran zu denken haben. Wir müssen darauf bestehen, daß für die Freizügigkeit ausreichende und lange Übergangsfristen vorgesehen werden. Und wir müssen verhindern, meine Damen und Herren, daß aufgrund der Assoziierung zwischen der Europäischen Gemeinschaft und der Türkei ab 1986 neue, erheblich erhöhte Zahlen von türkischen Gastarbeitern zu uns kommen. Die türkische Regierung — und ich will das hier öffentlich dankbar vermerken — hat zu erkennen gegeben, daß sie hier eine einvernehmliche Lösung anstrebt; eine Lösung, die vom Realismus getragen ist und die den beiden Seiten gerecht wird. Wir wollen alles auch für die Zukunft der Bundesrepublik Deutschland im besten Sinn Asylgeber bleibt für jene, die wirklich verfolgt sind, ihres Glaubens, ihrer politischen Überzeugung wegen. Wir haben in die Kapitel deutscher Geschichte manche kriegerische Taten in diesem Jahrhundert als Deutsche eingeschrieben.

Asylrecht im eigentlichen Wortsinn und im Sinne, Verfolgten zu helfen, das ist ein wichtiges Kapitel für heute und für die Zukunft der Deutschen. Deswegen werden wir Verfolgten und Flüchtlingen aus aller Welt gemäß der freiheitlichen Tradition unseres Staates Schutz und Aufnahme gewähren. Aber das ist das genaue Gegenteil von dem, was wir gelegentlich an Mißbrauch des Asylrechts in unserem Lande beobachten. Meine Damen und Herren, der Bericht der Ausländerkommission liegt vor. Sie werden, wie ich weiß, ihn heute, jedenfalls auf dieser Tagung erörtern. Die kommunalen Spitzenverbände haben einen maßgeblichen Anteil an dieser politischen Verantwortung. Ihr Beitrag ist für uns außerordentlich wichtig. Und ich bin ganz sicher, wir werden gemeinsam vernünftige Lösungen, wir werden vor allem gemeinsam menschenwürdige Lösungen finden. Und das hat viel zu tun mit einer menschenwürdigen Gesellschaft, und eine menschenwürdige Gesellschaft, das immer wird das Ziel unserer Politik sein.

Ich darf Sie zum Schluß meiner kurzen Ausführungen ganz einfach bitten, meine Damen und Herren, nehmen Sie alle Möglichkeiten wahr, damit unsere Mitbürger in unseren Städten jene Geborgenheit und jene Menschlichkeit auf dem Weg zu ihrem privaten Glück finden, die sie suchen. Das geht Städtebau und Umweltschutz an. Das gilt für die Unterstützung der freien Initiativen bis hin zur Bürgergemeinschaft.

Meine Damen und Herren, es geht um das Ziel, in einer kritischer gewordenen, schwieriger gewordenen Zeit die deutsche Demokratie in eine glückliche Zukunft, unser Volk in eine glückliche Zukunft zu bringen.

Sie haben heute hier das Thema „Unser Land braucht starke Städte". Ich denke, starke Städte sind immer zu verstehen als funktionsfähige und damit auch immer als menschenwürdige Städte. Und so verstanden ist eine starke Stadt eine lebendige Stadt, und eine lebendige Stadt ist die Voraussetzung einer lebendigen Demokratie. Und das ist das Ziel unserer gemeinsamen Politik.

Grußworte

HOLGER BÖRNER

Im Namen der Hessischen Landesregierung und auch persönlich möchte ich Sie sehr herzlich bei uns in Hessen begrüßen.

Wir freuen uns, daß die größte Stadt unseres Landes diesmal Gastgeber des Deutschen Städtetages ist, und wir wünschen Ihnen, daß Sie mit dieser Veranstaltung in einer breiten Öffentlichkeit Gehör für die Sorgen der Städte finden. Denn Sorgen haben die Städte, insbesondere finanzielle Sorgen, und dies muß die Verantwortlichen aller politischer Ebenen angehen. Unsere Städte müssen ihre Lebensfähigkeit erhalten und Lebensqualität bieten. Dazu gehört auch, daß die Stadt für die Menschen — lassen Sie es mich mit einem vielleicht altmodischen Wort sagen — wieder Heimat wird, in der sie sich zurechtfinden und in der sie sich wohlfühlen. Wir haben deshalb in Hessen besondere Anstrengungen unternommen, damit in den Städten und Gemeinden Einrichtungen für die Daseinsvorsorge und Daseinsfürsorge, für die Vereinsarbeit und Freizeitgestaltung vorhanden sind. Mit dieser positiven Bilanz wollen wir nicht verdecken, daß in der Politik gegenüber unseren Städten in der Vergangenheit auch Fehler gemacht wurden. Ich erinnere an die auf Drängen unseres damaligen Koalitionspartners in Hessen besonders stark eingreifend durchgeführte Gebietsreform, die unter dem Gesichtspunkt der Zweckmäßigkeit und Effektivität in verschiedenen Fällen leider örtliche Bindungen und historisch gewachsene Strukturen übergangen und aufgelöst hat. Ich habe, wie Sie wissen, 1979 das künstliche Gebilde Stadt Lahn wieder aufgelöst und damit den Städten Gießen und Wetzlar ihren Namen wieder gegeben, weil ich meine, daß die Bürger die geschichtlich gewachsene Identität ihrer Städte bewahren wollen.

Natürlich reicht es nicht aus, Tradition und Identität der Städte zu beschwören. Man muß ihnen auch die erforderlichen finanziellen Mittel geben, damit sie ihre vielfältigen Aufgaben so erledigen können, wie dies die Bürger zu Recht erwarten.

Ich habe, wie viele von Ihnen wissen, schon in der Vergangenheit deutlich gemacht, daß ich die Beseitigung der Lohnsummensteuer durch die sozialliberale Koalition in der vorgenommenen Form für einen schweren Fehler gehalten habe.

Ich wünsche Ihnen, Herr Bundeskanzler, nicht die gleichen Erfahrungen mit der F.D.P., wie ich sie hinter mir habe. Denn mit der damaligen Entscheidung wurde nicht nur die finanzielle Leistungsfähigkeit der Gemeinden gefährdet, sondern obendrein wichtige Ziele der Gemeinde-Finanzreform erneut in Frage gestellt, denn Ziel dieser Reform war nicht nur eine angemessene Finanzausstattung der Kommunen, sondern ebenso eine verringerte Konjunkturabhängigkeit.

In der Haushalts- und Finanzpolitik ist der Bund gegenüber den Ländern und Gemeinden in dreifacher Hinsicht „im Vorteil":

1. Der Bund verfügt in fast allen Bereichen über die Steuer-Gesetzgebungskompetenz, das heißt: Er bestimmt, welche Steuern erhoben werden, nach welchen Modalitäten, auch wenn diese Entscheidung zu Lasten anderer Gebietskörperschaften geht — wie bei den beabsichtigten Nachlässen der Vermögensteuer.

2. Der Bund kann bei Sparmaßnahmen durch die Änderung von Leistungsgesetzen vor allem sich bedienen — zu Lasten von Ländern und Gemeinden.

3. Dem Bund steht mit dem Bundestag ein nationales Forum für die Erörterung seiner Finanznöte zur Verfügung.

Von den Finanznöten der Gemeinden ist hingegen meist nur in Expertenkreisen und im Lokalteil der Zeitungen die Rede. Deshalb ist Ihre Tagung gerade jetzt wichtig. Und deshalb möchte ich in meinem Grußwort heute nicht auf Fragen der Stadtumwelt, der Lebensqualität in den Städten, der Stadtsanierung oder anderer Fragen eingehen — sondern ausschließlich auf die Finanzsituation der Städte und Gemeinden. Hierzu sehe ich mich auch durch die Anwesenheit des Bundeskanzlers ermuntert.

Herr Bundeskanzler, nehmen Sie die Sorgen der Städte nach Bonn mit, sanieren Sie den Bundeshaushalt nicht auf dem Rücken der Städte!

Nach dem von dieser Koalition verabschiedeten Haushalt 1983 liegen nun die Grundzüge für den Bundeshaushalt 1984 vor. Er ist nach dem gleichen Muster angelegt: Beide Haushalte sind durch nachhaltige Einschnitte in Leistungsgesetze gekennzeichnet. Ich will hier nicht eine Auseinandersetzung über die einzelnen Sparmaßnahmen führen. Ich halte viele für sozialpolitisch fragwürdig, wenn nicht unvertretbar, zumal sie gleichzeitig mit Vergünstigungen für Besserverdienende verbunden sind.

Gehen wir jedoch davon aus, daß Einsparungen notwendig sind. Dann muß es sich jedoch, Herr Bundeskanzler, um echte Einsparungen handeln. Sie sparen jedoch vielfach nur Ausgaben in Ihrem Haushalt ein, indem Sie diese auf die Haushalte der Länder und vor allem — über die Sozialhilfe — auf die Haushalte der Gemeinden verlagern. Wo immer mehr Einkommensbestandteile im Bereich der sozialen Sicherung aus Leistungsgesetzen gekürzt werden, da fallen zwangsläufig mehr Bürger unter die Sozialhilfe. Und ich möchte das hier in Zusammenhang mit der Kürzung des Arbeitslosengeldes wiederholen, denn dies würde nur die Lasten der Arbeitslosigkeit auf die Sozialhilfe-Etats der Gemeinden abwälzen.

Herr Bundeskanzler, Ihr Streichkonzert bei Renten, Arbeitslosenhilfe und Ausbildungsförderung hat zwar den Bundeshaushalt
entlastet, jedoch in vielen Fällen auf Kosten der gemeindlichen
Etats. Hier finden Sie die Länder an der Seite der Gemeinden,
über alle Parteigrenzen hinweg. Alle Ministerpräsidenten haben
in einer Besprechung am Freitag gefordert, daß der Bund den
Ländern und Gemeinden voll die Belastungen ausgleicht, die
ihnen durch Ihre Politik erwachsen. Auch der Städtetag ist in
dieser Forderung gewiß mit den Regierungschefs der Länder
einig.

Es muß auch mit weiteren Einschnitten in die Gewerbesteuer
Schluß sein, solange den Gemeinden nicht eine neue, eigene
Steuerquelle erschlossen wird. Und gestatten Sie mir noch einen
Hinweis: Sie werden auf dem Stuttgarter EG-Gipfel auch über
eine beträchtliche Aufstockung der Mittel für den EG-Haushalt
beraten. Es ist die Rede davon, den Mehrwertsteueranteil der EG
von 1 auf 1,4 Prozent anzuheben — die Einnahmen also um
Milliarden zu steigern.

Ich weiß mich mit den deutschen Städten darin einig, daß eine
solche Aufstockung nur dann vertretbar ist, wenn auch in Brüssel
endlich einmal gespart wird. Dort scheinen noch keineswegs alle
Sparmöglichkeiten ausgeschöpft! Ich möchte davor warnen,
einen schnellebigen Gipfelerfolg durch großzügige Finanzzusa-
gen zu erkaufen. Den Gemeinden dürfen keine weiteren Spar-
zwänge zugemutet werden, nur um gegenüber der EG finanziell
großzügig sein zu können.

Ich warne ausdrücklich auch vor Tendenzen, gut 100 Jahre nach
der Begründung des deutschen Sozialversicherungssystems, die
bestehenden finanziellen Probleme zum Vorwand für eine prinzi-
pielle Änderung dieses Systems zu nutzen. Es darf nicht wieder
so weit kommen, daß Hilfsbedürftige auf Almosen angewiesen
sind. Die rechtliche Verankerung sozialer Solidarität hat sich
schließlich auch aus der Erkenntnis gerechtfertigt, daß freiwilli-
ges Engagement, so wertvoll es ist, weder in jedem Fall ausreichende Mittel mobilisiert noch die nötige Gerechtigkeit bei der
Zuwendung garantieren kann.

Wir sollten bei der Betrachtung der Probleme unserer Städte
auch nicht übersehen, daß wir auf einer immer noch guten Basis
aufbauen können. Die infrastrukturelle Ausstattung ist vielfach
gut, der Bedarf an Kindergärten, Schulen, Krankenhäusern ist
teilweise schon mehr als gedeckt — ich weiß, das gilt nicht überall
für das benötigte Personal.

Der Bedarf an neuen Investitionen ist von daher in Teilbereichen
gesättigt. Bloße Prestige-Bauten passen nicht mehr in die Landschaft. Es ist mit Sicherheit möglich, in der praktischen Kommunalpolitik Prioritäten zu setzen. Solche Prioritäten sehe ich in den
Bereichen von Stadterneuerung und Wohnungsmodernisierung,

bei Maßnahmen zur Einsparung von Energie und zum Abbau von Umweltbelastungen, einschließlich Förderung des öffentlichen Personennahverkehr. In diesen Bereichen sind, neben der Instandhaltung des Bestehenden, sinnvolle und gezielte Investitionen möglich, die auch vom Mitteleinsatz her realisierbar erscheinen. Daß sie zugleich arbeitsintensiv sind und Arbeitsplätze sichern, das ist ein wichtiger Nebeneffekt. Unter dem gleichen Gesichtspunkt sollten sich die Kommunen um die kleinen und mittleren Betriebe in ihrem Verantwortungsbereich verstärkt kümmern. Gerade in wirtschaftlich schwierigen Zeiten brauchen die Unternehmen Hilfeleistungen, die oft mit Fragen des Planungs- und Baurechts mehr zu tun haben als mit der nötigen Finanzierung. In den Städten und Gemeinden erfährt der Bürger Möglichkeiten und Ergebnisse staatlichen Wirkens am unmittelbarsten. Das verpflichtet nicht nur uns alle dazu, die Leistungsfähigkeit dieser staatlichen Ebene zu sichern. Es verpflichtet auch die Kommunen selbst und ihre Repräsentanten, über Mittel und Wege nachzudenken, wie trotz schwieriger wirtschaftlicher Lage die eigenen finanziellen und personellen Möglichkeiten eingesetzt werden können, daß sie ein Optimum an Ergebnissen haben.

Ich wünsche Ihnen deshalb, daß auch dieser Städtetag bei diesem Bemühen hilfreich ist.

URS WIDMER

Ich darf im Namen der ausländischen Ehrengäste dem Deutschen Städtetag die herzlichen Grüße der Delegationen aus Jugoslawien, Israel, Holland, Österreich, Finnland und der kleinen Schweiz überbringen. Ich bin sehr gerne nach Frankfurt gekommen und habe mir schon am Sonntag Stadt und Umgebung angeschaut. Ich möchte Ihnen, Herr Oberbürgermeister, zu dieser Stadt und ihre Umgebung ganz herzlich gratulieren. Was man sonst so gemeinhin über Frankfurt hört, ist nicht zutreffend. Jedenfalls habe ich große Freude an dieser Stadt gewonnen.

Mit großem Interesse habe ich dieser Hauptversammlung bisher zugehört und festgestellt, daß durchaus vergleichbare Schlüsse gezogen werden können. Ich darf vielleicht zwei Schlußfolgerungen aus dem bereits Gehörten auch auf unsere schweizer Verhältnisse übertragen. Ich glaube, daß der Dialog auf allen Ebenen von großer Bedeutung ist. In der Schweiz findet er stets schon auf Behördenebene statt. Wir haben ja nie Mehrheitsregierungen. Somit mußten schon immer die Koalition und der Konsens gefunden werden. Das mag vielleicht auch die schweizer Entscheide etwas längerfristig herleiten und darum sind wir vielleicht auch teilweise etwas bedächtiger.

Die zweite Schlußfolgerung, die ich aus dem bisher Gehörten ziehen kann, betrifft die Finanzen der Städte. Hier fühlen wir uns durchaus verbunden mit dem, was ich bereits gehört habe. Mit großem Interesse werde ich die zukünftigen Ausführungen verfolgen und ich glaube, hier geht es ebenfalls um die Förderung des Gemeinsinnes auf allen Ebenen. Gemeinsinn, der uns gestern auch im Städelschen Museum aus der Frühzeit des 19. Jahrhunderts in beispielhafter Weise vorgeführt wurde.

Meine sehr verehrten Damen und Herren, Sie haben als Motto dieses Städtetages: Unser Land braucht starke Städte. Darf ich aus schweizer Sicht hinzufügen: Ein kräftiges Ja zur Stadt!

MANFRED ROMMEL

Unser Land braucht starke Städte

Der holländische Kulturphilosoph Huizinga führt in seinem Buche „Herbst des Mittelalters" aus, daß die Sehnsucht nach einem schöneren Leben zu allen Zeiten drei Wege vor sich sah, die nach dem Ziele weisen:

1. Die Verleugnung der Welt; das schönere Leben ist nur im Jenseits zu erreichen.
2. Die Verbesserung und Vervollkommnung der Welt.
3. Der Weg, der durch das Traumland führt.

Es handle sich hier um den bequemsten Weg, aber um einen, dem das Ziel immer gleich fern bleibt. Diese Einstellung wandle die Formen des Lebens in Kunstformen, sei eigentlich elitär und führe zu einer großen Empfindlichkeit, was Verstöße gegen die Formen anlange. Dies illustriere das Spätmittelalter. Beispielsweise habe einmal ein englischer Heerführer den Parlamentär aus den belagerten Sens zuerst zum Barbier gewiesen, um sich rasieren zu lassen, bevor er mit ihm verhandelte. Nun, wenn sich das wiederholte, kämen einige Kollegen in erhebliche Schwierigkeiten, wenn sie mit den Rechtsaufsichtsbehörden über die Genehmigung ihres Stadthaushalts zu verhandeln haben.

Jedenfalls haben wir Deutsche eine besondere Wertschätzung für den dritten Weg, den des Wunschtraums. Wir erträumen uns etwas, was es nicht geben kann, aber wir sind nicht damit zufrieden, wir stellen plötzlich fest, daß die Wirklichkeit anders aussieht, nehmen dies der Wirklichkeit übel, geraten in Zorn über die Wirklichkeit und tun etwas, was die Wirklichkeit wesentlich schlechter macht.

Neben der Nostalgie, nämlich der Trauer darüber, daß es nicht mehr so ist, wie es früher nie gewesen ist, sucht uns immer wieder die Illusion des Schlaraffenlandes heim, also die Vorstellung, es müßte doch eigentlich möglich sein, daß alle Wünsche erfüllt würden. Diese Vorstellung führt dann zum Vorwurf an die Adresse der Politiker, weshalb sie diesen doch höchst erfreulichen Zustand nicht schon längst herbeigeführt hätten. Und welcher Politiker fühlte sich nicht geschmeichelt, daß man so viel von ihm erwartet. So entstehen falsche Maßstäbe, und der Mensch kann auch an falschen Maßstäben leiden. Es ist höchst unerfreulich und auf die Dauer hin auch unerträglich, wenn der demokratische Staat dauernd an unrealistischen Wunschbildern gemessen wird, also an dem, was nicht sein kann, und nicht an dem, was möglich wäre. Einen solchen Vergleich kann auf die Dauer kein Staat, auch keine Demokratie bestehen. Diese Wünsche haben eben nämlich eine sehr wichtige Eigenschaft: Sie widersprechen sich.

Gefordert wird:

1. Vollbeschäftigung, Kürzung der Arbeitszeit mit vollem Lohnausgleich, aber gleichzeitig Zurückdrängung der Wirtschaft aus ökologischen Gründen.

2. Die Rationalisierung soll abgebremst werden, aber die Konkurrenzfähigkeit der deutschen Firmen auf dem Weltmarkt soll erhalten bleiben, denn es dürfen keine Betriebe mehr ihre Pforten schließen und ihre Arbeitnehmer freisetzen.

3. Jährliche Anhebung der Löhne und Gehälter, der Pensionen und der Renten sowie der Sozialleistungen, aber gleichzeitig Bekämpfung des Wachstumsfetisch.

4. Mehr billige und gute Wohnungen, aber kein Landschaftsverbrauch.

5. Mehr hochsubventionierte Kindertagesstätten, Altenheime, Altenpflegeheime, Jugendhäuser, Schwimmbäder, Sportplätze, bessere Gesundheitseinrichtungen, aber gleichzeitig Senkung der Steuern und Abgaben, außer für Besserverdienende, wobei jeder den für besserverdienend hält, der mehr verdient als er selber.

6. Billigen Strom, aber bitte ohne Kraftwerke.

7. Mehr Menschlichkeit, aber ohne eigenen Beitrag des Fordernden, sondern sozusagen von Staats wegen, wobei jede Bevormundung strikt abgelehnt wird.

8. Keine Störung durch Kraftfahrzeuge anderer, unter voller Wahrung des Rechts, selber Auto zu fahren, und unter Einräumung des Anspruchs, überall einen Parkplatz zu finden, und wenn nicht, von der Polizei wenigstens im Falle des Falschparkens nicht aufgeschrieben zu werden.

Die Aufgabe der Politik ist, aus diesen sich widerstreitenden Wünschen ein in sich schlüssiges und vernünftiges Konzept zu formen. Das geht nur durch Kompromisse, und Kompromisse sind nur möglich durch Abstriche. Es ist niemand damit gedient, wenn diese Forderungen, Wünsche und Hoffnungen, die da unorganisiert im Raume stehen, als eine Art Theaterfundus betrachtet werden, aus dem man sich das heraushölt, was man gerade braucht für seinen Auftritt auf der politischen Bühne.

Ich habe mich zusammen mit dem Präsidium und dem Hauptausschuß des Deutschen Städtetags in den vergangenen zwei Jahren bemüht, die Interessen der Städte gegenüber dem Bund und den Ländern losgelöst von speziellen parteipolitischen Positionen zu vertreten, wie dies auch meine Vorgänger getan haben. Gerade in diesen schwierigen Zeiten ist es notwendig, daß wir

Kommunalpolitiker in den Städten zusammenhalten, damit die Selbstverwaltung, die zu den wichtigsten Grundlagen deutscher, demokratischer Tradition gehört, nicht unter die Räder gerät.

Wir haben dieses gemeinsame Interesse, aber wir haben auch gemeinsam das Interesse, daß der demokratische Gesamtstaat in den nächsten Jahren seine Aufgaben so erfüllt, daß das Vertrauen der Bürger in die Funktionsfähigkeit der Demokratie erhalten und gestärkt wird.

Vor 50 Jahren übernahm Adolf Hitler die Macht. Die kommunalen Volksvertretungen wurden entmündigt. Die oppositionellen Kommunalpolitiker wurden aus ihren Ämtern entfernt, viele verfolgt und manche ermordet.

Hitler fielen damals das Reich, die Länder und die Städte wie reife Früchte in die Hand. In kürzester Zeit konnte er sich des ganzen Verwaltungsapparats bemächtigen. Was er mit dieser Macht anfing, ist bekannt. Es wird uns Deutsche noch lange belasten. Hitler wäre aber niemals an die Macht gekommen, wenn die Weimarer Demokratie funktionsfähig geblieben wäre und wenn das Vertrauen der Bürger in diese Funktionsfähigkeit nicht in so großem Maße erschüttert worden wäre. Die Vergangenheit bewältigen heißt, aus der Vergangenheit lernen. Ohne eine Parallele zwischen Weimar und heute ziehen zu wollen, die politisch und ökonomisch neben der Sache läge, sollten wir doch alle die Verpflichtung empfinden, die uns die Vergangenheit auferlegt, daß wir die vor uns stehenden Probleme mutig und weitblickend anpacken, so daß der Bürger vor den demokratischen Parteien den Hut ziehen kann.

Der Deutsche Städtetag hat im Blick auf die schweren finanzwirtschaftlichen Probleme darauf verzichtet, lediglich Forderungen an Bund und Länder zu stellen, sondern wir haben unsere konkrete Mitarbeit bei Lösung dieser Probleme angeboten, und dabei sollte es bleiben.

Freilich bekäme es unseren Parteien gut, wenn sie der kommunalen Ebene die Beachtung schenken würden, die sie staatspolitisch, aber auch wegen ihrer Bedeutung für die Parteien verdient. Wir sind brave Parteifreunde, viele von uns gehören zur alten Garde, die auch schon unter Napoleon zwar gebrummt hat, aber brav mitmarschiert ist. Wir gehen mit, aber manchmal würden wir schon gerne wissen, ob es nach Austerlitz geht oder nach Waterloo. Und ich bin sicher, daß es, wenn man sich entschlösse, uns gelegentlich zu hören, wesentlich weniger Waterloos gäbe. Unsere Parteien unterschätzen manchmal den Wert der kommunalen Arbeit und auch, in welchem Ausmaß diese Arbeit zum Ansehen unseres Staates und auch zum Ansehen der Parteien beiträgt. Und einigen, die vom hohen Rosse her auf uns herunterschauen, sollten wir gelegentlich sagen: Wir sind nicht hier, weil Du da oben sitzest, sondern Du sitzest da oben, weil wir hier sind.

Im alten Württemberg gab es einige sterile, aber solide Verwaltungsgrundsätze. Sie lauteten:

1. Das haben wir noch nie so gemacht.
2. Da könnte ja jeder kommen, und
3. nur nichts Neues.

Im ganzen waren diese Grundsätze recht schlecht. Aber in den letzten Jahren hat man sich, wie das unsere nationale Eigenart ist, in das andere Extrem begeben und Grundsätze eingeführt, die etwa lauten:

1. Das machen die anderen auch so.
2. Es wird schon nicht jeder kommen.
3. Nur nichts Altes.

Alle möglichen Ideen wurden spontan aufgegriffen und ohne Berücksichtigung der Zusammenhänge in die Tat umgesetzt. Ich erinnere, um nur ein Beispiel zu erwähnen, das wiederholt plötzlich ausbrechende Bedürfnis, die Steuer zu senken, unter gleichzeitig anhaltender Entschlossenheit, keine Korrekturen bei den gesetzlich festgeschriebenen Ausgaben vorzunehmen. Reformen wurden begonnen und dann nach kurzer Zeit wieder fallengelassen. Und wenn jemand sagte, so geht's doch nicht weiter, hieß es, andere machen es auch so, und das ließ sich sogar beweisen. Auch heute könnten wir uns damit trösten, daß das Tempo der Verschuldung in anderen Ländern größer ist, auch in den USA seit einigen Jahren. Aber was hülfe uns das?

Von 1970 bis 1982 sind die Schulden angestiegen des Bundes auf 873 Prozent, also fast auf das 9fache, die der Länder auf 925 Prozent, also auf mehr als das 9fache, die der Kommunen auf 284 Prozent, also auf weniger als das 3fache. Ich erwähne die Zahlen für die Kommunen trotz erheblicher Bedenken. Man hatte uns ja in den vergangenen Jahren immer vorgehalten, aus dem Umstande, daß wir nicht so kräftig in die Verschuldung einsteigen wie Bund und Länder, ergebe sich, daß wir finanziell bessergestellt seien, so daß es nichts anderes sei als recht und billig, wenn man uns zur Sanierung der staatlichen Haushalte zur Kasse bitte. Inzwischen ist es wohl angesichts der Tatsache, daß zahlreiche Städte trotz drastischer Einsparungsbemühungen und Erhöhungen öffentlicher Abgaben nicht mehr ihre Verwaltungshaushalte ausgleichen können, klar geworden, daß man bei der Beurteilung kommunaler Verhältnisse wieder einmal den Wunsch zum Vater des Gedankens hat werden lassen.

In den Flächenstaaten bewegte sich der Schuldenstand je Einwohner im Jahr 1970 noch zwischen 74 Mark in Nordrhein-Westfalen und 796 Mark im Saarland. 1982 reicht die Spanne von 1656 Mark in Bayern bis 4634 Mark im Saarland. Was das Verschuldungstempo anlangt, ist Spitzenreiter Nordrhein-Westfalen. Das Land hat seit 1970 seine Schulden auf das 40fache erhöht.

Es kommt in der Politik selten vor, daß man etwas sicher weiß. In dieser glücklichen Lage sind wir in diesem Punkte. Wir wissen sicher, daß es so nicht weitergeht. Das ist schon ein guter Ansatz zur politischen Ernüchterung.

Ich habe nie etwas davon gehalten, daß die Frage, wer an diesen Entwicklungen schuld ist, sich in einem Maße in den Vordergrund drängt, daß keine Kraft mehr zur Erörterung der Therapie bleibt. Immerhin läßt sich zusammenfassend sagen, daß alle zu dem Anwachsen des Schuldenberges ihr Scherflein beigetragen haben.

Nüchternheit ist nun gefragt, Erregung ist fehl am Platze, damit es nicht wie in der Bibel heißt: „Die einen schrien dafür, etliche dawider, und die Gemeinde ward irre, und der mehrere Teil wußte nicht, warum sie zusammengekommen waren." Ap. 19, 32.

Im übrigen ist in dem von der Apostelgeschichte beschriebenen Falle durch ein Kanzlerwort Ruhe eingetreten. Es heißt: „Da der Kanzler das Wort gestillet hatte, sprach er: So sollt Ihr ja stille sein und nichts Unbedächtiges tun."

Ich wünsche unserem Kanzler, daß er Worte sprechen kann, die die gleiche Wirkung haben. Herr Bundeskanzler, wir sind Ihnen dankbar für Ihre Ausführungen und für das aus ihnen sprechende Verständnis für uns. Möge die Gesinnung des Herrn auch von seinen vielen Dienern geteilt werden.

Ich hoffe weiter, daß sich Bund und Länder den Kommunen gegenüber in dieser schwierigen Situation nicht so verhalten wie jener Baron in den masurischen Wäldern, der auf der Flucht vor den Wölfen zuerst seinen Pelz und dann seine Braut aus dem Schlitten geworfen hat.

Entkommen können wir nur gemeinsam, oder überhaupt niemand wird entkommen.

Ich will ein anderes Bild verwenden, das nicht die Gefahren auf dem Lande, sondern die auf der See betrifft. Wir sehen zur Zeit die Spitze des Eisbergs. Aber wir fahren auf den Eisberg zu. Nun gibt es zwei Möglichkeiten. Entweder wir lassen die Musik spielen und setzen die Fahrt fort, oder wir ändern den Kurs. Was im ersten Fall passiert, zeigt die Titanic-Katastrophe. Bei unserer Devise „Vernunft nur wenn gerecht" würden wahrscheinlich alle ersaufen, weil die Frage, wer zuerst gerettet werden soll, so lange diskutiert würde, bis nichts mehr zu retten ist.

Selbst wenn sich die Wirtschaft erholt, was wir alle hoffen, werden die Defizite im Gesamthaushalt auch in der Zukunft zu hoch bleiben, falls der Kurs nicht geändert wird. In vergangenen Zeiten, in denen alle Parteien angenommen haben, daß die Erwartung dauernden Wachstums der Wirtschaft eine sichere Grundlage der Planungen darstelle, wurden zahlreiche Gesetze so gefaßt, daß der Ausgabenzuwachs, ohne daß es eines besonderen Beschlusses des Parlamentes bedürfte, automatisch eintritt, und zwar ohne Rücksicht darauf, ob das Steueraufkommen ebenfalls wächst. Oft wachsen die Ausgaben um so mehr, je stärker die Einnahmen zurückgehen. Diese Dynamik wird man ändern müssen.

Ich will auch Brecht zitieren, der ja gelegentlich etwas unglücklich zitiert worden ist. Brecht hat bemerkt, daß man manchmal im Leben vor der Frage stehe, entweder die Fußnägel schneiden zu lassen, oder sich immer größere Stiefel anzuschaffen. Wir leben schon jetzt auf so großem Fuße, daß entsprechende Stiefel bald nicht mehr auf dem Markt vorrätig sind.

Wir erkennen an, daß die Bundesregierung sich um die Konsolidierung der öffentlichen Finanzen bemüht. Wir erkennen auch an, daß aus den Beschlüssen der Bundesregierung vom 18. Mai 1983 das Bestreben erkennbar wird, die Kommunen zu schonen. Dennoch führen die vorgesehenen Steuerentlastungen bei den Kommunen zu unmittelbaren Ausfällen von einer halben Mrd. DM und zu mittelbaren Ausfällen, die ebenfalls an eine halbe Mrd. DM heranreichen könnten. Die Bundesregierung hat zwar auch einige Einsparungen beschlossen, die den Kommunen zugute kommen sollen. Das Bundesfinanzministerium beziffert sie mit bis zu 1,5 Mrd. DM. Wir halten diese Zahl für unrealistisch, höflich formuliert. Wir müssen sogar von überproportionalen Belastungen der Kommunen ausgehen. Die Kommunen können keine weiteren Einbußen mehr ertragen.

Wir begrüßen Maßnahmen, die das Wirtschaftswachstum fördern und die Arbeitslosigkeit bekämpfen. Wir treffen aus eigener Initiative solche Maßnahmen.

Wir fordern aber darüber hinaus seit Jahren, daß die Politik der plötzlichen Eingebungen und der spontanen Aktionen abgelöst wird von einer mittelfristigen Finanzstrategie. Einer Finanzstrategie, die die Zusammenhänge zwischen allen Einnahmen und Ausgaben und allen Haushaltsebenen und nicht nur auf der Bundesebene beachtet.

Das Präsidium des Deutschen Städtetages hat Anfang 1982 der Bundesregierung vorgeschlagen, ein Sanierungskonzept für den Gesamthaushalt aufzustellen, das schrittweise die strukturellen Defizite im Gesamthaushalt abbaut. Ziel des Sanierungskonzepts sollte sein, für die Wirtschaft wirklich schädliche Steuererhöhungen zu vermeiden und zu verhindern, daß in der gegenwärtigen Konjunkturlage die öffentlichen Investitionen mehr und mehr zurückgenommen werden, weil die gesetzlich gebundenen konsumtiven Ausgaben den Einsparungsbemühungen der Verwaltungen nicht zugänglich sind. Kernstück dieses Sanierungskonzepts sollte ein Katalog von konkreten Kürzungsvorschlägen und von konkreten Vorschlägen zur Steuererhöhung und zum Subventionsabbau sein. Wir haben seinerzeit angeregt, mit der Erarbeitung dieses Kataloges Sachverständige zu beauftragen, weil wir als lebenserfahrene Menschen wissen, wie ungern man in der Politik heiße Eisen mit eigenen Fingern anfaßt. Auf der Grundlage der Vorschläge der Sachverständigen sollten dann die politischen Entscheidungen getroffen werden, bei denen wir gerne beratend mitwirken und für die wir auch Mitverantwortung übernehmen wollten.

Ich möchte das wechselvolle Schicksal dieses Vorschlages nicht beschreiben. Er ist zur Zeit noch im Finanzplanungsrat anhängig, d.h. um genau zu sein, im Arbeitskreis des Finanzplanungsrats. Er steht jedenfalls noch im Raume. Wie die Sanierungsarbeit technisch durchgeführt wird, ist selbstverständlich eine sekundäre Frage. Für uns ist entscheidend, daß sie überhaupt durchgeführt wird, daß sie konkret wird, und daß sie so durchgeführt wird, daß das existentielle Interesse der kommunalen Selbstverwaltung von Bund und Ländern berücksichtigt wird.

Die Kommunen sind finanzwirtschaftlich nicht in der Lage, bei länger anhaltender Arbeitslosigkeit in der gegenwärtigen Größenordnung alle diejenigen über Sozialhilfe zu versorgen, die aus dem sozialen Netz des Bundes herausfallen. Wir sagen dies rechtzeitig, wie wir vieles rechtzeitig gesagt haben, hoffentlich diesmal mit dem gewünschten Erfolg. Es ist auch unbedingt erforderlich, daß bei Kürzungen von Leistungsgesetzen des Bundes und der Länder die Konsequenzen für die kommunalen Haushalte berücksichtigt, das heißt konkret, daß finanzielle Mehrbelastungen der Kommunen ausgeglichen werden.

Ich halte es für notwendig, daß wir auch die Sozialausgaben einer nüchternen Prüfung unterziehen. Freilich kann es sich der Bund nicht so leicht machen, daß er die Frage, wie die Kommunen mit ihren Soziallasten zurecht kommen, großzügig zu einer kommunalen Angelegenheit erklärt, in die er sich nicht einmischen wolle. Das System der sozialen Sicherung ist durch Bundesrecht so gestaltet, daß erstens die Kommunen in weiten Bereichen nur Bundesrecht ausführen und keine eigenen Gestaltungsmöglichkeiten haben, und daß zweitens im Falle einer länger anhaltenden Depression die finanzwirtschaftlichen Kosten der Arbeitslosigkeit mehr und mehr von der Bundesebene auf die kommunale Ebene übergehen.

Die einzelnen Kommunen werden durch Sozialausgaben für Arbeitslose um so stärker belastet, je mehr ihrer Bürger arbeitslos sind. Je größer die Arbeitslosigkeit, desto schwächer die Wirtschaft, je schwächer die Wirtschaft, desto weniger Steuern, je weniger Steuern, desto weniger ist die Kommune in der Lage, die soziale Last für ihre Arbeitslosen zu tragen. Die Konsequenz ist: Wenn Dauerarbeitslosigkeit in größerem Umfange auch in den kommenden Jahren herrschen sollte, wird der Bund die Sorge für den Lebensunterhalt der Betroffenen übernehmen müssen. Die

Sozialhilfekosten der Kommunen sind 1968 bis 1982 angestiegen von 1,86 Mrd. DM auf 16,3 Mrd. DM. Das ist eine Steigerung auf das 9fache. Ein weiterer dramatischer Anstieg ist zu erwarten.

Die Höhe der Leistungen, die der einzelne erhält, kann die Politik festlegen, die Zahl der Anspruchsberechtigten nicht; diese folgt der Entwicklung der Volkswirtschaft. Das Verhältnis der Politik zur Volkswirtschaft ist in etwa so wie das des schwäbischen Weingärtners zum Rebenertrag. Ist das Weinjahr gut, sagt der Weingärtner: In dem Jahre habe ich einen wunderbaren Wein erzeugt! Ist das Weinjahr schlecht, sagt er: So hat ihn halt der Herrgott wachsen lassen! Wobei sicherlich die zuletzt genannte Meinung die realistischere ist.

Erhebliche Einschränkungen sind bei den freiwilligen Leistungen der Kommunen im Sozial- und Jugendbereich zu erwarten. Dies ist bedauerlich, denn oft sind Aufgaben, die die Kommunen freiwillig übernommen haben, wichtiger als die, die zu erfüllen sie gesetzlich verpflichtet sind.

Ich solidarisiere mich mit allen, die das bedauern, aber auch mit allen, die solche Einschränkungen angesichts der Gesamtzusammenhänge für notwendig halten.

Es ist zwar bequemer, politische Spezialaufgaben aus den Zusammenhängen herauszunehmen und so zu tun, als ob nur sie da wären; aber was bequem ist, ist oft falsch, so auch hier. Wir sind unter den Ländern dieser Welt gewiß eines der reichsten Länder — solange sich unsere Wirtschaft auf den Weltmärkten behauptet.

Aber Reichtum ist ein relativer Begriff. Das von uns gewünschte System der sozialen Sicherung ist das System eines noch reicheren Landes, welches es zwar auf Erden nicht gibt, aber sehr wohl in dem uns Deutschen seit jeher zugänglichen Reich des Traums.

Wir werden die sozialen Fragen nicht besser, sondern schlechter lösen, wenn wir versuchen, störende Wirklichkeiten wegzuträumen oder vernünftige Zusammenhänge mit dem Schlachtruf der Moral beiseite zu schieben. Moral und Vernunft widersprechen sich nicht. Was sich widerspricht, sind Irrtümer.

Der Mensch leidet immer. In einem Land wie unserem, in dem der Hunger kein soziales Problem.mehr ist, treten andere Leiden in den Vordergrund, nicht nur körperliche, sondern auch seelische. An Einsamkeit, an Ungerechtigkeit, an Langeweile, an Lieblosigkeit, an Sinnlosigkeit, an Zukunftsangst, an Jugend, an Alter. Ich glaube, es ist wichtig, daß die Kommunen weise Selbstbeschränkung üben und sich nicht in eine Rolle drängen lassen, die ihnen die Schuld des Urhebers und die Last des Therapeuten zuweist. Die öffentliche Hand kann im sozialen Bereich nur das Grobe und nicht das ganz Feine machen, und sie sollte sich nicht anmaßen, mehr zu können.

Wenn jedermann glaubt, er werde benachteiligt, kann denen, die wirklich grob benachteiligt sind, nicht geholfen werden. Die öffentliche Hand kann nicht die Mütter so stellen, wie sie stünden, wenn sie männlichen Geschlechts wären und keine Kinder hätten, die Kinder so, als ob sie Eltern und die Eltern so, als ob sie Kinder wären, und sie kann auch das leere Innenleben der Menschen nicht ausfüllen.

Eine Selbstbeschränkung der öffentlichen Tätigkeit zu akzeptieren, fällt uns Deutschen schwer. Aber die Meinung, ein richtiger Staat müsse alles machen können, ist ein Rudiment der Staatsvergötzung. Völkern, die sich durch Revolution die Freiheit erstritten haben und deren Staatsbegriff nicht auf Mythen zurückreicht, fällt es leichter, den Staat pragmatisch zu sehen, nämlich als Menschenwerk, dazu bestimmt, das Zusammenleben so zu organisieren, daß jeder, auch der Schwache, ein paar Freiheiten haben soll.

Es sollte im gemeinsamen Interesse keine Entwicklung einsetzen, die zu folgender Kettenreaktion der Mißverständnisse führt:

1. Ein moderner Mensch darf sich nicht wohl fühlen, weil er sonst nicht modern ist.

2. Wenn der Mensch sich nicht wohl fühlt, liegt das nicht an ihm selber, sondern an den Verhältnissen.

3. Urheber der Verhältnisse ist die Gesellschaft, in ihrer gesetzlichen Vertretung die öffentliche Hand.

4. Die öffentliche Hand ist, wenn sie will, durchaus in der Lage, die Verhältnisse so zu verändern, daß der Mensch sich wohl fühlt.

5. Sie tut das aber nicht, weil sie das nicht will.

6. Deshalb muß die öffentliche Hand durch engagierte Bürger bekämpft werden.

Unmerklich sind wir erneut dabei, die Demokratie in eine Position zu manövrieren, in der sie nichts vermag und für alles verantwortlich ist. Was immer Bewältigung der Vergangenheit bedeuten mag. Darunter ist sicherlich nicht zu verstehen, sie zu wiederholen.

Ich bin davon überzeugt, daß unsere Bürger politischen Realismus, auch ein Sanierungskonzept für den Gesamthaushalt, wenn es ökonomisch einigermaßen vernünftig und auch sozial einigermaßen gerecht ist, akzeptieren und mittragen würden. Aber das Problem muß durch eine große Konzeption angegangen werden, die die Zusammenhänge sichtbar macht. Und wenn diese Konzeption überführt werden könnte in eine Fortschreibung der Gemeindefinanzreform des Jahres 1969 mit dem Ziele, die Investitionskraft der Kommunen zu stärken — über die Haushalte der Kommunen laufen immerhin rund 70 Prozent der öffentlichen Investitionsausgaben — dann wäre dies ein großer Schritt weg vom falschen Wege.

Der Philosoph Lichtenberg stellt die Frage: „Was ist besser, von einem bösen Gewissen genagt zu werden, oder ganz ruhig am Galgen zu hängen?" Wenn man vor solcher Alternative steht, muß man in der Tat genau nachdenken. Vor dieser Alternative stehen wir jedoch nicht. Die überwiegende Mehrheit der Bürger erwartet nach meiner Einschätzung eine Politik, die sich wieder voll auf den Boden der Tatsachen stellt. Die Städte sollten weiterhin auf eine solche Politik drängen. Wir haben von den drei politischen Ebenen den engsten Kontakt mit der Realität. Wir sind deshalb verpflichtet, Anwälte eines vernünftigen Realismus zu sein.

Es ist nicht sehr realistisch, wenn immer wieder Spekulationen über den baldigen Abbau der Gewerbesteuer in die Welt gesetzt werden. Die Gewerbesteuer erbringt fast 27 Mrd. DM. Das Defizit oder der Schuldenzuwachs des Gesamthaushaltes im Jahr 1982 betrug rund 70 Mrd. DM. Ich sehe keine Möglichkeit, die Gewerbesteuer durch eine andere Steuer zu ersetzen, die nicht den gleichen Personenkreis träfe. Insbesondere sehe ich keine politische Möglichkeit, die Gewerbesteuer abzuschaffen und statt dessen die Mehrwertsteuer entsprechend anzuheben. Wenn man schon immer wieder sagt, die Gewerbesteuer enthalte ertragsunabhängige Elemente und sei deshalb ungerecht, dann sollte man sich doch vergegenwärtigen, daß auch die Mehrwertsteuer ertragsunabhängig ist, und zwar in vollem Umfang. Ich bin dem Herrn Bundeskanzler dankbar für seine beruhigende Erklärung zur Gewerbesteuer. Diese erspart es mir, hierzu längere Ausführungen machen zu müssen.

Der Anteil der Gewerbesteuer an den Steuereinnahmen der öffentlichen Hand ist von fast 11 Prozent Anfang der 60er Jahre auf 7 Prozent im Jahr 1981 zurückgegangen. Es wurde immer wieder an der Gewerbesteuer herumgeflickt. Jetzt sollte darauf verzichtet werden, die ertragsunabhängigen Elemente der Gewerbesteuer mehr und mehr abzubauen. Die Gewerbesteuer dient dem Ausgleich von Lasten, die den Gemeinden durch Gewerbebetriebe entstehen. Diese Lasten entstehen unabhängig von den Erträgen. Es wäre verfassungsrechtlich unzulässig, die Gewerbesteuer als eine zweite Einkommens- bzw. Körperschaftssteuer auszugestalten.

Schon die gegenwärtigen Verhältnisse zwingen die Städte dazu, ihre Investitionsausgaben Schritt für Schritt zurückzunehmen, was wir im Blick auf die schwierige Lage der Bauwirtschaft lebhaft bedauern. Außerdem sehen sich einzelne Städte trotz Ausschöpfung von Einsparungsmöglichkeiten gezwungen, zur Stabilisierung ihrer Finanzen die Gewerbesteuerhebesätze heraufzusetzen. Wir wissen, daß in der gegenwärtigen Konjunkturlage die Heraufsetzung dieser Hebesätze nicht günstig ist. Aber Konjunkturpolitik können eben auch wir nur machen, wenn sich diese finanzwirtschaftlich rechnet. Ich habe vor dieser Gefahr im Auftrage des Präsidiums des Deutschen Städtetags wiederholt gewarnt. Zum Teil ist mir vorgehalten worden, ich hätte mit der Gewerbesteuererhöhung gedroht oder sogar zu ihr aufgefordert. Ich habe leider schon wiederholt feststellen müssen, daß der Unterschied zwischen einer Warnung, einer Drohung und einer Aufforderung im politischen Leben nicht jedermann geläufig ist. Wenn ich mit einem Bekannten spazierengehe, und ich sage zu diesem, dort liegt ein Dreck, trete nicht hinein, dann drohe ich nicht mit dem Dreck, ich fordere ihn auch nicht auf, in ihn hinein-zutreten, sondern ich warne ihn vor diesem.

Daß die finanziellen Schwierigkeiten der Kommunen die politi-schen Möglichkeiten der kommunalen Volksvertretungen nicht gerade erweitern, ist selbstverständlich. Wir leiden aber an weite-ren Einschränkungen dieser Gestaltungsmöglichkeiten. Es heißt feierlich in Artikel 28 Abs. 2 Grundgesetz: „Den Gemeinden muß das Recht gewährleistet sein, alle Angelegenheiten der örtlichen Gemeinschaft im Rahmen der Gesetze in eigener Verantwortung zu regeln."

Durch den Reglementierungseifer der uns überwölbenden staat-lichen Ebenen, durch den juristischen Eifer diverser Fach- und Aufsichtsbehörden wird dieser Rahmen aber immer enger, so daß die Befürchtung nicht unrealistisch ist, es könnte eines Tages bloß noch der Rahmen da sein und kein Bild mehr hineinpassen. Ein solcher Rahmen ist aber kein Rahmen, sondern ein Brett. Auch Bundes- und Landespolitiker, auch Staatsbeamte sollten es nicht zulassen, daß die kommunale Selbstverwaltung, diese großartige Möglichkeit unseres Gemeinwesens, Widersprüche zwischen Einzelinteressen und dem allgemeinen Wohl durch poli-tische Entscheidungen gewählter Vertreter in der Anschaulich-keit örtlicher Verhältnisse auszugleichen, daß diese Möglichkeit mehr und mehr eingeschränkt wird. Die Verwaltungen, die für die Herstellung von Vorschriften zuständig sind, sind groß und mit qualifizierten Beamten besetzt. Es gibt keine untätige Verwal-tung, und eine Verwaltung, die nicht weiß, was sie tun soll, der fällt was ein, und im Zweifel nichts Gutes, aber nie, sich selber abzuschaffen oder zu schrumpfen.

Ich hoffe, daß den vielen öffentlichen Bekundungen, der Büro-kratisierung unseres staatlichen und gesellschaftlichen Lebens solle nun ernsthaft zu Leibe gerückt werden, Taten folgen. Dies erfordert harte juristische Kärrnerarbeit. Es erfordert vor allem, daß den kommunalen Volksvertretern Vertrauen entgegenge-bracht wird und daß auch den Bürgern größeres Vertrauen entge-gengebracht wird, denn die Verminderung der Handlungsmög-lichkeiten der Gewählten bedeutet automatisch auch eine Verkürzung der Einflußmöglichkeiten der Wähler. Wir wollen nicht hinnehmen, daß sich entgegen dem Geiste des Grundge-setzes faktisch eine zentralistisch, hierarchisch von oben nach unten gegliederte Verwaltung herausbildet. Im Kaiserreich mag die Daumenregel gegolten haben, daß jemand um so höher war, je näher er sich beim Kaiser befand. Wir haben schon seit 1918 keinen Kaiser mehr, aber manche haben es noch nicht gemerkt. Unser Souverän ist das Volk, das seinen Willen in den Wahlen kundtut. Es braucht nicht von Flensburg bis nach Konstanz alles über einen Leisten gezogen werden, weil dies ein typisch deutsches Mißverständnis von Gleichheit und bürokratischer Ordnung so haben möchte.

Ich darf versichern, daß wir Kommunalpolitiker an die großen Aufgaben mit der gleichen Ernsthaftigkeit herangehen, die Bundes- und Landespolitiker für sich in Anspruch nehmen. Das gilt auch für den Umweltschutz, selbstverständlich auch für den Schutz unserer Wälder. Wir sind daran interessiert, daß die Gefahr des Waldsterbens gebannt wird. Was mich etwas mißtrauisch macht, ist die Tatsache, daß es immer noch streitig zu sein scheint, worin überhaupt die wesentliche Ursache der Erkrankung der Bäume liegt. Aber daß die Hauptursache Schwefeldioxyd sei, ist mit Mehrheit beschlossen worden, und als Demokrat akzeptiere ich das. Es muß aber auf die Städte Rücksicht genommen werden, die in den letzten Jahren aus eigenem Antrieb, aber auch auf Empfehlung des Staates ihre Fernwärmesysteme ausgebaut haben. Sie sollten jetzt nicht gezwungen werden, wegen der Kosten der Rauchgaswäsche die Fernwärmepreise um über 20 Prozent anzuheben mit der Folge, daß es mit der allseits hochgepriesenen Fernwärme wieder abwärts geht. Hier wäre etwas mehr Konsequenz und konzeptionelle Folgerichtigkeit wünschenswert.

Neben dem Schutze der Wälder und der Natur liegt uns aber auch der Schutz der Menschen vor Umweltschäden am Herzen. Es ist wohl unstreitig, daß die Menschen am meisten unter Umweltbelastungen in den Städten leiden müssen. Erheblich beteiligt an diesen Emissionen ist der Verkehr. Es ist dringend notwendig, daß die Mittel zum Ausbau der öffentlichen Nahverkehrssysteme weiter fließen und daß auch Mittel für Umgehungsstraßen bereitgestellt werden. Ich hoffe, daß sich das allgemein verbreitete und begrüßenswerte Streben nach Verbesserung der Umwelt auch in Prioritätenentscheidungen zugunsten der Verkehrswege der Städte äußert.

Man mag die Städte lieben oder ablehnen. Eines ist sicher, in ihnen entscheidet sich die Zukunft unserer Wirtschaft, und in ihnen vollzieht sich der Kulturprozeß, in ihnen werden die Meinungen, Haltungen, Wertvorstellungen und Maßstäbe hervorgebracht, die die innere Haltung vieler Menschen prägen. Das zeigt sich in Frankfurt besonders deutlich. Es ist für uns alle entscheidend, daß dieser Kulturprozeß so verläuft, daß die Zahl der Staatsbürger wächst, die Zahl der Bürger, die für den demokratischen Staat auch einzutreten bereit sind, wenn es darauf ankommt. Es ist von entscheidender Bedeutung, wie die Städte von der jungen Generation erlebt werden, als bürokratisch gesteuerte Verwaltungsbehörde, als konstituierte Anarchie, oder als lebendiger politischer Organismus, der frühzeitig die Themen dieser Zeit aufgreift. Hätte die Selbstverwaltung in den Städten nicht eine alte Tradition, sie müßte heute eingeführt werden, denn wir brauchen sie in der Zukunft mehr als je zuvor.

Schopenhauer, der 27 Jahre in Frankfurt gelebt hat, schrieb: „Der eigentliche Fehler der Deutschen ist, daß sie, was vor ihren Füßen liegt, in den Wolken suchen."

Unser Land braucht starke Städte, weil starke Städte auch eine starke Demokratie bedeuten.

Aussprache

WALTER FREUND

Es ist ungewöhnlich, daß man sich hier zu diesem Zeitpunkt zu Wort meldet. Ich tue es als Vorsitzender der F.D.P.-Fraktion in Solingen. Ich weise die polemischen Äußerungen des Ministerpräsidenten des Landes Hessen, Herrn Börner, gegen die F.D.P. entschieden zurück. Er hat nach meiner Auffassung das Grußwort zu polemischer Auseinandersetzung mit der F.D.P. mißbraucht. Das ist unserer gemeinsamen Arbeit im Interesse der deutschen Städte nicht dienlich. Das möchte ich hier als F.D.P.-Mann ausdrücklich feststellen.

Grußworte der Bundestagsfraktionen

ALFRED DREGGER (CDU/CSU)

1. Vor zwei Jahren hatte ich bereits die Ehre, Ihnen in Hamburg die Grüße der CDU/CSU-Fraktion des Deutschen Bundestages zu überbringen. Damals sprach ich zu Ihnen als Vertreter der Opposition. Eine Rolle, die seit dem 6. März dankenswerterweise mein alter Freund und Nachfolger im Amt des Städtetags-Präsidenten, Hans-Jochen Vogel, übernommen hat.

Daß wir beide heute eine wichtige sicherheitspolitische Debatte im Deutschen Bundestag versäumen, um zu Ihnen sprechen zu können, zeigt den Respekt, den Regierung und Opposition den Städten und dem Städtetag entgegenbringen.

Es wäre gewiß schön, wenn die beiden aus dem Städtetag hervorgegangenen Vorsitzenden der großen Bundestagsfraktionen nun in einem Wettbewerb eintreten könnten mit dem Ziel, die Finanzlage der Städte grundlegend zu verbessern. 1967 war das möglich. Damals lagen die Stunde Null und 20 glückliche, nahezu schuldenfreie Unionsjahre hinter uns. Die Bundeskasse war voll. Allein das damals verabschiedete Gemeindeverkehrs-Finanzierungsgesetz, an dessen Vorbereitung ich als Städtetagspräsident unmittelbar beteiligt war, hat den Gemeinden inzwischen Finanzierungshilfen in Höhe von 28,5 Mrd. DM gebracht. Der Herr Bundeskanzler hat gestern darauf hingewiesen.

Heute, nachdem die Partei meines Freundes und Kontrahenten Hans-Jochen Vogel dreizehn Jahre lang das Sagen hatte, ist Vergleichbares ausgeschlossen. Die Kassen sind leer, das Steuer- und Abgabenpotential ist ausgeschöpft, der Bund ist ohne finanziellen Spielraum. Ich sage das nicht, um nachzukarten, sondern um die Ausgangslage zu beschreiben, in der die neue Bundesregierung ihr Amt angetreten hat. Eine Lage, auf die Sie, meine Damen und Herren, und wir uns einzustellen haben, leider.

Zur Erläuterung: Der Bundeshaushalt muß in diesen Jahren nicht weniger als 27 Mrd. DM aufbringen, nur um die Zinsen für Altschulden bezahlen zu können. Im nächsten Jahr werden es schon 30 Mrd. DM sein. Solange die Nettoneuverschuldung nicht auf null gebracht ist, wird auch die Zinslast weiter zunehmen.

Für das kommende Jahr streben wir an, die Nettoneuverschuldung des Bundes auf 39 Mrd. DM zu begrenzen, was eine zweite einschneidende Sparanstrengung erfordert. Auch diese 39 Mrd. DM übersteigen noch die Schuldengrenze des Art. 115 GG, der wir uns nur schrittweise nähern können.

Von den 39 Mrd. DM Nettoneuverschuldung gehen dann praktisch für Zinslasten 30 Mrd. DM ab, so daß davon nur ganze 9 Mrd. DM für Sachausgaben bleiben.

Das ist der verhängnisvolle Kreislauf, in den wir durch ein nicht nur konjunkturelles, sondern strukturelles Defizit geraten sind: Immer mehr Schulden haben immer mehr Zinslasten und immer weniger Investitionen zur Folge. Es ist, als ob uns die Kehle von Jahr zu Jahr enger zugeschnürt würde. Diesen Kreislauf müssen wir durchbrechen. Wir müssen ihn jetzt durchbrechen. Wir müssen unser öffentliches Ausgabenniveau an unsere dauernde Leistungsfähigkeit anpassen. Mit anderen Worten: Wir können nicht unbegrenzt auf Kosten unserer Kinder leben.

Ich weiß, andere fordern das Gegenteil, nämlich schuldenfinanzierte staatliche Beschäftigungsprogramme. In einer Zeit, in der nicht einmal die Gemeinden in die Lage versetzt werden können, ihre normale Investitionsquote aufrechtzuerhalten, ist eine solche Forderung ohnehin schwer verständlich. Was die Anwendung dieses Rezepts angesichts der vorhandenen und noch ständig anwachsenden Schuldenbergs bedeuten würde, ist unschwer zu erkennen: Der Druck der Zinslast würde uns nicht nur strangulieren, wie jetzt schon. Er würde uns die Kehle zuschnüren.

2. Vielleicht erinnern sich einige von Ihnen noch an mein Hamburger Grußwort aus dem Jahre 1981. Darin hieß es — entschuldigen Sie, daß ich mich ausnahmsweise einmal selbst zitiere —: „Ich glaube, daß eine drastische Kurskorrektur unserer gesamten Haushalts- und Finanzpolitik, und das heißt unserer Politik überhaupt, unvermeidlich ist." Heute in der Regierungsverantwortung sage ich nichts anderes. Ich weiß, in Hamburg habe ich nicht von allen Beifall erhalten. Ich denke, heute wird niemand von Ihnen bestreiten, daß eine Kurskorrektur in der Haushalts- und Finanzpolitik unvermeidlich und längst überfällig war.

Diese Kurskorrektur stellt uns vor grundlegende Fragen: In welchen Ausgabenbereichen soll das Defizit beseitigt werden, im Subventionsbereich, im Investitionsbereich, im Sozialbereich, im Personalbereich?

a) Selbstverständlich: Alle Subventionen gehören auf den Prüfstand. Sie sind zu streichen, wenn und soweit ihre Berechtigung nicht immer wieder erneut nachgewiesen werden kann. Stahl- und Werftenkrise jedoch, die schwierige Lage des Bergbaus, mit diesen Branchenkrisen verbundene regionale Krisen, denken Sie zum Beispiel an Bremen oder das Saarland, setzen dem Sparstift bei Subventionen dieser Art leider enge Grenzen.

Aber umgekehrt muß es für Subventionen dieser Art tatsächlich Grenzen geben. Wir können nicht alle unsere Ressourcen einsetzen, um alte Strukturen zu erhalten. Wichtiger ist es, daß wir einen Spitzenplatz in den modernen Technologien erobern, zum Beispiel in der Nukleartechnik, in der Medientechnologie und in der Mikroelektronik. Ausgerechnet in diesen Zukunftsbereichen sind wir zurückgefallen. Nicht konservieren, sondern innovieren schafft und erhält Arbeitsplätze.

Von uns beabsichtigte Kürzungen bei den Steuersubventionen sollen dazu dienen, eine Tarifkorrektur bei der Lohn- und Einkommensteuer zu ermöglichen. Wir wollen die heimlichen Steuererhöhungen bei der Lohn- und Einkommensteuer rückgängig machen. Subventionskürzungen im Steuerbereich erschließen daher keinen neuen Finanzspielraum. So einleuchtend auf den ersten Blick und so populär die Forderung nach Subventionskürzungen — natürlich nur jeweils bei anderen — ist, eine nähere Prüfung ergibt, daß sie zur Zeit keinen großen Spielraum zur Haushaltskonsolidierung eröffnen.

b) Was für den Subventionsbereich gilt, gilt erst recht für den Investitionsbereich. Die öffentlichen Investitionen sind nicht zu hoch, sondern zu niedrig. Hier wurde von den sozial-liberalen Regierungen am meisten gekürzt, wovon insbesondere die Gemeinden, die Hauptträger der öffentlichen Investitionen, betroffen sind. Ihre Investitionen gingen von 41 Mrd. DM im Jahre 1980 auf 34 Mrd. DM im Jahre 1982 zurück, was konjunkturpolitisch gewiß falsch war.

Im übrigen ist der öffentliche Investitionsbedarf nach wie vor groß, nicht nur im gemeindlichen Bereich. Die Deutsche Bundesbahn zum Beispiel, die wegen jahrzehntelanger Vernachlässigung noch weitgehend den Zuschnitt des 19. Jahrhunderts hat, kann ohne erhebliche Investitionen aus ihrer miserablen Lage nicht befreit werden.

3. Bei dieser Sachlage bleibt uns gar nichts anderes übrig: Wir müssen in den Bereichen kürzen, deren Ausgaben in den 70er Jahren geradezu explodiert sind.

Das sind die Personalausgaben, die sich verdreifacht, und die Sozialausgaben, die sich vervierfacht haben.

Schon in Hamburg habe ich darauf hingewiesen.

a) Kostenbegrenzung im Personalbereich ist für Länder und Gemeinden noch wichtiger als für den Bund.

Der neue Tarifvertrag für die Arbeiter und Angestellten im öffentlichen Dienst führt in seiner achtzehnmonatigen Laufzeit zu einem Einkommenszuwachs von 2,56 Prozent. Dem stehen Beitragserhöhungen in der Renten- und Arbeitslosenversicherung von ca. 1 Prozent gegenüber. Auf der anderen Seite wird die Besoldungserhöhung für die Beamten erst vier Monate später wirksam. Die Unterschiede zwischen den verschiedenen Gruppen des öffentlichen Dienstes sind nicht so groß, daß sie unzumutbar wären. Für einen etwaigen Nachschlag bei den Beamten, deren Besoldung um 2 Prozent angehoben wurde, sehe ich unter diesen Umständen keinen Anlaß.

Der öffentliche Dienst kann aus der allgemeinen Einkommensentwicklung natürlich nicht herausgenommen werden. Mittelfristig kann daher nur eine umfassende Verwaltungs- und Justizreform die notwendige Entlastung für die öffentlichen Haushalte bringen. Es gilt, die öffentlichen Aufgaben, die Vorschriften und die Verwaltungs- und Gerichtsinstanzen zu verringern. Nur so kann die Zahl der öffentlichen Bediensteten, die in den 70er Jahren um 1,1 Mill. erhöht wurde, auf ein tragbares Maß zurückgeführt werden.

Sobald die großen finanz- und sozialpolitischen Entscheidungen getroffen sind, sollten wir uns diesem Thema zuwenden. Wir, das sind Bund, Länder und Gemeinden. Nur gemeinsam können wir schaffen, was jetzt notwendig ist.

b) Auch die sozialen Sicherungssysteme sind sämtlich überfordert. Es ist die schwere Aufgabe des Bundesministers für Arbeit und Sozialordnung, meines Freundes Norbert Blüm, sie auf eine verläßliche und auf Dauer tragfähige finanzielle Grundlage zu stellen. Im Vordergrund unserer Bemühungen steht die Rentenversicherung. Es wäre zu begrüßen, wenn für sie eine von allen politischen Kräften gemeinsam getragene Lösung gefunden werden könnte. Den drei Grundsätzen des Bundesarbeitsministers stimmen wir zu; nämlich: Beitragsbezogenheit, d.h. Leistungsbezogenheit der Renten; ferner gleichmäßige Anhebung der verfügbaren Arbeits- und Renteneinkommen; schließlich verläßlicher Staatszuschuß, der sich in Zukunft an den versicherungsfremden Ausgaben orientieren sollte.

Norbert Blüm wehrt sich gegen eine nochmalige Verschiebung der Rentenanpassung. Er findet dabei die Unterstützung meiner Fraktion.

Von nicht geringerer Bedeutung als die Sozialversicherung ist die Sozialhilfe. Veränderungen in der Renten-, in der Arbeitslosen- und in der Krankenversicherung, Kürzungen beim BAFÖG und beim Wohngeld beeinflussen die Sozialhilfe und damit unmittelbar die Finanzlage der Städte und Kreise. Auch in der Sozialhilfe sind Veränderungen unvermeidlich. Wir bereiten sie vor und erbitten dazu den Rat und die Unterstützung der kommunalen Spitzenverbände.

4. Den Ausgabenkürzungen stehen Einnahmekürzungen gegenüber, die zunächst der Entlastung der Wirtschaft, später bei der Reform der Einkommen- und Lohnsteuertarife auch der Entlastung der Arbeitnehmer dienen sollen. Es gibt Leute, die in diesem Zusammenhang von sozialer Asymmetrie sprechen. Von den Kommunen erwarte ich diesen Vorwurf nicht, da sie mit ihrer Wirtschaft nach wie vor eng verbunden sind, wenn auch die bedauerlichen Eingriffe in die Gewerbesteuer das Band zwischen

Kommunen und örtlicher Wirtschaft gelockert haben. Trotzdem glaube ich, daß Sie, meine Damen und Herren, nach wie vor nahe genug dran sind, um zu erkennen, daß die Bundesbank recht hat, wenn sie seit Jahren die schlechte Ertragslage und die viel zu geringe Eigenkapitalausstattung der deutschen Wirtschaft beklagt und auf Änderungen drängt.

In der Tat: Betriebe, die keine Gewinne machen, zahlen keine Steuern, jedenfalls keine ertragsabhängigen. Vor allem schaffen sie keine Arbeitsplätze. Betriebe, die Verluste machen, gehen pleite und setzen Arbeitskräfte frei. Wir erleben seit zwei Jahren die größte Pleitewelle der Nachkriegsgeschichte. Daraus folgt: Begrenzung der Steuer- und Abgabenlast, Verringerung des Zinsniveaus durch Senkung der staatlichen Defizite, Erhöhung der internationalen Wettbewerbsfähigkeit der deutschen Wirtschaft auf den Gebieten, auf denen sie verlorengegangen ist, sind die dringendsten Aufgaben der Wirtschafts- und Finanzpolitik. Anderes mag flankierend hinzutreten, zum Beispiel Arbeitszeitverkürzung in dem Rahmen, den die Wettbewerbslage setzt. Darin ein Allheilmittel zu sehen, wäre verhängnisvoll.

Wenn die Arbeitslosigkeit der Schweiz heute unter 1 Prozent und die Japans bei 2,4 Prozent liegt, dann verdanken diese Länder das nicht der Arbeitszeitverkürzung, sondern ihrer Leistungsfähigkeit.

5. Bundesregierung und Bundestagsfraktion bekennen sich zur Verantwortung des Bundes für eine aufgabengerechte Finanzmittelverteilung zwischen allen öffentlichen Ebenen. Eine Sanierung des Bundeshaushalts auf Kosten von Ländern und Gemeinden kann es und wird es nicht geben. Der Bundeskanzler hat das gestern erneut bekräftigt. Der Bundesfinanzminister war wie der Bundeskanzler lange genug Ministerpräsident eines Bundeslandes, um die Bedeutung und den Finanzbedarf der Länder und Gemeinden richtig einschätzen zu können. Ich denke als Vorsitzender der CDU/CSU-Bundestagsfraktion nicht anders als zu der Zeit, zu der ich Präsident des Deutschen Städtetages sein durfte.

Die Voraussetzungen für eine gute Zusammenarbeit mit Ländern und Gemeinden sind von unserer Seite gegeben. Wir wissen: Ausgabenkürzungen, die nicht alle Träger öffentlicher Belange gleichmäßig entlasten, müssen ebenso in die Finanzausgleichsrechnung eingehen wie Einnahmekürzungen, die ohne Ausgleich sich einseitig auswirken würden. Diesen Grundsatz in die Tat umzusetzen, wird nicht immer einfach sein. Aber der Deutsche Städtetag kann bei uns mit grundsätzlicher Übereinstimmung in dieser Frage rechnen.

Wir Christlichen Demokraten und Christlich Sozialen sind im übrigen überzeugte Anhänger des Föderalismus und der kommunalen Selbstverwaltung.

Wir wollen die Mischfinanzierung von Bund und Ländern auf das unvermeidbare Maß zurückführen. Wir wollen möglichst viel an Finanzautonomie für die Gemeinden. Nicht Gleichheit, sondern Gestaltungsfreiheit und Selbstverantwortung für Länder und Gemeinden stehen für uns im Vordergrund.

Wer eine weitere Einschränkung der Gewerbesteuer betreiben will, muß eine nicht nur quantitative, sondern auch qualitativ gleichwertige Alternative bieten. Ich weiß, daß diese These nicht unumstritten ist. Aber sie entspricht meiner Überzeugung, gefestigt durch Erfahrungen, die ich vierzehn Jahre lang in der Kommunalpolitik, zehn Jahre in der Landespolitik, inzwischen über zehn Jahre in der Bundespolitik und dazu zwölf Jahre in der Wirtschaft gemacht habe.

Ich will meinen Einfluß gewiß nicht überschätzen. Aber ich möchte sagen: Ich werde das mir Mögliche tun, um dieser Überzeugung Geltung zu verschaffen.

6. Als Vorsitzender der großen Regierungsfraktion freue ich mich auf die Zusammenarbeit mit dem Deutschen Städtetag, mit seinem alten Präsidenten, Oberbürgermeister Rommel, Stuttgart, ebenso wie mit seinem neuen Präsidenten, Oberbürgermeister Samtlebe, Dortmund, und natürlich nicht zuletzt mit dem Geschäftsführenden Präsidialmitglied, meinem alten Kollegen und Freund Dr. Weinberger.

Ohne starke Städte müßte unser Staat Schaden nehmen. Der Deutsche Städtetag wird in meiner Fraktion einen stets aufgeschlossenen und im Rahmen des Möglichen auch hilfsbereiten Partner finden.

HANS-JOCHEN VOGEL (SPD)

Im Namen der SPD-Fraktion des Deutschen Bundestages überbringe ich allen Teilnehmern der 22. ordentlichen Hauptversammlung des Deutschen Städtetages sehr herzliche Grüße. Ich tue das besonders gern, weil ich von 1960 bis 1972 als Oberbürgermeister von München dem Präsidium des Deutschen Städtetages angehört und ihm zuletzt auch als amtierender Präsident gedient habe. Da die letztere Voraussetzung auch auf meinen Vorredner zutrifft, ergibt sich eine Konstellation eigener Art. Denn das ist sicherlich nicht alltäglich, daß die Vorsitzenden der beiden großen Bundestagsfraktionen Grußworte an einen Verband richten, an dessen Spitze sie selbst einmal gestanden haben.

Diese Konstellation ist nicht ohne Reiz. Sie erlaubt Ihnen die ebenso schlüssige wie einleuchtende Argumentation, die betreffenden Gruß redner sollten als Vorsitzende ihrer Fraktion einfach für die Verwirklichung dessen eintreten, was sie zuvor als Präsidenten des Städtetages gefordert haben. Das wäre dann schon eine ganze Menge!

Ich könnte dem die Erkenntnis des Mannes entgegenhalten, dessen Tod vor 100 Jahren kürzlich weltweit gedacht wurde; die Erkenntnis nämlich, daß das Sein das Bewußtsein bestimme. Aber ich verzichte auf diesen Einwand und knüpfe statt dessen ganz bewußt an die Schlußsätze des Referats an, das ich vor 12 Jahren auf der 16. Hauptversammlung des Deutschen Städtetages im Mai 1971 in München unter der Überschrift „Rettet unsere Städte jetzt" gehalten habe.

Damals sagte ich, wir könnten das Wesen der Stadt als Nährboden intensiverer geistiger und materieller Leistungen als Ort gesteigerter Lebensintensität und eines höheren Lebensgefühls auch in einer Zeit rapiden Wandels bewahren, wenn es uns gelänge, unser Thema, das Thema „Stadt" auf der Tagesordnung der Politik endlich an eine zentrale Stelle zu rücken.

Das war eine weitreichende Forderung. Ich erkläre ohne Umschweife, daß sie in den 60er und 70er Jahren nicht in dem wünschenswerten Umfang erfüllt worden ist. Gewiß: Es gab eine kommunalpolitische Sternstunde und das war die kommunale Finanzreform des Jahres 1969 mit den Verbesserungen, die der Deutsche Städtetag auf seiner großen Kundgebung in Bonn noch in letzter Minute durchgesetzt hat. Es war die Kundgebung übrigens, auf der Herr Kollege Dregger als damaliger Präsident des Verbandes das Wort prägte „jetzt sei Unruhe die erste Bürgerpflicht". Auch sonst gab es eine ganze Reihe von Fortschritten wie etwa den beschleunigten Ausbau von Schienenschnellverkehrssystemen und von Verkehrsverbünden; oder Verbesserungen der Infrastruktur; oder neue Einsichten auf dem Gebiet der Stadtentwicklung und der Stadterneuerung. Aber insgesamt ist der kommunale Handlungs- und Entfaltungsspielraum in Folge eines Übermaßes an bundes- und landesrechtlichen Vorschriften, in Folge der zunehmenden Planungsdichte der höheren Ebenen der immer neue Lebensgebiete erfaßt hat und in Folge der wachsenden finanziellen Abhängigkeit der Kommunen eher geschrumpft. Zugleich stieß die Reform des Bodenrechts, die Anfang der 70er Jahre von Kommunalpolitikern aller Parteien als eine wesentliche Voraussetzung für eine humanere Stadtentwicklung angesehen wurde, auf unüberwindliche Hindernisse. Und ob die kommunale Gebietsreform die Selbstverwaltung tatsächlich gestärkt hat, muß immerhin mit einem Fragezeichen versehen werden.

Das ist der Versuch einer ungeschminkten Bilanz für die Vergangenheit, bei der überdies Vorwürfe keineswegs einfach entlang den Parteilinien anzubringen wären. Für die Zukunft ergibt sich allerdings kaum eine günstigere Perspektive. Im Gegenteil: Den Städten drohen weiter Beschränkungen vor allem auf finanziellem Gebiet und das nicht nur im Zusammenhang mit der allgemeinen wirtschaftlichen Situation, sondern auch aus ganz spezifischen politischen Gründen. Sie haben selbst in Ihrer Entschließung auf diese Gründe hingewiesen. Es sind dies

— die Konsolidierungspolitik von Bund und Ländern, die mit empfindlichen Lastenverschiebungen zum Nachteil der Kommunen einhergeht,

— die Eingriffe in die Gewerbesteuer und der angekündigte weitere Eingriff in die Vermögensteuer, der auf dem Wege über die Finanzverbünde ebenfalls auf die Gemeinden durchschlägt,

— der Anstieg der finanziellen Belastungen dadurch, daß Hunderttausende von Mitbürgerinnen und Mitbürgern — vor allem arbeitslose Frauen — infolge der Beschneidung sozialer Leistungen künftig zusätzlich die Sozialhilfe in Anspruch nehmen müssen und

— die zum Teil drastische Reduzierung der von den Ländern für den kommunalen Finanzausgleich bereitgestellten Summen.

Das darf so nicht weitergehen. Auch aus wirtschafts- und arbeitsmarktpolitischen Gründen. Denn diese Entwicklung führt unweigerlich zu einem weiteren raschen Absinken der kommunalen Investitionen und damit auch zu einer weiteren Verschärfung der Arbeitslosigkeit.

Die SPD-Bundestagsfraktion unterstützt deshalb Ihre Forderungen nach einer umfassenden Gemeindefinanzreform. Sie unterstützt ebenso die Forderung, zur Vorbereitung einer solchen Reform alsbald ein unabhängiges Gremium von Sachverständigen einzusetzen. Richtschnur für die Reform muß die Stärkung der kommunalen Finanzautonomie sein. Wer es mit der Selbstverwaltung ernst meint, muß daran festhalten, daß den Städten sowohl auf der Einnahme- als auch auf der Ausgabeseite ein Höchstmaß an eigener Verantwortung gebührt. Städte, deren Investitionsprogramme de facto in Bonn, in den jeweiligen Landeshauptstädten oder beim Regierungspräsidenten aufgestellt werden, sind in Wahrheit Außenstellen der Zentralbehörden, nicht aber Selbstverwaltungskörperschaften im Sinne der deutschen Städtetradition.

Über die weitere Zukunft der Gewerbesteuer kann man frühestens dann reden, wenn die Diskussion über eine andere, an die örtliche Produktion anknüpfende Gemeindesteuer mit eigenem Hebesatzrecht, also etwa über eine Wertschöpfungsteuer zu einem konkreten Ergebnis geführt hat. Bis dahin werden wir uns jedem weiteren Eingriff in die Gewerbesteuer ebenso entschieden widersetzen wie wir schon die von der Koalition zum 1. Januar 1983 verfügte Reduzierung dieser Steuer abgelehnt haben.

Wir werden weiter auf eine zeitnahe Grundstücksbewertung drängen. Und wir werden bei jeder direkten oder indirekten Neubelastung der Städte fragen, wie sie konkret ausgeglichen werden soll. Ohne befriedigende und — ich wiederhole das — konkrete Antwort wird es dazu von unserer Seite keine Zustimmung geben.

Ich verzichte auf weitere allgemeine Ausführungen. Ich rufe statt dessen alle Bundestagsfraktionen zu einem kommunalpolitischen Wettbewerb auf und — wo immer möglich — auch zur Kooperation derer, die davon überzeugt sind, daß wir starke, selbstbewußte und von ihren Bürgern bejahte und getragene Städte brauchen. Städte, die nicht zu Stadtmaschinen entarten, sondern ihren Bewohnern das Gefühl der Geborgenheit und des Beheimatetseins geben. Mit denen sich die Menschen identifizieren können, weil sie das menschliche Maß bewahren. Städte auch, die sich in das Gefüge der größeren Gebietskörperschaften — also der Länder und des Bundes — einordnen. Deren Autonomie Bund und Länder aber respektieren. Eingedenk jenes berühmten Satzes aus der Nassauischen Denkschrift des Freiherrn vom Stein, in dem es heißt: „Das zudringliche Eingreifen der Staatsbehörden in Privat- und Gemeindeangelegenheiten muß aufhören und dessen Stelle nimmt die Tätigkeit des Bürgers ein, der nicht in Formeln und Papier lebt, sondern kräftig handelt, weil ihn seine Verhältnisse . . . zur Teilnahme am Gewirr menschlicher Angelegenheiten nötigen."

Übrigens: Stein wollte nicht die Gemeindebehörden an die Stelle der Staatsbehörden setzen. Er sprach von der Tätigkeit der Bürger, die die Tätigkeit der Staatsbehörden ersetzen würde. Und er sprach von einem kräftigen Handeln dieser Bürger. Das sollte auch in ganz aktuellen Zusammenhängen nicht überhört werden.

In diesem Sinne wünsche ich der Hauptversammlung gute Beratungen und ein gutes Ergebnis und in diesem Sinne biete ich die Mitarbeit und die Unterstützung meiner Fraktion an.

TORSTEN WOLFGRAMM (F.D.P.)

Ich darf die Grüße der F.D.P.-Bundestagsfraktion übermitteln und besonders die Grüße des Fraktionsvorsitzenden Wolfgang Mischnick, der heute leider nicht hier sein kann. Er hat ja lange Zeit in Frankfurt gelebt und mich besonders gebeten, Ihnen zu dem 22. ordentlichen Städtetag seine Grüße zu übermitteln.

Wenn die Eigenschaften, vor dem Deutschen Städtetag zu sprechen, an die Präsidentenposition des Deutschen Städtetages geknüpft zu sein scheinen, wie ich aus den Anmerkungen der

Herren Vorredner entnehme, dann erwartet mich als ehemaligen Ratsherrn der Stadt Göttingen ja noch eine ganz erhebliche berufliche Veränderung, denn ich spreche heute zum ersten Mal zu Ihnen.

Die schwierige Finanzlage von Bund, Ländern und Kommunen ist von meinen Vorrednern hier sehr eindrucksvoll geschildert worden. Ich möchte noch einmal festhalten, daß das Kernproblem die Konsolidierung der öffentlichen Haushalte ist. Nur die Konsolidierung der öffentlichen Haushalte gibt der Wirtschaft das eindeutige Signal, daß wir es ernst meinen; nur die Konsolidierung gibt der Zinswirtschaft das eindeutige Signal, daß hier die Zinsen gesenkt werden können oder nicht wieder steigen. Das ist die Position, die von uns erwartet wird, daß es der Staat ernst meint mit dem Abbau der Verschuldung. Es kann aber nicht verschwiegen werden, daß es zu einer Lastenumverteilung gekommen ist, zuungunsten der Städte und der Gemeinden. Wenn ich einmal die Zahl nehme, daß Bund und Länder sich in den letzten Jahren um das neunfache verschuldet haben, und die Gemeinden und Städte nur um das dreifache, dann möchte ich doch festhalten, daß sich hier die besondere Verantwortung der Städte und Gemeinden zeigt, und ich möchte da auch selbstkritisch bei uns ansetzen.

Die Positionen, die wir zum Haushalt 1983 und 1984 einnehmen, zeigen, daß wir aus unseren Fehlern jedenfalls versuchen zu lernen. Im übrigen ist es vielleicht müßig, sich im einzelnen mit der Frage des Verschuldens zu befassen, soweit man nicht daraus die richtigen Schlüsse für die Zukunft zieht. Es ist etwa so wie die Anfrage an Radio Eriwan: Welches sind die vier Hauptschuldigen für die Misere der russischen Landwirtschaft? Die Antwort heißt: Frühling, Sommer, Herbst und Winter.

Da gibt es für die Freien Demokraten ein wichtiges Anliegen: die Verbesserung der Gemeindefinanzen. Der Sachverständigenrat hat in seinem Herbstgutachten 1982 dazu Stellung genommen und das als ein besonders vordringlich zu lösendes Problem erwähnt. Ich muß Ihnen hier redlicherweise sagen, daß unsere Position zur Frage der Gewerbesteuer sich nicht voll mit den Beschlüssen des Städtetages deckt, das heißt, wir sind der Meinung, daß wir uns eine stufenweise Beseitigung der Gewerbesteuer vorstellen. Aber dies nicht etwa ohne Ersatz und schon gar nicht unter der Vorstellung, daß dann das Zuweisungssystem nun erst in voller Blüte entsteht. Wir sind der Meinung, daß der Artikel 28 des Grundgesetzes, der die kommunale Selbstverwaltung in der Verfassung verankert hat, bedeutet, daß es nur darum gehen kann, daß entsprechend als Ersatz für die Gewerbesteuer ein kommunal ausgestaltetes Heberecht an ihre Stelle treten soll. Der sehr kenntnisreiche Finanzminister der Weimarer Republik, Popitz, hat es einmal überspitzt und mit Ironie versucht, zu formulieren. Er sagte seinerzeit in einer Rede vor den Kommunen: „Die

Gemeinden müssen in der Lage sein, auf Kosten ihrer eigenen Bürger, Dummheiten zu beschließen." Das bedeutet, daß sie selbst Verantwortung tragen, aber daß sie auch die Möglichkeiten haben müssen, ihre Heberechte voll auszuschöpfen. Das wollen wir herstellen, das wollen wir stärker herstellen, und da wollen wir uns auch vorstellen, daß hier ein Teil des ihnen zuungunsten zugemuteten und aufgebürdeten Lastenausgleiches wieder — wenn ich so sagen darf — gutgemacht wird.

Es darf nicht so sein, daß wir nach dem Motto verfahren: Kein Opfer ist uns zu groß, wenn es nur die anderen bringen. Die Bundestagsfraktion der Freien Demokraten möchte die Vorschläge, die dazu auf dem Tisch liegen, vom Deutschen Industrie- und Handelstag bis zu Ihren Vorschlägen, sorgfältig prüfen, und sie möchte auch in Kürze in Gespräche eintreten, in unmittelbare Gespräche mit den Spitzenorganisationen der Städte, der Kommunen und auch der Kreise, um hier sorgfältig im Gespräch auszuloten, welche Überlegungen schließlich in Gesetzesform eingebracht werden sollen.

Ein Grußwort ist durch die Kürze der Zeit beschränkt. Die Freien Demokraten wünschen Ihren weiteren Beratungen, die Sie heute abschließen werden, einen guten Verlauf. Wir wünschen uns starke Städte. Und Sie werden in der Verteidigung und Erweiterung dieser Rechte uns immer an Ihrer Seite finden.

WALTER SAUERMILCH (DIE GRÜNEN)

Im Namen der Fraktion Die Grünen des Deutschen Bundestages überbringe ich der Hauptversammlung des Deutschen Städtetages die herzlichsten Grüße. „Unser Land braucht starke Städte" Sehr richtig. Aber wie macht man das? Der Deutsche Städtetag stellt sich heute dieser Frage und ist dabei, Forderungen zu formulieren, die an uns alle gerichtet sind. Aber ich werde immer sicherer, daß diese Wünsche und Forderungen zu wenig an die Ursachen unserer kranken Städte greifen. Vielleicht sind diese Städte schon zu lange krank. Vielleicht haben wir uns deswegen daran gewöhnt und sehen das nicht mehr.

Ich erlaube mir daher, einmal zu fragen, wie die Städte ausgesehen haben, die von ihren Bewohnern und auch von uns heute als schön und stark und nach wie vor attraktiv anerkannt sind, die Städte des Mittelalters. Versuchen wir in aller Kürze herauszubekommen, warum.

Zunächst einmal hatten diese Städte fast immer eine übersichtliche Größe. Darunter verstehe ich einmal, daß sie eine feste Ausdehnung hatten, von Stadtmauern zur Verteidigung bestimmt. Innerhalb dieser Grenzen war eine durchaus beachtliche Bebauungsdichte üblich, die in der Vielfalt ihrer Gestaltung und in der Einmaligkeit der gebauten Individuen jedem Bürger eine leichte Orientierung vorgab. Ein reizvoller Wechsel von kleinen und großen Plätzen mit engen Gassen, Grünräumen, Brücken, Märkten und markanten Gebäuden. Übersichtlich auch deshalb, weil diese Städte sprichwörtlich „begehbar" waren.

Geprägt waren sie auch vom Handwerk und vom Handel in engem Zusammenhang mit dem Wohnen in der Stadt und der Landwirtschaft des engeren Umfeldes. Wegen des beschwerlichen Transports und der leichten Verderblichkeit der landwirtschaftlichen Produkte wurden Lebensmittel auf kürzestem Wege unverfälscht zum Verbraucher gebracht und auf Märkten feilgeboten. Das Handwerk erscheint als Bestandteil vieler Familien, wobei dessen Standort nicht nur in der Stadt, sondern meist sogar im Hause war. Nur wenige Berufe waren also auf das regelmäßige Verlassen der Stadt angewiesen. All das verstehe ich als „übersichtlich".

Weiter: Eine andere Eigenart dieser Städte, die für uns hier wichtig erscheint, war ihre Schönheit und Einheit. Man mag hier einwenden, daß die teilweise engen, dumpfen Gassen und schlechtbelichteten und -belüfteten Häuser mancher alter Stadtteile nicht gerade heutigen Vorstellungen von Schönheit entsprechen. Aber es hat niemals in der Geschichte die „perfekte" Stadt gegeben. Die Stadt lebt vom Kontrast, vom Wechsel zwischen eng und weit, zwischen hell und dunkel, zwischen filigran und flächig, zwischen eintönig und bunt. Die Schönheit dieser Städte ist entstanden auch aus diesen Kontrasten. Die liebevolle Durchbildung der Fachwerkfronten eines Marktplatzes, der Formenreichtum der Giebel, bis in die kleinste Einzelheit gestaltet, eingepaßt in das große Ganze und trotzdem eigenständig, vermitteln ästhetische Reize Freude am Spiel mit Material und Farbe, Anreiz mitzugestalten, Hemmungen etwas zu zerstören. Kleinräume laden ein zum Verweilen, Abwechslung fordert heraus, sich entdeckend zu bewegen, Kontakt aufzunehmen.

Bei all dieser Vielfalt der Kontraste fällt eine ganz betimmte Einheit auf, die entstanden ist aus der selbstverständlichen Beschränkung auf Materialien und Bauformen, die einerseits naturräumlich vorgegeben waren und andererseits — historisch gewachsen — sich bewährt haben. Man wird dabei kein Rathaus finden, dessen Fassade sich nicht deutlich von den benachbarten durch Höhe, Gliederung oder andere Gestaltungselemente absetzt, ohne sich dabei unbedingt auch als Baukörper von den Nachbarn zu distanzieren.

Einheit in der Vielfalt, Überschaubarkeit, Sicherheit, Ästhetik, Schönheit, Begehbarkeit, Qualitäten unserer Stadt? Unsere neuen Städte sind nicht mehr einheitlich, sie sind nicht mehr überschaubar, nicht mehr sicher, nicht mehr ästhetisch und schön, und schon gar nicht mehr begehbar!

Nur in den Relikten alter Stadtteile, in einigen Inseln zwischen den Strömen der Zerstörung klingen alte Qualitäten an, ausgesetzt der Gefahr, museale Schaustücke oder Gettos der Snobiety zu werden.

Wie aber sieht das Gros der heutigen Stadtregionen aus?

Ich sage nur einen Satz dazu: Viele neue Städte gehören heute zu der bedrohlichsten Umwelt des Menschen, die man sich vorstellen kann, von Kiel-Mettenhof bis München-Neuperlach.

Der Einbruch von Technik und Industrie in die Städte, in die Natur, in die Gesamtheit unserer Existenz hat gewaltige soziale Probleme erzeugt, die wir alle kennen.

Eine zunächst weniger spektakuläre Folge war das schleichende Gift der Motorisierung des Verkehrs. Aber gerade dieses fast unmerkliche Eindringen und sich immer mehr Ausbreiten war verhängnisvoll. Es ist unverständlich und beängstigend, in welchem Umfang wir die zerstörerischen Wirkungen hinnehmen. Wir verdrängen sie aus unserem Bewußtsein. Aber jede Verkehrsampel ist eine Bankrotterklärung der Menschlichkeit gegenüber der Technokratie. Das ist keine Technikfeindlichkeit. Aber die Zerstörungen lassen sich nicht einfach ignorieren. Sie lassen sich noch nicht einmal ohne weiteres stoppen.

Wir kämpfen hier gegen eine Fülle von Zerstörungen, für die der Verkehr nur eines von vielen Symptomen ist. Dabei müssen wir begreifen, daß die Etablierung des Autos in der Stadt vor allem Folge der Entmischung, der Sortierung aller wesentlichen menschlichen Aktivitäten und Funktionen ist, und zwar von der Wiege bis zur Bahre! —

Geboren wird in der Gebärklinik. Gearbeitet wird bei AEG und bei HDW — wenn gearbeitet wird —. Gekauft wird bei Karstadt, geschlafen wird in der „teuren Heimat" oder in Parzellengettos, wo das Grün der Bäume sich mehr und mehr zugunsten des Grüns der Polizei und der grünen Witwen reduziert.

Wer entscheidet heute über wesentliche Veränderungen der Stadt?

Im Vordergrund sind es die Administrationen und die politischen Repräsentanten. Diese entscheiden aber nicht allein im Interesse der Stadt, sondern im engen Korsett teilweise fragwürdiger überregionaler Gesetzmäßigkeiten, Steuer- und Subventionsdschungeln und im dauernden Konflikt mit versteckter oder offener struktureller Gewalt.

Wir haben erkennen müssen, daß die Repräsentanten der unteren — regionalen — Ebenen von oben manipuliert werden, während in den höheren Ebenen eine Verschmelzung der Macht zwischen Großbanken, multinationaler Industrie und Energieunternehmen einerseits und höchsten politischen Repräsentanten samt ihrer

Administration andererseits vollzogen wurde, die alle etablierten Parteien gleichermaßen trifft. Das hat die Freiräume der Bürger mehr und mehr ausgehöhlt.

An die Fassade eines erhaltenswerten Gebäudes am Sophienblatt in Kiel haben Instandbesetzer einen Spruch geschrieben. Er lautet: „Wir haben fast alles verloren, nun auch unsere Angst." Das sollte uns zu denken geben. — Was können wir tun? — Zuallererst sollten wir den langen und mühsamen Kampf der Bürgerinitiativen für unsere Städte endlich anerkennen und vor allem kommunales parlamentarisches Mitspracherecht erweitern, damit Demokratie anders, besser praktiziert werden kann. Das Hoffen auf innerparteiliche Veränderungen von der Basis der etablierten Parteien her hat sich als verhängnisvolle Illusion erwiesen. Nur eine eigenständige politische Kraft, die basisdemokratisch entscheidet, kann eine Veränderung bringen.

Basisdemokratie heißt auch dezentrale Entscheidungsbefugnis, und das heißt hier für uns die Möglichkeit der Entscheidungen der Bürger für ihre Stadt ohne Rücksicht auf parteipolitische „Grundsatzlügen" oder energiepolitische Taschenspielertricks.

Ein Bürger, der seine Stadt nicht mitgestalten kann, ist kein Bürger! Aber wir Bürger unserer Städte stellen jetzt und hier Forderungen! Forderungen, die zum Wohle der Stadt der Menschen diskutiert werden sollten. Nostalgischer Blick zurück? Nein! Wir wollen nicht die Steinzeit und auch nicht das Mittelalter. Aber wir wollen, daß der Verkehr sich auf den wirklichen sozialen Bedarf reduziert und nicht bestimmt wird aus den Vorstandsetagen der Großbanken, Ölkonzerne und Autohersteller.

Wir wollen, daß unsere Städte nicht mehr ihr naturräumliches Umfeld überfordern und selbst am Infarkt sterben. Dazu müssen wir auch verhindern, daß dänische Butter nach Bayern und Schweizer Käse nach Holland gefahren wird.

Wir wollen keine „Multimärkte" in überdimensionalen Zigarrenkisten, grellfarbig angeschmiert in der sonst ja grauen Eintönigkeit der Schlafstattränder, die die Kaufkraft und die Liebenswürdigkeit der alten Städte unterlaufen. Wir wollen selbstbestimmte Arbeit in der Nähe von angemessenem Wohnraum. Wir müssen verhindern, daß weiter guterhaltende oder wertvolle Gebäude für einseitige Interessen vernichtet werden, daß alte Kultur sichtbar bleibt, um neue Kultur zu ermöglichen. Wir wollen möglichst viel Kraftverkehr in Rad- und Fußgängerverkehr umwandeln. Wir müssen verhindern, daß der öffentliche Nahverkehr reduziert wird. Vielmehr muß hier ein dichtes Netz aufgebaut werden. Wir brauchen mindestens in den Städten eine Bodenreform, damit die sozialen und individuellen Bedürfnisse nicht durch kommerzielle Interessen blockiert werden. Wir müssen heraus aus dem Würgegriff der Abschreibungsgesellschaften und der Wohnungs- und Bodenspekulanten. Wir müssen die Fehlbelegung von 1,5 Mill. Sozialwohnungen beenden. Wir müssen dafür sorgen, daß unsere ausländischen Mitbürger nicht als Indikatoren abgeschriebener Stadtteile mißbraucht, sondern endlich als gleichberechtigte Bürger anerkannt werden. Wir müssen die mächtigen Wohnungsbau- und Siedlungsgesellschaften in neuen Formen auf ihre Gemeinnützigkeit verpflichten.

Städte bauen ist nicht das Auf- und Aneinanderschichten von Baustoffen, auch keine Weide für Immobilienkapitalisten, sondern das Erstellen von Lebensraum für uns und unsere Kinder. Gebt den Bürgern ihre Städte wieder zurück! Dann wird Kultur uns nicht künstlich übergestülpt werden müssen und so manches Krankenhaus überflüssig werden. — Nur dann werden es — langsam aber sicher — wieder schöne und starke Städte werden.

BRUNO WEINBERGER

Aktuelle Bemerkungen zum Geschäftsbericht

Die Städte nach der Wahl

I.

Ich darf Ihnen zunächst den Geschäftsbericht für die Zeit seit der letzten Hauptversammlung vorlegen. Unsere Geschäftsberichte sind Bücher mit allen entsprechenden Vor- und Nachteilen. Sie sind zu umfangreich, aber für den interessierten Kommunalpolitiker und Verwaltungsfachmann sind sie eine zuverlässige Chronik des kommunalpolitischen Geschehens, die in den Bibliotheken der deutschen Städte und der wissenschaftlichen Institute nicht fehlen sollte.

Wenn Sie den Geschäftsbericht durchblättern, dann sollten Sie sich dabei weniger von unserer Arbeit als vielmehr von der Fülle der Aufgaben und Probleme beeindrucken lassen, denen unsere Städte und damit auch der Deutsche Städtetag gegenüberstehen.

II.

Diese Vielfalt der Aufgaben zu zeigen, war auch der Sinn der Arbeitskreise, die wir bei dieser Hauptversammlung eingerichtet haben. Abgesehen vom Arbeitskreis I, der mit der Ausländerpolitik ein ebenso aktuelles wie heißes Problem der Städte anfaßte, wollten wir dieses Mal städtische Einrichtungen vorstellen. An Beispielen wollten wir zeigen, wie breit der Bogen der Stadtpolitik gespannt ist und was von jenen, die diese Stadtpolitik betreiben, gefordert wird.

Das gestern vorgestellte Spektrum städtischer Aktivitäten reichte

— von einer Auswahl unserer vielfältigen Kultureinrichtungen, auf die die Städte stolz sind und um die uns vielleicht nicht alle Finanzpolitiker, wahrscheinlich aber mancher Vertreter des staatlichen und ländlichen Bereiches beneiden und für die Frankfurt vielfältig Zeugnis ablegte;

— über die Krankenhäuser, die mit dem wertvollsten Gut unserer Bürger, nämlich deren Gesundheit, gewidmet sind und die wie kaum eine andere Einrichtung von Entwicklungsprozessen gejagt und von Reformen geplagt sind;

— über die Versorgungswirtschaft und Verkehrseinrichtungen, die unverzichtbare Voraussetzungen unserer Zivilisation und Grundlage der von den Menschen heute nach wie vor geforderten Mobilität sind;

— bis hin zu den Sparkassen, deren kommunale Bindung und damit Lokalisierung eines Teiles des Kapitalmarktes eine geniale Idee des 19. Jahrhunderts war, die maßgeblichen Anteil an der Entwicklung der Städte hatte und weiter hat und die deshalb unbedingt bewahrt und um die notfalls gekämpft werden muß.

Die Arbeitskreise sollten an Beispielen demonstrieren, was Stadtpolitik heute wirklich darstellt und was sie für unsere Bürger bedeutet.

III.

Unsere Städte befinden sich in einer merkwürdigen Doppelrolle: Einerseits sind sie Zentren der Wirtschaft und des Verkehrs, sind Hauptproduktionsbereiche unseres Volkseinkommens und maßgebliche Träger und Gestalter unserer Kultur, andererseits sind sie aber die Stiefkinder unserer Finanzpolitik.

Man spürt es und man sieht es, daß es den Städten schlechter geht als den anderen Bereichen. In manchen Städten vollzieht sich der Schritt von der Krise zur Katastrophe. Es läßt sich auch mit Zahlen belegen, daß die Städte finanzpolitisch an die Wand gedrängt worden sind. Sehen wir uns dazu die letzten 6 Jahre von 1977 bis 1982 an.

Bekannt ist, daß der Anteil der Gemeinden am Gesamtsteueraufkommen von Bund, Ländern und Gemeinden zurückgeht. Weniger bekannt ist aber, daß diese Verminderung des Steueranteils ausschließlich zu Lasten der mittleren und größeren Städte geht.[*]

Deren Anteil sank von 5,9 Prozent in 1977 auf 5,0 Prozent in 1982, während der Anteil des übrigen kommunalen Bereichs sogar von 7,0 Prozent auf 7,4 Prozent angestiegen ist.

Man wird diesen Zahlen vielleicht entgegenhalten, man müsse neben den Gemeindesteuern auch die Finanzzuweisungen sehen, die ja die Aufgabe hätten, die unterschiedliche Entwicklung der Gemeindesteuern auszugleichen. Die Aufgabe haben sie wohl, aber sie scheinen dabei etwas zu versagen. Rechnet man nämlich zu den Steueranteilen alle laufenden Zahlungen der Länder im kommunalen Verwaltungshaushalt hinzu, dann wird die für die mittleren und größeren Städte so negative Entwicklung nicht ausgeglichen, sondern sogar noch verstärkt. Der Anteil der Städte sinkt nämlich nach wie vor von 7,4 Prozent auf 6,9 Prozent, der übrige kommunale Bereich steigt dagegen noch stärker von 11,4 Prozent auf 12,2 Prozent.

[*] Aus statistischen Gründen muß die Darstellung mit der Unterscheidung: Kreisfreie Städte/Kreisangehörige Gemeinden arbeiten. In Wirklichkeit handelt es sich bei der aufgezeigten Entwicklung um ein strukturelles Phänomen, das nicht so sehr vom Rechtsstatus als von der Größe und der Funktion der Gemeinde abhängt.

Lassen Sie sich von den vermeintlich geringfügigen Prozentver-
schiebungen nicht täuschen. Hätten die Prozentanteile von 1977
auch noch 1982 gegolten, dann hätten die Städte 1,9 Mrd. DM
mehr und der übrige kommunale Bereich 3 Mrd. DM weniger
Einnahmen gehabt!

IV.

Dieses Absacken der städtischen Finanzen in den letzten 6 Jahren haben wir auch schon einmal in den 60er Jahren vor der
Gemeindefinanzreform gehabt. Und eine solche Gemeindefinanzreform ist auch jetzt wieder dringend erforderlich. Diese
Hauptversammlung liegt am Beginn einer Legislaturperiode, also
in einer Zeit, in der Pflöcke gesetzt werden. Deshalb muß sich die
Hauptversammlung finanzpolitisch zu Wort melden.

Die vorliegende Entschließung „Unser Land braucht starke
Städte" besagt im wesentlichen folgendes:

1. Die Investitionsschwäche der Städte ist nicht deren Schuld,
die Städte sind Opfer der Entwicklung.

2. Die Konsolidierung muß echt und umfassend sein. Die Verschiebung von Lasten auf die Gemeindeebene und der Griff in die
Gemeindekassen sind keine Konsolidierung.

3. Eine neue Gemeindefinanzreform muß endlich in Angriff
genommen werden.

4. In der Steuerpolitik ist der Deutsche Städtetag entschlossen,
einer weiteren Deformierung der Gewerbesteuer mit allem ihm zur
Verfügung stehenden Mitteln entgegenzutreten.

Wir haben den Eindruck, daß manche die Gewerbesteuer geradezu bis hin zur Verfassungswidrigkeit reformieren, besser
gesagt: deformieren wollen. Deshalb muß jetzt jeder weitere
Schritt in diese falsche Richtung unseren entschiedenen Widerstand herausfordern. Solange ein vollwertiger Ersatz durch eine
originäre Gemeindesteuer mit Hebesatzrecht, die an der örtlichen Produktion ansetzt, nicht gewährt ist, solange ist die Gewerbesteuer für uns unantastbar.

V.

Wenn es aufwärts gehen soll, wenn die Finanzkatastrophe insbesondere von strukturschwachen Städten vermieden werden soll,
dann muß vom Bund und von den Ländern schnell geholfen
werden. Es ist aber nicht einfach, den Städten in der Politik Gehör
zu verschaffen. Die Städte haben heute viele gute und mächtige
Freunde, die aber in unseren Parlamenten nicht so ohne weiteres
die Mehrheit bekommen, auch wenn die Sache der Städte noch
so gerecht und für das Ganze noch so nützlich ist.

1. Das Verhältnis zwischen Stadt und Politik ist bei uns etwas
kompliziert. Ich will jetzt nicht die altverwurzelte Städtefeindlich-

keit bemühen, die historisch belegt ist, nach wie vor lebt und in unserer Zeit meist als modernistische Stadtkritik auftritt. Ich verweise auf ein viel schlichteres Phänomen, das ich in meiner kommunalpolitischen Arbeit seit Jahrzehnten beobachten kann: Der ländliche Abgeordnete ist gebietsbezogener und gemeindebewußter als der großstädtische Abgeordnete. Im Durchschnitt ist das so, ich spreche nicht von den Ausnahmen, die die Regel bestätigen. Der ländliche Abgeordnete braucht nur angetippt zu werden und er steigt für seine Gemeinde, für seinen Kreis, eben für seine Heimat, in die Arena.

Der städtische, besonders der großstädtische Abgeordnete, verleugnet natürlich seine Stadt keineswegs, meist fühlt er sich aber — von besonderen Beispielen abgesehen — überwiegend Gruppeninteressen verhaftet. Seine Stellung als guter Vertreter der Wirtschaft, von Gewerkschaften, Beamten, des Mittelstandes, der Sozialausschüsse usw. rangiert häufig vor dem allgemeinen, dem kommunalpolitischen Engagement.

Nur auf diese Weise ist es zu erklären, daß unsere Parlamente bis hin zum städtereichsten Land unserer Republik in der Regel ländlich orientiert sind und daß es unsere Städte schwer haben, sich trotz ihrer berechtigten Forderungen politisch durchzusetzen.

2. Erfreulicherweise hat aber jedes Ding zwei Seiten. So auch das Verhältnis zwischen den Städten und der Politik.

Ich behaupte nämlich: „Vernachlässigt eine Partei die Kommunalpolitik und überläßt sie vor allem die Städte der politischen Konkurrenz, so wird sie früher oder später bei Bundestagswahlen den kürzeren ziehen." Diese Behauptung habe ich vor 14 Jahren nach der Bundestagswahl 1969 aufgestellt und in einer großen Tageszeitung einer Partei ins Stammbuch geschrieben.

Jetzt haben wir wieder Bundestagswahlen gehabt. Ich will nicht ins Detail gehen, aber die Grundüberlegung, die ich 1969 aufgestellt habe, gelten — so glaube ich — heute noch. Die Wahrheit ist ja schlicht und einfach: Die Städte sind nach wie vor die Zentren des Geschehens, vor allem des politischen Geschehens, und sie haben Leitfunktion bei den Medien und somit im öffentlichen Bewußtsein. Die Bürger in den Städten reagieren schnell. Die Städte sind Seismographen der politischen Willensbildung.

Die Stellung der Städte in der Politik ist, so gesehen, also doch nicht so schwach, vor allem dann nicht, wenn die Politiker lernen, daß Politik ohne oder gar gegen die Städte für sie nicht nützlich, sondern schädlich sein kann. Dem Deutschen Städtetag sollte dieses jüngste Lehrstück der politischen Praxis Mut machen und die Hoffnung geben, daß es gelingt, die Städte aus ihrer Finanznot zu befreien. Die Hauptgeschäftsstelle wird das Ihre dazu tun.

Stellungnahme der Gruppensprecher
zu den Entschließungen der Hauptversammlung
des Deutschen Städtetages

ERICH KIESL (CDU/CSU)

Die Gruppe der CDU/CSU hat sich mit den beiden Entschließungen befaßt. Wir begrüßen erstens das Bekenntnis zur kommunalen Selbstverwaltung. Mehrere Beiträge haben sich mit der Stärkung der kommunalen Selbstverwaltung befaßt. Zweitens begrüßen wir das Bekenntnis zur Bedeutung der Städte und ihrer zentralörtlichen Funktionen für das ganze Land. Dies setzt zweifelsfrei eine Stärkung der Investitionskraft der Städte voraus. Die Finanzpolitik des Bundes und der Länder muß erkennen, daß die Städte heute unter Investitionsschwäche leiden, die den arbeitsmarktpolitischen Erfordernissen widersprechen. Drittens: Der größte Teil der Diskussion befaßte sich mit der Steuerpolitik und der Finanzausstattung der Städte. Wir begrüßen die Forderungen der beiden Entschließungen. Mit besonderem Nachdruck wurde vielfach herausgestellt, daß die Lösung der Finanzprobleme des Bundes und der Länder nicht zu Lasten der Städte und Gemeinden erfolgen darf. Die Ausführungen des Herrn Bundeskanzlers in diesem Zusammenhang begrüßen wir ausdrücklich. Wir empfehlen der Hauptversammlung, den beiden Empfehlungen zuzustimmen.

GERHARD GEBAUER (SPD)

Diese Hauptversammlung des Deutschen Städtetages findet in einer Zeit statt, die gesamtpolitisch für uns alle außerordentlich schwierig ist. Zum wiederholten Male werden die Delegierten der deutschen Städte hier Resolutionen zu verabschieden haben, die schwerpunktmäßig sich mit der desolaten Lage kommunaler Finanzen beschäftigen. Dies könnte den Eindruck erwecken, wir hätten überhaupt nichts anderes zu tun als immer nur an der finanzpolitischen Klagemauer zu stehen. Davon aber kann, und Sie werden mit mir darin übereinstimmen, sicherlich nicht die Rede sein.

An der Spitze unserer Forderungen steht unverändert die nach Stärkung kommunaler Selbstverwaltung, nach Erweiterung des Freiraumes, in dem wir möglichst ohne Gängelei durch staatliche Bürokratien uns zum Wohle unserer Bürger entfalten wollen und können. Wir dürfen uns gegenüber Bund und Ländern nicht länger als ein Interessenverband abstempeln lassen. Wir möchten den Verfassungsrang kommunaler Selbstverwaltung stärker denn je betonen. Wir sind nicht Lobby in den Vorzimmern der Ministerien der Landtage und des Bundestages, sondern eine gleichwertige und gleichberechtigte Ebene mit demokratischer Legitimation.

Dazu eine kurze Anmerkung: Wenn das Geld knapp und die Kassen leer sind — und daran wollen wir nicht vorbeigehen — dann ließe sich dennoch gerade hier in der Stärkung des Freiraumes kommunaler Selbstverwaltung manches tun, was überhaupt nichts kostet, also zum Nulltarif zu haben wäre. Dennoch, ohne Konsolidierung der städtischen Finanzen wird künftig vieles und auch manches Unverzichtbare nicht mehr verwirklicht werden können. Daher steht im Vordergrund unserer Resolutionen: Es darf keine Abstriche mehr geben; weder bei der Aufstellung des notwendigen Gesamtkonzeptes noch bei der aktuellen Gesetzgebung, die unmittelbar bevorsteht. Gerade zum letzteren ist in diesen beiden Tagen Vieles gesagt worden, was wir sehr aufmerksam zur Kenntnis genommen haben.

Die Garantie der Gewerbesteuer durch den Herrn Bundeskanzler verstehen wir uneingeschränkt, also auch für die ertragsunabhängigen Bestandteile dieser Steuer. Leider liegt der Text der Ansprache uns noch nicht in schriftlicher Form vor. Wir hoffen, daß wir das dann bestätigt finden. Wichtig war auch die Erklärung des Vorsitzenden der CDU/CSU-Fraktion: Eine Konsolidierung der Bundesfinanzen auf Kosten der Gemeinden wird es nicht geben. Auch dieses verstehen wir absolut, d.h., der drohende Gesamtausfall für die Kommunen muß voll aus Bundesmitteln ausgeglichen werden. Wir anerkennen nicht nur keinen überproportionalen Anteil, der auf uns entfallen könnte, rein rechnerisch gesehen; nein, wir lehnen jeden Einnahmeausfall ab, weil wir ihn nicht mehr verkraften können. Dies gilt auch für das Verhalten der Länder im Hinblick auf Finanzzuweisungen und zweckgebundene Zuweisungen. Das Motto „Unser Land braucht starke Städte" gilt also — ich wiederhole mich — absolut und uneingeschränkt und in diesem Sinne stimmt die sozialdemokratische Gruppe der Hauptversammlung des Deutschen Städtetages diesen beiden Resolutionen zu.

KURT SCHERZER (F.D.P.)

Ein Blick auf die Uhr veranlaßt mich zwar, Herr Präsident, keine Bibelstelle, aber immerhin Martin Luther zu zitieren. Er sagt: Tritt frisch auf, mach's Maul auf, hör bald auf! Und unmittelbar veranlaßt werde ich auch durch Ihre Bemerkung gestern, irgendwelche Ausführungen zu den Entschließungen würden den Wert der

Entschließungen relativieren. Ich fasse das nicht als Weisung auf; wer könnte das von uns und wer wollte das von uns? Aber ich gestehe, daß ich der gleichen Meinung bin. Schließlich haben die Vertreter der dritten Gruppe im Präsidium und im Hauptausschuß den Entwürfen, als sie dort vorlagen, bereits zugestimmt, und nachdem die beiden Gruppensprecher bereits mit anderen Worten ihre Zustimmung angezeigt haben, fällt es einigermaßen schwer, Gleiches noch einmal zu wiederholen.

Ich gestehe, daß bei uns die Diskussion zu dem einen oder anderen Punkt nicht ganz ohne Bedenken verlaufen ist. Aber es geht um die grundsätzliche Stellung der Städte, es geht um die gemeinsame Haltung in einer, wie wir meinen, entscheidenden Situation, in einem entscheidenden Zeitpunkt. Deshalb empfehlen wir unseren Freunden die Annahme der beiden Entschließungen.

Schlußwort

Dieses Gremium, die 22. ordentliche Hauptversammlung, mit ihren 400 Delegierten aus 138 Mitgliedstädten, bezieht ihre demokratische Legitimation aus der politischen Willensentscheidung der Bürger unserer Städte und damit aus einer bürgerschaftlichen Selbstverwaltung, die sich auch mit den Frauen und Männern geistig verbunden fühlt, die im Jahre 1848/49 hier in der Frankfurter Paulskirche den ersten demokratischen Versuch in Deutschland wagten.

So bin ich Ihnen dankbar für das Vertrauen, das Sie mir durch die Wahl zum Präsidenten des Deutschen Städtetages ausgesprochen haben und das mich für alle Bürger in unseren Mitgliedstädten verpflichtet.

Es ist eine schwere Aufgabe, die Sie mir übertragen haben, aber auch eine Herausforderung, mein Bestes zu geben, damit die Bedeutung der Stadtpolitik für den Gesamtstaat von den Verantwortlichen in Bund und Ländern endlich vernünftig gewichtet wird. Ich werde mich dabei, bei meiner Arbeit als Präsident des Deutschen Städtetages, auf Männer berufen können, die dieses Amt vor mir innehatten und von denen heute einige in anderer Verantwortung dienen. Ich will erinnern an den Frankfurter Oberbürgermeister Brundert, ich will erinnern an Willy Brandt, den jetzigen Vorsitzenden der Sozialdemokratischen Partei Deutschlands, an Alfred Dregger und Hans-Jochen Vogel, die zur Zeit die beiden größten Fraktionen des Deutschen Bundestages führen, an Bremens Bürgermeister Hans Koschnick, der von 1971 bis 1977 Städtetags-Geschichte schrieb und schließlich an meinen unmittelbaren Vorgänger, den Oberbürgermeister der baden-württembergischen Landeshauptstadt Stuttgart, Manfred Rommel.

Ich möchte Ihnen, lieber Herr Rommel, im Namen aller Kolleginnen und Kollegen, die hier versammelt sind und im Namen der Bürgerinnen und Bürger unserer Städte ein herzliches Dankeschön sagen für die hervorragende Arbeit, die Sie als Präsident des Deutschen Städtetages geleistet haben.

Unsere künftige Arbeit hier im Deutschen Städtetag — und ich sage das bewußt für mich persönlich — wird stets an der Ära Rommel zu messen sein. Was haben wir neben Ihrem virtuosen kommunalen Sachverstand am meisten bewundert?

Jeder hier im Saale weiß, daß Sie zur Kultur der Sprache der Politiker — nicht zuletzt während Ihrer insgesamt viereinhalbjährigen Präsidentschaft — einen ebenso wesentlichen wie bitter notwendigen Beitrag geleistet haben. Im Gegensatz zur immer weiter um sich greifenden Art und Weise der glatten und stromlinienförmigen — d.h. vor allem auch fernsehgerechten — Politiker-Sprache, die den Bürger gar nicht mehr erreicht, sind Ihre Aussagen von einer heute nur noch selten wahrzunehmenden Ausdruckskraft, weil Ihre Sätze auf Ihrem überzeugenden Streben nach Identität von politischer Rede und politischer Tat gründen. Das ist, meine ich, das, was vor allem unsere Jugend an vielen Politikern vermißt. Sie geben uns, sehr verehrter Herr Rommel, ein Beispiel für politische Glaubwürdigkeit, dem nachzueifern sich auch für ausgewachsene Politiker lohnt. Wie kann man einem Menschen mehr danken als wenn man ihm sagt: Wir haben nicht nur Respekt vor Ihnen, einen Mann wie Manfred Rommel möchte man zum Freund haben.

Wir sind es ja gewohnt, daß die städtische Selbstverwaltung in Festreden stets gerühmt, in der ganzen Welt bewundert, in der innenpolitischen Wirklichkeit aber von einer Fülle abstrakter Rechtsvorschriften, von Verwaltungsanweisungen und Mitwirkungsrechten, vom Hineinregieren, vom Gängeln schwer bedrängt wird.

Ich habe gestern abend zu einem Kollegen gesagt: Mir wird ja Angst und Bange vor den vielen Streicheleinheiten, die uns da verabreicht worden sind. Was haben die wohl mit uns in den nächsten Wochen vor?

Unsere Finanzprobleme sind drückend. Wir sind aber nicht so wie viele andere Menschen, die ständig an der Klagemauer stehen und alles von anderen erwarten. In erster Linie sind wir einmal selbst gefordert, meine Damen und Herren. Die Bürgerinnen und Bürger unserer Städte haben jedoch einen Anspruch darauf, daß Bund und Länder ihren Pflichten nachkommen. Das Leben in unserem Vaterland spielt sich zu allererst in unseren Städten und Gemeinden ab. Städte und Gemeinden sind die Ebene der konkreten Lebenserfahrungen. Hier erfährt der Bürger, was Nachbarschaft bedeutet, hier ist seine Heimat. Und nicht von ungefähr wurzelt ja der Stolz, den jeder — bewußt oder unbewußt — auf seine Heimatstadt empfindet und dem viele immer stärker öffentlich Ausdruck geben im direkten Lebensumfeld der Bürger. Die Entwicklung unseres gesamten staatlichen Gemeinwesens hängt wesentlich davon ab, wieweit es uns gelingt, die Lebenserfahrungen und -erwartungen unserer Bürger in den Städten positiv zu gestalten. Darum braucht unser Land starke Städte.

Die Entschließung, die wir soeben verabschiedet haben, handelt davon. Aber auch die eindrucksvollen Vorträge, die Diskussionen und Debatten in den Arbeitskreisen und Gruppen auf diesem Deutschen Städtetag 1983 hier in Frankfurt am Main belegen eindeutig — zum wievielten Male eigentlich? —, daß städtische Selbstverwaltung kein bürokratisches Zubehör zum demokratischen Staat darstellt, sondern dessen wesentlicher Bestandteil ist, der, wenn er entfiele, das Ganze infrage stellen würde, wie Kollege Rommel es einmal gesagt hat. Sie belegen auch, daß Stadtpolitik kein Tummelfeld für politische Anfänger ist oder kleinliche Krämerwirtschaft, der die Eigenart „echter" Politik abgeht und die deshalb zu Recht im Schatten der „großen" Politik von Bund und Ländern steht. An dieser Beurteilung hat sich manches geändert — nicht zuletzt aufgrund vielfacher Stimmen aus unserem Kreise. Solche Appelle wären vor einigen Jahren weitgehend ungehört verhallt; heute füllen sie die Schlagzeilen der Tagespresse. Hüten wir uns aber auch davor, jetzt in der Euphorie der Anerkennung unsere Kräfte zu überschätzen oder uns Aufgaben aufbürden zu lassen, die wir nicht erfüllen können.

Eine Renaissance der Kommunalpolitik wird immer dann verkündet, wenn unser Land in eine Schlechtwetterzone gerät, wenn Bund und Länder für die Lösung ihrer Probleme einen verläßlichen Partner brauchen. Wir sollten jeden an die Binsenweisheit erinnern, daß — wenn man eine Pyramide baut — immer das Fundament das kräftigste Teil sein muß.

Wir sind dem Bundeskanzler dankbar dafür, daß er unsere Auffassung teilt. Wir freuen uns und erkennen an, daß die Bundestagsfraktionen an unserer Seite stehen wollen.

Lassen Sie mich bei allem Respekt vor Bundestag und Bundesregierung sagen: Wir werden jeden an seinen Taten messen. Ich habe eben nicht ohne Grund zwei bedeutende Präsidenten des Städtetages und jetzige Vorsitzende der großen Fraktionen im Bundestag erwähnt.

Jetzt habe ich etwas aufgeschrieben, das kann ich nicht mehr sagen. Die beiden haben ja Instinkt und haben das vorweggenommen. Ich will das jetzt anders formulieren: An den einen — wen ich meine, das wissen Sie —, dem ich seit Jahrzehnten in politischer Freundschaft verbunden bin, appelliere ich als Freund und als Genosse der Sozialdemokratischen Partei; an den anderen appelliere ich als Nachbar. Alfred Dregger stammt nämlich aus dem Land der roten Erde, er ist Westfale, und unmittelbar aus der Nähe von Dortmund. Ich werde den Nachbarn gerne besuchen, den Vorsitzenden der größten Bundestagsfraktion. Ich nehme ernst, was die F.D.P.-Fraktion hier gesagt hat, und ich war still, als der Sprecher der Grünen hier geredet hat. Vieles von dem regt mich zum Nachdenken an, bei manchem gibt es klaren und auch unerbittlichen Widerspruch. Ernst nehmen wir alle, die durch das Mandat der Bürger in den Bundestag eingezogen sind.

Wohl besitzt der Deutsche Städtetag nach unserer Verfassung keine hoheitlichen Befugnisse. Er wird jedoch für seine Städte, besser gesagt für das Wohl der Bürger in diesen Städten, seine anerkannte fachliche Kompetenz einsetzen. Aber es gibt auch eine politische Kraft des Deutschen Städtetages, die nicht zuletzt in der wohlverstandenen überparteilichen Solidarität der Politiker, die in den Städten Verantwortung tragen, besteht. An diesem Konsens wollen wir nicht rütteln lassen. Das werden wir in die Waagschale werfen — am liebsten in kooperativer Form, wenn's sein muß, aber auch kämpferisch.

Dank sagen möchte ich der Stadt Frankfurt am Main, ihren Bürgern und ihrem Oberbürgermeister, unserem geschätzten Kollegen Walter Wallmann, für die hervorragende Gastfreundschaft, die dem Deutschen Städtetag 1983 hier in Frankfurt am Main zuteil wurde. Wie könnte man das besser als mit einem Wort des größten Sohnes dieser Stadt aus „Dichtung und Wahrheit":

„Nirgends aber genießt man eine solche schöne Zeit wohl mit größerem Behagen als in Städten, die nach ihren eigenen Gesetzen leben, die groß genug sind, eine ansehnliche Menge Bürger zu fassen, und wohl gelegen, um sich durch Handel und Wandel zu bereichern . . ."

Daß dieses Goethe-Wort nicht nur für unsere Gastgeberin Frankfurt am Main, sondern für alle Mitgliedstädte Gültigkeit behalten oder wieder erlangen möge, dafür werden wir unsere ganze Kraft einsetzen.

Ich wünsche Ihnen allen eine gute Heimfahrt. Lassen Sie mich das mit dem Gruß meiner Heimat, dem Ruhrgebiet, tun, mit dem ich mich stets verbunden fühle. Ich sage Ihnen ein herzliches „Glückauf".

Die 22. ordentliche Hauptversammlung des Deutschen Städtetages ist geschlossen.

Entschließungen der Hauptversammlung des Deutschen Städtetages

Unser Land braucht starke Städte

Die zur 22. ordentlichen Hauptversammlung des Deutschen Städtetages vom 13. bis 15. Juni 1983 in Frankfurt am Main versammelten Vertreter der Städte wenden sich an den Bund, an die Länder und an die Bürger der Städte und weisen eindringlich auf die besonders bedrohliche Finanzlage der Städte und die zunehmende Einengung der Selbstverwaltung der Gemeinden hin.

I.

Die Selbstverwaltung der Gemeinden hat Verfassungsrang. Selbstverwaltung braucht zu ihrer Entfaltung Freiheitsraum. Vor 175 Jahren entstand die Städteordnung des Freiherrn vom Stein, die bewies, daß Städte, die sich freier entfalten können, zum Motor der Wirtschaft und zu den Triebkräften für die Entwicklung des Landes werden. Heute drohen die Städte durch ein ständig wachsendes Maß an staatlicher Bevormundung wieder lahmgelegt zu werden.

Gerade in einer Zeit hoher Arbeitslosigkeit müssen Investitionshemmnisse beseitigt und der Regelungsperfektionismus abgebaut sowie alle Kräfte, zu denen die städtische Selbstverwaltung fähig ist, mobilisiert werden.

II.

Die Finanzlage der Städte ist durch eine Investitionsschwäche gekennzeichnet, die zu den wirtschafts- und arbeitsmarktpolitischen Erfordernissen eklatant in Widerspruch steht. Die Städte sind finanziell das Opfer der Steuerpolitik der letzten Jahre und der bisherigen Konsolidierungspolitik von Bund und Ländern. Bei fünf Gewerbesteuersenkungen seit 1975, bei der Verschiebung von Soziallasten vom Bund auf die Gemeinden und bei zum Teil gewaltigen Beschneidungen der kommunalen Finanzausgleiche durch einige Länder mußten die Städte Aufgabenausweitungen insbesondere in der Sozialhilfe auffangen. Die Städte wurden dadurch zu harten und einschneidenden Sparmaßnahmen und schließlich zu einer Talfahrt der Investitionstätigkeit gezwungen.

Bund und Länder müssen die Voraussetzungen dafür schaffen, daß diese für Stadt und Staat, für Bürger und Gesellschaft schädlichen Entwicklungen schnell verändert werden können.

III.

Die Konsolidierung muß auf allen drei öffentlichen Ebenen
Finanzverantwortung und Aufgabenverantwortung wieder zur
Deckung bringen. Die Städte sind bereit, dazu beizutragen. Sie
haben dies für ihre Haushalte — mehr als Bund und Länder —
durch strenge Aufgabenkritik und Leistungsbeschränkungen
bewiesen. Seit 1981 fordert der Deutsche Städtetag ein abge-
stimmtes Konsolidierungskonzept für alle öffentlichen Haushalte.

Dies erfordert die Beendigung von Lastenverschiebungen von
oben nach unten ebenso wie den Verzicht auf weitere Beschneidung der kommunalen Steuereinnahmen durch die Bundesgesetzgebung und der kommunalen Finanzausgleiche seitens
einiger Länder. Dies erfordert weiter, von jeder Übertragung
neuer Aufgaben auf die Städte Abstand zu nehmen, wenn nicht
zugleich bislang übertragene Aufgaben abgebaut werden oder
die städtische Finanzausstattung entsprechend aufgestockt wird.

IV.

Die Gemeindefinanzreform muß endlich in Angriff genommen
werden, um die unsystematischen Eingriffe in die Gemeindefinanzen zu heilen, das Gemeindefinanzsystem qualitativ zu verbessern und eine den Aufgaben entsprechende Finanzausstattung der Städte zu gewährleisten.

Der Deutsche Städtetag erwartet vom Bundeskanzler und von
den Ministerpräsidenten die Einsetzung eines unabhängigen, für
den kommunalen Bereich sachverständigen Gremiums, das
zügig die Gemeindefinanzreform vorbereiten kann.

V.

Die Steuerpolitik erfordert die besondere Aufmerksamkeit der
Städte. Die Schwierigkeiten, vor denen die Städte heute stehen,
sind vor allem durch folgenschwere Eingriffe in die Gewerbesteuer, die ihrerseits für die Wirtschaftsbelebung kaum etwas
erbracht haben, entstanden. Der Deutsche Städtetag ist entschlossen, einer weiteren Deformierung dieser Steuer mit allen
ihm zur Verfügung stehenden Mitteln entgegenzutreten.

Die Gewerbesteuer kann und darf nicht durch Finanzzuweisungen ersetzt werden, gleichgültig welch klangvolle Namen man für
solche Finanzzuweisungen findet. Das würde die Gemeinde-
selbstverwaltung deutscher Prägung beenden und zum Zentra-
lismus führen.

Daher muß auch ein Ersatz der Gewerbesteuer durch eine Mehr-
wertsteuerbeteiligung ausscheiden. Die Städte verfolgen demgegenüber die Diskussion über eine andere Gemeindesteuer mit
Hebesatzrecht, die an der örtlichen Produktion ansetzt. Dieser
auch die Gewerbesteuer kennzeichnende Ansatz ist als Ergän-

zung zum wohnsitzbezogenen Gemeindeanteil an der Einkommensteuer unabdingbar. Ein abschließendes Urteil z.b. über eine
Wertschöpfungssteuer, die für die Städte und Gemeinden positive Merkmale hat, ist erst möglich, wenn ihre Belastungs- und
Aufkommenswirkungen näher untersucht sind. Solche Untersuchungen sollten alsbald eingeleitet werden.

VI.

Unser Land braucht starke Städte; denn mit der Zukunft der
Städte entscheidet sich die Zukunft unseres Landes, wirtschaftlich wie politisch.

Die Städte fordern vom Bund vollen Verlustausgleich

Die Städte und Gemeinden müssen damit rechnen, daß sie durch
das Steuerentlastungsgesetz 1984 jährlich rund $1/_2$ Milliarde DM
an eigenen Steuereinnahmen verlieren. Sie müssen zudem
befürchten, daß sie aufgrund der hohen Steuermindereinnahmen
der Länder annähernd eine weitere $1/_2$ Milliarde DM je Jahr an
Finanzausgleichszuweisungen einbüßen.

Ein solcher erneuter Einbruch der Einnahmen trifft die Kommunen in einer ohnehin kritischen Haushaltslage. Viele Städte würden dadurch in ihren zum Teil bereits defizitären Verwaltungs-
haushalten vor unlösbare Probleme gestellt.

Demgegenüber sind die für die Gemeinden vom Bund genannten
Einsparungen bis zu 1,5 Mrd. DM durch Begrenzung von Ausga-
benzuwächsen außerordentlich zweifelhaft. Die Gegenrechnung
einer angestrebten Vermeidung von Personalkostensteigerun-
gen ist unzulässig, weil es sich nicht um die Einsparung bisheriger Ausgaben handelt.

In der Koalitionsvereinbarung vom 22. März 1983 ist festgelegt,
daß bei den steuerpolitischen Maßnahmen entstehende überproportionale Steuerausfälle bei Ländern und Gemeinden vom Bund
ausgeglichen werden müssen.

Der drohende Gesamtausfall für die Kommunen muß voll aus
Bundesmitteln ausgeglichen werden, weil die Städte keinerlei
Einnahmeausfälle mehr verkraften können. Die Städte erwarten
eine unmittelbar wirkende Ausgleichsmaßnahme. Dafür kommt
die Senkung der Gewerbesteuerumlage der Gemeinden in
Betracht.

Die Städte fordern den Bund auf, dafür zu sorgen, daß die notwendigen gesetzlichen Regelungen zugleich mit dem Steuerän-
derungsgesetz 1984 wirksam werden. Zusätzlich entstehende
Einnahmeausfälle der Länder sind vom Bund ebenfalls auszugleichen.

Arbeitskreis I

Städte und Ausländerpolitik

Vorbericht

I. Einleitung

Bei der Vorbereitung der Hauptversammlung 1983 des Deutschen Städtetages war das Präsidium einmütig der Überzeugung, daß einen Schwerpunkt der fachpolitischen Beratungen die Ausländerpolitik aus kommunaler Sicht bilden müsse. Dabei bezog sich das Präsidium auf die intensive Beschäftigung mit der Ausländerproblematik durch die zuständigen Fachausschüsse und die Beschlußgremien in den letzten eineinhalb Jahrzehnten, die in eine Reihe von Veröffentlichungen einmündete, auf die im Rahmen dieses Arbeitspapiers noch eingegangen wird.

Gegenstand der Beratungen und Verlautbarungen des Deutschen Städtetages zu dieser Thematik waren bisher schwerpunktmäßig Integrationsfragen, Probleme des Zusammenlebens zwischen den Deutschen und ihren ausländischen Mitbürgern, die Anforderungen an die soziale Infrastruktur in den Städten vom Kindergarten über die Schule, den Ausbildungs- und Arbeitsplatz, die Wohnung bis zur Freizeit. Diese Aufgaben sind auch heute noch nicht zufriedenstellend gelöst, obwohl festzustellen ist, daß es hier weniger an überzeugenden Konzepten, sondern mehr an der konkreten Umsetzung dieser Konzepte mangelt.

Die aktuelle Diskussion in der Ausländerfrage hat seit einiger Zeit jedoch neue Schwerpunkte erhalten. Starker Anstieg der ausländischen Wohnbevölkerung in der Bundesrepublik trotz Anwerbestopp, Asylbewerberflut, wachsende Arbeitslosigkeit auch unter den ausländischen Arbeitnehmern waren und sind die Stichworte. Anfang 1983 hat unter Federführung des Bundesinnenministeriums eine Kommission „Ausländerpolitik" aus Bund, Ländern und Gemeinden einen umfassenden Bericht zu dem Prüfungsauftrag erstellt, „wie unter Wahrung der freiheitlichen Grundordnung die gesellschaftspolitischen Probleme abgebaut werden können, die durch und für die große Zahl der in der Bundesrepublik Deutschland lebenden Ausländer entstehen." Die Empfehlungen der Kommission, die sich auch eingehend mit grundsätzlichen Veränderungen des Ausländerrechts befassen, dürften richtungweisend für die Ausländerpolitik der nächsten Jahre sein.

Das Präsidium des Deutschen Städtetages hat bei dieser Sachlage vorgeschlagen, im Arbeitskreis „Städte und Ausländerpolitik" vorrangig die Themen zu erörtern, die auch Gegenstand der Kommissionsberatungen waren und deren Auswirkungen die kommunale Ausländerpolitik entscheidend beeinflussen. Die nachstehende Einführung in die Arbeitskreisthematik und die ergänzenden Referate konzentrieren sich daher auf diese Aspekte. Die umfassende und aktuelle Sachdarstellung des Kommissionsberichts ist mit wesentlichen Passagen in die Einführung eingearbeitet worden. Eine solche Schwerpunktbildung in den Arbeitskreisberatungen bedeutet keine Abkehr von der Integrationspolitik des Deutschen Städtetages oder ein Unterschätzen der in diesem Bereich noch zu lösenden Probleme. Vielmehr soll sie der Meinungsbildung darüber dienen, wie unter entscheidend veränderten Rahmenbedingungen diese Integrationspolitik auch in Zukunft noch mit realistischen Erfolgsaussichten betrieben werden kann.

II. Integration der ausländischen Arbeitnehmer und ihrer Angehörigen

Die Zahl der ausländischen Arbeitnehmer und ihrer Angehörigen ist trotz des seit 1974 geltenden Anwerbestopps auf inzwischen 4,7 Millionen gestiegen. Mehr als zwei Drittel der Ausländer leben in den großen Städten. Der Deutsche Städtetag und seine Mitgliedstädte haben die sich hieraus entwickelnden Probleme frühzeitig erkannt und vor einer Überbelastung insbesondere der industriellen Ballungsräume gewarnt. Gleichzeitig wurden in der Praxis vielfältige Aktivitäten zur Integration entwickelt. Ausgehend von der Annahme, daß die Mehrzahl namentlich der jüngeren Ausländer nicht in ihre Heimatländer zurückkehren wird, haben wir gefordert, die Chancengleichheit für die ausländischen Arbeitnehmer und ihre Familienangehörigen insbesondere durch Hilfen im Kindergarten, in der Schule, bei der Berufsausbildung und der Wohnraumversorgung zu verbessern. In ihrem Aufgabenbereich haben die Städte unter hohem Personal- und Sachaufwand erhebliche Anstrengungen unternommen.

Unter sozialer Integration versteht der Deutsche Städtetag, daß ausländische und deutsche Mitbürger ihre Verhaltensweisen und Einstellungen wechselseitig einander annähern. Dem ausländischen Mitbürger soll unabhängig von seiner Entscheidung über die Staatsangehörigkeit ermöglicht werden, gleichberechtigt in der Bundesrepublik zu leben, gesellschaftlich gleichgestellt zu sein und gleichzeitig seine kulturellen Besonderheiten zu pflegen.

Neben zahlreichen Stellungnahmen und Grundsatzaussagen zur Ausländerpolitik hat der Deutsche Städtetag insbesondere als Arbeitshilfen für die Mitgliedstädte in seiner Reihe „DST-Beiträge" Ende 1980 drei Veröffentlichungen herausgebracht: „Die zweite Ausländergeneration, Teil I — Ergebnisse eines Erfahrungsaustausches unter Städten mit besonders hohem Ausländeranteil; Teil II — Ausländische Kinder und Jugendliche im deutschen Bildungs- und Ausbildungssystem" sowie „Statistische Materialien zur Ausländerfrage". Einen weiteren Schwerpunkt der Arbeit bildete der Fachkongreß „Ausländische Mitbürger in unseren Städten" am 21./22. Oktober 1980 in Bochum. In einer Plenarsitzung, vier Arbeitskreisen und einer Podiumsdiskussion wurden insbesondere Fragen der kommunalen Bildungspolitik für ausländische Kinder und Jugendliche, der kulturellen Identität sowie die Wohnungssituation und Mitwirkungsmöglichkeiten an der politischen Willensbildung behandelt. Über 400 Vertreter aus Räten und Verwaltung sowie über 100 ausländische Mitbürger verschiedener Nationalitäten waren an den Beratungen beteiligt. Die Ergebnisse der Fachkonferenz wurden in Heft 42 der „Neuen Schriften des DST" unter dem Titel „Ausländische Mitbürger in unseren Städten" zusammengefaßt und veröffentlicht.

Die im Mittelpunkt der bisherigen Arbeit stehende Grundsatzaussage der „sozialen Integration" unter veränderten Rahmenbedingungen auch in Zukunft zur Geltung zu bringen, eventuelle Modifizierungen zu erörtern, notwendige gesetzliche Vorgaben zu schaffen, ist eine Aufgabe, die von den politisch Verantwortlichen aller Ebenen unverzüglich angegangen werden muß.

III. Begrenzung des Familiennachzugs

Entwicklung der Ausländerzahlen, Familiennachzugspotential

Die Situation der Ausländer hat sich trotz aller Bemühungen im Laufe der Jahre nicht entscheidend verbessert. Die ständig steigende Zahl ausländischer Arbeitnehmer einschließlich ihrer Angehörigen sowie der Zustrom asylsuchender Ausländer haben im Gegenteil die Rahmenbedingungen wesentlich verschlechtert. Der Anteil der Ausländer an der Gesamtbevölkerung beträgt z.Z. rd. 7,5%. In einzelnen Bundesländern liegt dieser Anteil wesentlich höher. In vielen Städten beträgt der Ausländeranteil über 15%, in einzelnen Stadtteilen über 40%. Die höchsten Ausländerquoten weisen mit 23 bzw. 21% die Städte Frankfurt und Offenbach auf. Erheblich über dem Bundesdurchschnitt liegt der Anteil der Ausländer in den Großstädten Stuttgart (18%), München (17%), Köln, Remscheid, Mannheim und Düsseldorf (jeweils 15%). Aber auch in vielen Mittel- und Kleinstädten sind ähnliche Kumulationen festzustellen.

Obwohl sich die Beschäftigungssituation auch für Ausländer deutlich verschlechtert hat (die Arbeitslosigkeit liegt um rd. $^1/_3$ höher als bei Deutschen), stieg die Ausländerbevölkerung in der Zeit von 1977 bis 1982 noch um 719 000 an. Diese Zahl setzt sich zu je etwa einem Drittel aus Geburtenüberschuß, Familiennachzug und Asylbewerbern zusammen. Familienangehörige der bereits seit längerer Zeit in der Bundesrepublik lebenden Gastarbeiter sind in der letzten Zeit verstärkt nachgezogen. Anfang September 1982 bezogen rund 400 000 nicht in der Bundesrepublik lebende unter 16jährige Kinder aus Nicht-EG-Staaten (darunter 220 000 türkische Kinder) Kindergeld. Zusammen mit den dabei nicht berücksichtigten Kindern von Beschäftigten im öffentlichen Dienst ergibt sich daraus ein weiteres Nachzugspotential von rund 430 000 Kindern aus Nicht-EG-Staaten. Zum genannten Zeitpunkt lebten im Bundesgebiet rd. 900 000 Kinder aus Nicht-EG-Staaten (davon rd. 570 000 Türken).

Hinzu kommt eine schwer zu schätzende Zahl von Ausländern, die ihre Nachzugsberechtigung aus einer Eheschließung mit in der Bundesrepublik Deutschland lebenden Partnern herleiten. Wenn von den rd. 900 000 im Bundesgebiet lebenden Jugendlichen aus Nicht-EG-Staaten, die in den nächsten Jahren in das heiratsfähige Alter treten, nur ein Drittel seinen Ehepartner aus dem Heimatland wählt, beläuft sich der Ehegattennachzug zu Ausländern der zweiten Generation auf rund 300 000, davon rund 200 000 Türken. Diese Schätzung berücksichtigt noch nicht die rund 500 000 Ausländer der zweiten Generation, die bereits heute im heiratsfähigen Alter sind und den weiteren Kindernachzug.

Nachzugsbegrenzungen generell

Die Chancen für eine erfolgreiche soziale Integration der bereits in Deutschland lebenden Ausländer werden entscheidend gemindert, wenn ihre Zahl ungesteuert weiter wächst. Große Übereinstimmung besteht dabei in den Forderungen,

— den Anwerbestopp aus dem Jahre 1973 uneingeschränkt aufrecht zu erhalten,

— illegale Einreisen zu verhindern,

— illegale Beschäftigung zu unterbinden,

— illegalen Aufenthalt zu beenden,

— Aufenthalte zu Aus- und Fortbildungszwecken zeitlich zu befristen,

— das Assoziierungsabkommen zwischen der EG und der Türkei (Freizügigkeit türkischer Arbeitnehmer ab 1986) nicht zum Tragen kommen zu lassen,

— bei weiteren Beitritten zur EG ausreichende Übergangsfristen für die Freizügigkeit zu vereinbaren,

— den Mißbrauch des Asylrechts wirksam zu unterbinden.

Von besonderer Bedeutung für den Problemkreis Integration durch Begrenzung ist die umstrittene Frage des Familiennachzugs (Ehegatten und Kinder). Dabei ist zu unterscheiden zwischen der Familienzusammenführung zu Deutschen, zu Ausländern der ersten Generation aus Nicht-EG-Staaten sowie zu Ausländern der zweiten und folgenden Generationen aus Nicht-EG-Staaten.

Einigkeit bestand in der Kommission „Ausländerpolitik" über folgende Punkte:

Der Ehegattennachzug zu Ausländern der ersten Generation soll nicht weiter eingeschränkt werden.

Der Nachzug ausländischer Familienangehöriger von Deutschen und Ausländern soll gesetzlich geregelt werden.

Ausländische Ehegatten und minderjährige Kinder von Deutschen sollen einen gesetzlichen Anspruch auf Aufenthaltserlaubnis erhalten, ebenso ausländische Elternteile von minderjährigen Deutschen, wenn sie mit ihrem Kind in häuslicher Gemeinschaft leben oder leben werden.

Der Nachzug sonstiger ausländischer Verwandter von Deutschen (z.B. Geschwister, Großeltern usw.) soll grundsätzlich nicht zugelassen werden, ebenso der Nachzug erwachsener Ausländer, die von Deutschen adoptiert worden sind. Härtefälle sind im Rahmen einer allgemeinen Ermessensregelung zu berücksichtigen.

Kindernachzug

Der Kindernachzug zu Ausländern aus Nicht-EG-Staaten, insbesondere die Frage einer Altersgrenze, bleibt strittig. Nach den Empfehlungen der Bundesregierung vom 2. 12. 1981, denen die Länder im wesentlichen gefolgt sind, ist zur Zeit folgenden Personengruppen der Nachzug grundsätzlich nicht gestattet:

— über 16jährigen ausländischen Jugendlichen,

— ausländischen Kindern, wenn sich nur ein Elternteil in der Bundesrepublik Deutschland aufhält (Ausnahmen für Halbwaisen und Kinder von Geschiedenen oder Ledigen),

— Angehörigen von Ausländern, die sich in der Bundesrepublik zur Aus- und Fortbildung sowie als Werkvertragsarbeitnehmer aufhalten.

Zur weiteren Begrenzung des Kindernachzugs haben der federführende Bundesminister des Innern und mehrere Bundesländer in der Kommission „Ausländerpolitik" empfohlen, das Höchstalter für Kinder grundsätzlich vom 16. auf das 6. Lebensjahr herabzusetzen. Ausnahmetatbestände und ausreichende Härtebestimmungen sollen vorgesehen werden. Die kommunalen Spitzenverbände haben diese Empfehlung mitgetragen, gleichzeitig aber auf die Notwendigkeit einer auch für die örtlichen Behörden praktikablen Härtefallregelung hingewiesen.

Für und gegen eine Herabsetzung des Nachzugsalters auf das 6. Lebensjahr werden folgende Gesichtspunkte genannt:

Integrationsaspekte

Mit der Herabsetzung des Nachzugsalters auf das 6. Lebensjahr werden dem Kindeswohl entsprechend die Chancen für die gesellschaftliche, vor allem auch die berufliche Integration wesentlich verbessert. Nur schon im Vorschulalter einreisende Kinder können das deutsche Schulsystem als Hauptintegrationsinstrument voll und erfolgreich durchlaufen.

Belastungsaspekte

Unstrittig ist auf der anderen Seite, daß eine Herabsetzung der Altersgrenze, wenn sie mit einer Übergangsregelung verbunden würde, zu Belastungen der sozialen Infrastruktur in den Städten (Kindergärten, Schulen, Ausbildungsstellen, soziale Dienste und Wohnungen) führen müßte, weil ein starker Nachzug sowohl von 5- bis 15jährigen Ausländerkindern sowie möglicherweise von Elternteilen während der Übergangsfrist zu befürchten ist. Über den Umfang eines solchen „Sogeffektes" bestehen unterschiedliche Auffassungen.

Praktikabilitätsgesichtspunkte

Die Gegner einer Altersbegrenzung mit Übergangsregelung ziehen deren Wirksamkeit in Zweifel. Nach ihrer Auffassung würden die betroffenen Ausländerfamilien überwiegend erfolgreich versuchen, den untersagten Nachzug nach Ablauf der Übergangsfrist über Härtegesichtspunkte oder auf dem Prozeßwege zu erzwingen oder ihn illegal vollziehen. Dabei sei eine Trennung beispielsweise „zu Besuchszwecken" eingereister Ausländerkinder von ihren Eltern durch Ausweisung und Abschiebung nicht vorstellbar.

Von den Befürwortern wird dem entgegengehalten, daß bei den Eltern, die die Übergangsfrist verstreichen lassen, überwiegend kein Interesse am Kindernachzug bestehe. Außerdem könne Mißbräuchen durch eine klare (abgrenzende und abschließende) Härteregelung, die auch die Rechtsprechung dazu zwingen würde, strenge Maßstäbe anzulegen, begegnet werden. Auf Neuregelungen dürfe nicht allein deshalb verzichtet werden, weil hierdurch unter Umständen illegale Verhaltensweisen ausgelöst würden. Diesen könnte beispielsweise durch aufenthaltsrechtliche Maßnahmen gegenüber den Eltern begegnet werden.

Außenpolitische und Menschenrechtsaspekte

Sehr unterschiedlich wird der Vorschlag einer Herabsetzung der Altersgrenze unter außenpolitischen Aspekten und allgemeinen Menschenrechtsgesichtspunkten bewertet.

Die Gegner bezeichnen eine entsprechende Neuregelung als familienfeindlich, insbesondere wenn das Nachholen von Kindern während der Übergangsfrist am fehlenden Wohnraum scheitere.

Die Befürworter orientieren sich am Begriff des Kindeswohls. Die freie Entscheidung der Eltern für oder gegen den Kindernachzug — die allerdings im Gegensatz zum Status quo auch ausgeübt werden müsse — werde nicht angetastet. Problemen in der Wohnungsfrage könne im Rahmen der Härteregelung abgeholfen werden. Nachzugsregelungen, die mit dem Grundgesetz vereinbar seien, müßten auch in der Menschenrechtsdiskussion bestehen können. Unter Menschenrechtsaspekten sei die Integration der Kinder und damit das Kindeswohl ebenso wichtig wie ein auf Artikel 6 GG gestütztes Zuzugsrecht.

Den betroffenen Partnerländern sei deutlich zu machen, daß eine schwindende Zustimmung der deutschen Bevölkerung zur Ausländer-Integration als Folge des ungesteuerten Familiennachzugs auf die Lage der in der Bundesrepublik lebenden ausländischen Arbeitnehmer und ihrer Familienangehörigen ungünstige Auswirkungen haben.

Ehegattennachzug

Für eine Begrenzung des Ehegattennachzugs zu Ausländern der zweiten und folgenden Generation gibt es zwei Grundkonzeptionen:

Grundsätzliche Zulassung des Nachzugs, die an folgende Voraussetzungen geknüpft ist (zur Zeit überwiegend praktiziert):

— Mindestalter des in der Bundesrepublik lebenden Partners,

— Mindestaufenthalt im Bundesgebiet,

— unbefristete Aufenthaltserlaubnis oder Aufenthaltsberechtigung,

— Mindestdauer der Ehe,

— Sicherstellung des gemeinsamen Lebensunterhalts aus eigener Erwerbstätigkeit der Partner,

— angemessener Wohnraum für die Eheleute.

Grundsätzlicher Ausschluß des Nachzugs in Zuheiratsfällen mit folgenden Ausnahmen:

— eine vom in der Bundesrepublik lebenden Partner beantragte Einbürgerung scheitert aus von ihm nicht zu vertretenden Gründen,

— es liegt ein anderweitiger besonderer Härtefall vor.

Über die Härtefallregelung hinaus könnte ein Ehegattennachzug im Rahmen einer jährlich zu bestimmenden Quote zugelassen werden.

In der Kommission „Ausländerpolitik" wurde die zweite Alternative favorisiert.

Die kommunalen Spitzenverbände haben diesem Vorschlag zugestimmt jedoch empfohlen, zu überprüfen, ob für Fälle des Nachzugs jährlich festzulegende Kontingente für das gesamte Bundesgebiet eingeführt werden sollten.

Der Deutsche Städtetag hat schon sehr früh — weit vor dem
offiziellen Anwerbestopp von 1973 — auf die Problematik zu
hoher Ausländerkonzentrationen in der Bundesrepublik hingewiesen und vor einer Überforderung der sozialen Infrastruktur
der Städte gewarnt. Zu späte Reaktionen, untaugliche Instrumentarien und verzögerte gesetzliche Regelungen nicht zuletzt beim
Asylverfahren haben die heutige prekäre Situation mitverursacht.
Das Präsidium des Deutschen Städtetages hat daher anläßlich
der Beratungen der Kommission „Ausländerpolitik" deutlich gemacht, daß angesichts der erreichten — in Ballungsgebieten teilweise bereits überschrittenen — Belastungsgrenze der Gemeinden alle verfassungskonformen Vorschläge, die zu einer wirk-
samen Begrenzung des Anwachsens der ausländischen Bevölkerung führen können, im Grundsatz mitgetragen werden
müssen. Es war sich dabei bewußt, daß der Deutsche Städtetag
sich in der Vergangenheit aus humanitären Gründen und um des
sozialen Friedens willen wiederholt dezidiert für einen ungehinderten Familiennachzug im Rahmen der Kleinfamilie (Eltern,
Kinder) und für eine Gleichstellung ausländischer Kinder und
Jugendlicher mit den deutschen Altersgenossen ausgesprochen
hat. Zumindest graduell werden die Positionen jetzt zurückgenommen werden müssen, weil die Rahmenbedingungen sich entscheidend verschlechtert haben.

Mit aller Deutlichkeit muß aber auch darauf hingewiesen werden,
daß alle einschränkenden Regelungen — ihre Wirksamkeit unterstellt — in ihrer Praktizierung vor Ort zu erheblichen Schwierigkeiten führen. Die Städte müssen mit ihren Dienststellen die
beschlossenen Maßnahmen durchführen. Zur Zeit ist nicht abzusehen, wie Härtefallregelungen aussehen könnten, die zum einen
nicht den angestrebten Begrenzungseffekt praktisch wieder auf-
heben, zum anderen aber im Einzelfall humanitäre Gesichtspunkte ausreichend zum Tragen kommen lassen. Die unsicheren
Erfolgsaussichten einer wie auch immer festgelegten Altersbegrenzung beim Kindernachzug und eines von verschiedenen Auflagen abhängig gemachten Ehegattennachzuges führen zwangsläufig dazu, auch andere von den derzeitigen Überlegungen
völlig abweichende Alternativen zu suchen. Denkbar wäre es in
diesem Zusammenhang, den Zuzug von Nicht-EG-Ausländern
nach dem Vorbild der klassischen Einwanderungsländer über
bestimmte Quoten zu regeln. Dabei müßte eine bundeszentrale
Stelle jährlich zahlenmäßig festgelegte Quoten verwalten und
nach näher zu bestimmenden Kautelen (Dringlichkeitsstufen,
Härtefälle usw.) den Zuzug von Ausländern genehmigen. Diese
Regelung hätte den Vorteil, die künftige Entwicklung überschaubar zu machen. Sie würde darüber hinaus den unzu-
mutbaren Druck von den örtlichen Ausländerbehörden nehmen.
Eine Entscheidung, ob die Bundesrepublik sich offiziell als
Einwanderungsland statuiert oder nicht, wäre damit nicht ver-
bunden.

IV. Rückkehrförderung

In den Jahren 1979 und 1980 sind zusammen etwa 400 000 Personen in die sogenannten Anwerbeländer zurückgekehrt.

Der Bundesminister für Arbeit und Sozialordnung prüft derzeit gemeinsam mit weiteren Ressorts, ob und ggf. wie durch finanzielle Anreize die Rückkehrbereitschaft von Ausländern zusätzlich erhöht werden könnte. Bei der Prüfung soll besonderes Gewicht auf die Verhinderung von Mitnahmeeffekten bei ohnehin rückkehrwilligen Ausländern gelegt werden. Folgende Möglichkeiten sind inzwischen überprüft worden:

— Kapitalisierung des Arbeitslosengeldes,

— Zahlung einer Rückkehrprämie,

— Ablösung staatlich begünstigter Sparanlagen,

— vorzeitige Erstattung von Rentenversicherungsbeiträgen,

— Ablösung von Anwartschaften in der betrieblichen Altersversorgung,

— Rückkehroptionen,

— Schaffung von Arbeitsplätzen in den Heimatländern.

Auch in der Kommission „Ausländerpolitik" wurde der Rückkehrförderung durch individuelle Anreize, durch Beratung von Rückkehrwilligen und durch Maßnahmen der Wirtschaft und Entwicklungshilfe große Aufmerksamkeit geschenkt. Der Zusammenhang zwischen Erhaltung der Rückkehrfähigkeit und Rückkehrbereitschaft wurde betont. Ansatzpunkte wurden gesehen in den Bereichen Erhaltung der Muttersprache, Pflege der Verbundenheit mit der Kultur und den Traditionen des Herkunftslandes sowie der Vermittlung einer qualifizierten Berufsausbildung als Grundlage für eine erfolgreiche berufliche Reintegration. Ferner wurde das Erlöschen des Aufenthaltsrechts bei Inanspruchnahme von Rückkehrhilfen angesprochen. Die Kommission „Ausländerpolitik" hat empfohlen, das Aufenthaltsrecht solle bei Bewilligung einer Rückkehrhilfe kraft Gesetzes erlöschen.

In diesem Zusammenhang war auch die eventuelle Einräumung einer Wiederkehroption für Ausländer, die keine Rückkehrhilfe in Anspruch nehmen, zu erörtern. Nach geltendem Recht erlischt das Aufenthaltsrecht eines Ausländers, wenn er das Bundesgebiet aus einem nicht vorübergehenden Grunde verläßt. Nach dem Anwerbestopp hat er grundsätzlich keine Möglichkeit, seine Entscheidung rückgängig zu machen.

Für eine Wiederkehroption werden insbesondere der Abbau psychologischer Rückkehrhemmnisse und die Entlastung des Arbeitsmarktes auf längere Sicht angeführt.

Gegen eine Wiederkehroption spricht insbesondere, daß die endgültige Entscheidung für und gegen eine Integration zu lange
offen bleibt. Bei einer Wiedereinreise nach mehreren Jahren treten erhebliche Eingewöhnungsschwierigkeiten insbesondere bei
schulpflichtigen Kindern auf. Die Wiedereinreise einer größeren
Zahl von Ausländern schafft schwer lösbare Arbeitsmarkt-
probleme.

Eine Reihe von Mitgliedern der Kommission „Ausländerpolitik"
hat sich deshalb auch gegen eine Wiederkehroption ausgesprochen. Die kommunalen Spitzenverbände haben dafür plädiert,
das Verlassen des Bundesgebietes aus einem seiner Natur nach
nicht vorübergehenden Grunde müsse Erlöschungsgrund für das
Aufenthaltsrecht bleiben. Es müsse gesetzlich festgelegt werden,
daß das Aufenthaltsrecht bei einem Aufenthalt im Ausland von
mehr als einem Jahr erlösche, es sei denn, daß die Ausländerbehörde einen längeren Auslandsaufenthalt genehmigt habe.

Grundsätzlich können aber wohl aus der praktischen Erfahrung
der Ausländerarbeit heraus der Rückkehrförderung keine großen
Erfolgschancen eingeräumt werden. Hingewiesen wird dabei
besonders auf Gespräche mit türkischen Familien. Eine tatsächliche Rückkehr in größerem Umfang wird den Einsatz von finanziellen Mitteln in einer Größenordnung erfordern, die derzeit als
nicht realisierbar angesehen werden muß.

V. Einbürgerung

Obwohl nach geltendem Recht eine Einbürgerung nach 10jähri-
gem Aufenthalt in der Bundesrepublik möglich ist, wird davon nur
wenig Gebrauch gemacht; die Einbürgerungsbereitschaft der
Ausländer ist gering. In den Jahren 1973 bis 1980 sind jährlich nur
etwa 10 000 bis 15 000 Ausländer eingebürgert worden; davon
machten die ausländischen Arbeitnehmer aus den sog. Anwerbe-
staaten kaum mehr als ein Drittel aus. Im Jahre 1980 wurden von
den rd. 1,65 Millionen berechtigten Ausländern lediglich 15 000
(0,9%) eingebürgert. Für die 341 000 türkischen Staatsangehörigen, die 1980 berechtigt waren, einen Einbürgerungsantrag zu
stellen, betrug diese Zahl sogar nur 387 (= 0,1%). Diese Tendenz
hat sich auch in den Jahren 1981 und 1982 nicht verändert. Auch
Ausländer, die länger als zehn Jahre legal in der Bundesrepublik
Deutschland leben, scheuen sich, die Staatsbürgerschaft ihres
Heimatlandes aufzugeben. Einige Länder erschweren die Entlassung aus ihrem Staatsverband oder machen sie sogar unmöglich.
Auf der anderen Seite ist die Bundesrepublik daran interessiert,
daß sich der Ausländer bei erreichter Integration in die deutschen
Lebensverhältnisse entscheidet, in welchem Staatsverband er auf
Dauer leben will. Die Übernahme aller staatsbürgerlichen Rechte
und Pflichten schafft für den Aufnahmestaat und den eingebür-
gerten Ausländer klare Verhältnisse.

In der politischen Diskussion besteht Einmütigkeit darüber, das Einbürgerungsverfahren zu erleichtern. Die Bundesregierung hat Anfang des Jahres 1982 einen Gesetzentwurf eingebracht, der der zweiten Ausländergeneration einen vom Ermessen der Behörde unabhängigen Einbürgerungsanspruch einräumen soll. Wenn der Ausländer seit acht Jahren rechtmäßig seinen dauernden Aufenthalt in der Bundesrepublik Deutschland hat und zwischen 18 und 21 Jahre alt ist, soll er einen Rechtsanspruch erhalten. Weitere Voraussetzung soll sein, daß er aus seiner bisherigen Staatsangehörigkeit ausscheidet und nicht zu einer Freiheitsstrafe von mehr als einem Jahr verurteilt worden ist. Inzwischen ist dieser Gesetzentwurf, der auch von den kommunalen Spitzenverbänden in wesentlichen Teilen abgelehnt worden war, wegen des Regierungswechsels obsolet geworden. Die Kommission „Ausländerpolitik" hat verschiedene Möglichkeiten einer erleichterten Einbürgerung von Ausländern diskutiert, wobei sie zwischen Ausländern der ersten Generation und Ausländern der zweiten und folgenden Generationen unterscheidet, ohne zu einer einheitlichen Auffassung zu kommen. Die kommunalen Spitzenverbände haben sich bei Ausländern der ersten Generation für eine erleichterte Einbürgerung dann ausgesprochen, wenn

— sie vor dem 1. Januar 1974 legal zum Zwecke der Erwerbstätigkeit eingereist sind,

— sie sich seitdem ununterbrochen und rechtmäßig im Bundesgebiet aufhalten,

— sie ihre bisherige Staatsangehörigkeit verlieren oder aufgeben, sofern nicht der Heimatstaat die Entlassung durchweg verwehrt oder die Entlassung auf unverhältnismäßige Schwierigkeiten stößt,

— sie sich in die deutschen Lebensverhältnisse eingeordnet haben und

— der Einbürgerung erhebliche Belange der Bundesrepublik Deutschland, insbesondere der äußeren oder inneren Sicherheit sowie der zwischenstaatlichen Beziehungen nicht entgegenstehen.

Dabei hätten die kommunalen Ausländerbehörden nach pflichtgemäßem Ermessen die Einbürgerungsfähigkeit des Antragstellers zu prüfen. Für die Einbürgerung der Ausländer der zweiten und folgenden Generationen haben die kommunalen Spitzenverbände empfohlen, die Einbürgerung durch eine gesetzliche Regelung ohne Rechtsanspruch für Jugendliche im Alter von 18—21 Jahren unter nachstehenden Voraussetzungen zu erleichtern:

— 8 Jahre rechtmäßiger dauernder Aufenthalt im Bundesgebiet,

— Ausscheiden aus der bisherigen Staatsangehörigkeit,

— keine rechtskräftige Verurteilung wegen vorsätzlicher Straftaten zu Freiheits- oder Jugendstrafe von mindestens 6 Monaten,

— keine Gefährdung erheblicher Belange der äußeren und inneren Sicherheit der Bundesrepublik Deutschland und

— zureichende Einordnung in die deutschen Lebensverhältnisse.

Die kommunalen Spitzenverbände haben sich dabei von der Überlegung leiten lassen, daß ein seit acht Jahren in der Bundesrepublik lebender Jugendlicher, der mit 10—13 Jahren eingereist ist, der Schulpflicht nachgekommen ist und die deutschen Lebensverhältnisse ausreichend tatsächlich kennengelernt hat. Stellt er einen Einbürgerungsantrag, so ist davon auszugehen, daß er diese Lebensverhältnisse auf Dauer akzeptiert. Der Konstituierung eines Rechtsanspruchs steht entgegen, daß es dem aufnehmenden Staat anheimgestellt bleiben muß, nach eingehender Überprüfung aller in Frage kommender — nunmehr aber konkretisierter — Tatbestände über die Aufnahme in die Staatsangehörigkeit individuell zu entscheiden.

Besonders schwierig hat sich die Beantwortung der Frage herausgestellt, mit welchen rechtlichen Rahmenbedingungen die Einbürgerung für die erste und die nachfolgenden Ausländergenerationen so gestaltet werden kann, daß sie gegenüber der Beibehaltung des Ausländerstatus vorteilhaft erscheint. Konkrete Vorstellungen davon gibt es bisher kaum.

VI. Einreise und Aufenthalt

Die Bundesrepublik Deutschland ist nach wie vor ein besonders gefragtes Einreise- und Aufenthaltsland für Ausländer. Supranationale Abkommen und Verträge haben dazu geführt, daß eine große Zahl der in Deutschland lebenden Ausländer in ihrem Aufenthaltsstatus privilegiert ist. Hierzu zählen den Nato-Truppenstatut unterfallenden Personen, die Angehörigen der EG-Mitgliedstaaten sowie die Asylberechtigten und eine erhebliche Zahl von Inhabern einer unbefristeten Aufenthaltserlaubnis oder einer Aufenthaltsberechtigung.

Grundsätzlich benötigt jeder nichtprivilegierte Ausländer, der in das Bundesgebiet einreist, eine Aufenthaltserlaubnis, wobei von bestimmten Personengruppen vor der Einreise diese Erlaubnis in Form eines Visums eingeholt werden muß. In den anderen Fällen kann die Aufenthaltserlaubnis nach der Einreise bei der örtlichen Ausländerbehörde beantragt werden.

Beim praktischen Vollzug gerade dieser Vorschriften (aber auch z.B. des § 2 Ausländergesetz) ergeben sich mannigfache Probleme. Der Begriff „Belange der Bundesrepublik Deutschland" ist für eine Auslegung in unterschiedlichster Richtung offen und hat zu einer uneinheitlichen Verwaltungspraxis nach der Verabschiedung des Ausländergesetzes im Jahre 1965 geführt. Auch der zuständige Bundesminister des Innern spricht dieser sog. allgemeinen Negativschranke des Ausländergesetzes wegen ihrer Unschärfe die Praxistauglichkeit ab.

Die Kommission „Ausländerpolitik" hat in diesem Kontext einen Prüfungsauftrag formuliert, im Benehmen mit den Anrainerstaaten der Bundesrepublik eine Angleichung der Sichtvermerksbestimmungen anzustreben sowie die Notwendigkeit zu untersuchen, ob die allgemeine Sichtvermerkspflicht auf weitere Staaten auszudehnen ist. Eine solche Prüfung liegt im Interesse zuallererst auch der Städte, weil sie als tatsächlicher Aufenthaltsort illegal eingereister Ausländer auf eine wirksame Unterbindung des Zuzugs solcher Personen drängen müssen. Die Kommission plädiert für einen Wegfall der allgemeinen Negativschranke des § 2 Ausländergesetz und die Fixierung konkreter gesetzlicher Versagungsgründe für die Erteilung der Aufenthaltserlaubnis. Die Generalklausel „Belange der Bundesrepublik Deutschland" würde damit in tatbestandlich streng fixierte Vorschriften aufgelöst werden.

Für die Unterbindung illegaler Einreisen liegt eine Fülle von administrativen Vorschlägen vor.

Eine weitere Schwäche des Ausländergesetzes sollte im Interesse der Städte beseitigt werden: Das Ausländergesetz differenziert bei der Aufenthaltserlaubnis nicht nach verschiedenen Aufenthaltszwecken. Diese fehlende Differenzierung hat die „kalte Verfestigung" von zunächst nur befristet zugelassenen Aufenthalten ermöglicht. Die mehrfache Verlängerung der Aufenthaltserlaubnis schafft einen Vertrauenstatbestand, der die Ausländerbehörde tatsächlich daran hindert, weitere Verlängerungen abzulehnen. Auf diese Weise haben zahlreiche Ausländer ein Daueraufenthaltsrecht erlangt.

Um diesem unbefriedigenden Zustand abzuhelfen, bietet sich eine Differenzierung des Aufenthaltsstatus nach der möglichen Aufenthaltsdauer, dem antragstellenden Personenkreis und weiteren von den Ausländern nachzuweisenden Tatbestandsvoraussetzungen an.

Die Kommission hat hier in wichtigen Einzelfragen Einvernehmen erzielt:

Die Aufenthaltserlaubnispflicht soll auf Kinder unter 16 Jahren ausgedehnt werden; damit soll auch eine gesetzliche Pflicht zur Zurückbegleitung minderjähriger Kinder, die sich unerlaubt im Bundesgebiet aufhalten, begründet werden.

Für Ausländer, denen nur für einen bestimmten, zeitlich begrenzten Zweck (z.B. Studium, Besuchsreise, Kur) Aufenthalt gewährt wird, soll ein besonderer Aufenthaltstitel geschafft werden, der die spätere Erlangung eines Daueraufenthalts ausschließt.

Daneben soll die Schaffung eines speziellen Aufenthaltstitels auch für ausländische Familienangehörige geprüft werden. Die Aufenthaltsdauer ausländischer Ausbildungsbewerber soll auf einen der jeweiligen Ausbildung angemessenen Zeitraum begrenzt werden.

VII. Ausweisungstatbestände

Ein Ausländer kann ausgewiesen werden, wenn einer der in § 10 Abs. 1 Nr. 1 bis 11 Ausländergesetz aufgezählten Gründe vorliegt. Dabei bildet Nr. 11 dieser Vorschrift einen allgemein gehaltenen Auffangtatbestand. Der Ausländer darf ausgewiesen werden, wenn seine Anwesenheit erhebliche Belange der Bundesrepublik Deutschland beeinträchtigt.

In der Praxis der Behörden und Gerichte ergeben sich Probleme bei der Ausfüllung des Begriffs der „Erheblichkeit". Unklarheit besteht auch, wo über die Ausweisung straffälliger Jugendlicher zu befinden ist und ein Widerstreit darüber entsteht, ob vor einer Ausweisung Bemühungen um eine Resozialisierung in der Bundesrepublik angestellt werden sollen. Zu erwähnen ist ebenfalls der Ausweisungsgrund, wenn ein Ausländer „den Lebensunterhalt für sich und seine unterhaltsberechtigten Angehörigen nicht ohne Inanspruchnahme der Sozialhilfe bestreiten kann oder bestreitet".

Nach geltendem Ausländerrecht ist rechtswidriges Verhalten eines Ausländers in bestimmten Fällen Ausweisungsgrund. Einen generellen Ausweisungstatbestand „rechtswidriges Verhalten" gibt es aber bisher nicht. § 10 Abs. 1 Ausländergesetz enthält neben schwerwiegenden Ausweisungstatbeständen auch solche, die lediglich an gemeinlästiges Verhalten unterhalb der Strafbarkeit anknüpfen. Es sind dies Betteln, Erwerbsunzucht, Umherziehen als Landstreicher oder Landfahrer und Gefährdung der öffentlichen Sittlichkeit. Diese Ausweisungsgründe spielen in der Praxis aber eine untergeordnete Rolle.

Die Kommission „Ausländerpolitik" hat sich mehrheitlich dafür ausgesprochen, zu den in § 10 Ausländergesetz enumerativ aufgezählten Ausweisungsgründen einen generellen Tatbestand „erheblicher oder beharrlicher Verstoß gegen die Rechtsordnung" hinzuzusetzen.

Mehrheitlich empfohlen wurde auch die Einführung einer „Ist"-Ausweisung mit sofortiger Vollziehbarkeit kraft Gesetzes in Fällen erheblicher Kriminalität und die Einführung einer „Regel"-Ausweisung mit sofortiger Vollziehbarkeit kraft Gesetzes bei rechtskräftiger Verurteilung wegen einer vorsätzlichen Straftat zu mehr als 2 Jahren Freiheitsstrafe oder zu Freiheitsstrafe ohne Bewährung.

Im Bereich des o.g. lästigen und kriminogenen Verhaltens sowie der Gefährdung öffentlicher Interessen haben sich die kommu-

nalen Spitzenverbände dafür ausgesprochen, die Ausweisungsgründe Bettelei, Umherziehen als Landstreicher oder Landfahrer
und Gefährdung der öffentlichen Sittlichkeit zu streichen, die
Ausweisungsgründe Erwerbsunzucht, Gefährdung der öffentlichen Gesundheit und Beeinträchtigung erheblicher Belange der
Bundesrepublik Deutschland beizubehalten sowie einen neuen
Ausweisungsgrund „Abhängigkeit von Heroin oder anderen harten Drogen" einzuführen.

Für die Ausländerbehörden würde die Arbeit in zweifacher Hinsicht erleichtert: Die Einführung der Ist- und Regelausweisung
bringt Rechtsklarheit gegenüber der bisherigen Ermessensaus-
weisung; der Ausweisungsgrund „Abhängigkeit von Heroin oder
anderen harten Drogen" ermöglicht die gebotene Reaktion auf
ein sich immer weiter in den Vordergrund schiebendes krimino-
genes Verhalten.

Von besonderer Bedeutung ist die Klärung der Frage, ob die
Inanspruchnahme von Sozialhilfe als Ausweisungsgrund beibe-
halten und die Inanspruchnahme von Arbeitslosenhilfe als neuer
Ausweisungsgrund aufgenommen werden sollen.

Für die Sozialhilfe haben die kommunalen Spitzenverbände empfohlen, den gegenwärtigen Rechtszustand beizubehalten. Bei
Inanspruchnahme von Arbeitslosenhilfe haben sie sich für einen
Ermessenstatbestand ausgesprochen, wonach ein Ausländer
ohne verfestigten Aufenthaltsstatus, der seit einem Jahr Arbeitslosenhilfe bezieht, ausgewiesen werden kann.

Nach den Erfahrungen der letzten Jahre muß auch eine wirkungsvolle Abwehr von Störungen der öffentlichen Sicherheit
und Ordnung unter Beachtung des grundsätzlichen Rechts der
Ausländer zur politischen Betätigung angesprochen werden.

In diesem Zusammenhang hat sich die Kommission dafür ausgesprochen, die politische Betätigung grundsätzlich weiter zu
erlauben, im Einzelfall ein Verbot jedoch zu erleichtern, wenn sie
mit Verstößen gegen die Rechtsordnung (z.B. das Versamm-
lungsrecht) verbunden ist. Bei der Ausweisung von Ausländern,
die sich politisch extremistisch betätigt haben, wurde mehrheitlich empfohlen, die gesetzliche Regel-Ausweisung mit sofortiger
Vollziehbarkeit kraft Gesetzes bei

— Gefährdung der freiheitlich demokratischen Grundordnung,

— Gefährdung der Sicherheit der Bundesrepublik Deutschland,

— politisch motivierter Anwendung von Gewalt,

— Betätigung in verbotenen Vereinigungen,

— mit Strafe bedrohten Verstößen gegen das Versammlungs-
und Vereinsrecht,

— wiederholten Verstößen gegen das Verbot politischer Betätigungen;

die Kann-Ausweisung bei

— unerlaubter politischer Betätigung,

— Betätigung in extremistischen Vereinigungen,

— politisch motivierter Androhung von Gewalt,

— sonstigen politisch motivierten Verstößen gegen die Rechtsordnung

einzuführen.

VIII. Beteiligung von Ausländern am kommunalpolitischen Geschehen

Die rechtlichen Aspekte der politischen Betätigung und Mitwirkung von Ausländern sowie die politischen Forderungen zu
deren Ausweitung werden seit Jahren breit diskutiert.

Die wichtigste Form politischer Betätigung und Partizipation —
das Wahlrecht — ist Ausländern generell verwehrt. Die Wahlge-
setze des Bundes und der Länder sowie die Gemeindeordnungen
behalten das Wahlrecht ausschließlich den deutschen Staatsbür-
gern vor. Die politische Forderung, den Ausländern das Kommunalwahlrecht einzuräumen, läßt sich nach der herrschenden
Verfassungsinterpretation nicht ohne weiteres verwirklichen.
Eine Beteiligung der Ausländer an den Kommunalwahlen ist nach
ganz überwiegender Meinung nur über eine Grundgesetzände-
rung möglich, wobei dem Kommunalwahlrecht im übrigen die
gleiche Qualität zukommt wie dem Wahlrecht zu den Landtagen
und zum Bundestag. Selbst eine Verfassungsänderung ist nach
Auffassung der kommunalen Spitzenverbände jedoch nicht möglich, weil gemäß Art. 79 Abs. 3 GG die Artikel 1 und 20 GG nicht
änderbar sind. Nach Art. 20 Abs. 2 Satz 1 GG geht aber alle
Staatsgewalt vom Volke aus, wobei unter „Volk" nach herkömm-
lichem Verständnis nicht die Wohnbevölkerung zu verstehen ist,
sondern die Gesamtheit der Staatsangehörigen, die von den seitens der Parlamente gesetzten Rechtsvorschriften und weiterer
Maßnahmen „betroffen" sind. Nicht-Staatsangehörige könnten
sich diesen Wirkungen ihrer Wahlentscheidung durch Ausreise
entziehen. Somit besteht für Ausländer nur der Weg der Einbürgerung, um das Wahlrecht zu erlangen.

Außerhalb dieses engeren Bereichs der eigentlichen staatlichen
Willensbildung gibt es für Ausländer verschiedene Möglichkeiten, in politischen Angelegenheiten mitzuwirken. Die Bundesvereinigung der kommunalen Spitzenverbände hat schon im Jahre
1980 den Städten, Kreisen und Gemeinden empfohlen, die Parti-
zipationsmöglichkeiten der ausländischen Einwohner am gemeindlichen Geschehen auszuweiten. Dabei wurde z.B. je nach
den örtlichen Gegebenheiten die Einrichtung von Koordinie-
rungskreisen für Ausländerfragen, Ausländerbeiräten und kommunalen Ausschüssen für Ausländerfragen angeregt. Die Teil-

nahme von ausländischen Einwohnern als Mitglieder in Ratsaus-
schüssen nach baden-württembergischem Gemeinderecht bzw.
als sachverständige Gäste in diesen Gremien ist ebenfalls zu erwähnen. Inzwischen sind diese Beteiligungsmöglichkeiten in den
Städten in vielfältiger Weise verwirklicht. Darüber hinausgehende
Versuche, z.B. gesonderte Wahlen zu einem Ausländerparlament
für ausländische Mitbürger hatten unterschiedliche Resonanz
und Erfolge.

IX. Asylbewerberproblematik

Die Asylbewerberproblematik hat die Städte in den letzten Jahren
besonders stark belastet. Die vielfältigen Aktivitäten des Deutschen Städtetages in diesem Bereich sind kurz zusammengefaßt
in dem DST-Beitrag „Asylbewerber — Asylverfahren, Unterbringung, Versorgung und Betreuung der Asylbewerber in den Städten" veröffentlicht.

Der inzwischen festzustellende Rückgang der Asylbewerberzah-
len zeigt, daß es möglich ist, einem Mißbrauch des Asylrechts
durch geeignete Maßnahmen entgegenzuwirken. Neben dem
Sichtvermerkszwang haben vor allem die Versagung der Arbeitserlaubnis für Asylbewerber sowie die Beschränkung der Sozialhilfe auf Sachleistungen insbesondere dort, wo die Unterbringung von Asylbewerbern in Gemeinschaftsunterkünften zwingend vorgesehen ist, zu einem deutlichen Rückgang der
Bewerberzahlen geführt. Die Problematik ist zwar bei weitem
nicht gelöst, in ihrer Brisanz aber fühlbar entschärft.

Die Regelungen des am 1. August 1982 in Kraft getretenen Asylverfahrensgesetzes können als weiterer Schritt in die richtige
Richtung bezeichnet werden. Es bestehen allerdings Zweifel,
ob die angestrebte Beschleunigung der Verfahren in vollem
Umfange erreicht wird. Die Innenministerkonferenz der Länder
soll bis spätestens 1. August 1983 einen Erfahrungsbericht über
die Auswirkungen des Asylverfahrensgesetzes einschließlich der
in diesem Zusammenhang getroffenen Maßnahmen vorlegen.

Die Kommission „Ausländerpolitik" zieht zur Reduzierung miß-
bräuchlicher Asylanträge ein Wiederaufgreifen der im Asylver-
fahrensgesetz nicht übernommenen Vorschläge des Bundesrates in Betracht, denen seinerzeit der Deutsche Städtetag
ebenfalls nachdrücklich zugestimmt hatte. Über eine Novellierung des Asylverfahrensgesetzes soll aber erst dann entschieden
werden, wenn der Innenministerbericht vorliegt. Ferner wurde
empfohlen, unabhängig davon den Aufenthalt unanfechtbar ab-
gelehnter Asylbewerber — abgesehen von Sonderregelungen für
Ostblockstaatsangehörige — möglichst ausnahmslos zu beenden. Wenn Staaten die Rücknahme von Personen ablehnen, für
die sie Verantwortung tragen, solle die Bundesregierung dem mit
allen Mitteln entgegenwirken.

X. Regelungen für Ostblockstaatsangehörige

Mit Beschluß vom 26. August 1966 hat die Innenministerkonferenz festgelegt, daß Angehörige der Ostblockstaaten, die illegal in die Bundesrepublik einreisen, allein wegen der illegalen Einreise grundsätzlich nicht abgeschoben werden. Eine Aufenthaltsbeendigung aus anderen gesetzlichen Ausweisungsgründen wird zwar nicht ausdrücklich ausgeschlossen, findet aber in der Praxis auch nicht statt. Diese Sachlage hat in den letzten Jahren eine beträchtliche Sogwirkung auf Zuwanderer ausgelöst, die auch aus wirtschaftlichen Gründen in die Bundesrepublik Deutschland einreisen. Am Beispiel Polen wird dies besonders deutlich:

Zahl der polnischen Staatsangehörigen erteilten Sichtvermerke: 1979: 120 251; 1980: 188 987; 1981: 385 248.

Zahl der polnischen Staatsangehörigen in der Bundesrepublik Deutschland jeweils zum 30. 9.: 1979: 48 015; 1980: 60 144; 1981: 82 711; 1982: 91 371.

Diese Zunahme in den drei Jahren von 1979 bis 1982 betrug mithin 90,3%. Ein Vergleich zeigt, daß nicht einmal die Hälfte der Zuwanderer aus Polen einen Asylantrag stellt. Häufig nehmen Asylbewerber ihre Anträge auch zurück, wenn ihnen bekannt wird, daß sie unabhängig vom Ausgang des Asylverfahrens vor einer Abschiebung geschützt sind.

Der Grundsatz der Nichtabschiebung von Angehörigen der Ostblock-Staaten hat in der praktischen Handhabung zu einer Reihe von Schwierigkeiten und Ungereimtheiten geführt.

Unklar ist der persönliche Geltungsbereich. Der Begriff „Ostblockstaaten" ist nicht eindeutig bestimmt. Bestrafung von „Republikflucht" findet sich auch in Staaten außerhalb des Ostblocks. Kommunistische Regimes sind nicht auf den Ostblock beschränkt.

Strittig ist ferner der sachliche Anwendungsbereich und der aufenthaltsrechtliche Status.

Der IMK-Beschluß führte zu einer ungleichen Behandlung von Asylbewerbern und sonstigen Ausländern aus den Ostblock-Staaten.

Asylbewerber aus den Ostblock-Staaten unterliegen einem einjährigen Arbeitsverbot. Bei Ausländern, die keinen Asylantrag stellen, wird von solchen Auflagen weitgehend abgesehen. Da aufenthaltsbeendende Maßnahmen bei diesem Personenkreis ohnehin nicht in Betracht kommen, soll er zur Entlastung der öffentlichen Hand so schnell wie möglich in den Arbeitsprozeß eingegliedert werden.

Ostblock-Staatsangehörige, die keinen Asylantrag stellen, entgehen auch den sonstigen Restriktionen für Asylbewerber (Unterbringung in Gemeinschaftsunterkünften, Empfang von

Sozialhilfe in Form von Sachleistungen oder gekürzten Geld-
leistungen, räumliche Beschränkungen des Aufenthalts auf den
Bezirk der Ausländerbehörde). Aus diesen Gründen werden
bereits gestellte Asylanträge häufig zurückgenommen.

Die Zuwanderung dieser Ostblock-Staatsangehörigen belastet
ausschließlich die Kommunen.

Da der Arbeitsmarkt kaum noch aufnahmefähig ist, wird Sozialhilfe gewährt, die zu Lasten der kommunalen Haushalte geht.
Eine Erstattung aus den Länderhaushalten findet nur für Asylbewerber statt.

Die besonderen Gründe, die 1966 zur ausländerrechtlichen Privi-
legierung der Ostblock-Staatsangehörigen geführt haben, sind
heute weitgehend überholt:

Die Ausreise aus Ostblock-Staaten wird nicht mehr generell
behindert, sondern zum Teil großzügig gestattet (Beispiele:
Polen, Ungarn).

Die Gefahr einer Bestrafung wegen Republikflucht ist in der
Rechtsprechung als asylbegründender Nachfluchtgrund anerkannt. Maßgeblich sind allein die Gründe, aus denen der Verfolgerstaat die Verfolgung betreibt. Es wird nicht mehr gefordert,
daß der Asylbewerber die vom Verfolgerstaat angenommene
politische Überzeugung auch tatsächlich besitzt.

Der verständliche Wunsch, nicht unter einem kommunistischen
Regime zu leben, müßte auch Staatsangehörige aus Ländern
begünstigen, denen die Bundesrepublik Deutschland die Einreise weniger großzügig gestattet (Sichtvermerksbeschränkun-
gen gegenüber Afghanen, Kontingentierung gegenüber Viet-
namesen).

Eine nennenswerte Weiterwanderung von Ostblock-Staatsangehörigen in Drittstaaten findet nicht statt und läßt sich auch
nicht erzwingen.

Ein Arbeitskräftebedarf der deutschen Wirtschaft besteht auf
absehbare Zeit nicht.

Einführung

HEINRICH LUMMER

Wenn man das Thema „Ausländerpolitik" aufgreift, dann weiß
man, es gibt eine Fülle von Fragen, es gibt auch in einzelnen
Teilbereichen Antworten. Die Antworten selbst sind z.T. heftig
umstritten. Es ist gelegentlich erstaunlich zu sehen, wie kräftig

sich die Deutschen über ihre Ausländer zu streiten wissen. Wenn man Stichworte sagt, dann geht es um Integration oder Rotation, dann geht es um Rückkehrförderung oder Begrenzung des Nachzuges, dann geht es um Fragen der Einbürgerung, um Fragen des islamischen Religionsunterrichtes an deutschen Schulen und vieles andere mehr.

Alles das kann man in einer kurzen Einführung nicht behandeln, und ich will es auch gar nicht, sondern ich will aus meiner Sicht deutlich machen, für wie wichtig ich die Fragen halte, um die es hier geht, und für wie verderblich ich es halten würde, wenn die Politik angesichts dieser Fragen nicht die richtige Antworten, d.h. eine in sich geschlossene Ausländerpolitik finden.

Dabei ist man vor dem Forum des Deutschen Städtetages in einer relativ günstigen Situation, denn die Vergangenheit hat gezeigt, etwa bei der Auseinandersetzung um das Asylverfahrensrecht, daß die Städte, auch die Gemeinden, sich in einem Boot fühlen. Sie haben nicht irgendwelche Entscheidungen an grünen Tischen zu treffen, sondern sie haben unmittelbar mit den Problemen und ihrer ganzen Last zu tun und kommen gelegentlich von dieser Praxis her zu anderen Ergebnissen, als „die da oben" irgendwo „in Theorie zu machen" haben.

Wenn ich darüber rede, dann sicherlich nicht ohne die Berliner Erfahrungen, und ich möchte schon von diesen Erfahrungen einleitend etwas sagen: Berlin ist zwar nicht — wie oft kolportiert worden ist — die drittgrößte türkische Stadt überhaupt, aber Berlin ist die größte türkische Stadt außerhalb der Türkei. Damit wird einiges deutlich zum Ausdruck gebracht.

Die Situationsbeschreibung sieht etwa so aus, daß wir vor zwanzig Jahren im Bundesgebiet weniger als 1 Million Ausländer hatten. In Berlin gab es damals 26 000. Seitdem hat sich die Zahl im Bundesgebiet verfünffacht, in Berlin fast verzehnfacht. Heute sind es 248 000, wenn die Illegalen dazukommen, einiges mehr. Die Ausländerquote stieg in Berlin von 1,2 auf 12,6 Prozent.

Von besonderer Bedeutung — und daher meine Bemerkung über die türkische Teilstadt im Herzen Deutschlands —, ist das überproportionale Ansteigen der türkischen Bevölkerung. 1963 lebten ganze 511 Türken in der Stadt, heute sind es nach dem Melderechtsregister 119 000, die Wahrheit wird bei 125 000 liegen. D.h. mehr als die Hälfte des Ausländeranstiegs kommt von türkischen Staatsangehörigen. In den letzten 10 Jahren betrug dieser Anteil beim Anstieg fast 80 Prozent, überwiegend also durch Zuwanderung, der Rest durch Geburtenüberschuß. Machten die Türken vor 20 Jahren nur 2 Prozent der Ausländer in Berlin aus, so sind es heute rd. 50 Prozent der ausländischen Bevölkerung.

Anfang der 70er Jahre wurde in Berlin als kritische Grenze eine Überfremdung — wie man sagte — in den einzelnen Bezirken noch eine Ausländerquote von etwa 15 Prozent angesehen. Ich erinnere daran, daß der frühere Ausländerbeauftragte der Bundesregierung, Heinz Kühn, einmal gesagt hat, daß jedes Volk rebellisch werde, wenn der Ausländeranteil die 10-Prozentmarke übersteige.

In vielen deutschen Städten — ganz besonders aber in drei Berliner Bezirken — ist dieser kritische Punkt bei weitem überschritten, z.b. in Kreuzberg mit seiner Ausländerquote von 28,6 Prozent. D.h. von den dort lebenden 141 000 Menschen sind 40 000 Ausländer. In dem Gebiet speziell um den Mariannenplatz oder der Wiener Straße haben wir sogar fast 43 Prozent Ausländeranteil.

Um es deutlicher zu machen, Bezirke wie Kreuzberg oder Wedding sind nach der Einwohnerzahl mit Städten wie Oldenburg, Bremerhaven oder Darmstadt zu vergleichen. Dort aber liegt die Ausländerquote zwischen 3,6 und 7,7 Prozent, in Neuss eine besonders beachtliche Zahl: 13,5 Prozent. Alle drei hochbelasteten Bezirke Kreuzberg, Wedding und Tiergarten in Berlin mit insgesamt 363 000 Einwohnern haben eine Ausländerquote von 24,3 Prozent. Saarbrücken hat im Vergleich dazu 6 Prozent.

Die Ursachen für den Anstieg in diesen Bezirken liegen nicht nur in der Zuwanderung, die trotz Zuzugssperre nur vorübergehend reduziert werden konnte, sondern auch zu einem beträchtlichen Teil darin begründet, daß die deutsche Bevölkerung aus diesen Gebieten weggezogen ist. Dies hat unterschiedlichste Gründe, aber nicht zuletzt den, daß der Ausländeranteil so stark angestiegen ist. Mancher Deutsche hat das Gefühl, daß er zwar Kreuzberger ist, aber daß ihm durch die Zuwanderung der Ausländer ein Stück seiner Heimat genommen wurde, weil er sich eines Tages in fremder Umgebung vorfindet. Am Anfang ist das faszinierendes Kolorit, vielleicht ein Stück Internationalität, ein türkischer Basar, ein jugoslawisches Restaurant. Wenn dann eines Tages in der ganzen Umgebung die deutsche Sprache die Ausnahme und das türkische Element das Prägende ist, fühlen sich manche Menschen eben nicht mehr wohl und haben das Gefühl, ein Stück Heimat verloren zu haben. Die Folge: Sie ziehen weg in andere Teile der Stadt. Man mag diese Reaktion beklagen, aber man kann sie nicht wegreden. Sie wird nicht nur ausgelöst durch die Überfremdung — wenn ich dieses Wort noch einmal verwenden darf — sondern auch durch die Sorge um die Entwicklung der eigenen Kinder.

Denn: Etwa die Hälfte der Kinder unter 15 Jahren in Kreuzberg sind Ausländer und in 15 Grund- und 4 Hauptschulen Berlins sind mehr als 60 Prozent ausländische Kinder.

Wir wissen schon heute, daß 1991 25 Prozent der Schulabgänger Ausländer sein werden, gegenüber 10 Prozent von heute. In Berlin halbiert sich die Zahl der deutschen Kinder und verdoppelt sich die Zahl der ausländischen Kinder.

Das Statistische Landesamt Berlin hat in einer Status-quo-Analyse bis 1990 eine Ausländerquote für Berlin von 17 Prozent vorausgesagt. Das würde bedeuten, daß noch weitere 80 000 Ausländer nach Berlin kommen. Das Deutsche Institut für Wirtschaftsforschung ist etwas zurückhaltender und sieht einen 15-Prozent-Anteil.

Nun meine Damen und Herren, allerdings ist bei diesen Überlegungen eine Trendwende — mit aller Vorsicht sei dieser Begriff verwendet — die 1982 zu beobachten ist, noch nicht in die Berechnungen voll eingegangen. Diese Wende wurde erreicht durch eine Veränderung der ausländerrechtlichen Bestimmungen, die wir im Jahre 1981 vorgenommen haben, mit der Herabsetzung der Altersgrenze auf 16 Jahre, der Nachzugsbeschränkung und anderen Maßnahmen.

Wir können sagen, daß diese Maßnahmen bis zu einem gewissen Grade jedenfalls gegriffen haben. Der Erfolg spricht für sich, wobei natürlich auch die veränderten wirtschaftlichen Verhältnisse in der Bundesrepublik Deutschland eine Rolle gespielt haben. Der jedenfalls exorbitant hohe Wanderungsgewinn, der in den letzten Jahren bis 22 000 Ausländer ausmachte, konnte im Jahre 1982 auf rd. 2200 reduziert werden. Erstmals seit vielen Jahren gab es sogar Wanderungsverluste in einer Altersgruppe, nämlich der zwischen 6 und 15 Jahren und im letzten halben Jahr auch speziell bei den Türken.

Meine Damen und Herren, das sind einige Fakten, die die Diskussion über das Ausländerproblem nicht nur in Berlin bestimmen. D.h. die Diskussion wird letztendlich von der Zahl bestimmt, weil es so viele geworden sind, weil es zu viele geworden sind. Die Belastungsgrenze, die ein Gemeinwesen auch in der Größe Berlins verkraften kann, ist nicht nur erreicht, sondern überschritten.

Jedermann wird der Feststellung zustimmen können, daß wir es hier mit einer — wie schon oft gesagt — sozialen Zeitbombe zu tun haben. Soziale Spannungen, die sich aus einem wachsenden Ausländeranteil ergeben und schließlich in ernste Konflikte münden können, die ihrerseits wiederum eine Sicherheitsproblematik einschließen, können nur durch eine wirksame Politik der Begrenzung des Zuzugs vermieden werden, damit die Zahl der Deutschen nicht immer geringer und die Zahl der Ausländer immer größer wird.

Ich sage also, es ist im wesentlichen ein Problem der Zahl. Hier sehe ich insbesondere drei Aspekte des Problems:

Wenn man sinnvollerweise Integration von hier lebenden Ausländern erreichen will, dann kann man dies nicht erzielen, wenn die Zahl zu groß wird. So hat es der Berliner Senat in seiner Regierungserklärung gesagt. Aus Gründen der Integrationsvorstellungen und -absicht sind wir für eine Begrenzung der Ausländerzahl.

Das zweite Moment, das ich sehe, ist eine Sicherheitsproblematik. Wenn die Zahl ständig wächst, kann man soziale Spannungen nicht ausschließen, sondern muß nach Lage der Dinge von solchen Spannungen ausgehen, die sicherlich auch zu einer Sicherheitsproblematik werden. Wer also Sicherheitsprobleme in 5 oder 10 Jahren ausschließen will, muß heute das Problem durch eine Begrenzung lösen.

Drittens: Wenn jemand ernsthaft die Absicht hat, das Problem des Arbeitsmarktes zu lösen, dann kann er dabei nicht die Ausländerproblematik übersehen. Wenn Ausländernachzug nur noch geeignet ist, die Arbeitslosenzahl zu erhöhen, dann kann dies nicht als sinnvoll und vernünftig betrachtet werden.

Meine Damen und Herren, die vorherrschende Situation stellt sich jedenfalls mit solchem Gewicht und solcher Brisanz dar, daß sie ein politisches Handeln mit größtmöglicher Intensität und Konsequenz erfordert. Die Absichten der Bundesregierung aufgrund der von der Kommission „Ausländerpolitik" entwickelten Vorschläge entsprechen tendenziell dieser Zielsetzung. Ich halte sie gleichwohl nicht für ausreichend, vor allem deshalb nicht, weil das, was in dieser Kommissionsarbeit zum Ausdruck gekommen ist, nicht umgesetzt worden ist und ob es umgesetzt wird, weiß zu diesem Zeitpunkt noch niemand. Vielleicht weiß Herr Fröhlich nachher etwas mehr darüber zu berichten, mich würde es jedenfalls besser gelaunt stimmen, wenn ich dazu etwas hören könnte.

Eine Stabilisierung und sogar Reduzierung des Ausländeranteils wird ohne zusätzliche Maßnahme der Zuzugsbeschränkung nicht erreichbar sein. Insofern sind weitere Maßnahmen zwingend, und zwar im Interesse der Deutschen wie auch der hier lebenden ausländischen Bevölkerung. Ich habe gelegentlich den Eindruck, daß die Dramatik des Problems nicht überall gesehen wird und daß auch allzuviele Emotionen dabei eine Rolle spielen.

Die Max Frisch Formulierung: „Wir riefen Arbeiter und Menschen kamen", nun ja, es ist eine Formulierung, die sehr leicht zu kolportieren ist, geht aber am Kern des Problems vorbei. Denn alle, die zugereist sind, sind natürlich Menschen und niemand hat das hier übersehen. Aber der politischen Führung ist gleichwohl die Aufgabe aufgetragen, dafür zu sorgen, daß soziale Konflikte vermieden werden und auch die Identifikationsfähigkeit mit seinem Gemeinwesen erhalten bleibt. Hinzu kommt, daß vor allem auch die schwierige wirtschaftliche Lage zu Konkurrenzsituation und sozialen Spannungen führt.

Die Toleranzschwelle gegenüber Ausländern sinkt vielleicht gerade deshalb, und so kann die Lösung des Arbeitslosenproblems auch nicht unabhängig von einer Lösung der Ausländerfrage gesehen werden. Der Import weiterer Arbeitsloser muß sich belastend auswirken. Das Bundesverwaltungsgericht hat in seiner neueren Rechtsprechung betont, daß die effektive Begren-

zung des Zugangs von Ausländern wegen der hohen Arbeitslosigkeit an Gewicht gewonnen hat und es in der Regel
pflichtgemäßem Ermessen entspricht, den Zugang zu verwehren,
wenn der Aufenthalt von Ausländern zu wirtschaftlichen und
sozialen Problemen, die der massenhafte Zuzug ausgelöst hat,
beiträgt.

Es gibt eine neue Arbeit des Kieler Instituts für Weltwirtschaft;
hier geht man davon aus, daß sich die Beschäftigungschancen
der ausländischen Arbeitskräfte rapide verschlechtern werden.
Man sagt dort, weil sie vorrangig in Wirtschaftsbereichen mit
sektoral negativem Strukturwandel beschäftigt sind, weil sie in
Tätigkeiten beschäftigt sind, die einem besonders starken Ratio-
nalisierungsdruck ausgesetzt sind, weil sie keine oder nur geringe berufsqualifizierende Abschlüsse haben.

Die Schere — so die Aussage — zwischen Deutschen und ausländischen Arbeitslosen wird weiter auseinandergehen. Wenn also
die Chancen auf Integration in unseren Ausbildungs-, Arbeits-
und Lebensverhältnissen besser werden sollen, dann geht es nur
über weitere Zuzugsbeschränkung.

Ich will nicht über die Umbestimmtheit des Begriffs „Integration"
hier nachdenken oder Ausführungen machen. Jeder versteht darunter im Regelfalle etwas anderes. Wenn man aber bezogen auf
die Situation der Türken von Integration spricht, so ist damit nicht
die Preisgabe des Eigenen gemeint, wohl aber die Öffnung für die
politischen, sozialen und kulturellen Bedingungen des Gastlan-
des, die Fähigkeit, mit Selbstverständlichkeit in der deutschen
Gesellschaft zu leben.

Es kann nicht darum gehen, in unserem Land neben unserer
Kultur andere kulturelle Ausprägungen zu setzen und etwa aus
Berlin eine Doppelstadt Berlin-Ankara oder so etwas zu machen.
Es geht darum, wie mir scheint, den weiteren Anstieg zu verhindern, damit Integration möglich wird. Und dies ist — wie wir alle
wissen — gerade bei dem türkischen Bevölkerungsanteil besonders schwierig. Auch das Angebot der Einbürgerung wird ja
aus den unterschiedlichsten Gründen nur sehr begrenzt, sehr
bedingt angenommen.

Der Deutsche Landkreistag hat darauf hingewiesen, daß es
unverantwortlich wäre, die faktischen Grenzen noch so wün-
schenswerter Humanität und Toleranz zu mißachten, weil die
Geschichte lehrt, daß die Einwanderung größerer Volksgruppen
in einem bereits dicht besiedelten Raum zu erheblichen Problemen führt. Deshalb haben, wie wir alle wissen, klassische Einwanderungsländer — die USA und Kanada oder Australien — stets
Einwanderungsquoten festgesetzt, um Fremdenhaß, Unverständ-
nis und Konkurrenzangst zu vermeiden.

Bleibt so die Erkenntnis, daß bei allen ausländerrechtlichen Entscheidungen sowohl humanitäre als auch ordnungspolitische
Gesichtspunkte berücksichtigt werden müssen.

Ich möchte einen weiteren Gesichtspunkt, einen Aspekt anfügen, und zwar einen politischen. Es stellt sich die Frage — wenn ich es richtig sehe, ist sie immer häufiger aufgeworfen worden —, ob aus dem Bekenntnis zur nationalen Identität und einer historischen und verfassungsrechtlichen Verantwortung für die deutsche Nation auch verfassungsrechtlich relevante Schlüsse für die Ausländerpolitik abzuleiten sind. An einer Verpflichtung der Bundesrepublik Deutschland, die Identität der Nation zu bewahren, gibt es wohl keinen Zweifel.

Ich meine, daß dies insbesondere in Bezug auf Berlin gilt, denn Berlin ist eben nicht eine Stadt wie jede andere, sie hat ja bewußt eine Aufgabe für Deutschland als Ganzes, insofern als diese Stadt durch die geteilte Existenz, durch das bloße Dasein und Sosein, als geteilte Stadt deutlich macht, daß die deutsche Frage ungelöst ist. Ich meine, diese Aufgabe kann Berlin natürlich auf Dauer nur erfüllen, wenn es eine im Kern deutsche Stadt bleibt.

Es wäre sicherlich eine politisch seltsame Entwicklung, wenn der deutsche Teil von Berlin eben Ostberlin werden würde und nicht auch West-Berlin bleibt.

Eine weitere Frage ist, ob von der Präambel unseres Grundgesetzes in Verbindung mit der Konzeption der Grundrechte der Deutschen ausländerpolitische Folgerungen abgeleitet werden können. Entscheidungen gegen eine liberale Ausländerpolitik können aus dem Grundgesetz gewiß nicht hergeleitet werden. Dies zur Klarstellung. Aber die Verfassung, die für ausländerpolitische Konzeptionen und Modelle im Rahmen völkerrechtlicher Verträge und völkerrechtlichem Gewohnheitsrecht einen grundsätzlich nicht fixierten Spielraum läßt, ist gegenüber einer Ausländerpolitik nicht völlig indifferent.

Verfassungsjuristen vertreten deshalb die Auffassung, daß „die Verfassung sich mit der Unterscheidung zwischen Menschenrechten und spezifisch deutschen Vorbehalten in Grundrechten bei aller Offenheit gegenüber dem Völkerrecht und internationalen Beziehungen für eine völkerrechtlich vorgegebene Trennung zwischen Fremden und Deutschen ausspricht."

Gerade die umfassende Freiheitsgarantie und damit verbundene Verantwortlichkeit für das weitere Schicksal des Staatswesens Bundesrepublik Deutschland unterscheidet den Deutschen vom Ausländer.

Darüber hinaus kann dem Grundgesetz auch der Wille entnommen werden, ein soziales Gemeinwesen zu schaffen, das an die Eigenschaft „deutsch" als verbindendes Merkmal anknüpft. Dies schließt die Gewährung sozialer Rechte für Ausländer natürlich nicht aus. Ich zitiere einen Verfassungsjuristen: „Eine Konzeption der Bundesrepublik als Einwanderungsland mit zahlreichen nationalen Minderheiten wird der Vorstellung des Grundgesetzes schon im Hinblick auf die als vorläufig gedachte staatliche Organisation und die noch zu bewältigenden Aufgaben der Herstellung der nationalen und staatlichen Einheit schwer gerecht."

Festzuhalten ist, daß das Grundgesetz im Hinblick auf die Situation der Deutschen, die im Bundesgebiet auch in der Zukunft ihre Heimat finden, tendenziell von einem begrenzten ausländischen Bevölkerungsanteil ausgeht.

Teilt man diese Auffassung, dann enthält das Grundgesetz zwar keine Entscheidung gegen eine großzügige Ausländerpolitik, wohl aber gegen unbegrenztes Wachstum des Anteils der ausländischen Bevölkerung. Dies kann somit als Abwägungselement neben anderen grundgesetzlichen Wertentscheidungen nicht völlig unberücksichtigt bleiben. Als eine der wesentlichen, als eine unter mehreren Determinanten des gesetzgeberischen Handelns verdient es ebenso Beachtung wie Prinzipien des Rechtsstaates, Sozialstaates und anderem.

Damit darf ich nun konkret zum Problem des Familiennachzugs kommen. Ein Problem, über das ebenso häufig gestritten wie auch manchmal polemisiert wird. Wenn behauptet wird, der Staat habe mit den beabsichtigten Nachzugsregelungen die Absicht, die dauernde Trennung von Familien zu verordnen, so ist dies wohl eine bedeutende Fehlleistung, weil es die tatsächlichen Absichten verkennt.

Ich sehe jedenfalls auch in der vom Berliner Senat unterstützten Senkung des Nachzugsalters für Kinder auf sechs Jahre eine im Kern humanitäre Maßnahme, weil sie zum Ersten dem Kindeswohl im einzelnen dient und zum Zweiten die soziale Ordnung im ganzen schützt. Ohne eine solche Herabsetzung werden sich auch die strukturellen Ausbildungsdefizite nicht drastisch vermindern lassen.

Die bisherigen Erfahrungen haben gezeigt, daß Kinder, die nur teilweise oder gar nicht die deutsche Grund- und Hauptschule besucht haben, in unser Berufsleben nicht mehr zu integrieren und deshalb die Sozialchancen rapide vermindert sind. Deshalb ist zu fragen, seit wann denn das Recht auf Trennung von den Kindern ein familienpolitischer Vorteil sei. Die Frage ist doch nicht, ob türkische Eltern die Freiheit haben sollen, ihre Kinder tröpfchenweise und in jedem Alter nachzuholen. Vielmehr ist die Frage, was aus diesen Kindern bei uns wird, welche Voraussetzungen nötig sind, wenn die Integration im Sinne einer Teilhabe an allen Chancen gelingen soll.

Die von vielen empfohlene Regelung des Nachzugs der Kinder macht nicht die Familienzusammenführung unmöglich. Eingeschränkt wird lediglich die beliebige Wahl des Zeitpunktes für die Zusammenführung. Der verspätete Nachzug programmiert demgegenüber geradezu Zustände, die in individuellen Tragödien enden können. Denn wenn junge Menschen erst nach dem 16. Lebensjahr aus der Türkei zuwandern, die Sprache nicht beherrschen, eine Schulausbildung bei uns nicht mehr wahrnehmen können, in eine Situation der Arbeitslosigkeit kommen, dann sind sie fast automatisch an den sozialen Rand gedrängt, mit all den Problemen, die sich daran anknüpfen.

Geht man davon aus, daß pro ausländischem Arbeitslosen gut 2 Familienangehörige vorhanden sind, so wird sich nach Berechnungen des schon erwähnten Kieler Instituts die Zahl der Sozialhilfeempfänger verdoppeln. Welche Konsequenzen sich daraus für die kommunalen Haushalte ergeben, kann sich jeder ausmalen.

Der hier sehr beliebte Hinweis auf den Art. 6 des Grundgesetzes verkennt — wie mir scheint — den Kern der Grundrechte, um die es hier geht. Er bietet, wie z.B. Prof. Quaritsch ausführte — ich zitiere — „kein Grundrecht auf internationale Freizügigkeit und ebenso nicht ein Grundrecht auf — wie er das nennt — ökonomisch optimale Instrumentierung und Verwertung der Familienangehörigen. Solche Absichten und Folgen fallen aus dem Schutzbereich dieses Grundrechtes heraus.

Eine Interpretation des Art. 6 des Grundgesetzes, der doch wohl nicht dazu verpflichte, bisher nicht bestehende familiäre Bindungen zu ermöglichen, kann nicht zutreffend sein, wenn damit der Entschlußfreiheit der Eltern oberster Rang auch dann eingeräumt wird, wenn ihre Ausübung regelmäßig weder dem objektiven Wohl des Kindes noch dem öffentlichen Interesse an der Sozialfähigkeit der Bürger dient. Schließlich fällt schwer, es positiv zu beurteilen, wenn türkische Familien die Liebe zum Kinde erst dann entdecken, wenn das Kind 15 oder 16 Jahre alt ist. Ich unterstütze also die Auffassung, daß jede Grundrechtsauslegung — ich kann gerne den Satz wiederholen, es ist meine Meinung, die ich hier sage — ich unterstütze die Auffassung, daß jede Grundrechtsauslegung auch soziale Folgen berücksichtigen muß. Die staatliche Gemeinschaft, so ist es in Art. 6 Abs. 2 des Grundgesetzes formuliert, hat über die Betätigung des Elternrechts zu wachen. Dieses Wächteramt des Staates kommt in der Position zum Familiennachzug insofern zum Ausdruck, als es den Mißbrauch des Elternrechts zu verhindern sucht.

Der Art. 6 GG darf nicht juristisch abstrakt und — wenn ich so sagen darf — sozial kurzsichtig ausgelegt werden, auch wenn die staatliche Förderungspflicht der Ehe und Familie nicht nur Deutsche zum Gegenstand hat.

Wie wir seit dem Anwerbestopp 1973 wissen, stellt der Familiennachzug seit langem die wichtigste Quelle der Zuwanderung. Das ergibt sich z.B. daraus, daß noch vor 10 Jahren über 60 Prozent der Ausländer aktiv beschäftigt, erwerbstätig waren. Heute infolge des Familiennachzuges sind es nur noch etwa ein Drittel, die in einem Beschäftigungsverhältnis stehen.

Wenn man die Schätzungen der Bundesregierung zugrunde legt, daß es ein Potential von 600 000 nachzugsberechtigten Kindern gibt, zudem davon ausgeht, daß in der Hälfte dieser Fälle ein Ehegatte noch im Ausland lebt, dann ergibt sich ein Nachzugspotential von fast einer Million Menschen. Nicht eingerechnet, weil nicht abzuschätzen, die Nachzugsberechtigten durch Eheschließung.

So ist auch die Frage zu stellen, inwieweit der Art. 6 GG die Herstellung der ehelichen Gemeinschaft gerade im Bundesgebiet verlangt, d.h. daß durch eventuelle Heirat Entscheidungen zur Zuzugsbegrenzung ausgehebelt werden. Da gibt es ja in dem schon erwähnten Papier der Kommission eine Reihe von sinnvollen Ansätzen, von denen ich meine, daß sie der Deutsche Städtetag übernehmen sollte.

Das vor 20 Jahren konzipierte Ausländergesetz mit seinen generellen Klauseln ist längst nicht mehr als eine ausreichende Rechtsgrundlage anzusehen. Die Ausfüllung des unbestimmten Rechtsbegriffes, Belange der Bundesrepublik und der Ermessensvorschriften, ist Verwaltung und Rechtsprechung überlassen worden. Konkrete spezifische Regelungen über Einreise, Aufenthalt, Aufenthaltsbeendigung finden sich nicht im Gesetz, sondern in zahlreichen Ausführungsvorschriften und Verwaltungserlassen. Ich meine, daß das bei dem Gewicht der Frage unbefriedigend ist, zumal heute alles an den Grundrechten gemessen wird. Kaum eine Entscheidung zum Ausländerrecht kommt ohne Bezugnahme auf verfassungsrechtliche Grundsätze und Wertentscheidungen aus. Die führende Rolle bei der Rechtstellung des Ausländers ist heute von den Gerichten übernommen worden.

Was der Gesetzgeber in den letzten Jahren beschlossen hat, war entweder nicht hinreichend aufeinander abgestimmt oder bereits zum Zeitpunkt des Inkrafttretens nicht mehr als ausreichend zu bezeichnen. Als Beispiel will ich nur auf die drei Asylverfahrensnovellen innerhalb von vier Jahren hinweisen.

Konkrete interessenabwägende Maßnahmen sind deshalb unverzichtbar. So meine ich, muß denn der Art. 6 in seinem Geltungsbereich klar abgesteckt werden und durch detaillierte Regelungen klargestellt sein, inwieweit danach Einreiseansprüche begründet sind. Dabei ist auch ernsthaft zu überlegen und zu prüfen, ob sich ein gesetzlicher Vorbehalt als notwendig ergibt.

Es gibt in der Wissenschaft — ich habe so den Eindruck — zunehmend Auffassungen, daß der Art. 6 so interpretiert werden müsse, jeder Ausländer, der sich legal in der Bundesrepublik Deutschland aufhalte, habe das Recht, seine Familienangehörigen nachziehen zu lassen. Wenn sich das auch in der Rechtsprechung durchsetzen sollte, dann finde ich, geht es nicht mehr ohne Änderung des Art. 6 durch einen Gesetzesvorbehalt, denn das wäre die praktische Fundierung und Legitimierung der Völkerwanderung über den Art. 6, und das kann sicherlich nicht Sinn der Sache sein.

Zur Begrenzungspolitik gehörten daneben schließlich auch zwischenstaatliche Vereinbarungen über die endgültige Freizügigkeitsregelung im Rahmen der Assoziation der Türkei an die Europäische Gemeinschaft. Der Wille der Bundesregierung, auch der vorherigen, war schon sehr deutlich zum Ausdruck gebracht. Es haben auch auf Außenministerebene Gespräche stattgefunden. Verhandlungspartner ist aber von der Sache her die Europäische Gemeinschaft, da hat es bisher keine Verhandlungen gegeben. Ich meine, daß diese zwingend erforderlich sind. Je näher das Datum 1986, das in dem Assoziierungsvertrage, heranrückt, desto problematischer wird es werden. Im übrigen muß man auch bei den Beitrittsverhandlungen mit Spanien und Portugal diese Überlegungen berücksichtigen.

Es wäre eine Fülle noch zu sagen gerade aus den Berliner Erfahrungen über jene typischen Fälle von Täuschungen, Manipulationen und Tricks von Ausländern, wie etwa Veränderungen des Geburtsdatums, des Namens, Begründung von Scheinehen und inzwischen auch Scheinadoptionen, doch möchte ich hier darauf verzichten und nur noch kurz ein paar Bemerkungen zum Asylbereich machen.

Sie, meine Damen und Herren, wissen, daß Berlin hier aufgrund seiner Lage ein besonderes Problem hat. Von den rd. 331 000 Asylbewerbern der letzten zehn Jahre sind fast ein Viertel, nämlich 75 000 nach Berlin eingereist. In manchen Jahren betrug der Berliner Anteil sogar bis zu 60 Prozent. Z.Z. befinden sich immer noch über 20 000 Asylbewerber in der Stadt. Damit liegt Berlin unter allen Bundesländern nach Nordrhein-Westfalen an zweiter Stelle, weit vor anderen Stadtstaaten und Flächenstaaten.

Wir sind also im höchsten Maße interessiert an dieser Problematik und daran, daß es zu einem nachhaltigen Rückgang kommt. Und ich muß hier entlastend für Berlin eine Bemerkung machen, weil man gelegentlich oder auch häufig hört, daran sei die offene Grenze in Berlin schuld und dort müsse man das Problem lösen. Meine Damen und Herren, wenn ein Asylbewerber an eine Grenze kommt und Asyl begehrt, dann ist das Verfahren eröffnet und niemand kann ihn zurückschicken. Das Problem ist weniger die offene Grenze als die Tatsache, daß die Verkehrsverbindungen — sei es von Beirut oder sei es von Karatschi oder wo immer her aus dem Mittleren oder Fernen Osten — nach Berlin, nach Schönefeld, erheblich preisgünstiger sind als z.B. nach Frankfurt, Asylbewerber wählen eben den preisgünstigeren Weg nach Berlin.

Wir haben zudem ein ganz spezielles Phänomen zu verzeichnen, das ist der Zusammenhang zwischen Asylbewerbern und Rauschgiftdelikten. Ich meine, die Konsequenz wird sein, daß der Gesetzgeber bei der anstehenden Novellierung des Ausländergesetzes den § 14 enger faßt, damit zum Schutz unserer Jugend verhindert wird, daß ausländische Rauschgifthändler weiterhin unter dem Schutz des Asylrechts ihr Geschäft in den Ballungsgebieten der Städte betreiben können. D.h., wofür ich plädiere, ist die Abschiebungsmöglichkeit von Asylbewerbern auch dann, wenn das Asylverfahren nicht abgeschlossen ist, sie als Rauschgifttäter aber bestraft worden sind. Wir haben dies in Berlin versucht und in mehreren Fällen bereits praktiziert. Aber dann ist jemand zum Verwaltungsgericht gegangen, das zu einer anderen Entscheidung gekommen ist, weil es den Heroinhandel nicht als schwerwiegenden Grund für eine Gefährdung der Sicherheit und der Allgemeinheit ansieht, sondern trotz der kriminellen und sozialen Folgeerscheinungen nur eine Gefährdung der demokratischen Grundordnung, also Spionage, Sabotage und politischen Terrorismus, anerkennt.

Das muß man respektieren. Wenn man aber von Gerichtsseite diese Interpretation bekommt, dann finde ich, ist es die Pflicht der Politiker, den sauberen Weg zu gehen und das Gesetz so zu ändern, daß dieses Ziel erreicht werden kann, nämlich die Abschiebung von Rauschgifttätern, auch wenn das Asylverfahren nicht abgeschlossen ist. Wir in Berlin haben zu verzeichnen, daß fast die Hälfte der Rauschgifthändler und Schmuggler Ausländer und davon der überwiegende Teil eben Asylbewerber sind. Dies ist bedauerlich, aber man darf es nicht übersehen.

Nun, meine Damen und Herren, es gibt eine Fülle von weiteren Problemen. Ich habe meine Zeit eh überschritten und bitte dafür um Entschuldigung. Wir haben in der Vergangenheit, glaube ich, die Ausländerproblematik, was die Prioritätensetzung anbetrifft, nicht hinreichend eingeordnet, und wofür ich plädiere ist, daß von den Städten und von den Gemeinden und womöglich vom Bundesrat ausgehend die Initiative ergriffen wird, wenn es nicht gelingt, daß die Bundesregierung schnell genug handelt. Beim Asylverfahrensrecht ist dieser Weg beschritten worden. Es hat zwei Jahre gedauert bei der letzten Novelle. Ich finde, es wäre sinnvoll, wenn die Dauer von zwei Jahren hier erheblich unterschritten wird.

SIEGFRIED FRÖHLICH

Es ist vielleicht ein bißchen hart für Sie, zwei Referate hintereinander anhören zu müssen. Aber ich will mich bemühen, das, was Herr Senator Lummer aus der Sicht einer Stadt sagte, aus der Sicht des Bundes zu ergänzen. Dabei lassen sich natürlich Überschneidungen nicht vermeiden. Daß der Deutsche Städtetag bei seiner diesjährigen Hauptversammlung das Thema „Ausländerpolitik" zu einem Schwerpunkt gemacht hat, zeigt sehr augenfällig, daß es sich hier um Problem handelt, das den Städten — vor allem den großen Städten — auf den Nägeln brennt. Diese hautnahe Befassung mit dem Problem schlägt sich auch darin nieder, daß in der Vergangenheit und in der Gegenwart die besonders pointierten Anregungen, Anstöße und Forderungen in Fragen der Ausländerpolitik aus den Städten kommen. Sie kommen zudem in einer Form, die nicht immer den ungeteilten Beifall aller, d.h. der Betroffenen und der gesellschaftlichen Gruppen aller Art finden. Es zeigt sich gerade in der Kommunalpolitik, daß Differenzierungen in der Betrachtungsweise eines Problems nicht in erster Linie etwas mit dem jeweiligen politischen Standort zu tun haben. Es gibt hier ganz andere Schichtungen. Dies wird darin deutlich, daß ohne Unterschiede der sonst vorhandenen politischen Strukturen sich überall dort, wo die Probleme an der Front gelöst werden und wo man gemeinsam vor Ort mit den Dingen konfrontiert ist, sehr einheitliche Auffassungen bilden. Und ich glaube, sehr viel wesentlicher als in grundsätzlichen politischen Positionen schlägt hier eine allgemeine Lebenserfahrung durch: Die Bereitschaft zu einer großzügigen Betrachtungsweise eines entstandenen Problems steht in einem umgekehrt proportionalen Verhältnis zu der Wahrscheinlichkeit, sich mit der Lösung des Problems auch tatsächlich selbst befassen zu müssen. Das gilt sowohl für Politiker als auch für Vertreter von Verbänden, Organisationen und großen gesellschaftlichen Gruppen.

Meine Damen und Herren, der Ihnen zugegangene zusammenfassende Bericht der Hauptgeschäftsstelle enthält eine ausgezeichnete Einführung in die Probleme und vor allem auch eine Fülle von Daten, die ich deswegen nicht wiederholen muß. Ich kann deswegen auch auf manches Detail verzichten und will mich darauf beschränken, die wesentlichen Aspekte der Ergebnisse der Kommission „Ausländerpolitik" darzustellen und zu bewerten. Wie Sie wissen, gibt es zu dem Gesamtkomplex noch keine abgestimmte Meinung der Bundesregierung, d.h. des Bundeskabinetts. Meine Darlegungen geben daher im wesentlichen die Auffassungen des Bundesministers des Innern wieder, der als federführendes Ressort seine Auffassungen in dem von ihm zu fertigenden Entwurf einer Novelle zum Ausländergesetz niederlegen wird.

Der Bundesinnenminister hat mehrfach die Notwendigkeit betont, Lösungen zu erarbeiten und am Ende auch durchzusetzen, die langfristig den Interessen aller — ich betone aller — nämlich der deutschen Bevölkerung und der bei uns lebenden Ausländer gerecht werden. Denn hier gibt es eine viel größere Interessenidentität, als es gemeinhin den Anschein hat. Der Bundesinnenminister hat aber gleichzeitig deutlich gemacht, daß ein Jahrhundertproblem — und ein solches ist es — nicht von heute auf morgen zu lösen ist.

Eine wesentliche Grundlage für die demnächst zu treffenden politischen Entscheidungen ist der Bericht der Kommission „Ausländerpolitik" aus Vertretern von Bund, Ländern und Gemeinden, deren Einsetzung aufgrund der Koalitionsvereinbarung vom September 1982 Anfang November 1982 vom Bundeskabinett beschlossen wurde und deren Bericht fristgerecht zum 1. März 1983 vorgelegt worden ist. Ich darf hier hervorheben, daß zwischen der Konstituierung der Kommission und der Vorlage des Abschlußberichts unter Berücksichtigung der Weihnachtspause nur etwa 8 Wochen Zeit lagen. Ich meine, deswegen ist es eine ganz respektable Arbeitsleistung, die alle Beteiligten hier vollbracht haben. Zum Vergleich: Eine von der dänischen Regierung eingesetzte Kommission hat kürzlich ihren Bericht zu Ausländerfragen nach fünfjähriger Tätigkeit vorgelegt.

Die Kommission hat in der ihr gesetzten knappen Frist eine ganztägige Anhörung der Kirchen, der Sozialpartner und der in der Ausländerarbeit tätigen Verbände durchgeführt, deren Ergebnis dem Bericht als Anlage beigefügt ist. Außerdem wurde eine vorläufige vergleichende Übersicht zu den ausländerrechtlichen Regelungen und ausländerpolitischen Entscheidungen in den europäischen Demokratien und den klassischen Einwanderungsländern erarbeitet. Ich glaube deshalb, daß der Bericht tatsächlich eine Fundgrube von Material für die zu treffenden Entscheidungen ist.

Ein Wort zu dem Auftrag, der der Kommission gegeben wurde und wie ihn die Kommission verstanden hat. Dieser Auftrag aufgrund des Kabinettbeschlusses ergab sich aus den Grundsätzen der Ausländerpolitik, von denen sich die Bundesregierung leiten läßt und ich glaube, daß der Bundeskanzler in seinem Referat heute vormittag diese Grundsätze wiederholt hat. Es sind dies die *Integration* der bei uns auf Dauer lebenden und zum Verbleiben entschlossenen Ausländer, die *Begrenzung* des weiteren Zuzugs und die Förderung der *Rückkehrbereitschaft*.

Aus diesen Vorgaben für den Auftrag folgt m.E., daß die Kommission zu Recht der Meinung war, daß sie in erster Linie Vorschläge auszuarbeiten hatte für das ausländerrechtliche Instrumentarium, mit dem diese Vorgaben zu verwirklichen sind. Dagegen konnte es die Kommission nicht als ihren Auftrag betrachten, daneben auch die gesamtgesellschaftlichen Rahmenbedingungen einer Ausländerpolitik zu erarbeiten. Damit wäre sie von der zeitlichen Vorgabe her und auch von ihrer Zusammensetzung her wohl hoffnungslos überfordert gewesen. Ich meine, daß deswegen eine Kritik, die wegen dieser Beschränkung geäußert worden ist, etwa von dem in der Kommission mitwirkenden Land Bremen unberechtigt ist. Damit will ich selbstverständlich nicht behaupten, daß die Ausländerpolitik nur in der Ausbildung eines ausländerrechtlichen Instrumentariums besteht. Die Arbeit an den gesellschaftlichen Rahmenbedingungen muß aber in anderem Zusammenhang weiter geleistet werden.

Die Kommission jedenfalls hat sich im wesentlichen darauf beschränkt, eine als Grundlage für politische Entscheidungen geeignete nähere Umschreibung des Begriffs „Integration" zu erarbeiten, Möglichkeiten und Grenzen der Integration deutlich zu machen und grundsätzliche Prioritäten hinsichtlich der Zielgruppen zu setzen. In diesem Rahmen hat sie grundlegende Integrationsziele und Maßnahmenschwerpunkte herausgearbeitet. Das ist geschehen in der Anlage 1 zu dem Kommissionsbericht, der auf einer Ausarbeitung des Bayerischen Staatsministeriums für Arbeit und Sozialordnung beruht.

Der Bericht selbst befaßt sich mit über 60 verschiedenen Komplexen, für die Neuregelungen in Aussicht genommen werden. Er stellt die Sachverhalte dar, er nennt bestehende Lösungsmöglichkeiten und soweit erforderlich, auch mehrere Lösungsalternativen. Dabei sind jeweils die Argumente aufgeführt, die für oder gegen einen bestimmten Vorschlag sprechen. Der Bericht enthält, und auch das ist z.T. zu Unrecht meine ich kritisiert worden, keine abschließenden Entscheidungen. Er beschränkt sich vielmehr auf Empfehlungen, die die politischen Entscheidungen vorbereiten sollen. Das ergibt sich einfach daraus, daß die Kommission aus weisungsgebundenen Beamten bestanden hat, die ihre Aufgabe nur darin sehen konnten, Entscheidungsgrundlagen und Entscheidungshilfen zu erarbeiten. Daraus ergibt sich auch, daß die Vorschläge und Empfehlungen nicht in allen Fällen einstimmig getroffen werden konnten, sondern eben das Spektrum der verschiedenen Auffassungen zu den einzelnen Sachfragen wiedergeben. Dennoch ist der Bereich der einvernehmlich gemachten Vorschläge beachtlich groß. Er umfaßt — ich nenne da nur Beispiele — den Bereich des Ehegattennachzugs zu Ausländern der 1. Generation, den Familiennachzug zu Deutschen, die Unterbindung illegaler Einreisen, illegalen Aufenthalts und illegaler Beschäftigung sowie die Neuregelungen im Bereich des Aufenthaltserlaubnisrechts und zusätzliche Maßnahmen gegen den Ausländerextremismus.

Aber auch in den Punkten, bei denen Einstimmigkeit nicht zu erreichen war, gibt es eine Übereinstimmung zumindest in Teilbereichen und Einzelempfehlungen mit ganz beachtlichen Mehrheiten. Diese doch weitgehend genutzte Möglichkeit, sich auf einheitliche Vorschläge zu einigen, gibt eine gewisse Berechtigung für Optimismus, was die abschließenden Beratungen des Gesetzes betrifft. Das gilt z.B. für die Neuregelung des Kinder- und des Ehegattennachzugs für Ausländer der 2. und der folgenden Generationen, für die Aufenthaltsverfestigung, für die Erleichterung der Einbürgerung, für die Versagung der Arbeitserlaubnis bei Asylbewerbern, für die Neuregelung der Ausweisungstatbestände, für die Verstärkung des Ausweisungsschutzes für bestimmte Personengruppen sowie für die Nichteinräumung einer Wiederkehroption.

Ich möchte im folgenden einige ausgewählte Aspekte der Ausländerpolitik nennen, die in dem Kommissionsbericht enthalten sind und die mir besonders wichtig erscheinen. Der Bundeskanzler hat in der Regierungserklärung vom 4. Mai 1983 wiederum diese drei Grundlagen der Ausländerpolitik der Bundesregierung genannt: Integration, Begrenzung und Rückkehrförderung und hat damit die vorangegangene Regierungserklärung vom Herbst letzten Jahres bestätigt.

Zum Begriff der Integration:

Hier gibt es, Herr Bürgermeister Lummer hat es erwähnt, eine Fülle von Meinungsverschiedenheiten, und ich glaube, die Frage, welche Bedeutungen, welchen Inhalt man aus dem Begriff der Integration herausliest, hat nicht nur eine semantische Bedeutung, sondern ist in der Tat eine Vorgabe für weitgehende praktische Maßnahmen. Die Kommission hat sich nach eingehenden Beratungen auf den Standpunkt gestellt, daß Integration die Ausländer in die Lage versetzen soll, am gesellschaftlichen Leben der Bundesrepublik Deutschland möglichst voll und gleichberechtigt teilzunehmen. Gleichzeitig sollen sie aber ihre eigene Identität bewahren können. Integration wird als ein sozialer Prozeß der Zuordnung verschiedener gesellschaftlicher Gruppen umschrieben, der Anpassungsbeiträge aller Beteiligten, selbstverständlich auch der Ausländer, voraussetzt. Das bedeutet für die bei uns lebenden Ausländergruppen vor allem, daß sie eigene Integrationsbeiträge leisten müssen, indem sie sich ihrerseits auf die gesellschaftlichen Lebensformen in unserem Land, in dem sie ja leben wollen, einstellen. Und das erfordert die nachhaltige Bereitschaft zum Erwerb deutscher Sprachkenntnisse, das Einpassen in die hier geltenden Normen und Verhaltensmuster sowie den Verzicht auf übersteigerte national-religiöse Verhaltensweisen. Anzustreben ist eine soziale Struktur, die ein konfliktfreies Zusammenleben von Deutschen und Ausländern ermöglicht und in der die Ausländer unter Wahrung ihrer Identität selbständig und frei von Diskriminierung leben können.

Ein besonders heiß diskutiertes Thema, dem Herr Bürgermeister Lummer einen breiteren Raum gewidmet hat, und das andere gleich wichtige Punkte in der öffentlichen Diskussion fast verdrängt, ist das Problem des Familiennachzugs. Der Bundesinnenminister hat sich bei vielen Gelegenheiten ganz eindeutig zu seiner Auffassung bekannt, daß ein wesentlicher Beitrag zur Integration darin liegt, daß sich die ausländischen Eltern entschließen, ihre Kinder nicht erst an der Schwelle zum Erwachsensein aus der Heimat in unser Land zu holen. Er hat deshalb mehrfach erklärt, daß er für eine Altersgrenze für den Nachzug aus Nicht-EG-Staaten von sechs Jahren eintritt. Dieser Komplex, der in der Bundesregierung durchaus nicht einheitlich beurteilt wird, wie Sie wissen, ist zwar in der Koalitionsvereinbarung vom März 1983 zurückgestellt worden. Er soll aber nach dieser Vereinbarung im Interesse der Betroffenen wieder aufgegriffen werden, wenn

Maßnahmen der Rückkehrförderung nicht möglich sind oder keinen Erfolg zeigen. Es wird sich in Kürze erweisen, ob diese Überlegungen demnächst fortzusetzen sind.

Ich will darauf verzichten, die umfangreichen Argumentationsketten vorzutragen, die nach unserer Meinung dafür sprechen, das Nachzugsalter drastisch herunterzusetzen. Denn was Herr Bürgermeister Lummer dazu gesagt hat, entspricht vollinhaltlich der Position, die in unserem Haus vertreten wird und die sich einfach aus der Gedankenkette ergibt. Ein Kind, das zu spät in unser Land kommt, hat kaum eine Chance, einen Bildungsabschluß zu erreichen. Ein junger Mensch, der keinen Bildungsabschluß aufweisen kann und noch dazu die deutsche Sprache schlecht oder gar nicht beherrscht, hat unter den gegenwärtigen Verhältnissen keine berufliche Perspektive; und ein junger Mensch ohne berufliche Perspektive ist hier zu einer Außenseiterexistenz verurteilt, die auf Generationen hinaus — hier muß man ja in längeren Zeiträumen denken — eine außerordentlich schwere Belastung unserer Gesellschaft darstellt. Und so gesehen verblüfft mich immer — das sage ich ganz offen — die Einseitigkeit, mit der von bestimmten Gruppen — und hier nehme ich die Kirchen nicht aus — die Interessenlage der Eltern unter Berufung auf das angebliche Elternrecht hervorgehoben wird und bei der die Verantwortung — die hier gerade auch bei einem Politiker liegt — für die Entwicklung unserer Gesellschaft im Grunde vernachlässigt wird.

Ich glaube, daß Argumentationen, die die Verfassungsmäßigkeit einer solchen Altersbegrenzung unter dem Gesichtspunkt von Art. 6 bestreiten, nicht zutreffend sind. Der Innenminister, der ja auch Verfassungsminister ist, ist gemeinsam mit dem Justizminister der Meinung, daß eine solche Altersbegrenzung zulässig ist, wenn gleichzeitig eine Härteregelung geschaffen wird, die in Aussicht genommen ist. Ich weise auch darauf hin, daß nach unserem Recht das Elternrecht ohnehin nicht schrankenlos ist. Es geht immer auch um die Würdigung des wohlverstandenen Interesses des Kindes. Auch im deutschen Recht gibt es ja durchaus Möglichkeiten, Eltern, die verantwortungslose Entscheidungen zu Lasten des Kindes treffen, in ihrem Verhalten zu korrigieren. Warum sollte es hier in diesem Falle nicht auch möglich sein? Ich bin mir natürlich im klaren, daß in der weiteren Diskussion dieses Thema nicht nur ausführlich, sondern auch emotional diskutiert werden wird.

Ich glaube übrigens, daß die Chancen, daß man sich jedenfalls im politischen Raum verständigt, nicht so gering sind, wie es vielleicht scheint. Ich erinnere mich sehr wohl, daß maßgebliche Vertreter der großen Oppositionspartei sich noch im Jahre 1982 mit Nachdruck für eine solche Altersbegrenzung ausgesprochen haben. Ich kann es mir eigentlich nicht vorstellen, daß der Funktionswechsel zwangsläufig einen Meinungswechsel nach sich ziehen muß.

Ähnliche Überlegungen gelten für den Ehegattennachzug, für Angehörige der 2. und der folgenden Generationen. Dieses Problem wird immer ein bißchen verkannt in seiner Bedeutung gegenüber dem Kindernachzug. Man muß sich darüber im klaren sein, wie groß das Nachzugspotential ist, wenn man davon ausgeht, daß hier sämtliche nachgeborenen Ausländer der 2., der 3. und der folgenden Generationen volle Freiheit haben sollten, ihre Ehepartner aus dem Ausland hierher zu holen. Dieses wäre ein zeitlich überhaupt nicht limitierbares Dauerproblem, das sich nach dem Schneeballprinzip in der Dimension nicht verringern, sondern ausbreiten würde. Ich glaube deswegen, daß es möglich sein wird und notwendig ist, zu einer Entscheidung zu kommen, anhand der von der Kommission aufgezeigten Möglichkeiten. Es sind drei, unter denen der Ausländer der 2. und der folgenden Generationen aus einem Nicht-EG-Staat wählen kann: Es ist 1. die Zusammenführung der Ehegatten im Ausland; es ist 2. die Einreise des ausländischen Ehepartners grundsätzlich erst nach erfolgter Einbürgerung des hier lebenden Partners und es ist 3. ggf. die Gestattung des Nachzugs im Rahmen eines jährlichen Kontingents, das für das gesamte Bundesgebiet durch Rechtsverordnung mit Zustimmung des Bundesrates festgelegt wird.

Ich komme dann zu dem Thema „Einbürgerung". Es gibt Vorschläge, die Einbürgerung, die man auch als letzte Etappe der gelungenen Integration ansieht, für die 2. und für die folgenden Generationen zu erleichtern. Hierfür treten auch die kommunalen Spitzenverbände ein. Dabei sollte eine Einbürgerung nicht am Anfang, sondern am Ende eines gelungenen Integrationsprozesses stehen. Sie sollte aber nicht als Vorschuß auf eine erst in Aussicht genommene und erhoffte Integration gewährt werden.

Nach dem gegenwärtigen Stand der Diskussion kommen im wesentlichen zwei Modelle in Betracht: Die Erleichterung der Einbürgerung durch Änderung der Einbürgerungsrichtlinien oder die Erleichterung der Einbürgerung durch Gesetzesänderung, aber ohne Gewährung eines Rechtsanspruchs. Die von Berlin, Bremen und Hessen verlangte Erleichterung durch gesetzliche Regelung mit Gewährung eines Einbürgerungsanspruchs würde zwar unter dem Gesichtspunkt der Berechenbarkeit die Attraktivität für die Betroffenen erhöhen. Sie hätte aber nach unserer Meinung den Nachteil, daß auch Ausländer eingebürgert werden müssen, denen sonst die Einbürgerung aus Ermessensgründen versagt werden könnte, weil man sie nicht für einen wünschenswerten Zuwachs hält. Welcher Weg zur Erleichterung der Einbürgerung gegangen wird, ist derzeit gleichfalls offen.

Ein besonderes Problem ist dabei die Mehrstaatigkeit. Mehrstaatigkeit ist bisher ein wesentliches Einbürgerungshindernis vor allem bei den Ländern, die grundsätzlich ihre Staatsangehörigen nicht aus der Staatsbürgerschaft entlassen; dazu gehören auch die Türken unter bestimmten Voraussetzungen. Mehrstaatigkeit sollte auch weiterhin ausnahmsweise zugelassen werden in den Fällen, in denen der Herkunftsstaat die Entlassung durchweg verwehrt oder die Entlassung auf unverhältnismäßige Schwierigkeiten stößt, und das ist ein besonderes Problem des NATO-Partners Türkei, der die Entlassung aus der Staatsangehörigkeit von der Ableistung des Wehrdienstes in der Türkei abhängig macht.

Zur Frage des kommunalen Wahlrechts:

Die Bundesregierung tritt nicht dafür ein, Ausländern auch nach längerem Aufenthalt das kommunale Wahlrecht zu gewähren. Diese Frage kommt wieder in die Diskussion durch die Behandlung im Europäischen Parlament, wo sich eine Mehrheit gefunden hat, die eine entgegengesetzte Position vertritt. Wir sind aber der Meinung, daß gegen die Gewährung des kommunalen Wahlrechts an Ausländer ganz erhebliche verfassungsrechtliche Vorbehalte bestehen, die sich aus Art. 20 des Grundgesetzes ergeben.

Es gibt aber auch einen eminent wichtigen politischen Gesichtspunkt, der berücksichtigt werden muß: Wahlrecht ist Bürgerrecht. Die Einräumung des kommunalen Wahlrechts wird von dessen Befürwortern nur nach einem längeren Aufenthalt des Ausländers im Bundesgebiet ins Auge gefaßt. Ein Ausländer, der zehn und mehr Jahre hier lebt, hat die Möglichkeit, sich einbürgern zu lassen. Wer sich nicht einbürgern lassen will, gleichzeitig aber ein Wahlrecht für sich reklamiert, möchte staatsbürgerliche Rechte ohne gleichzeitige Bereitschaft, die hiermit korrespondierenden staatsbürgerlichen Pflichten voll zu übernehmen.

Wenn wir verhindern wollen, daß über mehrere Generationen hinweg Hunderttausende von Ausländern hier leben, die sich nicht als Staatsbürger der Bundesrepublik Deutschland bekennen wollen, dann müssen wir den Anreiz erhöhen, sich bei vorliegenden gesellschaftlichen Voraussetzungen um eine Einbürgerung zu bemühen. Die Einbürgerungsbereitschaft ist derzeit sehr gering. Sie beträgt bei den Türken — soviel ich weiß — nur 0,1% derjenigen, die an sich die gesetzlichen Voraussetzungen für den Einbürgerungsantrag erfüllen würden. In welcher Weise hier gewisse Stimulanzien eingeführt werden können, die die Einbürgerung attraktiver machen, wird noch geprüft werden.

Ein besonderes Problem besteht im illegalen Aufenthalt und der illegalen Beschäftigung, die vor allem in den Städten zu einem bedrückenden Problem geworden ist. Am 1. Januar 1982 ist das Gesetz zur Bekämpfung der illegalen Beschäftigung in Kraft getreten, das u.a. die Möglichkeit zur Bekämpfung der illegalen Ausländerbeschäftigung erheblich verbessert. Es kommt insbesondere darauf an — und hier sind gerade auch die Kommunen sehr stark gefordert — dieses Instrumentarium optimal auszunutzen. Beim Bundesminister für Arbeit und Sozialordnung ist eine länderübergreifende Arbeitsgruppe eingerichtet worden. Sie widmet sich einer Intensivierung der Zusammenarbeit aller betroffenen Behörden unter Einbeziehung der Bundesanstalt für Arbeit, der Krankenkassen, der Berufsgenossenschaften und der Ausländerämter.

Meine Damen und Herren, im Rahmen der Novellierung des Ausländergesetzes tritt der Bundesminister des Innern dafür ein, die Ausweisung mit sofortiger Vollziehbarkeit in Fällen erheblicher, insbesondere aber gewalttätiger extremistischer Bestrebungen und Betätigungen zumindest zum Regeltatbestand zu erheben. Gleiches muß nach unserer Meinung für die Fälle erheblicher Kriminalität gelten.

Nach Auffassung des Bundesinnenministers muß ferner die Möglichkeit der Ausweisung und Abschiebung wegen strafbarer Handlungen auch schon vor einer strafgerichtlichen Verurteilung klargestellt werden. Dieses hat der Bundesinnenminister kürzlich auch im Innenausschuß vorgetragen. Es gab die Frage der rechtlichen Begründung für eine solche Verschärfung. Sie bedeutet aber keine grundsätzliche Neuerung. Bereits jetzt besteht die Möglichkeit, einen Ausländer vor einer Verurteilung dann abzuschieben, wenn der Ausweisungsgrund „Verurteilung wegen einer Straftat" mit einem anderen Ausweisungsgrund konkurriert und auf demselben Sachverhalt beruht. Die verschiedentlich geäußerte Auffassung, dies widerspreche der im Strafrecht geltenden Unschuldsvermutung, trifft nicht zu. Ausweisung und Abschiebung sind verwaltungsrechtliche Mittel der Gefahrenabwehr, die den Betroffenen nicht, auch nicht inzidenter mit dem Vorwurf strafbaren Verhaltens belasten. Im übrigen besteht, wie Sie ja wissen, gegen Ausweisung und Abschiebung unabhängig vom Strafverfahren ein umfassender, verwaltungsgerichtlicher Rechtsschutz. Nach Auffassung des Bundesinnenministers — und hier beziehe ich mich auch auf die Ausführungen von Herrn Bürgermeister Lummer — ist als zusätzlicher Ausweisungsgrund der Tatbestand der Abhängigkeit von Heroin und anderen harten Drogen einzuführen.

Einer nachdrücklichen Bekämpfung der Rauschgiftkriminalität kommt wegen ihrer hohen Sozialschädlichkeit und der Gefährdung, insbesondere der Jugend, nach unserer Meinung ein sehr hoher Stellenwert zu. Auf dem Gebiet des Ausländerrechts bedeutet das zunächst die volle Ausschöpfung des jeweils vorhandenen ausländerrechtlichen Instrumentariums. Ein besonderes Problem ist die Abschiebung von Asylbewerbern in Verfolgerstaaten unter diesen Gesichtspunkten. Hier sind durch § 14 des Ausländergesetzes Grenzen gesetzt, die in der von Herrn Bürgermeister Lummer erwähnten verwaltungsgerichtlichen Entscheidung in Berlin eine Rolle gespielt haben. Hiernach ist eine Abschiebung in ein Verfolgerland derzeit nur als ultima ratio zulässig, und zwar nur dann, wenn der Ausländer aus schwerwiegenden Gründen als eine Gefahr für die Sicherheit anzusehen ist oder eine Gefahr für die Allgemeinheit bedeutet, weil er wegen eines besonders schweren Verbrechens rechtskräftig verurteilt wurde. Dabei wird Sicherheit im wesentlichen als äußere und innere Sicherheit der Bundesrepublik Deutschland angesehen. Im Rahmen der Novellierung des Ausländergesetzes wird der Bundesminister des Innern prüfen, ob und wieweit die Abschiebungsmöglichkeiten in den durch Art. 16 gezogenen Grenzen erweitert werden können. Wir werden dabei bis an die Grenzen des Möglichen gehen.

Ferner sollen die Ausländerbehörden künftig davon unterrichtet werden, wenn Ausländer Sozialhilfe beziehen. Der Datenschutz darf ausländerrechtlich notwendige Maßnahmen und die einheitliche Anwendung des Ausländergesetzes nicht erschweren oder verhindern.

Die Integration kann nur gelingen, wenn gleichzeitig konsequent einem weiteren Anwachsen der Zahl der hier lebenden Ausländer entgegengesteuert wird. Dazu gehört die kompromißlose Aufrechterhaltung des Anwerbestopps. Sogar in dem sehr unwahrscheinlichen Fall, daß trotz der Automatisierung in unserer Industrie in den nächsten Jahren ein Bedarf an zusätzlichen Arbeitskräften entstehen sollte, sehe ich keine Möglichkeit für eine Lockerung des Anwerbestopps. Die Sünden der Vergangenheit sollten uns schrecken.

Die Bundesregierung wird bei neuen Beitritten zur Europäischen Gemeinschaft darauf achten, daß ausreichende Übergangsfristen für die Herstellung der Freizügigkeit vereinbart werden. Die Bundesregierung ist auch nicht bereit, nach 1986 aufgrund der Assoziierung zwischen der EG und der Türkei den Zuzug weiterer türkischer Arbeitnehmer zuzulassen; sie hat für ihren Standpunkt Verständnis auch bei der türkischen Seite gefunden.

Wichtig ist in diesem Zusammenhang der Begrenzung schließlich auch das Eindämmen des Mißbrauchs des Asylrechts. Hier sind die Maßnahmen erfolgreich gewesen, die insbesondere 1980 mit dem Sofortprogramm von der Bundesregierung ergriffen worden sind. Ich nenne hier die Versagung der Arbeitserlaubnis sowie die Einführung der Visumspflicht für solche Länder, aus denen die meisten Asylbewerber ohne Asylgrund hier einreisen. Flankierend haben die Maßnahmen der Städte und Gemeinden entscheidend zum Abbau des Asylmißbrauchs beigetragen. Erwähnenswert sind die Unterbringung in Gemeinschaftsunterkünften sowie die Gewährung von Hilfe zum Lebensunterhalt nach dem BSHG in Sachleistungen. Die bisherige Entwicklung in diesem Jahr läßt erwarten, daß die Asylbewerberzahl die Grenze von 20 000 nicht erreichen wird. Das wäre gegenüber dem Rekordjahr 1980 ein Rückgang von mehr als 80 Prozent, gegenüber dem Vorjahr ein Rückgang um fast die Hälfte. Die Bundesregierung sieht das Bedürfnis für zusätzliche gesetzliche Maßnah-

men im Asylverfahrensbereich erst dann, wenn der Erfahrungsbericht vorliegt, der noch in diesem Jahr der Ministerpräsiden-
tenkonferenz zu erstatten ist.

Wichtig bei der Betrachtung des Asylproblems ist, daß der Anteil
der Asylbewerber aus dem Ostblock in den Jahren 1981 und 1982
erheblich gestiegen ist. Lag der Anteil der Flüchtlinge aus den
Staaten des Ostblocks und Afghanistans 1980 nur bei knapp über
10 Prozent, erreichte er in den beiden darauf folgenden Jahren
fast die 40 Prozent-Marke. Ostblockflüchtlinge werden — Sie
wissen das — nach einem Beschluß der Innenminister des Bundes und der Länder aus dem Jahre 1966 auch bei negativem
Ausgang ihres Asylverfahrens weder ausgewiesen noch abgeschoben. Diese Regelung gewährt im Ergebnis jedem Flüchtling
aus dem Ostblock ohne Rücksicht auf seine Motive ein Daueraufenthaltsrecht in der Bundesrepublik Deutschland. Zwar werden
die Sozialhilfekosten für Asylbewerber im allgemeinen von den
Ländern erstattet. Das gilt jedoch nicht für Ostblockstaatsangehörige, die von vornherein keinen Asylantrag stellen, weil sie es
nicht nötig haben. Dies geschieht sehr häufig, weil die Betroffenen das einjährige Arbeitsverbot, das für die Asylbewerber aus
dem Ostblock gilt, vermeiden wollen. Dennoch haben sie häufig
keine Möglichkeit zur Arbeitsaufnahme, weil ihnen die Arbeitserlaubnis nur nach Lage und Entwicklung des Arbeitsmarktes
erteilt wird und zudem freie Arbeitsplätze nicht zur Verfügung
stehen. Im Ergebnis sind diese Flüchtlinge auf den Bezug von
Sozialhilfe angewiesen und belasten damit ausschließlich die
Gemeinden. Die Kommission „Ausländerpolitik" hat die Innenministerkonferenz daher gebeten zu prüfen, ob die Voraussetzungen für eine Aufrechterhaltung des Beschlusses aus dem
Jahre 1966 noch gegeben sind oder ob nicht mindestens eine
Modifizierung möglich ist.

Der Bericht der Kommission befaßt sich schließlich auch mit der
Wohnungssituation, die bei regionalen Konzentrationen von
Ausländern immer besonders problematisch ist. Gettobildung
findet ja in erster Linie in Gebieten mit überalteter Bausubstanz
und schlechter Infrastruktur statt. Hier wurde die geringe Nachfrage deutscher Mieter durch die dringende Nachfrage ausländischer Familien ersetzt.

Relativ niedrige Mieten und das Fehlen von Wohnalternativen
haben dazu geführt, daß in unseren Städten vielfach Gettos entstanden sind, die zur Isolation und damit zu einer nachhaltigen
Behinderung der Integration führen. Die Stichworte Kreuzberg,
Wedding und Tiergarten sind dafür charakteristisch. Die in der
Vergangenheit praktizierte Sperrung überlasteter Siedlungsge-
biete ist inzwischen überwiegend wieder aufgegeben worden,
weil sich Schwierigkeiten beim praktischen Vollzug ergeben
haben. Dennoch hat eine Mehrheit der Kommission empfohlen,
die Landesregierungen durch eine Änderung des Ausländerge-

setzes zum Erlaß von Rechtsverordnungen zu ermächtigen, die unter Berücksichtigung regionaler Besonderheiten bestimmte Gebiete für den Zuzug von Ausländern sperren.

In dem Bereich der Auflösung von Gettos sind sicherlich auch andere Lösungen denkbar. Ich meine, daß hier gerade die Städte aufgerufen sind, planerische Phantasie zu entwickeln und richtungsweisende Modelle zu erproben. Der Kommissionsbericht weist ausdrücklich darauf hin, daß die Ergebnisse einer jahrelangen Entwicklung nicht in kurzer Zeit umgekehrt werden können, zumal ja auch für deutsche Arbeitnehmerfamilien in Ballungsräumen ein erhebliches Wohnraumdefizit besteht. Es müßte daher zunächst darum gehen, die Auflockerung von Gettos dadurch anzustreben, daß freigewordene, früher überbelegte und unkomfortable Wohnungen nicht erneut von ausländischen Familien belegt werden.

Als dritter Eckpfeiler der Ausländerpolitik ist die Förderung der Rückkehr genannt worden. Der Bericht der Kommission, aber auch Erklärungen von Vertretern der Bundesregierung machen deutlich, daß dabei stets nur an eine Förderung der freiwilligen Rückkehr gedacht ist und daß eine zwangsweise Rückführung mit administrativen Mitteln nicht in Betracht gezogen wird. Die Entscheidung über die Rückkehrförderung, für die der Bundesminister für Arbeit und Sozialordnung federführend ist, wird voraussichtlich in der nächsten Kabinettssitzung am 22. Juni 1983 fallen.

Es muß aber heute schon jedermann klar sein, daß die gegenwärtige Haushaltssituation der Gewährung von Rückkehranreizen sehr enge Grenzen setzt. Leider sind in der öffentlichen Diskussion in der Vergangenheit Erwartungen hinsichtlich der Höhe der Rückkehrhilfen geweckt worden, die keinen Bezug zur Realität haben. Dies hat zu der nachteiligen Folge geführt, daß viele Ausländer, die an sich eine feste Rückkehrabsicht hatten, diese von Monat zu Monat aufgeschoben haben, um abzuwarten, was hier für sie ins Haus steht.

Sie werden jetzt fragen, wie es weitergeht. Das Bundeskabinett hat den Kommissionsbericht am 2. März ohne Aussprache und Äußerung in der Sache selbst zur Kenntnis genommen. Der weitere Verfahrensablauf wird sein, daß der Bundesminister des Innern derzeit auf der Basis der gemachten Vorschläge einen Entwurf für ein neues Ausländergesetz erarbeitet, der im wesentlichen die Regelungstatbestände enthalten wird, die Gegenstand auch der Kommissionsarbeit waren und der als Ressortentwurf die vom Bundesminister des Innern vertretenen Positionen zum Inhalt haben wird. Ich glaube, daß wir mit diesem Entwurf gegen Ende d.J. zu Rande kommen werden. Sobald der Referentenentwurf vorliegt, wird sich eine Abstimmung mit den Bundesressorts anschließen, dann wird mit den Ländern und selbstverständlich auch mit den kommunalen Spitzenverbänden gesprochen werden. Bei dieser Sachlage ist eine Prognose über den exakten Zeitablauf und natürlich auch über das Ergebnis in den Detailfragen beim besten Willen natürlich nicht möglich. Mit Sicherheit muß man mit schwierigen, vielleicht auch mit langfristigen Beratungen rechnen.

Eine Reihe von Empfehlungen der Kommission wird aber außerhalb der Novellierung des Ausländergesetzes im administrativen Bereich durchgesetzt werden können und wir sind dabei, dieses zu machen. Wir sind uns darüber im klaren, daß bei der Erarbeitung dieses Gesetzes wesentliche Anregungen und Anstöße aus der Sicht der Praktiker vor Ort kommen werden. Wir sind deswegen dankbar, daß die Kommission bei den Beratungen auf die sachverständige Mitarbeit von Vertretern der kommunalen Spitzenverbände zurückgreifen konnte, und wir wissen, daß die Probleme der Gemeinden in diesem Sektor nicht zu lösen sind, wenn es nicht gelingt, die Rahmenbedingungen am Ort in den Griff zu bekommen. Dazu gehört ein überzeugendes ausländerrechtliches Instrumentarium ebenso wie die konsequente Begrenzung des weiteren Zuzugs als Voraussetzung für die Integration der hier lebenden Ausländer. Wir haben die Hoffnung, daß Sie alle und Ihre Organisation uns weiterhin mit Ihrem Rat und Ihrer Unterstützung bei der Bewältigung dieser schwierigen Materie zur Seite stehen werden.

Aussprache

OBm *Scherzer,* Fürth, der Vorsitzende des Arbeitskreises, dankt Herrn Bürgermeister Lummer und Herrn Staatssekretär Dr. Fröhlich für ihre einführenden Referate und leitet zur Diskussion, an der sich 14 Teilnehmer des Arbeitskreises beteiligen, über.

Ratsmitglied *von Thümen,* Bochum, spricht das Problem der Ausländerfeindlichkeit und die Frage an, ob die Bundesrepublik Deutschland ein Einwanderungsland sei oder nicht. Die jetzt gelegentlich festzustellenden Vorbehalte gegen ausländische Arbeitnehmer und ihre Familien sind seiner Meinung nach auf das quantitative Ausmaß, die zunehmende räumliche Konzentration der Ausländer und die problematische Bildungssituation der Ausländerkinder zurückzuführen. Die Ursache hierfür sei insbesondere in der Aufgabe des Rotationsprinzips begründet. Herr von Thümen spricht sich für die Einrichtung von Nationalitätenklassen aus, um die Reintegrationsfähigkeit der Kinder zu erhalten. Im Interesse der deutschen, aber auch der ausländischen Bevölkerung müsse es möglich sein, offen über alle diese Fragen zu sprechen, ohne als Ausländerfeind bezeichnet zu werden. Zur Frage der in Aussicht genommenen Nachzugsbegrenzung gibt er zu bedenken, daß von Kindern, die bis zu ihrem 6. Lebensjahr eingereist sind, kaum angenommen werden könne, daß sie noch einmal in ihr Heimatland zurückkehren. Die Bundesrepublik Deutschland werde damit mehr noch als bisher zu einem Einwanderungsland. Schließlich richtet Herr von Thümen an die verantwortlichen Bundespolitiker die Bitte, gesetzliche Regelungen zu treffen, die ausschließen, daß ausländische Straftäter unter Berufung auf das Asylrecht einer Abschiebung entgehen.

Abgeordneter *Hans-Georg Lorenz*, Berlin, berichtet, daß sich alle Parteien in Berlin einig darüber seien, daß der Familiennachzug begrenzt werden müsse, um die Zahl der in dieser Stadt lebenden Ausländer nicht weiter ansteigen zu lassen. Die verschiedenen Senate hätten in den letzten vier Jahren entsprechende Beschlüsse gefaßt. Die Frage sei allerdings, welche Maßnahmen tatsächlich wirksam sein könnten. Nach den bisherigen Erfahrungen zeige sich, daß es weniger die ausländerrechtlichen Maßnahmen, sondern vielmehr die jeweiligen wirtschaftlichen Verhältnisse gewesen seien, die zu Veränderungen geführt hätten. Noch vor einiger Zeit habe man angenommen, daß der Nachzug von Ehegatten ausgeschlossen werden müssen. In der Zwischenzeit habe sich jedoch gezeigt, daß die Verlängerung der Wartezeit für die Erteilung einer Arbeitserlaubnis für diesen Personenkreis bereits eine ausreichende Wirkung zeige. Auch in der Frage der Begrenzung des Kindernachzugs gebe es weitgehend Einvernehmen. Jedermann sei klar, daß durch die möglichst frühe Einbindung in das deutsche Schulsystem die Integrationschancen für die Kinder wachsen würden. Fraglich sei nur, ob administrative Maßnahmen den gewünschten Erfolg bringen könnten. Die weitere Frage sei, ob unser soziales Infrastruktursystem den mit einer Nachzugsregelung in der Übergangszeit verbundenen verstärkten Zuzug verkraften könne. Wenn z.B. die Türken heute ihre Kinder noch nicht nachgeholt hätten, dann geschehe dies nicht selten deshalb, weil ihnen in der Bundesrepublik bestimmte Bedingungen offensichtlich schlechter erschienen als in der Türkei. Probleme gebe es hier u.a. bei Kindertagesstättenplätzen und adäquaten Wohnungen. Das Nachzugspotential bei den türkischen Kindern werde allein für Berlin mit 8000 angenommen. Nach allgemeinen Schätzungen würden bei einer Begrenzung des Nachzugsalters auf 6 Jahre in relativ kurzer Frist 4000 Kinder einreisen. Dies würde bedeuten, daß praktisch keine Integrationsarbeit mehr geleistet werden könne. Voraussetzung für eine Nachzugsbegrenzung von Kindern sei deshalb der vorherige Ausbau der sozialen Infrastruktur.

Ratsmitglied *Staudacher*, Krefeld, berichtet über ein in ihrer Stadt erfolgreich abgeschlossenes Modell im Grundschulbereich. Aufgrund der positiven Erfahrungen sei beabsichtigt, dieses Modell ebenfalls im Kindergartenbereich und im Bereich der weitergehenden Schulen zu erproben. Das Krefelder Modell sehe vor, daß generell ausländische Kinder mit deutschen Kindern in einem

Verhältnis von Eindrittel zu Zweidritteln vom ersten Schultag an auf allen Gebieten gemeinsam ausgebildet würden. Probleme gebe es mit der Integration der Seiteneinsteiger. Aus diesem Grunde sei zu befürworten, daß jetzt überlegt werde, das Nachzugsalter für Kinder auf 6 Jahre herabzusetzen. Diese Nachzugsbegrenzung solle jedoch nicht zwangsweise, sondern auf dem Wege eines Angebots an die Eltern erfolgen. Die Eltern müßten überzeugt werden, daß es wichtig sei, die Kinder zu einem frühestmöglichen Zeitpunkt nachziehen zu lassen. Frau Staudacher meint ebenso wie Herr Lorenz, daß weder das Wohnungsangebot ausreicht, noch Kindergärten und Schulen in der Lage sind, den zu erwartenden Ansturm von Kindern im Vorschulalter aufzufangen. Vor allem aber müßten bald klare ausländerpolitische Entscheidungen getroffen werden, um die ausländischen Familien in die Lage zu versetzen, ihre Zukunft zu planen. Frau Staudacher begrüßt, daß Überlegungen angestellt werden, die Einbürgerung zu erleichtern. Hierbei müsse jedoch berücksichtigt werden, daß die Kosten der Einbürgerung in einem angemessenen Rahmen gehalten würden. Es dürfe nicht der Fall eintreten, daß wegen der hohen Gebühren auf eine Einbürgerung verzichtet werde.

Stellvertretende Stadtverordnetenvorsteherin *Dr. Balser,* Frankfurt, bezieht sich auf den Vorbericht der Hauptgeschäftsstelle für den Arbeitskreis I und hebt hervor, daß sich der Deutsche Städtetag in der Vergangenheit aus humanitären Gründen und um des sozialen Friedens willen für einen ungehinderten Familiennachzug und für eine Gleichstellung ausländischer Kinder und Jugendlicher mit den deutschen Altersgenossen ausgesprochen habe. Wenn jetzt angemerkt werde, daß diese Positionen zumindest graduell zurückgenommen werden müßten, möge man seitens der Hauptgeschäftsstelle verdeutlichen, wie dies gemeint sei. Mit Recht weise der Vorbericht auf das Für und Wider der verschiedenen in Aussicht genommenen Maßnahmen hin. Die Städte müßten sich von der Überlegung leiten lassen, ob die Maßnahmen wirksam und auch praktikabel seien. Von daher erschiene es ihr richtiger, die Fortsetzung der Integrationsbemühungen in den Vordergrund zu rücken und weniger auf die Restriktionen abzuheben. Hinsichtlich der Frage der Begrenzung des Familiennachzugs solle man sich die Meinung der Kirchen zu eigen machen, die sich für das Selbstbestimmungsrecht der ausländischen Familien einsetzten. Frau Dr. Balser stellt sodann die Frage, ob schon einmal ausgerechnet worden sei, wie hoch die Ausgaben für das Kindergeld wachsen würden, wenn vermehrt Kinder in die Bundesrepublik Deutschland nachziehen. Bei der Diskussion der Nachzugsbegrenzungen für Kinder werde ihrer Meinung nach auch übersehen, daß sich mit der Zweiten Ausländergeneration in der Bundesrepublik Deutschland so etwas wie eine Begabungsreserve gebildet habe.

Auf die Frage von Frau Dr. Balser nach den Positionen kommunaler Ausländerpolitik, die nunmehr graduell zurückgenommen

werden müßten, entgegnet Beigeordneter *Dr. Böcker,* Hauptgeschäftsstelle, daß der DST nach wie vor zur Integration keine
Alternative sehe. Um die Integrationsbemühungen jedoch erfolgreich fortsetzen zu können, bedürfe es eines sozial gesteuerten
Familiennachzugs. Der Anteil der ausländischen Bevölkerung
dürfe nicht so stark ansteigen, daß er zu einer Belastung für die
deutsche Bevölkerung werde, andererseits müßten dort, wo die
Belastungsgrenzen bereits überschritten seien, Maßnahmen
ergriffen werden, um den Ausländeranteil zu reduzieren.

Nach Meinung von Senatsrätin *Dr. Lill,* Bremen, sind weite Passagen des Vortrags von Bürgermeister Lummer ein Beispiel dafür,
wie Ausländerfeindlichkeit und ausländerfeindliche Strömungen
von politisch Verantwortlichen mit herbeigeführt werden könnten. Zum Bericht der Bund-Länder-Kommission „Ausländerpolitik" bemerkt sie, daß nicht, wie hier der Eindruck entstanden sei,
nach ausführlichen Beratungen ein weitgehender gesellschafts-
politischer Konsens hätte herbeigeführt werden können. Insbesondere die Anhörung der Verbände, Gewerkschaften und
Kirchen haben sehr deutlich gezeigt, wo die Kritikpunkte lägen.
Bremen habe sich in den Beratungen eindeutig gegen administrative Begrenzungen des Familiennachzugs ausgesprochen.
Im Vorbericht des Städtetages für den Arbeitskreis I werde auch
deutlich, daß zumindest die praktische Ausführung von Maßnahmen dieser Art Probleme mit sich bringe. Frau Dr. Lill ist der
Meinung, daß in den weiteren Beratungen die einzelnen Vorschläge noch sehr sorgfältig geprüft werden müßten, bevor sich
der Deutsche Städtetag zu einem Meinungsumschwung ent-
schließe.

Stadtrat *Mihm,* Frankfurt, regt zunächst an, in der Diskussion
nicht der Versuchung anheim zu fallen, denjenigen, der mit Nüchternheit und Realitätssinn Tatsachen beschreibe, dem Vorwurf
auszusetzen, er sei ausländerfeindlich oder fördere eine solche
Haltung. Er jedenfalls sei Bürgermeister Lummer dankbar für die
realitätsbezogene Darstellung aus seiner Erfahrung in Berlin.
Sodann weist er darauf hin, daß Frankfurt am Main die deutsche
Großstadt mit dem höchsten Ausländerteil ist. Die Situation sei
derart, daß etwa das, was für Krefelder Verhältnisse hervorragend
geeignet sei, wie das dort geschaffene Modell, in Frankfurt nicht
angewandt werden könne. Der Anteil der ausländischen Kinder
an den allgemeinbildenden Schulen strebe auf 40% zu. Selbst bei
einer mathematisch gleichmäßigen Verteilung dieser Schüler
und Schülerinnen entstünden keine erträglichen Verhältnisse.
Wenn im Vorbericht vermerkt sei, daß die Schule das Hauptinstru-
ment der Integration sei, so müsse ergänzt werden, daß die Schule allein es nicht schaffen könne, es bedürfe einer ganzen Reihe
von Rahmenbedingungen. Zu diesen Rahmenbedingungen zähle
insbesondere die Nachzugsbeschränkung für Kinder. Die Erfahrungen zeigten deutlich, daß Kinder, die vom 6. Schuljahr an das
deutsche Schulsystem durchlaufen und vorher den Kindergarten

besucht hätten, in ihrer schulischen Leistung kaum von deutschen Kindern zu unterscheiden seien. Eine Beschränkung des Nachzugsalters wirke sich mittelfristig vor allem auch für die Ausländer selbst günstig aus. Wenn von Familienfeindlichkeit und Maßnahmen gegen die Interessen der Familien gesprochen werde, sei dies, zumindest bezogen auf einige Kulturkreise, zu kurz gesehen, weil dort ein ganz anderer Familienbegriff herrsche als bei uns. Wenn man von Integration spreche, müsse man erwähnen, daß die erste Voraussetzung hierfür in der Integrationsbereitschaft liege. Diese Bereitschaft sei bei einer Reihe von Nationalitäten, und zwar aus achtbaren Gründen, nicht vorhanden. Für diese Gruppen wäre es wünschenswert, wenn bundesweit im Rahmen des deutschen Schulsystems und unter deutscher Schulaufsicht, besondere schulische Angebote bereitgestellt würden. Der Tochter einer streng muslemischen Familie tue man sicher keinen Gefallen, wenn man sie in einer deutschen Regelklasse ausbilde. Integration dürfe nicht bedeuten, daß alles versucht werde, die Bereitschaft, in das Heimatland zurückzukehren, zu unterdrücken. Der Bericht der Kommission „Ausländerpolitik" sei in der Tat eine gute Grundlage für die weiteren ausländerpolitischen Entscheidungen. Wer die Probleme in der von der Kommission aufgezeigten Art aufgreife, handele nicht unmenschlich, sondern menschlich, weil er realitätsbezogen sei.

Der Vorsitzende, OBm *Scherzer,* greift die einleitenden Bemerkungen von Herrn Mihm auf und bittet die Teilnehmer, die Diskussion der vielschichtigen und schwierigen Ausländerfrage zwar offen aber sachlich weiterzuführen. In der Tat würden sich die Probleme in den Städten unterschiedlich darstellen.

Senatsdirektor *Dr. Hoppensack,* Bremen, befaßt sich noch einmal mit dem Referat von Bürgermeister Lummer, dem er die ehrliche Absicht, einen Beitrag zur Lösung der Ausländerproblematik zu leisten, nicht abspricht. Auf der anderen Seite erkenne er aber in den Einlassungen von Herrn Lummer eine überaus restriktive Haltung gegenüber den Ausländern, was bei diesen Angst erwecke. Man könne auch nicht so verfahren, daß diejenigen, die einer Änderung und Verschärfung des Ausländergesetzes und der administrativen Maßnahmen das Wort redeten, für die nüchtern und realitätsbezogen Denkenden ausgegeben würden, während alle anderen als ausschließlich emotional und idealistisch etikettiert würden. Gerade weil die Diskussion auch politisch aufgeheizt sei, müsse man die eigene Position immer auch daran messen, welche Nöte, Sorgen und Probleme die Ausländer selbst artikulierten. Insoweit halte er es für einen Mangel des Arbeitskreises, daß betroffene Ausländer selbst nicht an der Aussprache teilnehmen könnten. Im übrigen dränge sich ihm nach Studium des Vorberichts und dem Verlauf der Diskussion die Frage auf, ob bei der nachweislichen Verlangsamung des Nachzugs aus den ehemaligen Anwerbeländern nicht eine gelassenere Betrachtungsweise angezeigt sei und insoweit die nach seiner

Ansicht sehr forcierte Gangart im Maßnahmen- und Regelungs-
bereich wieder zurückgefahren werden könnte. Im übrigen solle
man wegen des Gleichgewichts in der Betrachtung auch einmal
darüber sprechen, daß es in den Vereinigten Staaten, in England,
in Frankreich und auch im alten Preußen positive Erfahrungen bei
der Eingliederung ehemals nicht dem Staatsvolk angehörender
Ausländer gegeben habe.

Der *Vorsitzende* entgegnet Herrn Hoppensack und macht darauf
aufmerksam, daß im Jahre 1980 vom Deutschen Städtetag in
Bochum ein Fachkongreß zur Ausländerproblematik stattgefunden habe, zu dem auch mehr als 100 Vertreter ausländischer
Mitbürger aus Ausländerbeiräten und ähnlichen Institutionen der
Mitgliedstädte geladen gewesen seien. Diese hätten sich seinerzeit eingehend zu allen Themen des Fachkongresses zu Wort
gemeldet.

Frau Stadträtin *Grimm,* Reutlingen, meint zu Beginn ihrer Ausführungen, daß es notwendig sei, in diesem Arbeitskreis auch strei-
tige Positionen auszutragen und sich nicht damit zu begnügen,
sich gegenseitig auf die Schulter zu klopfen und sich zu bestätigen, wie engagiert man doch für die Ausländer eintrete.

Ihre Praxis als Kreis- und Stadträtin habe sie gelehrt, daß man in
der Frage des Höchstnachzugsalters im Sinne der ausländischen
Familien eine Lösung anstreben solle, die es den nachziehenden
Kindern noch erlaubt, tatsächlich an die anders gestalteten
Vorbedingungen der bundesrepublikanischen Gesellschaft An-
schluß zu finden. Es liege im Interesse der Kinder, so frühzeitig
wie möglich zu den Eltern in die Bundesrepublik Deutschland zu
kommen, weil sie mit 15 oder 16 Jahren nicht mehr in der Lage
seien, die schulischen und fachlichen Qualitäten zu erwerben,
die ihnen eine Eingliederung in den Arbeitsmarkt ermöglichten.

Berufsmäßiger Stadtrat *Dr. Gauweiler,* München, begrüßt eingangs aus der Sicht der großstädtischen Ausländerbehörden die
Vorschläge der beiden Referenten, die nach seiner Einschätzung
geeignet sind, die Integrationschancen der Ausländer zu verbessern bzw. überhaupt erst herzustellen. Er berichtet von den
besonderen Schwierigkeiten der Stadt München, die sich daraus
ergeben, daß über das gesamte Stadtgebiet gesehen der Ausländeranteil derzeit schon 17 Prozent der Wohnbevölkerung
betrage. Die Situation verschärfe sich dadurch, daß sich die Ausländer — wie in allen anderen Ballungsgebieten auch — in zehn
der 37 Münchner Stadtbezirke konzentrierten und teilweise 75
Prozent der Geburten auf Kinder von Ausländern entfielen. Angesichts dieser Zahlen sei es ehrenwert, wirklich jede denkbare
Möglichkeit zur Lösung des Problems zu diskutieren. Das erfor-
dere auch, denjenigen, der über einen erfolgversprechenden
Weg nachdenke, nicht sofort der Ausländerfeindlichkeit zu zei-
hen. Herr Gauweiler geht sodann auf die Erfahrungen einer Ende
1982 bei der Münchner Ausländerbehörde eingesetzten Sonder-

gruppe ein, die die Aufgabe hatte, die Angaben der ausländischen Mitbürger über ihre Wohnraumgrößen zu prüfen.

Insbesondere eine findige Anwaltschaft habe es verstanden, den Ausländern und dort insbesondere den Einwanderungswilligen aus der Türkei, nachzuweisen, in welcher Stadt im jeweiligen Zeitpunkt der Aufenthaltstitel durch Täuschung am problemfreiesten zu erhalten sei. In den wenigen Monaten ihrer Existenz habe die genannte Sonderkommission allein 1000 Fälle offenkundiger Fälschungen von Mietverträgen oder Wohnraumgrößenangaben entdecken müssen. Allein hieraus werde deutlich, daß die Ausländerbehörden der großen Städte dringend darauf angewiesen seien, eine klare ausländerrechtliche Handhabe zu bekommen, ohne daß weiter die Möglichkeit bestehe, den unterschiedlichen Gesetzesvollzug in den einzelnen Städten zu nutzen. Auf die immer wieder gestellte Frage, ob dies nun Maßnahmen gegen die ausländische Bevölkerung seien, könne er mit dem Verwaltungsgericht in München nur antworten, daß der ordnungsgemäße Vollzug des Ausländergesetzes nicht zuletzt auch den Interessen der sich gesetzestreu verhaltenden Ausländer diene. Er vermöge nicht einzusehen, daß sich der Ausländer, der mit falschen Angaben über seine Familienverhältnisse und mit falschen Angaben über den Wohnraum die Ausländerbehörde täusche, sich über diesen Weg bei den Sozialämtern in die höchste Dringlichkeitsstufe für die Vergabe von Sozialwohnungen einschleiche und damit an anderen Ausländern vorbeiziehe, die zum Teil seit vielen Jahren auf die Zuteilung einer Sozialwohnung warteten und zutreffende Angaben gemacht hätten.

Wenn man insoweit die Empfehlungen der Kommission mittrage, so könne angesichts der von ihm geschilderten Einzelfälle von einer ausländerfeindlichen Tendenz bei nüchterner Betrachtungsweise keine Rede mehr sein.

Beigeordneter *Powilleit,* Münster, beschäftigt sich insbesondere damit, wie die Rückkehrwilligkeit der Ausländer erhalten werden kann. Diese eher freiwillige Bereitschaft des Ausländers, nach einigen Jahren in der Bundesrepublik Deutschland in sein Heimatland zurückzukehren, müsse darum mit Priorität gefördert werden, weil administrative Maßnahmen in der Ausländergesetzgebung aller Voraussicht nach durch eine Flut von verwaltungsgerichtlichen Klagen paralysiert werden werden.

Wenn der Bundestag gesetzliche Tatbestände im Ausländergesetz regele, so müßten diese so klar umrissen sein, daß der Anreiz, die Gerichte zu bemühen, eingegrenzt werde. Zum dritten dürften nach seiner Meinung die Kosten für die in der Bundesrepublik geduldeten Ausländer mit abgeschlossenem negativ verlaufenem Asylverfahren oder solche, die kein Asylverfahren durchlaufen hätten, nicht bei den Gemeinden verbleiben. Hier seien Bund und Länder aufgerufen, den Gemeinden die entstehenden Kosten zu erstatten. Herr Powilleit geht auch auf die verfassungsrechtlichen Bedenken gegen die Verleihung des Kommunalwahlrechts an Ausländer ein und führt aus, daß er diese Bedenken teile. Aber aus seiner Eigenschaft als Vorsitzender eines Ausländerbeirates müsse er auch sagen, daß den Ausländern unterhalb der Ebene des Kommunalwahlrechts bessere Möglichkeiten gegeben werden müßten, sich zu akzentuieren. Insoweit unterstützte er die dazu gemachten Ausführungen des Vorberichts.

Bürgermeister *Dr. Everke*, Donaueschingen, setzt sich mit dem Beschluß der Innenministerkonferenz von 1966 auseinander und tritt für eine Aufhebung dieses Beschlusses, mindestens aber für eine Modifizierung ein. Man dürfe auch bei den Ostblock-Flüchtlingen nicht übersehen, daß ein weit überwiegender Teil von ihnen allein aus wirtschaftlichen Überlegungen in die Bundesrepublik Deutschland kämen.

Wer in der Bundesrepublik Schutz suche und auf dem deutschen Arbeitsmarkt — im Gegensatz zu den Verhältnissen seiner Heimat — Arbeit und Auskommen finde, müsse sich auch an die Spielregeln und an das Recht seines Aufnahmelandes halten. Von daher unterstütze er die Position der Kommission „Ausländerpolitik", die Ausweisung bei Kriminalität, Extremismus und Rauschgiftabhängigkeit zu erleichtern.

Eine gezielte Entwicklungshilfe und die Einflußnahme der wirtschaftlich mächtigen Bundesrepublik Deutschland über die internationalen Organisationen auf die politischen Verhältnisse vieler Länder der Dritten Welt könne dazu führen, die heute mit den Ausländern und für die Ausländer bestehenden Probleme zu entschärfen.

Der *Vorsitzende* teilt nach diesem Beitrag mit, daß von einer Ausdehnung des Innenministerbeschlusses von 1966 auf weitere Ausländergruppen nichts bekannt sei.

Ratsherr *Keil*, Düsseldorf, gibt einen Praxisbericht als Geschäftsführer der Düsseldorfer Arbeiterwohlfahrt, der täglich mit vielen ausländischen Sozialberatern zusammenkomme.

Aus diesen Begegnungen müsse er vortragen, daß Verunsicherung und Angst der Ausländer in atemberaubendem Tempo wüchsen. Diese Verunsicherung resultiere in erheblichem Ausmaße auch aus den Arbeitsergebnissen der Kommission „Ausländerpolitik". Dies gelte auch für die Frage, ob es zukünftig nur noch bis zu sechs Jahre alten Kindern von Ausländern erlaubt sein soll, in die Bundesrepublik Deutschland nachzufolgen. Er selbst habe die Erfahrung gemacht, daß bei flankierenden Maßnahmen auch die Integration von 14-, 15- oder 16jährigen Ausländern gelingen könne. Ihm erscheine eine gegenteilige Argumentation deshalb als nicht objektiv, weil in Zeiten wirtschaftlicher Prosperität über diese Frage niemals gestritten worden sei. Im ganzen müsse man sagen, daß die Verknappung der Arbeit und der Arbeitsplätze Auslöser dafür ist, nunmehr die Ausländerpolitik unter restriktivem Vorzeichen umzugestalten.

Bürgermeisterin *Schwerdt,* Bielefeld, vertritt die Ansicht, daß es alsbald eine verbindliche Aussage des Bundestags zur zukünftigen Ausländerpolitik und Ausländergesetzgebung bedarf, damit die Unsicherheit unter den ausländischen Mitbürgern ein Ende finde.

Aber es gebe auch eine andere Unsicherheit, insbesondere in den türkischen Familien, die daraus resultiere, daß z.B. die Mütter mit Sorge sehen, wie ihre Kinder in einer freiheitlichen Umgebung aufwachsen und Verhaltensformen annehmen, die die traditionelle türkische Familie nicht kenne. Auch dies belaste das Familienleben und nicht allein die Sorge um den aufenthaltsrechtlichen Status. Sie habe Kritik zu üben daran, daß es etwa Feministinnengruppen gebe, die versuchten, den türkischen Frauen ihre vermeintliche Unterdrückung vor Augen zu führen und hierüber in den Familienverband einzudringen. Dies alles seien Dinge, „zu denen wir kein Recht haben" und die die Distanz zwischen der deutschen und der ausländischen Bevölkerung nur noch breiter werden ließen. In den Vordergrund treten müßten auch Überlegungen, wie man in den Heimatländern der Ausländer Arbeitsplätze schaffen könne, damit der Zuzug begrenzt werde. Hier vermisse sie jede brauchbare Konzeption.

Bürgermeister und Innensenator *Lummer,* Berlin, erhält abschließend vom Vorsitzenden die Gelegenheit, auf einige in der Diskussion angesprochene Einzelpunkte einzugehen.

Er habe von Anfang an gewußt, daß er sich mit dem Referat über die Ausländerpolitik einen Bereich ausgesucht habe, in dem es nicht viel Positives zu sagen gebe. Nur die zeitliche Beschränkung auf das Wesentliche habe ihn veranlaßt, die kritischen Fragen pointiert aufzuwerfen und pointiert zu beantworten. Es sei zu bemängeln, daß seit 1973 die Problematik bekannt sei, daß auch Ziele propagiert worden seien, aber über die Schritte zu diesen Zielen nie eine brauchbare Aussage gemacht wurde. Bei all der Kritik, die er in der Diskussion erfahren habe, habe er nicht eine einzige Alternative zu dem von ihm Vorgeschlagenen gehört. Ausländerfeindlichkeit entstehe jedenfalls nicht dann, wenn man bestimmte Dinge sehr deutlich anspreche. Er halte die Dinge, die er als denkbare Lösungsmöglichkeiten für das Problem vorgetragen habe, von der Sache her für geboten, und unterstreicht, daß nunmehr — wo die Argumente mehrfach ausgetauscht worden seien — auch eine Entscheidung fallen müsse. Eine solche Entscheidung sei niemals irreversibel und deshalb auch nicht geeignet, bei nüchterner Betrachtungsweise Angst auszulösen. Die Ausländer müßten genau und wahrheitsgemäß informiert werden; einseitige Beeinflussung sei inhuman.

Der Vorsitzende gab sodann Beigeordnetem Dr. Böcker, HGST, zu einer abschließenden Zusammenfassung von Verlauf und Ergebnissen der Diskussion das Wort. Dieser führte u.a. aus:

Die seit Jahren in den Städten unternommenen Integrationsbemühungen müßten kontinuierlich fortgesetzt werden. Dabei sollten auch die Ausländer, die einen Daueraufenthalt in der Bundesrepublik Deutschland anstrebten, ihre Integrationsbereitschaft verstärken. Eine generelle Ausländerfeindlichkeit der deutschen Bevölkerung gebe es derzeit nicht. Allerdings seien die Belastungsgrenzen der Städte für die weitere Aufnahme von Ausländern insbesondere in den Ballungsgebieten überschritten. Ein ungesteuerter Zuzug von Ausländern müsse in Zukunft verhindert werden, und zwar vor allem im Interesse der Integration der bereits hier lebenden Ausländer. Zu der in der Kommission Ausländerpolitik erörterten Empfehlung zur Einschränkung des Kindernachzuges auf das Höchstalter von sechs Jahren habe es im Arbeitskreis unterschiedliche Meinungen gegeben. Die Befürworter einer solchen Lösung hätten darauf hingewiesen, daß es insbesondere im Interesse der Kinder selbst liege, wenn sie frühzeitig in die Bundesrepublik einreisten. Nur so könnten sie die notwendige Ausbildung erhalten, um eine realistische Integrationschance zu haben. Die Gegner einer solchen Regelung hätten demgegenüber vorgebracht, vor administrativen Maßnahmen müßten zunächst die sozialen Rahmenbedingungen für einen Nachzug verbessert werden. Im übrigen gäbe es Erfahrungen, daß auch ältere Jugendliche noch mit Erfolg in das Arbeitsleben integriert werden könnten.

Die Weckung der Rückkehrbereitschaft und die Erhaltung der Rückkehrfähigkeit der Ausländer sowie die Erleichterung der Einbürgerung seien hervorgehoben worden. Als vorzusehende Ausweisungstatbestände seien auch erhebliche Kriminalität (z.B. Handel mit Rauschgift) und Abhängigkeit von Heroin und anderen harten Drogen genannt worden. Die von Staatssekretär Dr. Fröhlich und einem Diskussionsredner gegen die Einführung des Kommunalwahlrechts für Ausländer vorgebrachten verfassungsrechtlichen Bedenken würden von den kommunalen Spitzenverbänden seit jeher geteilt. Der Beschluß der Innenministerkonferenz aus dem Jahre 1966, wonach Angehörige von Ostblock-Staaten aus der Bundesrepublik auch dann nicht abgeschoben werden dürften, wenn ihnen kein Asylrecht zustehe, sei nach Überprüfung zu modifizieren oder aufzuheben.

Arbeitskreis II

Kultur in unseren Städten unverzichtbar

Vorbericht

I. Kulturförderung in der Wirtschaftsrezession

1. Kulturelle Leistung verlangt Kontinuität

Die Gemeinden tragen rund 60% der Kulturausgaben im engeren Sinne. Dieses Ergebnis macht die große Verantwortung der Gemeinden auf kulturpolitischem Gebiet deutlich. Unbeschadet der den Ländern zugesprochenen „Kulturhoheit", unbeschadet wichtiger kulturpolitischer Initiativen des Bundes, unbeschadet zunehmender Aktivitäten großer gesellschaftlicher Gruppen gilt es festzustellen: Kulturpolitik ist in der Bundesrepublik Deutschland in erster Linie Kommunalpolitik.

Die Städte sind aufgrund ihrer Tradition Träger zahlreicher Theater, Museen, Bibliotheken, Volkshochschulen, Orchester, Archive, Musikschulen und anderer Einrichtungen. Sie erbringen erhebliche Leistungen für die Erhaltung historischer Bauten. Sie öffnen sich neuen kulturellen Initiativen außerhalb der traditionellen Einrichtungen und fördern Stadtteilkultur und die Kulturarbeit freier Gruppen.

Die kulturpolitischen Empfehlungen des Deutschen Städtetages besonders in den 70er Jahren waren richtungsweisend für die kulturelle Entwicklung in der Bundesrepublik Deutschland. Kulturförderung ist zu einem integralen Bestandteil der Stadtentwicklungsplanung geworden. Durch intensive kulturpädagogische Bestrebungen, aber auch durch verstärkte Kulturarbeit in den Stadtteilen, ist es gelungen, einer zunehmenden Zahl von Menschen aus allen Bevölkerungsgruppen Zugang zur Kultur zu vermitteln.

Diese wichtigen Ansätze der Entwicklung einer „demokratischen Kulturpolitik", der Förderung einer „Kultur für, mit und von allen" erscheinen durch die Finanznot, in die Bund, Länder und Kommunen infolge der anhaltenden Wirtschaftsrezession geraten sind, ernsthaft gefährdet. Die Notwendigkeit der Haushaltskonsolidierung für alle öffentlichen Gebietskörperschaften zwingt allerorts zu Sparüberlegungen. In diese Spardiskussionen sind die Kuletats in vollem Umfang einbezogen — und dies, obwohl der Anteil der Ausgaben für Kulturförderung an den Gesamtausgaben der öffentlichen Haushalte immer noch bescheiden genug ist. So stehen die staatlichen und kommunalen Ausgaben für die Kulturförderung im engeren Sinne (5,1 Mrd. DM) in keinem Verhältnis zu den Ausgaben, die allein für das Straßenwesen geleistet werden (23. Mrd. DM)[1].

Insgesamt belasten die Kulturausgaben den Gesamthaushalt in sehr geringer Weise. Kulturausgaben eignen sich daher nicht zum Speckpolster für die mageren Jahre: Der erreichte Anteil der Kulturausgaben in den Haushalten von Bund, Ländern und Kommunen sollte deshalb erhalten bleiben.

Die Städte haben sich gerade auch in wirtschaftlich schwierigen Zeiten stets zu ihrer kulturpolitischen Verantwortung bekannt:

Trotz größter wirtschaftlicher Nöte haben sie unmittelbar nach dem Krieg ihre Theater und Museen wieder aufgebaut, ihre Orchester wieder gegründet.

Mit bedeutsamen Investitionen, z.B. dem Bau neuer Museen, sind sie in den vergangenen Jahren ihrem kulturpolitischen Auftrag gerecht geworden.

Diesen Weg gilt es fortzusetzen. „Kulturelle Leistung verlangt Kontinuität. Kulturelle Tätigkeit kann nicht vorübergehend eingestellt und nach Belieben wieder in Gang gesetzt werden"[2].

2. Kulturelle Angebote — wesentlich für Lebenswert und Attraktivität der Stadt

Die Forderung nach Begrenzung der Lebensarbeitszeit und die Verkürzung der wöchentlichen Arbeitszeit werden mehr Freizeit für den einzelnen bedeuten. Daraus erwachsen den Städten neue Aufgaben, wenn sie die Bürger nicht allein auf kommerzielle Angebote einer zunehmend expandierenden Freizeitindustrie und wahllosen Fernsehkonsum verweisen wollen.

Gleichzeitig mehren sich die Anzeichen und Warnungen, daß die Grenzen des materiellen Wachstums in Sicht oder gar erreicht sind. Wachsende Arbeitslosenzahlen, ebenso wie die hohe Zahl der Hochschulabsolventen lassen beruflichen und wirtschaftlichen Aufstieg nicht mehr als so selbstverständlich erscheinen wie noch vor wenigen Jahren.

Auch wenn viele Bürger in der Wirtschaftsrezession wiederum von der Sorge um den Arbeitsplatz, preiswerten Wohnraum und eine angemessene Sicherung des erreichten Lebensstandards bedrückt sind, so ist dennoch festzustellen, daß die ausschließliche Ausrichtung der Gesellschaft am wirtschaftlichen Erfolg und am ökonomischen Wachstum zunehmend in Frage gestellt wird. Viele Menschen suchen nach einer neuen Sinngebung des eigenen Daseins, nach neuen Zukunftsperspektiven, nach neuen

---

1 Vgl. Statistisches Bundesamt 1980, Fachserie 14, Reihe 3.1.
2 Kultur bildet Gesellschaft — Gesellschaft bildet Kultur, Hauptversammlung DST 9.—11. 6. 1965.

Formen der Selbstverwirklichung und der Mitgestaltung einer lebenswerten Umwelt, insbesondere im erfahrbaren Lebens- und Wohnbereich. Dies ist zugleich die Suche nach einer neuen kulturellen und geschichtlichen Identität. Die Menschen fordern zu Recht, daß der von ihnen geschaffene Wohlstand auch dazu diene, durch breite kulturelle Angebote die Qualität des Lebens zu vergrößern.

Die Städte stellen sich den Forderungen der Bürger vor allem mit den Mitteln der Kulturpolitik. Unverändert gilt: „Kultur in der Stadt bedeutet

— die *Kommunikation* zu fördern und damit der Vereinzelung entgegenzuwirken,

— *Spielräume* zu schaffen und damit ein Gegengewicht gegen die Zwänge des heutigen Lebens zu setzen,

— die *Reflexion* herauszufordern und damit bloße Anpassung und oberflächliche Ablenkung zu überwinden"[3].

Eine Kulturpolitik in diesem Sinne ist Daseinsvorsorge für den Bürger.

Vielfältige kulturelle Angebote heben die Wohnlichkeit der Städte und fördern die Identifikation der Menschen mit ihrer Stadt. Kulturförderung wirkt damit dem weiteren Fortzug von Einwohnern aus der Stadt entgegen und stärkt so mittelbar auch die Finanzkraft der Stadt.

Zudem besteht zwischen der kulturellen Ausstrahlung einer Stadt und ihrer wirtschaftlichen Leistungsfähigkeit eine unmittelbare Wechselwirkung. Die Anstrengungen für Bildung und Kultur bestimmen wesentlich die Anziehungskraft einer Stadt. Dies kommt nicht nur Gaststätten, Hotels und Einzelhandel zugute, die von den Besuchern kultureller Ereignisse profitieren. Ein von der Qualität des Kulturlebens bestimmter hoher Wohn- und Freizeitwert einer Stadt und damit die Attraktivität der Arbeitsplätze in dieser Stadt sind ein nicht zu unterschätzender Faktor bei den Bemühungen um die Ansiedlung von Gewerbe und Industrie, also für die Schaffung von Arbeitsplätzen. Sparen an der Kultur bedeutet daher Gefährdung der Entwicklungschancen einer Stadt!

Individualität und Attraktivität einer Stadt beruhen wesentlich auf ihrem äußeren Erscheinungsbild. Die Anstrengungen für Denkmalschutz und Denkmalpflege dürfen deshalb nicht nachlassen, wenn besonders wichtige und charakteristische Zeugnisse aus vergangenen Epochen der Stadtgeschichte erhalten bleiben sollen. Die Bürger selbst sollen durch öffentliche Beihilfen angereizt werden, sich in der privaten Denkmalpflege zu engagieren.

3 Bildung und Kultur als Element der Stadtentwicklung, Hauptversammlung DST 2.—4. 5. 1973.

Kommunale Kulturarbeit unterstützt unsere ausländischen Mitbürger in der Bewahrung ihrer Identität in neuer Umgebung und in der allmählichen Angleichung an das gesellschaftliche und kulturelle Leben in der Bundesrepublik Deutschland. Mit der Förderung der eigenständigen Kultur der ausländischen Mitbürger leisten die Städte auch einen Beitrag zu mehr Verständnis und Toleranz; zugleich führen sie neue Impulse in das deutsche Kulturgeschehen ein.

Kommunale Kulturarbeit bewährt sich nicht zuletzt in den Anstrengungen für die Jugend. Städtische Kulturpolitik muß dazu beitragen, die jungen Menschen zu befähigen, ihre Umwelt wahrzunehmen, darzustellen und zu gestalten. Deshalb sind gerade besondere Einrichtungen wie Kinder- und Jugendtheater wichtig. Fragen wie Jugendarbeitslosigkeit, sexuelles Verhalten, Generationskonflikte, die Loslösung von der Familie sowie die Drogenabhängigkeit gehören zu den aktuellen Themen, die von den Kultureinrichtungen aufgegriffen werden können. In Jugendzentren kann den Jugendlichen Raum zur Entfaltung kultureller und kommunikativer Aktivitäten gegeben werden.

Knappe Kassen verlangen allerdings Prioritätensetzung in der kommunalen Kulturarbeit. Städtische Kulturarbeit bedarf eines abgesteckten und längerfristigen kulturpolitischen Konzepts. Notwendig ist eine vorausschauende Planung, die auf mehrere Jahre hinaus einen Rahmen für kulturelle Aktivitäten schafft. Eine Umformulierung der kulturpolitischen Leitlinien allein nach den wechselnden tagespolitischen Forderungen führt zu Konzeptionslosigkeit. Kulturentwicklungsplanung bleibt deshalb wichtig, allerdings verstanden als Planung für die äußeren Rahmenbedingungen der Kulturarbeit. Für unterschiedliche Entwicklungen, für neue Aktivitäten und Veranstaltungen muß ein breiter Spielraum offenbleiben.

II. Kulturarbeit — ein besonderes kommunales Anliegen

Kulturarbeit ist eine „Angelegenheit der örtlichen Gemeinschaft", die insoweit eben „kulturelle Gemeinschaft" ist. Die Kulturarbeit ist eine typische Selbstverwaltungsaufgabe und einer der wenigen Bereiche, in denen den Städten noch eine relativ weite Entscheidungs- und Gestaltungsfreiheit zukommt. Diese Freiheit von gesetzlichen Bindungen ist nur aufrechtzuerhalten, wenn die Städte von sich aus ihrer kulturpolitischen Verantwortung gerecht werden.

Kulturarbeit wird allerdings vielfach als „freiwillige Selbstverwaltungsaufgabe" im Sinne von „beliebig" angesehen mit der Folge, daß deren Haushaltsmittel gerade in wirtschaftlich schweren Zeiten eine willkommene Manövriermasse darstellen. Dies ist nicht zu vertreten! Die bestehende Vielfalt an Theatern, Orchestern, Museen, Bibliotheken und Volkshochschulen ist vielmehr zu einem zentralen Bestandteil kommunaler Daseinsvorsorge geworden. Sie darf auch in finanziell schwierigen Zeiten nicht aufs Spiel gesetzt werden. Kulturförderung gehört heute zu den unverzichtbaren Aufgaben der Kommunen. Diese Aufgabe hat auch rechtliche Grundlagen: Die Grundrechte (Art. 2 Abs. 1 GG, freie Entfaltung der Persönlichkeit; Art. 5 Abs. 3 GG, Kunstfreiheit und Art. 3 GG, Gleichheitssatz), das Sozialstaatsprinzip, Normen der Landesverfassungen (z.B. Art. 18 Abs. 1 Landesverfassung NW), sowie Vorschriften der Gemeindeordnungen (z.B. § 18 Abs. 1 GO NW mit der Pflicht, im Rahmen der Leistungsfähigkeit kulturelle Einrichtungen zu schaffen).

III. Kommunale Kulturförderung und private Initiativen

Gleichermaßen wie der tatkräftigen Förderung durch Rat und Verwaltung bedarf das kulturelle Leben in der Stadt der tätigen Anteilnahme der Bevölkerung, der vielfältigen bürgerschaftlichen Initiativen sowie des uneigennützigen Mäzenatentums. Die kommunale Kulturarbeit sucht die Kooperation mit privaten Kräften und gesellschaftlichen Organisationen, beispielsweise mit der Wirtschaft, den Arbeitnehmerorganisationen und den Kirchen.

Die Förderung von Kunst und Kultur durch bürgerschaftliche Eigeninitiativen und durch private Mäzene hat in Deutschland eine lange Tradition. Viele Museen, aber auch Theater, haben derartigen privaten Initiativen ihre Entstehung zu verdanken. Sie werden auch heute noch von Fördervereinen und Freundeskreisen in ihrer laufenden Arbeit unterstützend begleitet. Im Interesse der Kunstförderung ist die Zusammenarbeit zwischen den Städten und privaten Initiativen zur Förderung von Kunst und Kultur dringend geboten.

Die örtliche Wirtschaft könnte zur Präsentation bildender Kunst, ebenso zur Darstellung von Industriekultur, ihren Beitrag leisten. Denkbar ist die Kooperation der Städte mit privaten Kräften bei der Förderung bildender Künstler, bei der Förderung von Literatur, indem z.B. gemeinsam Mittel für Künstlerstipendien oder für Kulturpreise bereitgestellt werden. Der Deutsche Städtetag begrüßt auch das nachdrückliche Eintreten der Gewerkschaften für die Förderung der Kulturarbeit gerade in wirtschaftlich schwierigen Zeiten und das Angebot zur Kooperation. So könnte z.B. eine Zusammenarbeit zwischen Stadt, Gewerkschaften und Betrieben bewirken, daß Kultur auch am Arbeitsplatz und im Bewußtsein der tätigen Menschen gegenwärtig ist. Die Förderung und Darstellung der Industrie- und Alltagskultur, die Einbeziehung der Probleme der Arbeitswelt und die Aufarbeitung der Sozialgeschichte in der Stadt und in den Stadtteilen sind Felder möglicher Kooperation. Gerade knappe Kassen sollten die Phantasie aller Kultur-Engagierten herausfordern!

IV. Die Städte und ihre kulturellen Einrichtungen

Die traditionellen kulturellen Einrichtungen in den Städten haben ihre Innovationsfähigkeit vielfach unter Beweis gestellt. Sie müssen auch in finanziell schwierigen Zeiten in ihrer Leistungsfähigkeit gesichert bleiben. Unvermeidbare Sparmaßnahmen dürfen nur den Umfang der Leistung betreffen, nicht dagegen die Qualität und Substanz der Einrichtungen gefährden. Vor allem dürfen Sparmaßnahmen nicht zum Vorwand dienen, unliebsame und unbequeme künstlerische Äußerungen durch finanzielle Restriktionen zu unterbinden. Die Städte bekennen sich zur kritischen Auseinandersetzung mit der Kunst. Avantgardistisches und Experimentelles darf in finanziell schwierigen Zeiten nicht auf der Strecke bleiben!

1. Theater

Entscheidende Bedeutung im Gesamtgefüge der kulturellen Einrichtungen einer Stadt kommt nach wie vor dem Theater zu. Theater sind als Forum der unmittelbaren geistigen und künstlerischen Auseinandersetzung und Treffpunkt aller Bürger unentbehrlich. Sie müssen offen sein für neue Formen der darstellenden Kunst, für Impulse aus der ergänzenden Kulturarbeit. Dies gilt gleichermaßen für die Musiktheater, die sich auch der Herausforderung neuer Formen der Musik (Jazz-, Pop-, Folk-, Rock- und Laienmusik) stellen und auch aus ihr Impulse empfangen müssen.

Die Theater können ihren kulturpolitischen Auftrag nur erfüllen, wenn eine kontinuierliche Theaterfinanzierung gesichert bleibt. Trotz außerordentlicher Haushaltsschwierigkeiten bemühen sich die Städte, weiterhin einen geordneten und qualitätsvollen Spielbetrieb an den Theatern sicherzustellen. Hierbei bedürfen sie jedoch der finanziellen Unterstützung durch die Länder dringender denn je! Städte, die Theater unterhalten, erbringen ein kulturelles Angebot für die Bevölkerung weit über ihre kommunalen Grenzen hinaus. Sie tragen damit Aufgaben, die auch in die kulturpolitische Verantwortung der Länder fallen.

In den Städten selbst gilt es, neue Überlegungen anzustellen, um die Theater so sparsam und wirtschaftlich zu führen, wie es die Verantwortung für das Niveau gestattet. Neue Möglichkeiten der Kooperation mit anderen Städten wie auch der flexibleren Organisation werden zu erproben sein.

2. Bibliotheken

Kaum eine andere kulturelle Einrichtung erzielt eine derartige Breitenwirkung wie die Bibliotheken. Gerade in der Wirtschaftskrise kommt es darauf an, daß Bibliotheken den einzelnen hinführen zum Lesen und zum Verständnis von Literatur, daß sie ihn anleiten zu lebenslangem Lernen und zu sinnvoller Freizeitgestaltung. Vorschnelle Kürzungen erweisen sich gerade deshalb als kurzsichtig. Entscheidend hängt die Leistungskraft jeder Bibliothek von der Anschaffung neuer Bücher ab; ohne ausreichende und regelmäßige Ergänzung verliert eine Bibliothek schnell jene Aktualität, die für eine zuverlässige Information, insbesondere zur notwendigen beruflichen Weiterbildung der Bürger, notwendig ist.

3. Museen

Als Ort der Bildung und Anregung wie als Archiv zur Ausbildung von Phantasie und Kreativität ist das Museum zum Ansprechpartner für breite Kreise der Bevölkerung geworden. Neue Ausstellungskonzeptionen, die Einrichtung museumspädagogischer Dienste, das Angebot von Malschulen haben vielen Bürgern den Zugang zum Museum neu eröffnet und sie zur Entfaltung eigener musischer Aktivitäten ermutigt.

Neben einer angemessenen räumlichen und personellen Ausstattung ist eine kontinuierliche Ergänzung der Sammlungen Voraussetzung für die Existenz der Museen. Die Ankaufsetats müssen daher, um Marktchancen nutzen zu können und die Förderung lebender Künstler zu erhalten, in angemessener Höhe bestehen bleiben. Die Zugänglichkeit der Sachgüter und Kunstwerke muß gewährleistet bleiben. Reduzierte Öffnungszeiten sind zu vermeiden. Auch in wirtschaftlich schwierigen Zeiten dürfen Eintrittsgelder keine neuen Barrieren bilden.

4. Volkshochschulen

In Zeiten hoher Arbeitslosigkeit kommt der Weiterbildung zentrale Bedeutung zu. Oftmals in der Öffentlichkeit zu wenig beachtet, haben die Volkshochschulen behutsam, aber ständig auch den Bereich der abschlußbezogenen und zielgruppenorientierten Arbeit ausgedehnt. Daneben sind weiterhin die staatsbürgerliche Orientierung und die freizeitorientierte und die Kreativität fördernde Bildung wichtige Aufgaben der Volkshochschulen. Es wäre töricht, in einer Zeit erheblicher wirtschaftlicher und gesellschaftlicher Umstrukturierungen eine der wenigen Möglichkeiten zu beschneiden, die geeignet sind, den Erwachsenen durch die Kommunen Angebote zur Erweiterung ihrer Fähigkeiten zur Anpassung an die Veränderungen und die Wandlungen in der Lebens- und Arbeitswelt zu machen.

5. Kommunale Orchester und Musikschulen

Die kommunalen Orchester und die städtischen Musikschulen mit ihrer Verantwortung für die außerschulische und vorberufliche musikalische Bildung tragen entscheidend zur Förderung des Musiklebens in den Städten bei. Die Begegnung mit dem Musischen regt die schöpferischen Fähigkeiten des einzelnen an und schafft damit eine der Voraussetzungen für die Entfaltung der Persönlichkeit.

Auch in wirtschaftlich schwierigen Zeiten müssen die Städte eine kontinuierliche Förderung der Orchester und der Musikschulen sicherstellen. Bei der Festsetzung der Gebühren für die Musikschulen sollten keine neuen Hemmschwellen errichtet werden, die gerade Kinder aus einkommensschwächeren Schichten von der außerschulischen musikalischen Bildung ausschließen.

V. Die Rechtsstellung der Kultureinrichtungen innerhalb der Stadtverwaltung

Die Städte haben sich immer zur Freiheit der Kunst bekannt. Der Deutsche Städtetag unterstreicht: „Die volle künstlerische Entscheidungsfreiheit ist zu respektieren. Den Leitern der städtischen Kulturinstitute muß ein besonders hohes Maß an verantwortlicher Freiheit in Fachfragen gewährt werden"[4].

Gleichwohl wird die Rechtsstellung der Kultureinrichtungen und ihrer Leiter derzeit in einzelnen Fachverbänden intensiv und kontrovers diskutiert. Es geht dabei vornehmlich darum, inwieweit die Kunstfreiheitsgarantie des Art. 5 Abs. 3 GG auch innerhalb kommunaler Einrichtungen ihre Wirkung entfalten kann. Dahinter steht die Befürchtung, die Rechtsträger der Kultureinrichtungen könnten vor dem Hintergrund knapper Kassen versucht sein, auf die inhaltliche Arbeit der Einrichtungen unmittelbaren Einfluß im Sinne einer stärkeren „sozialen Akzeptanz" auszuüben.

Ob sich der Leiter einer kommunalen Kultureinrichtung indes tatsächlich in seiner Arbeit nicht nur auf eine entsprechende Ermächtigung des Rechtsträgers, sondern unmittelbar auf die Kunstfreiheitsgarantie des Art. 5 Abs. 3 GG berufen kann, ist nicht allgemeingültig, sondern jeweils konkret entsprechend den Besonderheiten der einzelnen kulturellen Einrichtung zu entscheiden. Wesentlich für das Verhältnis zwischen dem Rechtsträger und dem Leiter einer kulturellen Einrichtung sind allerdings nicht nur Rechtsvorschriften, sondern auch Persönlichkeit und Liberalität der Handelnden!

Die Rechtsbeziehungen der Städte zu den Leitern ihrer Theater gründen sich auf einen zeitlich befristeten privatrechtlichen Anstellungsvertrag. Regelmäßig werden dem Intendanten darin 3 Grundfreiheiten eingeräumt, nämlich: zu engagieren, den Spielplan zu gestalten und die Besetzung der einzelnen Werke vorzunehmen[5].

Darüber hinaus wird der Theaterintendant im juristischen Schrifttum und in der Rechtsprechung zumeist auch als Träger des Grundrechts aus Art. 5 Abs. 3 GG anerkannt, wogegen sich aller-

4 Leitsätze zur Praxis städtischer Kulturpolitik, Hauptausschuß DST 3. 2. 1970.
5 So auch der Intendanten-Mustervertrag des Deutschen Bühnenvereins, an dem sich die Städte im allgemeinen in der Ausgestaltung der Rechtsbeziehungen zu den Leitern ihrer Theater orientieren.

dings Bedenken aus dem Demokratieprinzip und dem Recht auf kommunale Selbstverwaltung anführen lassen. Die Stadt als Rechtsträger eines Theaters braucht sich jedenfalls nicht völlig in die Rolle des „wertneutralen Geldgebers für die Künste" abdrängen zu lassen.

Zum einen ist die freie künstlerische Betätigung verfassungsrechtlich nicht grenzenlos geschützt; vielmehr können sich aus der Verfassung selbst Schranken dieser Freiheit ergeben. Zum anderen ist im Spannungsverhältnis zwischen künstlerischer Freiheit und dem Recht auf kommunale Selbstverwaltung und dem Demokratieprinzip, d.h. der Bindung aller Entscheidungen innerhalb der Gemeindeverwaltungen an den Willen des Rates und der Bürgerschaft, ein beide Verfassungsprinzipien angemessen berücksichtigender Ausgleich zu finden. Dem Bühnenleiter ist der künstlerische Entscheidungsbereich vorzubehalten. Das betrifft die Art und Weise der Inszenierungen, das Engagement und den Einsatz künstlerischen Personals, soweit es um seine künstlerische Qualifikation geht, sowie die Spielplangestaltung. Mit der Spielplangestaltung verwirklicht der Bühnenleiter allerdings nicht nur seine künstlerische Gesamtkonzeption; er nimmt vielmehr auch sehr unmittelbar Einfluß auf die Einnahmen- und Ausgabenseite im Haushaltsplan des Rechtsträgers. Gefordert ist die Kooperation. Der Intendant hat sich zumindest, wie es im Intendanten-Mustervertrag des Deutschen Bühnenvereins heißt, mit dem Rechtsträger zu „verständigen". Inwieweit vor Ort weitere und andere Formen der Zusammenarbeit gewählt werden sollen, ist Sache der einzelnen vertraglichen Regelungen im Intendanten-Vertrag.

Der Leiter eines städtischen Museums ist städtischer Beamter oder Angestellter und unterliegt damit dem öffentlichen Dienstrecht. Im allgemeinen wird er nicht künstlerisch tätig, sondern übt Verwaltungsfunktionen aus. Insoweit kann er nicht Träger der Kunstfreiheitsgarantie sein. Gleichwohl respektieren die Rechtsträger die Entscheidungen des Museumsleiters, die einen besonderen künstlerischen Sachverstand verlangen, und werden sich selbst unmittelbarer Einflußnahme enthalten.

In der Bibliothek soll die Auswahl der Medien in der Verantwortung der bibliothekarischen Fachkräfte liegen, die dafür entsprechend ausgebildet sind. Sie haben bei der Beschaffung der Medien der Vielfalt der Interessen der Bürger angemessen Rechnung zu tragen. Eine Ableitung alleiniger Entscheidungskompetenz des Bibliotheksleiters in der Beschaffungspolitik aus der Kunstfreiheitsgarantie des Art. 5 Abs. 3 GG ist nicht möglich, da der Leiter einer Bibliothek rechtlich als „Sachverwalter eines materiellen Bestandes" anzusehen ist und insoweit dem Weisungs- und Aufsichtsrecht seiner Vorgesetzten wie Dezernent, Hauptverwaltungsbeamter oder Rat unterliegt.

Die Volkshochschulen sind in der Regel unselbständige Anstalten des öffentlichen Rechts. Der Rat bzw. der zuständige Fachausschuß legen nach Anhörung der Volkshochschulen die Grundsätze für die Arbeit der Volkshochschulen fest. Im Rahmen dieser Grundsätze wird der Volkshochschule das Recht auf selbständige Lehrplangestaltung eingeräumt.

Die letzte Verantwortung liegt allerdings beim Rat der Stadt. Eine verfassungsrechtlich geschützte Entscheidungsbefugnis steht der Volkshochschule und ihrem Leiter nicht zu. Volkshochschulen sind keine Institute, in denen „Wissenschaft, Forschung und Lehre" im Sinne des Art. 5 Abs. 3 GG betrieben werden.

Für die Leiter kommunaler Musikschulen kommt eine Berufung auf Art. 5 Abs. 3 GG in der Regel nicht in Betracht.

VI. Die Kooperation zwischen den kulturellen Einrichtungen

Städtische Kulturpolitik begreift Bildung und Kultur als Einheit. Bei knappen Kassen ist die Zusammenarbeit aller Kultur- und Bildungseinrichtungen dringender geboten denn je.

Der Deutsche Städtetag hat wiederholt konkrete Möglichkeiten der Zusammenarbeit zwischen den Kultur- und Bildungseinrichtungen einer Stadt aufgezeigt[6]. Beispielhaft sei erinnert an die:

— Kombination von Schulbibliotheken und öffentlichen Bibliotheken,

— Zusammenarbeit von Schulen und Volkshochschulen und die Einbeziehung kultureller Angebote in die Volkshochschularbeit,

— Kooperation von Schulen und Musikschulen sowohl bei der Nutzung von Räumen als auch beim Einsatz der Lehrer,

— Zusammenarbeit zwischen Schulen und Museen,

— Zusammenarbeit zwischen Schulen und Theatern,

— Zusammenarbeit zwischen Bibliothek und Bildstelle.

Öffentliche Gebäude sollten einer Mehrfach- und Mehrzwecknutzung für verschiedene Formen der Kultur- und Bildungsarbeit offenstehen. Kulturelle Einrichtungen, Schulen, Freizeit- und Sportanlagen sind einander zuzuordnen. Auch sollten kulturelle Einrichtungen mit Kindergärten, Caféterias, Restaurants und Tagungsräumen verbunden sein.

Neue Möglichkeiten der überörtlichen Zusammenarbeit sind auszuloten, beispielsweise in der Theaterförderung. Hier sind aber auch die Länder gefordert, in ihrer Verantwortung für die überregionale Kulturförderung in der Fläche Strukturüberlegungen anzustellen und Anreize zur Kooperation zu schaffen.

---

6 Die Stadt als Bildungs- und Kulturzentrum, Hauptversammlung DST 10.—11. 6. 1975; Schulen und kulturelle Einrichtungen in der Stadt, Hauptausschuß DST 22. 11. 1974.

VII. Neue Formen der offenen Kulturarbeit

Auch in Zeiten knapper Kassen bleibt die Kulturarbeit außerhalb der großen Institutionen, die Kulturarbeit im Stadtteil wichtig. Zahlreiche Beispiele aus der letzten Zeit belegen, daß die Städte bemüht sind, sich verstärkt der „kleinen Kultur" zu öffnen und Angebote einer „Kultur zum Selbermachen" zu fördern. Zu nennen sind: Stadtteilfeste, Förderung von Straßenkunst, die Einrichtung von Kulturläden, Kulturbasare, die Durchführung von Theater- und Filmfestivals, die Förderung von Rock- und Festkonzerten, Kneipenlesungen, die Einrichtung von offenen kommunalen Galerien und von Kommunikationszentren. Bewährt haben sich auch die Aussetzung von Stipendien oder Preisen für einen Stadtschreiber, Stadtmaler oder Stadtzeichner. Es gilt, den Bürger vor Ort unmittelbar in Wohn- und Arbeitsplatznähe anzusprechen, wenn Kulturarbeit Breitenwirkung erzielen will. In Stadtteilen können kulturelle Initiativen und Impulse außerhalb der bestehenden Einrichtungen aus Vereinen, von freien Trägern kultureller Aktivitäten und ad hoc gegründeten Gruppen am leichtesten aufgegriffen werden. Über die Stadtteile gewinnt die Kulturarbeit den Zugang zur Jugendkultur. Diese erfolgreichen Ansätze dürfen auch in finanziell schwierigen Zeiten nicht gefährdet werden.

Nicht weiter führt dagegen eine falsch verstandene Trennung in „traditionelle" und „alternative" Kulturarbeit; erst recht nicht die Forderung, traditionelle Einrichtungen wie Schauspiel und Oper zu schließen und stattdessen einseitig die Kulturarbeit „freier Gruppen" zu fördern. Kommunale Kulturförderung ist geprägt vom Grundsatz der Vielfalt. Die Städte bekennen sich auch in schwierigen Zeiten zur Förderung der traditionellen Kultureinrichtungen, ebenso zur Entwicklung und Unterstützung neuer Formen der Kulturarbeit. Dieses „sowohl als auch" kennzeichnet zwei Seiten einer Aufgabe. Die traditionellen Einrichtungen brauchen die Impulse „freier, alternativer", besser „ergänzender" Kulturarbeit, sowie sich freie Gruppen an den Leistungen der bestehenden Einrichtungen messen lassen müssen. Didaktik und Schulferienprogramm im Museum, moderne Formen des Tanzes, die Beschäftigung des Theaters mit dem Alltag der Arbeitswelt zeigen, daß auch in traditionellen Einrichtungen neue Ideen zu verwirklichen sind und nicht nur im Straßentheater, in kommunikativen „Fabriken", bei Kneipenlesungen oder durch Aktionskunst. Nur die Vielfalt gewährleistet „Kultur für alle" und „Kultur von allen".

VIII. Kulturarbeit braucht starke Städte — Starke Städte brauchen lebendige Kultur!

Große historische Kulturleistungen, wie die Bildungsreform in Preußen und der Wiederaufbau der Theater und Museen, die Wiedergründung der Orchester nach dem Krieg, sind nicht in

Zeiten wirtschaftlicher Prosperität, sondern in Zeiten äußerster Bedrängnis möglich gewesen. An diesen Leistungen müssen sich Bund, Länder und Gemeinden auch heute messen lassen.

Die Städte haben in ihren kulturellen Anstrengungen trotz zunehmender Finanzschwierigkeiten und einer ungerechten Steuerverteilung nicht nachgelassen. In der Kulturförderung sind aber nicht nur die Städte gefordert, sondern gleichermaßen Bund und Länder. Die Städte sind nur dann in der Lage, ihre kulturpolitischen Aufgaben angemessen zu erfüllen, wenn sie über eine ausreichende Finanzkraft verfügen. Fehlentwicklungen im geltenden Gemeindesteuersystem haben indes einen stetigen Verfall der städtischen Steuereinnahmen verursacht. Die Neuordnung des Gemeindesteuersystems ist daher eine wesentliche Voraussetzung auch für die Fortführung und den Ausbau der städtischen Kulturarbeit. Kulturarbeit braucht starke Städte!

Durch die Leistungen der Gemeinden, insbesondere der großen Städte, werden die Länder vielfach in ihrer Sorge um die überörtlichen kulturellen Aufgaben, in der Sorge für die Kulturförderung in der Fläche entlastet. Diese Entlastung muß im Gegenzug in einer entsprechenden finanziellen Förderung der kommunalen Kulturarbeit ihren Ausdruck finden.

Kulturelle Angebote sind als elementare Bestandteile kommunaler Infrastruktur unverzichtbar für die Lebensqualität, für das geistige Klima und damit letztlich auch für die wirtschaftliche Entwicklung der Stadt. Kulturausgaben sind nicht nur im gesellschaftspolitischen, sondern gerade auch im wirtschaftlichen Sinne rentierliche Investitionen für die Zukunft einer Stadt. Starke Städte brauchen lebendige Kultur!

Einführung

GERHARD GEBAUER

1. Im Präsidium des Deutschen Städtetages haben wir es für dringend geboten erachtet, der Kultur innerhalb der diesjährigen Hauptversammlung einen eigenen Arbeitskreis zu widmen, weil wir glauben, daß auch in heutiger Zeit, in der sicherlich Finanzprobleme ganz im Vordergrund stehen, das Kulturelle nicht vergessen werden darf; ja daß unsere finanzpolitischen Forderungen eigentlich zu einem gut Teil begründet sind gerade durch die kulturellen Aufgaben und Anliegen unserer Städte. Hierzu werden wir sicher auch in den nachfolgenden Kurzreferaten

noch einiges hören. Auf besonderen Wunsch des Kulturausschusses des Deutschen Städtetages wird der Kulturdezernent der Stadt Frankfurt, Herr Hoffmann, einige Thesen zur Förderung der „alternativen Kultur" vortragen.

Meine sehr verehrten Damen und Herren, Kulturpolitik ist in der Bundesrepublik Deutschland in erster Linie Kommunalpolitik. Dies gilt unbeschadet der kulturellen Leistungen der Länder und selbst auch wichtiger Initiativen des Bundes, ja auch unbeschadet zusätzlicher gesellschaftlicher und privater Aktivitäten und soll nach unserem Selbstverständnis in Bezug auf die Aufgabe der Städte auch so sein. Die Gemeinden tragen rund 60 Prozent der Kulturausgaben im engeren Sinne. Daraus resultiert die große Verantwortung der Städte auf kulturpolitischem Gebiet.

Durch intensive kulturpädagogische Bemühungen, ebenso durch verstärkte Kulturarbeit innerhalb der Stadtteile haben wir in unseren Städten in den vergangenen Jahren eine zunehmende Zahl von Bürgern zur Mitarbeit, zur Teilhabe an kulturellen Leistungen und am kulturellen Geschehen ermutigt. Ich glaube, das ist vor allen Dingen bezeichnend für die kulturpolitische Szene in unseren Städten. Richtungweisend für diese Arbeit in den Städten waren nicht zuletzt — und das darf ich hier auch einmal deutlich machen — die kulturpolitischen Empfehlungen des Deutschen Städtetages und es lohnt sich, diese kulturpolitischen Empfehlungen der Städte in den 60er und 70er Jahren immer wieder ins Gedächtnis zu rufen.

Diese positiven Ansätze sind durch die anhaltende Finanznot insbesondere im gemeindlichen Bereich sehr ernsthaft gefährdet. Das müssen wir in aller Deutlichkeit sagen. In die Spardiskussion sind seit geraumer Zeit die Kulturhaushalte voll inhaltlich einbezogen, obwohl der Anteil der Ausgaben für Kulturförderung an den Gesamtausgaben der öffentlichen Haushalte immer noch bescheiden genannt werden muß. In dieser Situation gilt es, daß voreilige Entscheidungen innerhalb der einzelnen Städte im negativen Sinne vermieden werden müssen. Schon 1965 hat die Hauptversammlung des Deutschen Städtetages festgestellt: Kulturelle Leistungen verlangen Kontinuität. Kulturelle Tätigkeit kann nicht vorübergehend eingestellt werden, wenn es einmal nicht so geht, wie man es gerne möchte, und nach Belieben wieder in Gang gesetzt werden!

So haben Einschnitte in die Anschaffungsetats der Bibliotheken — um ein Beispiel hier zu nennen — bereits erhebliche Substanzverluste bewirkt, die nur schwerlich wieder gutzumachen sind. Selbstverständlich sind die Sparauswirkungen nicht überall gleich dramatisch. Aber eine Lehre sollten wir daraus ziehen: Sinnvolles Sparen geht nicht, ohne daß die einzelnen Kulturinstitutionen innerhalb unserer Städte, ohne daß die Fachleute in die Beratungen und Beschlußfassungen auch miteinbezogen werden.

2. Es darf der Stellenwert der Kulturförderung, das ist unsere Auffassung, nicht nur von einem finanztechnischem Ansatz her bestimmt werden. Kulturpolitik steht im Spannungsfeld der gesellschaftlichen Entwicklungen unserer Zeit. Die Forderung nach Verkürzung der Arbeitszeit wird mehr Freizeit für den einzelnen bedeuten. Kulturelle Angebote der Städte sind notwendig, wenn die Bürger nicht auf die expandierende kommerzielle Freizeitindustrie oder wahllosen Fernsehkonsum ausschließlich verwiesen werden sollen.

Der sich abzeichnende technische und soziale Wandel geht einher mit einer tiefen Sinnkrise unserer Gesellschaft. Vor dem Hintergrund gigantischer Ausgaben etwa im Rüstungsbereich, zunehmender Umweltzerstörung, hoher Arbeitslosigkeit suchen die Menschen nach neuen Perspektiven, nach neuen Formen der Selbstverwirklichung, vor allem auch im unmittelbaren Lebens- und Wohnbereich. Dieses ist insgesamt gesehen auch die Suche nach einer neuen kulturellen Identität.

Städtische Kulturpolitik muß sich den Forderungen der Bürger stellen. Kulturarbeit muß dazu beitragen,

— die Nachdenklichkeit, die Besinnlichkeit der Menschen anzuregen,
— Kommunikation zu fördern,
— die Entfaltung der Kreativität zu unterstützen.

Zwischen der kulturellen Ausstrahlung einer Stadt und ihrer wirtschaftlichen Leistungsfähigkeit besteht eine unmittelbare Wechselwirkung. Wenn man gerade diejenigen, die ausschließlich auf Wirtschaftlichkeit setzen, davon überzeugen kann, daß die Attraktivität einer Stadt unmittelbar abhängig ist auch von ihrem kulturellen Wert, von der kulturellen Leistung, die in einer Stadt erbracht wird, dann kann man selbst von daher Sympathien für Ausgaben im kulturellen Bereich erwarten. Ich gehe davon aus, daß etwa die Bemühungen der Städte um Ansiedlung von Gewerbe und Industrie und die Schaffung von Arbeitsplätzen nicht zuletzt auch von der Frage abhängig sind, ob eine Stadt den entsprechenden kulturellen Lebenswert, die kulturelle Ausstrahlung hat.

3. Nach wie vor ist nach unserer Überzeugung daher die Pflege vor allem zunächst der gewachsenen Kulturinstitute, Theater, Museen, Bibliotheken, Volkshochschulen, Musikschulen ein besonderer Schwerpunkt kommunaler Kulturpolitik. Diese Institute müssen zunächst einmal in ihrer Leistungsfähigkeit gesichert bleiben und dazu werden wir in den Kurzreferaten dann auch einiges hören.

Gleichermaßen wichtig bleibt auch in Zeiten knapper Kassen die Kulturarbeit außerhalb der großen Institutionen, die Kulturarbeit im alternativen Bereich, wie wir es nennen, die Kulturarbeit in den

Stadtteilen. Es gilt, den Bürger vor Ort unmittelbar anzusprechen, wenn Kulturarbeit Breitenwirkung erzielen soll und wenn sie auch für denjenigen gegenwärtig sein soll, der von den Angeboten der traditionellen Einrichtungen nicht so angesprochen wird. Das verlangt nicht selten politischen Mut, aber dazu müssen wir bereit sein.

In den Städten gibt es bereits zahlreiche beispielhafte Initiativen zur Förderung der „kleinen Kultur", der „Kultur zum Selbermachen und zum Anfassen". Das geht von der Förderung von Kulturfesten, der Untertützung freier Theatergruppen, gezielter Programme zur Förderung von Rock- und Jazzfestivals bis hin zu Kommunikationszentren in neuerer Form. Ich brauche das hier nicht näher zu belegen, das kennen Sie aus den einzelnen Städten, und das hat in den letzten Jahren ja bereits beachtliche Dimensionen angenommen. Mit neuen offenen Formen sozialer Kulturarbeit, das ist allgemeine Überzeugung inzwischen, gelingt es am ehesten, nicht nur die einheimischen, sondern auch die ausländischen Bürger mit in das Kulturgeschehen einzubeziehen. Wenn es gelingt, die kulturellen Leistungen der Ausländer in unseren Städten deutlich zu machen, können wir unsere Bürger am besten in Bezug auf eine positive Ausländerarbeit ansprechen, können wir die Integration der Ausländer in unseren Städten erleichtern.

4. Neue kulturelle Initiativen sind in einer Zeit gefragt, in der die öffentlichen Haushalte stärksten Belastungen ausgesetzt sind. Umschichtungen im Kulturhaushalt werden zu diskutieren sein, weil Spielraum für die Förderung kultureller Innovationen sowohl in den traditionellen Kulturinstituten selbst, als auch für die Unterstützung von Initiativen außerhalb der Kulturinstitute zu gewinnen ist. Nur sollte hier vor falschen Erwartungen gewarnt werden. Veränderungen gerade auch im Kulturgeschehen können sicherlich nur schrittweise und über Jahre hinweg erreicht werden; und auch Einsparungen im personellen Bereich sind nicht von heute auf morgen denkbar, wenn es nicht zu Abbrüchen oder schmerzhaften Unterbrüchen kommen soll, die so leicht nicht wieder gutzumachen sind. Die Aufgaben, die sich der Kulturpolitik in einer sich tiefgreifend verändernden Gesellschaft stellen, können allerdings nur bewältigt werden, wenn der erreichte Anteil der Kulturausgaben in den Haushalten von Bund, Ländern und Gemeinden zumindest erhalten bleibt. Die Forderung, traditionelle Einrichtungen wie Schauspiel oder Oper zu schließen, und statt dessen einseitig nur noch auf die Kulturarbeit der sog. freien Gruppen zu setzen und diese zu fördern, führt jedenfalls nicht weiter. Es ist sogar ausgesprochen schädlich, das eine gegen das andere auszuspielen, was leider da und dort geschieht.

Die traditionellen Einrichtungen brauchen gerade auch die Impulse der „freien Kulturarbeit", der „freien Gruppen", die ihrerseits oft auf die Kooperation mit den Kulturinstituten angewiesen sind und sich an deren Leistungen messen lassen müssen.

5. Kulturförderung ist aber nicht nur öffentliche Angelegenheit; vielmehr ist das kulturelle Leben in der Stadt ebenso auf vielfältige bürgerschaftliche Initiativen sowie auf privates Mäzenatentum unverändert angewiesen. Die Förderung von Kunst und Kultur durch bürgerschaftliche Eigeninitiativen, durch private Förderer, hat in Deutschland eine lange Tradition. Daraus ist in der Vergangenheit sehr viel gewachsen, was wir heute noch als außerordentlich wertvoll ansehen. Derartiges Engagement sollte auch in der Zukunft verstärkt werden; wir dürfen darauf nicht verzichten. Aber private Mittel, das muß auch sehr deutlich gesagt werden, können immer nur die öffentliche Kulturförderung ergänzen, als Komplimentärmittel, sie können sie nicht ersetzen. Deshalb liegt auch in der Privatisierung öffentlicher Kultureinrichtungen kein Ausweg. Zwar ist immer wieder gesagt worden, wir sollten privatisieren in unseren Städten und sicherlich könnte auch Kultur da und dort verstärkt noch von privater Seite übernommen werden; aber wir sind überzeugt, es ist kein Ausweg und wir erleben ja auch sehr selten, daß zu uns auf die Rathäuser Leute kommen, die städtische Kultureinrichtungen übernehmen möchten, denn da ist natürlich kein Geld zu verdienen. Im Gegenteil, die Subventionen, die daraus erwachsen, würden u.U. die Ausgaben bisheriger Dimensionen sogar noch überschreiten. Die öffentliche Finanzierung der Kulturarbeit ist eine der wesentlichen Errungenschaften unseres sozialen Rechts- und Kulturstaates. Darauf darf auch in Krisenzeiten nicht verzichtet werden.

6. Kulturarbeit ist ein Schwerpunkt kommunaler Selbstverwaltung und einer der wenigen Bereiche — das ist zu unterstreichen — in denen die Städte noch einen relativ weitgehenden Entscheidungs- und Gestaltungsfreiraum haben. Wir beklagen ja in unseren Städten sehr oft zu Recht, daß uns vieles aufgedrängt wird, daß vieles nach Weisungen im Auftrag zu erledigen ist, und daß für Eigeninitiativen der Stadträte, der Ausschüsse, auch der Verwaltungen und der Kulturinstitutionen kein Platz mehr ist. Aber im kulturellen Bereich ist das eben doch noch zu einem guten Teil der Fall und deswegen auch ist Kulturarbeit innerhalb unserer Städte gar nicht hoch genug zu bewerten. Sehr bedenklich ist es, wenn die kulturellen Ausgaben in den Städten und Gemeinden stets und ständig zunehmend unter das Stichwort „freiwillige Leistungen" gestellt werden. Da wird dann der Gegensatz konstruiert zwischen den sog. Pflichtaufgaben, die man machen muß, und den sog. freiwilligen Aufgaben, die man erfüllen kann, wenn es eben geht. In schwerer Zeit, wenn es nicht geht, dann kann man sie eben nicht machen und dann fallen die sog. Freiwilligkeitsleistungen weg. Diese Gegenüberstellung ist außerordentlich fragwürdig und wir, die wir uns den kulturellen Anliegen unserer Städte verpflichtet fühlen, müssen stets und

ständig dagegen angehen. Es gibt eine ganze Reihe von sog. gesetzlichen Ausgaben in den Städten, die mit Sicherheit in ihrer Wertigkeit weit unter dem anzusiedeln sind, was die kulturellen Leistungen unserer Städte ausmacht.

Hier muß dann natürlich — da wollen wir nicht daran vorbeigehen — auch Aufgabenkritik ansetzen. Aufgabenkritik bedeutet auch, daß wir uns immer stets die Frage stellen müssen, was ist in der heutigen Zeit im Stellenwert, in der Rangläufigkeit der kulturellen Leistungen einer Stadt, in den Vordergrund zu stellen. Dabei müssen wir selbstverständlich — wir wollen das hier nicht vom Tisch fegen — auch kulturelle Leistungen u.U. einmal zurückschrauben. Das soll hier nicht verschwiegen werden. Wir würden uns gerade hier in diesem Arbeitskreis „Kultur" einen sehr sehr schlechten Dienst erweisen, wenn wir so tun würden, als sei die Kultur eine Insel der Seligen, an der nichts vorübergehe, als könnten wir so tun, als würden wir weiterhin aus dem Vollen schöpfen. Wenn wir das versuchen, dann werden wir in den Städten unglaubwürdig und dann werden gerade die sog. Kulturbeflissenen in eine Ecke gedrängt, aus der sie u.U. nicht mehr herauskommen. Wir müssen vor allen Dingen deutlich machen, daß es nicht nur die klassischen kulturellen Aufgaben gibt, sondern daß auch im Hinblick auf die Jugend neue kulturelle Initiativen in einer Zeit gefragt sind, in der sich so vieles im Umbruch befindet.

Wenn wir alles insgesamt sehen, die öffentliche Aufgabe der Städte und Gemeinden zur kulturellen Förderung, die Initiative aus dem privaten Bereich heraus, wenn wir dieses wieder in Paranthese stellen zur klassischen Aufgabe, der Erhaltung der gewachsenen Kulturinstitute und zu dem was man neue Formen der Kultur nennt, dann ergibt sich ein Themenkomplex, der es Wert ist, hier in diesem Arbeitskreis besprochen zu werden. Lassen Sie mich kurz zusammenfassen: Die Lebensqualität, das geistige Klima und damit letztlich auch die wirtschaftliche Entwicklung einer Stadt, sie werden wesentlich von der Vielfalt der kulturellen Angebote bestimmt. Kultur ist daher in unseren Städten unverzichtbar.

MANFRED BEILHARZ

I. Ich bin vom Deutschen Städtetag ausersehen worden, vor Ihnen aus der Sicht des Theaters über die Notwendigkeit städtischer Kultur zu berichten.

Seit sieben Jahren bin ich Intendant der Städtischen Bühnen Freiburg i.Br. In zwei Monaten übernehme ich die Leitung des

Hessischen Staatstheaters in Kassel. Beide Theater sind Dreispartenbetriebe, spielen also Oper — Schauspiel — Musical — Operette — Ballett — Konzert. Freiburg hat etwa 350, Kassel 550 Beschäftigte.

II. Wenn in meinen zukünftigen Ausführungen öfter auch juristische Fragen einfließen, sehen Sie mir das nach, eine meiner Jugendsünden in München war, Jura zu studieren.

III. „Kultur in unseren Städten unverzichtbar" — wozu brauchen wir Theater?

Das Motto dieses Arbeitskreises stellt die Behauptung auf, daß Kultur, und damit auch Theater, für uns unverzichtbar sei. Stimmt das? Wozu brauchen wir Theater?

Es gehört zur Geschichte des Theaters, und besonders auch des öffentlichen Theaters in der Bundesrepublik, daß in gewissen Abständen seine Berechtigung angezweifelt wird. Die letzte große Legitimationskrise gab es 1968. Dort wurde von den Studenten und den kritischen Feuilletons dem deutschen Stadttheater der Kampf angesagt. Es sei überholt, gesellschaftspolitisch rückschrittlich, innovationsfeindlich. Diese Dinge sind heute zum Teil ausgestanden.

Die heutige „Legitimationskrise" geht mehr nach dem Motto: Wer soll das bezahlen?

a) Trotz dieser angeblichen Krisen ist immerhin erstaunlich, daß jährlich etwa 20 Mill. Besucher alleine in die öffentlichen staatlichen und kommunalen Theater gehen — statistisch gesehen etwa $1/3$ der Bevölkerung der Bundesrepublik Deutschland — und wesentlich mehr als sämtliche Fußballveranstaltungen zusammengenommen in diesem Lande im Jahr an Life-Besuchern auf den Fußballplätzen erreichen.

Weshalb gehen diese Besucher ins Theater? Was interessiert sie daran? Die Konvention? Das Gemeinschaftserlebnis? Ihr Sinn für Ästhetisches? Ihr Interesse an einem unmittelbaren (und nicht durch die Mattscheibe gefilterten) Erlebnis? Ihr Unterhaltungsbedürfnis? Ihr Wunsch nach Aufklärung? Ihr Bildungshunger? Oder was ist es?

b) Vielleicht vermag uns darauf eine Analyse der Theaterautoren eine Antwort zu geben. Verschiedene haben sich über ihre Motive, Theater zu machen, selbst geäußert.

H.J. Schäfer schreibt in „Was geschieht heute auf dem Theater?":

„Stückeschreiber und Theatermacher von Rang haben immer empfindlich auf die Erfahrungen der Zeit reagiert, in der sie leben. Theater spiegelt also vielfältig und vielschichtig die Zeit. Es macht die Voraussetzungen sichtbar, unter denen sich unser Leben ereignet."

Und dazu Friedrich Dürrenmatt, selbst schon ein Oldtimer unter den modernen Autoren:

„Was heißt: die heutige Welt sichtbar machen? Das heißt: sie nicht als etwas Heiles hinstellen. Welche Welt war heil? Das ist eine fürchterliche Behauptung von der heilen Welt (die von unserem schweizerischen Literaten und Literaturhistoriker Staiger stammt). Es gibt keine heile Welt. Die Welt war nie heil. Man muß nur immer wieder versuchen, sie zu heilen.

Das ist unter anderem eine Aufgabe der Kunst. Schon Shakespeare behauptet in seinem ehrwürdigen Hamlet, „there is something rotten in the State of Danmark" — es ist etwas „faul" im Staate Dänemark. (Im über 2000 Jahre alten „Oedipus" nennt der Grieche Sophokles die Welt gar „verpestet"). Und Hamlet klagt: „die Welt ist aus den Fugen. Weh mir, daß ich geboren ward, sie einzurenken". So ging's also schon in der guten alten Zeit in der Welt zu, und das Theater gab davon Bericht.

Der Dichter will also die Welt „einrenken", sie ins „Reine" bringen.

Aber: Die Menschen neigen dazu, sich diesen Zustand ihrer Welt nicht einzugestehen. Sie vertünchen, sie verkleistern ihn: Wohlstand, Glanz, Glamour, Hygiene, Reklameglück, Berufung auf (technischen aber nicht moralischen) Fortschritt bauen ein Scheinparadies auf, eine „Kultur" verlockender Fassaden.

Dabei erweist sich der moderne Massenkonsum als Zwang, als neue autoritäre Großmacht. Sie nimmt den überantworteten „Untertan" voll in Anspruch und lenkt ihn davon ab, sich den persönlichen und den gesellschaftlichen Fragen aktiv zu stellen.

Die Symptome sind deutlich: Überall können wir einen Verlust von Toleranz, Nächstenachtung, Anständigkeit dem Nächsten gegenüber beobachten. Die Liebesfähigkeit des Menschen wird frustriert durch Gleichgültigkeit, durch Zweckhandlungen und Zweckgruppierungen, die dauerhafte Bindungen ausschließen. Auch im mitmenschlichen Bereich zerfällt Leben zu isolierten Ereignissen. Die Folgen heißen: Kontaktverlust, Entfremdung, Einsamkeit, schließlich Lebensleere, Ekel, Verzweiflung.

Dagegen hat allerdings die nahe Zukunft ein Heilmittel. Ich zitiere aus der „Welt" vom 30. April 1983: (Sie werden unschwer erkennen: es handelt sich um die neue Verkabelung).

„Da dämmert eine blendende Vielfalt herauf, eine elektronische Bibliothek der Information und Bildung, ein Kaleidoskop bunter Unterhaltung, ein Paradies der Lebenshilfe, der Ordnung, der Daten und Berechenbarkeiten. Da mag Mama „Dallas" in seiner 561. Folge gucken und sich anschließend Amerikas Show-Topstars ins Wohnzimmer holen; da kann Sohn Mathias seine anspruchsvollen Literaturprogramme ebenso auf den Bildschirm rufen wie sein Bruder Fritz Spezialsendungen über Biologie. Dafür freilich müssen sie noch zusätzlich was bezahlen. Oma zieht sich indes in ihr Zimmer zurück, wo sie ein Programm aus ihrem Stadtviertel erwartet. Heute geht es um Hundehaltung im Wohngebiet, und sie kann per Rückkanal selbst ihre Zustimmung oder Ablehnung zu den diskutierten Ansichten bekunden. Unterdessen läßt Papa im Wohnzimmer das Programm ein paar Minuten unterbrechen. Er ruft rasch via Bildschirmtext von der Bank seinen Kontostand auf die Mattscheibe. Was Mama anderntags nicht daran hindern wird, sich auf demselben Bildschirm über die neuen Sonderangebote im Kaufhaus zu informieren. Und Tochter Sabine schickt eben noch ein paar Geburtstagsglückwünsche zu ihrem Freund, der diese bald verzückt auf seinem Bildschirm erblickt und ihr postwendend — natürlich auf der Fernsehscheibe — dankt. Neue Medienwelt."

Ich gebe gern zu, daß ich die ganze Beschreibung zunächst für eine Satire gehalten habe. Bis ich dann im Verlauf der Lektüre merkte, daß es dem Verfasser der „Welt" mit diesem „Paradies" bitter ernst ist, und daß die Bundespost zur Verwirklichung dieses Paradieses in den nächsten drei Jahren ca. 100 Mrd. Mark investieren will (das 20fache dessen, was alle öffentlichen Hände jährlich für Kultur ausgeben!). Offensichtlich gibt es also noch freie Investitionsspitzen.

Ich will es einmal negativ sagen: Theater will das Gegenteil von Verkabelung. Gegen Veroberflächlichung setzt Kulturarbeit ein. Kultur und besonders das Theater, das schon immer eine öffentliche Kunstform war, hat die Aufgabe, die uns überantwortete Welt „bewohnbarer" zu machen.

Das ist natürlich auch Aufgabe der Stadtplanung. Es genügt jedoch nicht, neue Straßen anzulegen (ich diskutiere jetzt nicht, ob sie unsere Städte „bewohnbarer" machen), oder den Wohnungsbau zu fördern — man muß auch das innere Gebäude des Menschen abstützen, soll es nicht zusammenbrechen. Und das können wir nicht alleine mit der allsamstäglichen Musikberieselung beim Einkauf im Großmarkt schaffen.

Ich glaube, daß für unsere augenblickliche Situation Kulturarbeit immer wichtiger wird: als Gegengewicht gegen die grassierende Sinnentleerung, die Angst der Menschen; als Gegengewicht gegen die Auflösung demokratischer Verkehrsformen.

Theater bringt eine Einübung in Pluralismus, es zwingt zum Miteinander, es bringt uns dazu, andere Meinungen und Phantasien wenigstens zur Kenntnis zu nehmen, auch wenn wir uns Ihnen nicht anschließen wollen; es befördert unsere Fähigkeit, wieder differenzierter, genauer und nuancierter zu diskutieren und zu empfinden, es reichert unsere Phantasie für unausprobierte Möglichkeiten an. Theater fördert Kreativität, Hinhören, produktives Träumen, Spaß.

Ein Punkt, den das Fernsehen leider immer weniger leistet.

IV. Kulturförderung in der Wirtschafts-Rezession

Die Diskussion um die kulturellen Einrichtungen und das Theater hat sich in letzter Zeit zunehmend auf den finanziellen Aspekt verkürzt. Sicher ist das Geld ein nicht unwichtiger Teil — besonders im öffentlich geförderten Theater.

Als Präsidiumsmitglied des ITI komme ich gerade vom Welttheater-Kongreß, der alljährlich in einem wichtigen Theaterland stattfindet (Spanien, Venezuela, Kanada, jetzt zum erstenmal in Ostberlin). Dabei konnte man feststellen, daß das deutsche, und besonders das bundesrepublikanische System der Theaterförderung als ein Modell angesehen wird, um das wir in der ganzen Welt beneidet werden. Viele Länder, nicht nur in der 3. Welt, sondern auch in so klassischen Theaterländern wie England und Frankreich, versuchen, ihr Theatersystem nach deutschem Vorbild neu zu ordnen.

Aus mehreren Gründen — aus Gründen z.T. einer orientierungslosen Kulturpolitik, z.T. auch durch unüberlegte Sparbeschlüsse — ist die Bundesrepublik dabei, dieses System zu zerstören und dabei seinen Vorsprung zu verlieren.

a) Vielleicht hierzu gerade ein Beispiel aus dem Bereich des erwähnten ITI. Das „Internationale Theaterinstitut",, als Unterabteilung der UNESCO, ist eine der ganz wenigen internationalen Einrichtungen, in der fast alle Länder aus Ost und West in nationalen Sektionen organisiert sind, und die eine internationale Zusammenarbeit der Theater gewährleistet. Durch eine unheilvolle Sparabsicht der KMK (Kultusministerkonferenz der Länder) soll die Förderung von jährlich 30 000,— DM (pro Bundesland also zwischen 2000,— und 6000,— DM) gestrichen werden. Das bedeutet: daß auf dem wichtigsten internationalen Parkett für Theaterkultur die Bundesrepublik Deutschland, das Land mit der größten Theaterdichte, nicht mehr vertreten sein wird. Österreich, die deutschsprachige Schweiz und gar die DDR machen nicht den gleichen Fehler. Die DDR z.B. nimmt diese Dinge sehr wichtig, baut ihre internationale Präsenz immer weiter aus (sie hat ja mit Bertolt Brecht auch den wichtigsten Exportartikel des derzeitigen Theaters), und wir werden — wenn der Sparbeschluß verwirklicht wird, einen umgekehrten, ganz anderen „Alleinvertretungsanspruch" haben: die DDR würde in Zukunft in dieser wichtigen Organisation das deutsche Theater allein vertreten. Sie vermuten hoffentlich in mir keinen kalten Krieger. Und trotzdem glauben Sie mir, daß diese Dinge auch eine wichtige politische Auswirkung haben und das kulturelle Bild der Bundesrepublik im Ausland und besonders auch in der Dritten Welt ganz entscheidend negativ beeinflussen.

b) Das ist jetzt ein Beispiel unüberlegter Kulturpolitik in den Ländern. Wie sieht es hiermit bei den Städten aus?

Durch die früheren Initiativen des Städtetages ist in der Vergangenheit die Kulturförderung zu einem integralen Bestandteil der

Stadtentwicklung geworden. Durch intensive kulturpädagogische Bestrebungen ist es gelungen, einer zunehmenden Zahl von Menschen aus allen Bevölkerungsgruppen einen Zugang zur städtischen Kultur zu vermitteln.

Diese Position wird jedoch allenthalben durch unüberlegte Sparbeschlüsse gefährdet. Dabei eignet sich der Kulturetat am allerwenigsten als Speckpolster für die mageren Jahre. Sie als Kulturpolitiker wissen, daß er nach wie vor einen verschwindend kleinen Teil der städtischen Ausgaben ausmacht. Allein für Straßenbau geben die öffentlichen Hände jährlich 23 Mrd. DM aus, und dieser Betrag steigt weiter. Theater hingegen fördern Städte, Länder, Bund mit insgesamt nur 1,4 Mrd. DM. Das ist noch nicht einmal der 15. Teil!

Unter dem Vorwand, die Wirtschaft anzukurbeln, wird das vorhandene Geld immer mehr in technische Perfektion und immer weniger in Menschen investiert. Das ist aber sogar vom wirtschaftlichen Standpunkt aus kurzsichtig. Die 20 Mill. DM Zuschuß in Freiburg für das Theater sind zu $9/_{10}$ Gehälter für die etwa 350 festen Theaterbeschäftigten: Techniker, Orchestermusiker, Sänger, Schauspieler. Bei den meist geringen Gehältern (im Schnitt netto 1500,— mtl.!) können die Theaterleute (anders als vielleicht der Bauunternehmer) keine Rücklagen bilden, die sie dann ins Ausland transferieren, sondern sie geben es in der Kommune, in der sie arbeiten, voll aus: in den Geschäften, in den Gasthäusern, beim Automechaniker, im Kaufhaus. Für den Rest der obengenannten Summe, für etwa 2 Mill. DM, kauft das Theater bei Geschäften am Ort Holz, Eisen, Stoffe, macht Wartungsverträge für Heizungsfirmen, kauft Heizöl, vergibt Bau-Aufträge an das einheimische Handwerk. — Das ist nur eine Seite der Medaille. Wahrscheinlich noch viel größer ist der Umsatz durch Theaterbesucher aus dem Umland, die Busse bezahlen, Gaststätten besuchen, die Einkaufsmöglichkeiten der großen Theaterstädte nutzen und sie mit Theaterbesuchen verbinden.

Investition in den Theateretat ist — wenn Sie so wollen — auch Wirtschaftsförderung: Ankurbelung des städtischen Konsums, Anregung für die Investitionstätigkeit des städtischen Gewerbes.

Warum will man am Theater kürzen: Kürzungen führen zu Entlassungen, die wieder der öffentlichen Hand zur Last fallen: in Form von Arbeitslosengeld, Sozialhilfe. Was ich in Kultur investiere, spare ich am Sozialhaushalt!

Die meisten Versuche in der Vergangenheit, am Theateretat zu kürzen, sind wieder aufgegeben worden. Das nimmt nicht weiter Wunder, denn es geht meistens auch nicht. Unsere Verwaltung hat es mal theoretisch am Beispiel Kassels durchgerechnet. Der Etat beträgt ca. 33 Mill. DM. Will man einen Betrag von 4 Mill. DM sparen, dann ginge das nur über Entlassungen. Selbst wenn wir kein einziges Bühnenbild und kein Kostüm machen würden, spart man nur ca. 700 000,— DM. Nichtverlängern, also entlassen, könnte man am Theater nur Sänger, Tänzer und Schauspieler. Dem Orchester müssen Sie, auch wenn das Orchester aufgelöst wird, die vollen Gehälter 15 Jahre weiterbezahlen, die Techniker sind öffentlicher Dienst und müssen umgesetzt werden.

4 Mill. DM Einsparung, das sind die Jahresgehälter von etwa 100 Künstlern, wenn sie monatlich brutto etwa 2500,— DM bekommen. Müßte man in einem Theater wie Kassel 100 Leute entlassen, um 4 Mill. DM einzusparen, dann gäbe es keine Sänger, Schauspieler, Tänzer, Regisseure, Bühnenbildner, Dirigenten mehr. Übrig blieben 450 Leute Technik, Orchester, Chor, Verwaltung. Damit ist, außer gelegentlichen Chor- und Orchesterkonzerten, das ganze Theater zu. Die verbliebenen 450 Leute kosten mit Hauswartung, Mindestheizung, kleinen Reparaturen, daß das Haus nicht verfällt etc., Schuldendienst etc. wieder 29 Mill. DM.

Da nicht gespielt wird, gibt es auch keine Einnahmen, sie betragen in Kassel jährlich knapp 4 Mill. DM.

Der Rechtsträger hat also genau die 4 Mill. DM an Einnahmen verloren, die er an den Ausgaben gekürzt hat. Spareffekt: null DM. Und ein Haus ist tot — 300 000 Besucher im Jahr haben kein kulturelles Angebot, 100 Leute müssen zur Sozialhilfe, eine Stadt hat ein wichtiges Zentrum seiner Urbanität verloren, einen Attraktionspunkt für das Umland.

Wie kommt so was zustande?

Durch die historische Entwicklung ist das öffentlich geförderte Theater Teil des öffentlichen Dienstes und des öffentlichen Bildungsangebots geworden, wie Schulen und Universitäten. Technik, Verwaltung, Orchester, Chor machen bei den Kosten gegenüber den Solo-Künstlern einen immer größeren Teil der Personalausgaben aus. 1950: 30 Prozent, heute 75 Prozent.

Ein rechtliches Gefüge von Tarifverträgen, das Sie aus dem öffentlichen Dienst kennen — geschaffen nicht von den Theatern, sondern von Städten und Ländern! — schützt diese Theaterangehörigen vor Entlassungen — und auch die Verträge von Künstlern können nur bei Einhaltung von Schutzfristen und komplizierten Anhörungsverfahren aufgelöst werden. Unter meinem Vorgänger hat das Staatstheater in Kassel rund 40 Prozesse durch Nichtverlängerungen von Künstlern (mit entsprechenden Schadensersatzsummen) verloren.

Aus allen diesen Gründen sind, Gott sei Dank muß ich wohl sagen, die angedrohte Schauspielschließung in Dortmund unterlassen worden, und auch die Bremer Kürzungen weitgehend wieder rückgängig gemacht worden. Mißtrauen Sie Ihren Kämmerern, wenn sie Ihnen eine Einsparung in Ihrem Theateretat in Millionenhöhe vorschlagen. Das Geld wird das Stadtsäckel nie sehen. Es fehlt entweder auf der Einnahmenseite oder es wird mit

Prozessen vertan. Es ist hier wie mit anderen Dingen: Jahrelang haben städt. Bauverwaltungen Kostenvoranschläge für preiswerte neue Schwimmbäder und Kongreßhallen angefertigt, die später bei Fertigstellung um ein Vielfaches teurer wurden. Beim Theater verspricht man Ihnen aus Unkenntnis Einsparungsmöglichkeiten, die nie realisiert werden, das Theater aber empfindlich lähmen oder gar vernichten.

Genausowenig, wie Sie plötzlich Ihre Stadtverwaltung verkleinern oder auflösen können, können Sie Theaterarbeit nach Belieben und Finanzstärke an- und ausdrehen wie einen Wasserhahn. Das Theater ist durch sein rechtliches Gefüge Teil der städtischen Pflichtaufgaben geworden.

V. Festes und alternatives Theater

Das Theater muß im Augenblick damit fertig werden, daß es nicht mehr Geld erhält, als vorher. Darin liegt seit Jahren der Sparbeitrag des Theaters — seit etwa drei Jahren werden die Sachausgaben nicht mehr erhöht, Preissteigerungen voll aufgefangen — mit der Folge, daß wir heute bei Ausstattungen etwa nur noch $2/3$ dessen machen können, was vor Jahren üblich war. Weniger Geld muß nicht dazu führen, daß uns nichts Neues mehr einfällt. Gute Einfälle kosten zunächst nicht mehr Geld. Eine gewisse Herausforderung sind hier die freien Gruppen, das sogenannte Alternative Theater. Hierunter verstehen wir alle Laiengruppen, halbprofessionellen oder professionellen Gruppen, die auf eigene Rechnung und oft ohne öffentliche Unterstützung Zirkustheater, Clowntheater, politische Programme, Selbstverwirklichungstheater o.ä. machen.

Oft sind diese freien Gruppen entstanden aus Liedermachern und Pantomimen, die zum Theatermachen übergingen, aus Profis, die aus dem Stadttheater ausgestiegen sind, Studenten, politisch Interessierten, engagierten Frauen und Schülern. Seit 1976 entstanden zum Beispiel in Freiburg etwa 35 Gruppen, in der Bundesrepublik zählt man insgesamt über 300. Vom Studentenkabarett bis zur Frauengruppe, vom Rocktheater bis zum allein arbeitenden Clown. Sie spielen in Unisälen, Jugendhäusern, alten Fabriken, an unserem Stadttheater. Sie haben einige wichtige Themen gebracht, und einigen frischen Wind.

Oft wird versucht, auch von politischen Parteien und Kulturämtern, die freien Gruppen und das öffentlich geförderte Theater gegeneinander auszuspielen. Das ist auch eine verkappte Finanzdiskussion. Da die freien Gruppen ohne Apparat billiger produzieren als die festen Theater (sie beschäftigen ja meist keine Profis), versucht man manchmal die freien Gruppen hoch zu loben, um das stehende, teurere Theater klein zu halten. Ich halte nichts von diesem Gegeneinander — beide Theaterformen sind legitim.

Das öffentliche Theater hat sich in den letzten Jahren stark gewandelt. Es begnügt sich nicht damit, vor einem respektvoll lauschenden Publikum Theateraufführungen abzuspielen. Einige Veränderungen gehen auf die Arbeit freier Gruppen zurück. Ich möchte Ihnen zum Schluß einige Beispiele nennen:

1. Schon die normalen Theateraufführungen haben sich, besonders im Schauspiel, verändert. Oft beginnen sie vor dem Theater, kleine Programme im Foyer, man geht von Spielort zu Spielort, die Kommunikation ist locker, Sitzreihen sind überbaut, das Spektakel findet hinter, über, neben den Zuschauern statt.

2. Schon gibt es die erste Mitspieloper. Vor zwei Jahren bei den Berliner Festwochen uraufgeführt: „Der Untergang der Titanic." Das Theater wird zum Schiff, zum teuersten, schnellsten Luxusdampfer, die Opernzuschauer zu Passagieren. Alles drängt zu den Rettungsbooten hinter dem Theater. Die sind aber — wie beim historischen Untergang der Titanic — durch die Millionäre der 1. Klasse besetzt. Das Schiff versinkt.

3. In Nachfolge der Arbeit einiger freier Gruppen (Mnouchkine, Peter Stein, Savarys Grand Magic Circus) haben einige Theater in den vergangenen Jahren verstärkt in ungewöhnlichen Räumen gespielt. Köln in der Stollwerk-Fabrik, Bochum in einer stillgelegten Zeche, Hamburg, Gießen in der Zigarrenfabrik. Unser Ensemble spielte ein Stück in einem stillgelegten Bahnhof. Ein Brechtstück als Theaterwanderung in der Innenstadt. Ein Schauspiel in einem leeren Parkhaus. Wenn wir diese Versuche in Kassel wieder aufgreifen, so sind die Überlegungen klar: Man kann in diesen Räumen direkter, gröber, lebendiger und in einem engeren Kontakt mit dem Publikum arbeiten.

4. Alljährlich finden in verschiedenen Orten im Sommer Festivals der Freien Gruppen auf Straßen und Plätzen statt. München, Kiel, Saarbrücken, Stuttgart, Freiburg (mit dem kontinuierlichsten seit 7 Jahren), demnächst Kassel. Das wichtige hierbei: ein großer Teil der Festivals wird von den Theatern selbst organisiert. Eine Möglichkeit der Zusammenarbeit zwischen stehenden Theatern und freien Gruppen.

5. Wir werden in Kassel ein Theatercafé einrichten. Theater nachts um 23.00 Uhr bei Bier und Wein. Eigene Programme, aber auch die Möglichkeit für freie Gruppen am Ort in einer gelockerten Atmosphäre aufzutreten. Hinterher: Gesprächsmöglichkeit an Tischen zwischen Theaterleuten und Publikum.

6. Viele Theater führen Schultheaterwochen durch, in denen Schüler Theaterstücke aufführen, machen Workshops mit Lehrern. Arbeiten mit anderen Kultureinrichtungen am Ort zusammen: mit Musikhochschulen, Volkshochschulen und Jugendgruppen.

Alle diese Beispiele zeigen, wie das herkömmliche Theater im Umbruch ist, sich weiter öffnet und im Idealfall die Arbeit der freien Gruppen aufgreift und unterstützt.

Alle diese neuen Theaterformen und Einrichtungen dienen dazu, Menschen wieder einmal hautnah zusammenzuführen. Theater muß ein Ort sein, wo wieder echte anspruchsvolle Gespräche möglich sind. Theater nicht nur als Einbahnstraße, wo nur in einer Richtung, von der Bühne in den Zuschauerraum, kommuniziert wird. Sondern Theater ist eine Straße, die in beiden Richtungen befahren werden kann. Theater als Dialog mit seinem Publikum. So wird Theater immer mehr zum Kommunikationsort, das Leute aus ihrer Vereinsamung herausholt, und Ihnen als einer der letzten Orte noch Kommunikation ermöglicht.

An den Schluß meiner Ausführungen möchte ich ein Zitat stellen, das ich in Ihrem sehr guten Vorbericht über diesen Kulturarbeitskreis gefunden habe. Ich zitiere wörtlich:

„Auch wenn viele Bürger in der Wirtschaftsrezession wiederum von der Sorge um den Arbeitsplatz, preiswerten Wohnraum und eine angemessene Sicherung des erreichten Lebensstandards bedrückt sind, so ist dennoch festzustellen, daß die ausschließliche Ausrichtung der Gesellschaft am wirtschaftlichen Erfolg und am ökonomischen Wachstum zunehmend in Frage gestellt wird. Viele Menschen suchen nach einer neuen Sinngebung des eigenen Daseins, nach neuen Zukunftsperspektiven, nach neuen Formen der Selbstverwirklichung und der Mitgestaltung einer lebenswerten Umwelt, insbesonders im erfahrbaren Lebens- und Wohnbereich. Dies ist zugleich die Suche nach einer neuen kulturellen und geschichtlichen Identität. Die Menschen fordern zu Recht, daß der von ihnen geschaffene Wohlstand auch dazu diene, durch breite kulturelle Angebote die Qualität des Lebens zu vergrößern . . .

Eine Kulturpolitik in diesem Sinne ist Daseinsvorsorge für den Bürger."

HUGO BORGER

In aller Erinnerung ist noch das geflügelte Wort: „Deutschland sei das Land der Dichter und Denker." Unzweifelhaft hatte einmal das geistige Deutschland einen respektablen Rang. Es ist noch heute in einem Abglanz präsent, der sich in der kulturellen Vielfalt unserer Städte darstellt.

Es gehört zu den herausragenden Verdiensten der deutschen Städte, nach 1945 erkannt zu haben, daß die Förderung der kulturellen Vielfalt zur Daseinsfürsorge für den Bürger gehört. Wenn aber Kultur, die viele Gesichter hat, ein wesentlicher Teil des Lebens ist, muß sie in allen denkbaren Ausdrucksformen nicht nur lebens-, sondern entwicklungsfähig gehalten werden. Dabei muß Kultur für alle das Ziel von Kulturpolitik sein.

Nun blieben allerdings bei der Kulturförderung in der jüngsten Vergangenheit schon oft die notwendigen Zuwachsraten hinter den Erfordernissen zurück. Daher stehen jetzt, wo eine Strukturkrise eingetreten ist, die Kulturinstitute schlecht da, fehlt das Geld für kulturelle Aktivitäten. Der Notwendigkeit von Kürzungen vermag sich kein kritischer Kopf zu entziehen. Aber die Frage stellt sich: muß so gekürzt werden, wie gekürzt wird? Mit den inzwischen vollzogenen Kürzungen ist jedenfalls die geforderte Kontinuität im Kulturbereich nicht mehr sicherzustellen.

Die Museen sind ein Eckstein im Kulturangebot der Städte. Die Einrichtung Museum hat vielfältige Wurzeln. Das heutige Museum ist in seinem Kern ein Legitimationsinstrument einer sich emanzipierenden Bürgerschaft. Sie setzt sich im Museum Denkmäler ihres gedachten geistigen Herkommens wie ihres geistigen Umfeldes.

In den letzten Jahrzehnten sind die Museen in Deutschland von der Bevölkerung ganz allgemein entdeckt worden.

56 Mill. Menschen besuchten im Jahre 1981 (Bericht der Stiftung Preußischer Kulturbesitz Berlin) die Museen und museumsähnlichen Einrichtungen. Das ist eine erstaunliche Zahl, auch wenn man bedenkt, daß aufgrund neuer Repräsentativumfragen (Eisenbeiß, Deutsche Museumskunde) immer noch ein zu kleiner Teil der Bevölkerung die Museen regelmäßig besucht.

Beginnt aber nun die Bevölkerung allgemein sich die Museen als Orte des Erlebens zu erschließen — denn jedes Museum ist ein Erlebnisort —, muß es verhängnisvoll sein, die Zugänglichkeit der Museen einzugrenzen. Das geschieht neuerdings auf mehrfache Weise. Es werden nämlich die Eintrittsgelder erhöht, zugleich die Öffnungszeiten gekürzt und die Kredite für die Bewachung gemindert. Das Ergebnis ist erschreckend. Die Besucherzahlen gehen zurück. Das darf nicht sein. Das zerstört sich abzeichnende Bildungserfolge und trägt mit dazu bei, die Menschen noch weiter dem Fernsehen, das ohnehin expandiert und dabei Niveauverluste in Kauf nimmt, auszuliefern.

Was leisten die Museen? Ihre Grundaufgabe lautet immer noch: Sammeln, Bewahren und Erschließen.

Also das Sammeln. Ein jedes Museum steht und fällt mit der Qualität und der Art seiner Sammlung. Der Auf- und Ausbau einer Sammlung verlangt Kennerschaft, Sachkunde, Weitblick, Geduld und Kontinuität.

Das Sammeln ist die Grundlage jeder Museumsarbeit schlechthin. Sammeln kann man aber nur, wenn man Glück und Geld hat. Dieses Geld fehlt. Übrigens nicht erst seit heute, sondern bei den meisten deutschen Museen schon immer. Das ist eine Leidensgeschichte ohnegleichen.

Kunst ist für die Bürger, auch und gerade für die politisch Tätigen, noch immer zu sehr Schmuck. Aber Kunst ist eben mehr als

Schmuck. Kunst hat etwas mit Qualität, mit Geist, mit neuer Sicht und oft genug mit Provokation zu tun.

In den Museen aber ist nun einmal Kunst. Und wenn man akzeptiert, daß sie geeignet und befähigt ist, an Wesentliches zu führen, Erlebnisbereiche aufzuschließen zum Nachdenken zu bringen und so fort, dann muß Kunst im Museum sein. Dann müssen aber auch die Ankaufsetats angemessen und kontinuierlich sein. Sie sind dies nicht. Natürlich bricht mal wieder der Ruf nach den Mäzenen auf. Sie hat es immer gegeben. Ohne sie gäbe es ganze Museen nicht. Aber es ist sicher der falsche Weg, wenn sich inzwischen die Träger der Museen immer mehr auf die gebebereiten Bürger verlassen wie auf den lieben Gott. Nur angemessene Ankaufsetats garantieren, daß die Fachleute die Qualität der Sammlungen bestimmen. Und außerdem: Man darf nicht nur auf die Kunstmuseen starren, als wären nur sie die Museen.

Auch das Museum hat seine alternative Seite. Das sind die natur- und kulturgeschichtlichen Museen, die in der Mehrzahl sind. In diesen Archiven für die dinglichen Hinterlassenschaften für Natur und Kultur liegt ein Schatz sondergleichen. Diese Institute kommen mit weniger Ankaufsmitteln aus, aber gerade sie bedürfen der kontinuierlichen Erweiterung, was zu oft übersehen wird. Ich betone daher: Die Museumssammlungen sind keine Lusthäuser der Museumsleute, sondern vor allem Archive, in denen unersetzliches Kulturgut für morgen bewahrt wird.

Das ist dann Bewahren — Das ist ein heikles Thema. Eine Epoche, die für den Verbrauch lebt und produziert, hat ein gebrochenes Verhältnis zum Bewahren.

Da aber das Bewahren auch eine Grundaufgabe des Museums ist, müssen die Sammlungen in angemessenen Gebäuden bewahrt werden. Hier gibt es große Versäumnisse. Ich warne vor Museumsbauten, für die Sammlungen erst noch erfunden werden müssen. Zu fordern sind aber da Erweiterungen oder Fortschreibungen, wo die Sammlungen die Häuser oder die Magazine sprengen.

Museen sind auch immer öffentliche Vermögensverwaltung, fast immer von unersetzlichem geistigem Vermögen. Mithin müssen wenigstens leistungsfähige Restaurierungszentren sein. Auch sie fehlen. Kein Privatmann würde sich diesen sträflichen Umgang mit seinem Eigentum leisten. Die öffentliche Hand leistet ihn sich permanent, weil sie zu oft, zu sehr nur auf die Schauseite der Museen sieht. Und: Natur-, Kultur- und Kunstwerke schreien eben nicht! Bei Inangriffnahme dieser Jahrhundertaufgabe ließen sich überdies hochqualifizierte Arbeitsplätze stiften. Restaurieren heißt nicht nur Bewahren, sondern oft auch neue Einsichten erschließen.

Damit sind wir beim *Erschließen* der Bestände überhaupt. Die Forschungsleistung der Museen ist beträchtlich, eng damit verbunden ihre Ausbildungsaufgabe. Die Forschung an Museen hat hohen Rang, ihre Wirkung auf die Universitäten ist unbestritten. Fast ausschließlich sind es Mittel Dritter, die die Forschung an den Museen ermöglichen. Die Träger der Museen sehen dieses wichtige Feld eher lässig. Sie freuen sich allenfalls über die die Einnahmen fördernden Buchproduktionen der Museumsleute. Manche Museumsgruppen haben als Folge der Forschung inzwischen Produktionsumfänge wie Mittelverlage. Aber Mittel für die Forschung und für jene jungen Menschen, die sie mitbetreiben, werden verweigert. Hier zeichnen sich nicht nur irreparabele Schäden ab, hier werden Arbeitsplätze vernichtet. Keiner scheint dabei von schlechtem Gewissen geplagt. Man ist nur einfach stolz auf Einsparergebnisse. Museen aber bilden durch Forschung die kulturwissenschaftliche Intelligenz von morgen aus. Wer diese Ausbildung verweigert, verantwortet die geistige Demontage, leistet der sich ohnehin ausbreitenden Provinzialität Vorschub.

Ohne Forschung am Museum gibt es auch keine innovative Bildung. Innovative Bildung ist eine Bringschuld der Wissenschaft an die Gesellschaft. Mithin ist Forschung das Fundament für den Geist im Staate, muß Forschung sein, müssen die Prioritäten entsprechend gesetzt werden.

Nicht nur Forschung erschließt die Museumsbestände: Auch die Art der Präsentation ist unverzichtbar. Wir leben bekanntlich im Zeitalter der optischen Verführbarkeit. In ihm kommt der Präsentation der Natur-, Kultur- und Kunstwerke eine hohe Bedeutung zu. Vielerorts handhabt man dieses wichtige Gebiet noch zu lässig. Noch zu viele Museen sind Kramhäuser, in denen die Sachen und Kunstwerke eher ab- als ausgestellt sind. Hier ist das Feld, wo mit dem Kapital der Phantasie gewuchert werden kann und muß, ganz groß.

An dieser Stelle beginnt auch die Museumsdidaktik. Sie hat nach allen Seiten den Erlebnisraum Museen aufzuschließen. Auch hier muß der Dilettantismus überwunden werden, können Verknüpfungen mit der alternativen Kultur gewagt werden, ist kreative Arbeit möglich und nützlich.

Anzuschließen ist an dieser Stelle das wichtige Ausstellungswesen. Manche Ausstellungen haben durch Besucherströme von sich reden gemacht und die Kassen ganz schön klingeln lassen. Zeitweise ist sogar Ausstellungshektik ausgebrochen. Nachteile für Kultur- und Kunstwerke wurden dabei in Kauf genommen. Hier setzt Kritik ein. Grundsätzlich muß über Sinn und Unsinn von Ausstellungen nachgedacht werden. Eine Ausstellung unterscheidet sich grundlegend von der Präsentation eines Museumsbestandes. Eine Ausstellung gibt Gelegenheit, neue Themen aufzuschließen. Neubewertungen werden bewirkt, auch Magazinbestände dienlich gemacht.

Bedacht werden muß aber auch: Manche Ausstellungsarten haben sich erschöpft. Neue Ausstellungsarten sind deshalb anzustreben. Größere Institute könnten gegenseitig Werkblöcke tauschen. Sogar der internationale Ausstellungsbetrieb gewänne davon. Ansätze dazu zeichnen sich ab. Auch hier sind dem Mut und der Phantasie fast nur konservatorische Grenzen gesetzt.

Ich fasse fast schon zusammen, auch wenn ich über Andeutungen kaum hinausgelangt bin. Aber ein Problem muß ich noch aussprechen. Es ist von hohem Ernst und beinahe von sittlicher Verpflichtung. Ich meine die Personalfrage.

In den Jahren des Booms ist das Personal der öffentlichen Hand ganz tüchtig aufgestockt worden. Die Museen aber sind dabei weitgehend außen vor geblieben. Nun wird auch bei den Museen das Personal gekürzt. Ich finde das sehr bedenklich. Bei einer bis gestern von allen Parteien fast einvernehmlich expansiv betriebenen Bildungspolitik werden bereitstehende hochqualifizierte akademische Kräfte um die Chance gebracht, angemessen für die Allgemeinheit zu arbeiten. Ich meine: Die auf den Abweg geratene Personalpolitik der Träger der Museen muß revidiert werden. Dabei sind Einkommenseinbußen für alle akademischen Kräfte in Kauf zu nehmen.

Abschließend: In einem Augenblick, wo das Museum endlich die seiner Bedeutung angemessene Öffentlichkeit zu gewinnen beginnt, wird es in sachlicher, finanzieller und personeller Hinsicht zum Rückschritt gezwungen. Das ist das Gegenteil von Kontinuität in der Kulturarbeit der Städte.

Dazu kommt: In den vor uns liegenden Jahrzehnten werden die Menschen aufgrund der nun eingetretenen Strukturkrise allesamt weniger arbeiten, damit alle noch Arbeit haben können. Dann aber gewinnen alle neben der Arbeit das, was früher nur wenige hatten, freie Zeit für sich. Ich sehe das positiv.

Für diese neue Zeit haben die Städte schon heute Daseinsfürsorge zu treffen. Dem Instrument Museum kommt aus diesem Grunde erhöhte Bedeutung zu, denn in ihm kann man sich nicht nur bilden, sondern die Welt von Natur-, Kultur- und Kunstwerken erleben. Mithin geht es nicht nur um Kontinuität in der Museumsarbeit, sondern um weitere Öffnung der Museen in jeder Hinsicht. Eine Alternative dazu sehe ich nicht.

HANS JOACHIM KUHLMANN

Wer von Ihnen die Berichte und Stellungnahmen zur Situation der Bibliotheken bei den Bemühungen ihrer Träger, die Haushalte in Ordnung zu halten, verfolgt hat, wird auf alarmierende Überschriften gestoßen sein, wie z.B. „Der Bildungsinfarkt ist vorprogrammiert" oder „Von der Atemnot der Bibliotheken" oder „Nicht

Abmagerungskur, sondern Hungerkur". Diese Anleihe beim Vokabular der Medizin zeigt die Besorgnis der Berichterstatter über eine Entwicklung, die im übertragenen Sinn ohne Zweifel zu Atemnot oder gar zum Infarkt der Bibliotheken zu führen droht. Das Bild von der Abmagerungs- oder Hungerkur will allerdings nicht recht passen, weil es Fettleibigkeit und Übergewicht beim Patienten, d.h. bei der Bibliothek, voraussetzt; und von einer vorhergehenden finanziellen „Über"-Ausstattung der Bibliotheken kann man — trotz aller Erfolge in den vergangenen Jahren — nun wirklich nicht sprechen. Das im „Bibliotheksplan 73" angesprochene Ziel ist bei weitem nicht erreicht worden. Und eine „Null-Diät" für die Bibliotheken ist abwegig, sie würde ihre Leistungsfähigkeit nachhaltig ruinieren und zu irreparablen Schäden führen.

Staatssekretär Piazolo vom Bundesministerium für Bildung und Wissenschaft hat in seinem Grußwort bei der Eröffnung des Bibliothekskongresses, der vom 24. bis 27. Mai von den Bibliothekarischen Verbänden der Bundesrepublik in Hannover veranstaltet wurde, namens der Bundesregierung u.a. ausgeführt:

„Die Bibliotheken sind für uns in vielfacher Hinsicht von großer Bedeutung:

— sie sammeln, pflegen und präsentieren einen wichtigen Anteil unseres Kulturgutes — das ist ihre traditionelle Funktion;

— sie sind Stätten des Lernens oder Informierens für eine Gesellschaft, die immer stärker auf das Lernen und Weiterlernen angewiesen ist;

— sie erfüllen eine unersetzliche Funktion bei der Unterstützung der Forschung — ein Bereich, von dem der Fortbestand unserer Gesellschaft existentiell abhängig ist."

Während sich der niedersächsische Innenminister Dr. Möcklinghoff in seinem Grußwort unter Hinweis auf die einschlägigen Leistungen seines Landes für eine Förderung der Bibliotheken auch in Zeiten finanzieller Engpässe aussprach, wies Hannovers Oberbürgermeister Schmalstieg darauf hin, daß Bund und Länder mit ihrer Steuerpolitik in entscheidender und ungerechter Weise zur Finanzmisere der Kommunen beigetragen hätten und damit zur Misere der Kultur in den Städten, besonders auch zur Misere der kommunalen Bibliotheken. Er appellierte an den Bund, durch seine Politik die Städte wieder in die Lage zu versetzen, ihre Aufgaben, vor allem ihre kulturpolitischen Aufgaben, wieder voll wahrzunehmen.

Ich spreche heute zu Ihnen nicht nur als Direktor einer Großstadtbibliothek, der seine eigenen leidvollen Erfahrungen mit dem Haushalt seiner Gemeinde hat, sondern auch als Vorsitzender des Deutschen Bibliotheksverbandes, der einen gewissen Überblick über die Lage des Deutschen Bibliothekswesens hat. Allerdings ist es für einen auf Bundesebene operierenden und alle Bibliotheksgrößen und -typen umfassenden Verband wie den Deutschen Bibliotheksverband sehr schwer, die regional und von der Aufgabenstellung her stark unterschiedlichen Situationen der einzelnen Bibliotheken in eine für alle gültige Aussage zu übersetzen und einen gemeinsamen Standpunkt vorzutragen.

Fast alle Träger von Bibliotheken befinden sich in einer angespannten Haushaltssituation. Aber es gibt Unterschiede zwischen den einzelnen Bundesländern — in den süddeutschen Ländern steht es besser um die Etats, dort ist die Welt *noch* in Ordnung; und Nordrhein-Westfalen hat es besonders schlimm erwischt. Es gibt auch Unterschiede zwischen den Wissenschaftlichen, überwiegend staatlichen Bibliotheken, und den öffentlichen, fast überall in kommunaler Trägerschaft befindlichen Bibliotheken; den letzteren geht es allgemein finanziell schlechter. Und schließlich gibt es Unterschiede zwischen den einzelnen kommunalen Trägern; die Prioritäten werden verschieden gesetzt: Die einen bemühen sich um fast jeden Preis, die Bibliotheksetats in der bisherigen Höhe zu halten oder doch die Verminderung so schonend wie möglich vorzunehmen; andere wieder gehen mit den Kultur- und speziell den Bibliotheksetats um, als könnte man leichten Herzens auf deren Leistungen verzichten.

Das Land Nordrhein-Westfalen hat 1982 den Kommunen für die Bibliotheksförderung nur noch 3 Mill. zur Verfügung gestellt, gegenüber 5,6 Mill. 1981; 1980 waren es sogar noch 8,1 Mill. gewesen. Zwar ist 1983 keine weitere Reduzierung eingetreten; aber für 1984 ist alles ungewiß. Bedenkt man, daß die Kommunen selber durch den Rückgang ihrer Steuereinnahmen in mehr oder weniger große finanzielle Schwierigkeiten geraten sind bzw. geraten werden, so wird deutlich, daß eigentlich nur dort ausreichende Vorbedingungen für die Arbeit der Bibliotheken gegeben sind, wo der Nutzen solcher Einrichtungen, wo ihre Notwendigkeit für den Bürger allgemeine Überzeugung sind und wo man bereit ist, die Normen für Raum, Bestand und Personal anzuerkennen.

Die bibliothekarischen Fachverbände, in erster Linie der Deutsche Bibliotheksverband und seine Landesverbände versuchen zwar, auf den verschiedensten Wegen dieser Gefahr entgegenzuwirken; und die kommunalen Spitzenverbände tun es auf ihre Weise; aber entscheidend dürfte es auf den Willen und die Überzeugung der Bürger in den Städten und Gemeinden sowie auf die Willenskundgebung der parlamentarischen Gremien ankommen.

Der Wuppertaler Kulturdezernent Heinz Theodor Jüchter schreibt im letzten Heft der Zeitschrift „Demokratische Gemeinde" über die Aufgabenstellung im städtischen Kulturbereich u.a.:

„Wenn in den kommunalen Haushalten weniger Geld zur Verfügung steht, muß der Standard kommunaler Angebote reduziert werden. Und das gilt dann auch für die Kulturangebote — nicht erst recht, aber auch. Tatsächlich sind die meisten städtischen Kulturetats in den letzten zehn bis zwanzig Jahren gestiegen; gelegentlich auch stärker als andere kommunale Sachetats. Auch dieses Wachstum stößt jetzt an die Grenzen der Finanzierbarkeit. Es muß also kulturell gespart werden — was auch immer das heißen mag ...

Worum geht es in der kommunalen Praxis der Kulturpolitik? Notwendige kulturelle Einrichtungen müssen mit weniger Geld erhalten werden. Neue kulturelle Entwicklungen und Initiativen müssen in einem knapperen finanziellen Rahmen ihre Chance behalten. Der Standard kultureller Versorgung und Vermittlung (und deren Finanzierungsform) muß zum Teil neu beschrieben werden. Dafür lohnt es nicht, sich lange mit dem Lamento aufzuhalten. Wenn es stimmt, daß es in den nächsten Jahren auch für die städtischen Kulturetats keine Wachstumsraten mehr geben wird (oder sogar der Zuschußbedarf um etwa zehn Prozent reduziert werden muß), wird man die kulturpolitische Anstrengung und auch Phantasie darauf konzentrieren müssen, damit auszukommen und dennoch kulturelle Schwerpunkte zu setzen. Die Vorschläge dazu müssen von den Kulturpolitikern selbst kommen, wenn sie nicht die weitaus schlimmere Alternative riskieren wollen: die unkontrolliert entschiedenen „kulturellen Kahlschläge", die Schließung von Kultureinrichtungen etwa oder die kulturelle Arbeitslosigkeit."

Schön wäre es, wenn es im Bereich der öffentlichen Bibliotheken bei den Erwerbsetats nicht mehr als zehn Prozent Kürzung geben würde; aber zahlreiche Fälle sind bekannt geworden, in denen es seit 1981 zu stärkeren Reduzierungen gekommen ist, 40, 50 gar 60 Prozent sind keine Seltenheit. Und die Vorplanung für 1984 läßt ahnen, daß es eher noch schlimmer kommen könnte.

Die Lobby für Kultur und Bildung ist nun einmal nicht besonders stark; im Sport ist das anders, und auch innerhalb der kulturellen Szene verkaufen sich z.B. Theaterleute immer noch lautstärker und pressewirksamer als Bibliotheken. Zwar wird es heutzutage wohl kaum in irgendeiner Gemeinde zur Schließung einer Bibliothek kommen, aber die Verpflichtung der Gemeinde, ihren Bürgern eine leistungsfähige Bibliothek bereitzustellen, d.h. eine Bibliothek mit ausreichenden Arbeitsvoraussetzungen hinsichtlich ihrer Ausstattung mit Personal- und Sachmitteln, dürfte noch bei weitem nicht Allgemeingut sein. Es sollte den Kulturverantwortlichen in den Kommunen gelingen, den Stellenwert der Kulturarbeit und insbesondere der Bibliotheken inhaltlich aus sich selbst heraus zu begründen.

Kulturpolitik sollte heute eine soziale Notwendigkeit sein; der Gegensatz zur Sozialpolitik ist falsch, vielmehr sollten die beiden Bereiche als gleichwertige, sich gegenseitig ergänzende Teile eines Ganzen gesehen werden! Gerade in einer arbeitsteiligen

Industriegesellschaft, die ihn oft als kleines Rädchen im großen Getriebe erscheinen läßt, verlangt der Mensch nach Möglichkeiten der Selbstverwirklichung. Gerade in wirtschaftlich schwierigen Zeiten und vor dem Hintergrund zunehmender Freizeit des Einzelnen suchen die Menschen die Möglichkeiten ihrer Selbstverwirklichung stärker im immateriellen, also im kulturellen Bereich. Zugleich erleichtern die kulturellen Einrichtungen dem Bürger die Erweiterung seiner Kenntnisse und Fähigkeiten und die immer neue Zurüstung für Leben und Beruf.

Im kulturellen Angebot einer Gemeinde nimmt die Bibliothek einen zentralen Platz ein. Bibliotheken sollen den Einzelnen hinführen zum Lesen und zum Verständnis von Literatur; Bibliotheken dienen dem Bürger als umfassende Informationszentrale; Bibliotheken ermöglichen ihm lebenslanges Lernen; und Bibliotheken leiten ihn an zu sinnvoller Freizeitnutzung; Bibliotheken sind Eckpfeiler jedes Bildungssystems; sie sind die Basis, auf der sich die Aktivitäten der übrigen Kulturinstitute — Volkshochschule, Theater, Museen usw. — entwickeln.

In einer Großstadt, wo die Öffentliche Bibliothek normalerweise über ein ausgebautes Zweigstellennetz verfügt, bietet sich die Stadtteilbibliothek als der Ort an, wo sich die kulturellen Aktivitäten des Stadtteils konzentrieren, als Ort der Koordination, der Anregung und Animation. Die kulturelle Breitenarbeit, von der die Kulturpolitiker in letzter Zeit so gerne reden, läßt sich ohne die Stadtteilbibliothek kaum praktizieren. Ein großer Teil der Zielgruppen der Bibliotheksarbeit als kultureller Breitenarbeit ist nämlich aus sozialen, gesundheitlichen und finanziellen Gründen immobil und deshalb nicht in der Lage, das Bedürfnis nach Literatur — das ja durchaus vorhanden ist — durch Überwindung größerer Entfernungen, selbst bei guter Verkehrsanbindung, zu befriedigen.

Es bietet sich an, die Außenstellen der Stadtbibliothek auch als Anlaufstellen für die anderen Kulturinstitute der Stadt — als „Lotsenstellen" — zu verstehen. Zwar gibt es diese Kooperation bereits in zahlreichen Gemeinden; sie reicht von der Verteilung von Informationsmaterial, dem Aushang von Plakaten, Spiel- und Veranstaltungsplänen bis zum Verkauf von Programmheften der Volkshochschule und der Ausstellung von Teilbeständen des Museums. Sie sollte und könnte jedoch noch wesentlich erweitert werden. Als Beispiel — aus meiner eigenen Stadt — möchte ich nennen: Verkauf von Theaterschecks, Kartenvorverkauf für Veranstaltungen des Theaters und des Orchesters in den Stadtteilen, Ausstellungen (Fotos u.a.) zur Produktion des Theaters, Entwicklung und Verteilung eines „Fahrplans ins Theater", Orientierungshilfen beim Finden der Anlaufstellen in der Volkshochschule, Kooperation im Bereich der Literaturförderung und bei geeigneten VHS-Projekten („Sozialkulturelle Zielgruppenarbeit") bis hin zu gemeinsamen Pressekonferenzen zwecks Darstellung der Arbeit mehrerer Kulturinstitute in den Stadtteilen.

Unter diesen Aspekten bedeutet jeder Eingriff in die Struktur eines Bibliotheksnetzes nicht nur die Infragestellung der bisherigen Leistungen einer Bibliothek, sondern auch eine Beschneidung der beschriebenen Möglichkeiten für Angebote im Bereich der kulturellen Breitenarbeit. Schließungen von Bibliotheken oder Reduzierungen von Öffnungszeiten können deshalb bei objektiver Betrachtung nicht unter dem Gesichtspunkt einer rationalen Aufgabenkritik vorgenommen werden, sondern sie sind Resultat eines nur haushaltsmäßig, nicht fachlich zu begründenden Zwangs zur Einsparung von Personalkosten.

Die Bedeutung der Bibliotheken für die geistige Infrastruktur einer Gemeinde darf natürlich nicht zu der Einstellung verführen, daß Sparüberlegungen die Bibliotheken völlig auszuklammern hätten. Die Bibliotheken bzw. ihre Leiter müssen die Schwierigkeiten der öffentlichen Haushalte akzeptieren und einsehen, daß Zuwachsraten wie in den letzten Jahren gegenwärtig und wohl auch in absehbarer Zeit nicht mehr möglich sind. Auch beim Sparen kommt es allerdings darauf an, die Frage zu stellen: Welche Korrekturen sind in schlechten Zeiten möglich, ohne daß die Zielsetzungen beeinträchtigt werden, ohne daß wesentliche und unverzichtbare Dienstleistungen den Kürzungen zum Opfer fallen; es geht darum, Einsparungen nur dort vorzunehmen, wo sie fachlich vertretbar sind.

Die Bibliothekare müssen sich selbst die Frage stellen, ob es nicht bei der Organisation der Abläufe in der Bibliothek noch Rationalisierungsreserven gibt und ob alle Möglichkeien der Kooperation mit anderen Bibliotheken oder zentralen Einrichtungen ausgeschöpft sind. Aber selbst bei intensiver Zusammenarbeit entstehen irreparable Schäden, wenn die Bucherwerbungsetats rigoros zusammengestrichen werden; sie sind die zentralen Haushaltspositionen der Bibliotheken. Jede Kürzung schlägt unmittelbar durch in verminderte Aufgabenerfüllung; an der Hauptsache zu sparen, erscheint geradezu widersinnig. Nur zuallerletzt und mit größter Vorsicht und Bedachtsamkeit sollte man an die Kürzung der Medienetats gehen und auch dann nur, wenn man zuvor Prioritäten gesetzt hat. Das vom DBV vor kurzem veröffentlichte Papier „Etatkürzungen in Öffentlichen Bibliotheken" will Argumentations- und Entscheidungshilfen in all den Fällen bieten, in denen einschneidende Sparentscheidungen des Bibliotheksträgers die Funktion der Öffentlichen Bibliothek stark beeinträchtigen oder gar ihre Existenz gefährden.

Auch bei den Bibliotheken gilt also: Sparen ja, aber mit Überlegung, nicht unverhältnismäßig und ohne Eingriffe in die Substanz! Dazu ist bei allen Beteiligten, bei den entscheidenden Gremien der Räte und Verwaltungen wie bei den mit- oder nachvollziehenden Bibliothekaren viel guter Wille nötig; und es sollte dann mit Zuversicht und Phantasie — ohne Resignation — geschehen.

Der Schriftsteller Heinrich Böll, dem der Rat der Stadt Köln aus Anlaß seines 65. Geburtstages am 21. 12. 1982 das Ehrenbürgerrecht der Stadt verliehen hat, hat seine tiefe Sorge über die Zukunft der Bibliotheken zum Ausdruck gebracht. Es sei besonders gefährlich und sinnlos, an Bibliotheken so radikal zu sparen, wie es allenthalben geschehe. Wörtlich führt Heinrich Böll aus: „Gerade in Zeiten wirtschaftlicher Schwierigkeiten sinkt nicht die Bedeutung der Öffentlichen Bibliotheken, sie steigt, wie nicht nur die Erfahrung (siehe den Zulauf zu Bibliotheken in den Zeiten der Weltwirtschaftskrise!), sondern auch die Logik beweist: Weniger Menschen können sich Bücher kaufen, die sie dringend benötigen, mehr Menschen haben Zeit, die sie nicht sinnlos vertun, sondern sich im allerweitesten Sinne weiterbilden, weiterinformieren wollen: es wird mehr ‚Freizeit' geben, immer mehr, wie ich fürchte, es werden möglicherweise sogar Menschen zu Lesern, die vorher keine waren — und genau in diesem Augenblick wird der Bestand der Bibliotheken reduziert! Sogar wenn man dieses Problem vom Standpunkt der ‚Investierung' betrachtet, ist es besonders gefährlich, ausgerechnet an Bibliotheken zu sparen."

HILMAR HOFFMANN

Thesen „Alternative Kultur"

1. Quer durch die Parteienlandschaft besteht der Grundkonsens, die in den frühen 70er Jahren begonnene Ausweitung des Kulturverständnisses und die Erweiterung des Kulturbegriffs als konsequenten Entwicklungsschritt zu würdigen.

Mit zwar unterschiedlicher Bewertung, aber prinzipiell bejahend, wird nun zur Optimierung der Kulturszene unserer Städte nicht mehr allein gefördert, was in den Stammhäusern der Kultur und der Künste passiert, also im Theater, Museum, Konzertsaal, in der Bibliothek.

Genauso selbstverständlich gehört heute alles, was die einen als Alternative Kultur, die anderen als Breitenkultur oder Soziokultur definieren, zum lebendigen Ambiente unserer städtischen Kultur.

Ihren nicht immer nur kulinarischen Beitrag hierzu liefern die Sommerprogramme unter dem Motto „umsonst und draußen" ebenso unverzichtbar wie die freien Theatergruppen oder Kleinkunstbühnen, die alternativen Kulturfabriken oder Kulturläden, die Kommunalen Kinos oder die Kommunikationszentren.

Die intolerant gegen diese Szene noch mit Vorurteilen über den Habitus jener zu Felde ziehen, die sie pauschal als Revoluzzer oder Hascher fehleinschätzen, um damit die öffentliche Förderung zu verweigern, sind nicht nur einige versprengte Nachzügler.

Als Pragmatiker wenigstens sollten sie aber begreifen, daß diese „alternative" Kultur auch sozialpolitisch Nutzen bringt, indem ihre Aktivitäten Jugendliche von nutzlosem Treiben fernhalten, also auch von Drogen und Alkohol. Außerdem befördern sie die Attraktivität ansonsten trister Stadtteile, und sie ermöglichen, was uns Kommunalpolitikern unter größter Anstrengung kaum je gelingt: Nachbarschaft. Weil solche Nachhutgefechte gerade in der Zeit des knappen Geldes aber irreparablen Schaden stiften können, sind sozialpolitische Argumente gegen Kulturabbau vielleicht tauglicher als kulturpolitische.

2. Wir brauchen alternative und etablierte Bereiche

Wie der Vorbericht zu dieser Arbeitsgruppe erkennen läßt, werden beide Bereiche, die sogenannte alternative und die sogenannte etablierte Kunst im Prinzip als gleichberechtigt und gleich notwendig gewichtet; sie dürfen auch unter Einsparungs-Gesichtspunkten sich nicht gegenseitig auszuheblen versuchen. Die Gefahr, daß die ums blanke Überleben kämpfenden Institutionen sich nicht überall an diese Übereinkunft halten, ist in der Krise desto größer, zumal manche Kommunalpolitiker im Zweifelsfall die Sparte mit der durchsetzungsfähigeren Klientel bevorzugt fördern. Die freien Theatertruppen z.B. gewinnen einen Teil ihrer Lebensenergie aus dem Protest gegen die etablierten Häuser. Im Kampf ums goldene Kalb versuchen sie, die vielen Millionen für das Stadttheater mit klassischem Repertoire auszuspielen gegen ihr als kritische Zeitgenossenschaft begriffenes Spiel, weil die hierfür gewährten Zuschüsse meist nichts als Almosen sind. Sie finden dabei auch solange veröffentlichte Resonanz, wie die etablierten Institute nichts qualitativ Überzeugendes für das entsprechende Publikum liefern. Will Kulturpolitik vermeiden, daß die mühsam gebildete vitale Einheit des Kulturlebens wieder auseinander gerissen wird, so müssen die Institutionen dazu angeregt werden, die deklamatorisch behauptete fruchtbare gegenseitige Beziehung zwischen freier und etablierter Arbeit auch praktisch Gestalt werden zu lassen. Schließlich gibt es auch unter den traditionellen Institutionen künstlerische Leistungen, die für die freie Arbeit anregend und vorbildlich sind — und umgekehrt.

Was wir brauchen, ist beides:

Die sogenannte „alternative Kultur" bleibt so lange bloß ein Torso, wie sie nicht auf die lebendigen Beziehungen zur professionellen Kunst zurückgreifen kann und will (wie die Debatte um die freien Theatergruppen beweist). Und es wäre kulturpolitisch reaktionär, unter pseudodemokratischer Begründung teure Bühnen gegen angeblich effizientere Stadtteilkultur oder alternative Kultur auszutricksen. Man beraubt damit die gesamte Kultur der produktiven Herausforderung: ja es kastriert sie gleichsam, wer die Entwicklung einer professionellen Kunstpraxis unmöglich macht.

Inzwischen haben die Programme der alternativen Szene dazu beigetragen, eine eigene elementare Szene anspruchsvoller, gleichwohl populärer Musik und analoger Angebote zu entwickeln, die nicht unter kommerziellen Verwertungszwängen stehen und eben „lebendiger", unmittelbarer sind als konservierte Klänge; sie stellen dabei auch noch Kommunikation her. Längst ausgestorben geglaubte Formen der Wanderbühne, die wandernden Komödianten und Musiker sind wieder zum prallen Leben erwacht, bis hin zu solchen großartigen neuen, populären, theatralischen Formen wie jenen des Zelttheaters, etwa der „Theaterhof Priessental". Sie bieten nicht einfach unverbindliche, folgenlose Unterhaltung, die mit der Wirklichkeit nicht viel im Sinn hat und lediglich für ein paar Stunden in eine Traumwelt entführt. Sie lösen lustvoll ein, was Kunst in ihrem umfassenden Anspruch bedeutet. Wechselwirkung.

Sie vermittelt Vergnügung, diese nach Brecht nobelste Funktion der Künste. Dabei zeigen sich die Interpreten, mit den Problemen des Lebens vertraut, viele nehmen die Themen des Alltags so auf, daß sie sich darin wiedererkennen können. Weil die Gruppen dieser Szene sehr intensiv auf Stimmungen ihres jeweiligen Publikums reagieren und auf dessen Mitgehen angewiesen sind, entbinden ihre Veranstaltungen nicht selten bedeutende Reserven an kulturellem Innovationspotential.

3. Kultur als Arbeitsmarktfaktor

Der „Vorbericht" für den Arbeitskreis Kultur formuliert: „Kulturausgaben sind nicht nur im gesellschaftspolitischen, sondern gerade auch im wirtschaftlichen Sinne rentierliche Investitionen für die Zukunft einer Stadt" (S. 151). Da dies aber nur auf den „Freizeitwert", auf die Attraktivität einer Stadt (S. 142) bezogen wurde, wäre es wichtig, dabei das Arbeitsplatz-Argument mit zu berücksichtigen:

Andreas Wiesand und Karla Fohrbeck haben kürzlich in einer Studie über den Musikmarkt festgestellt, wie groß die Leistungen sind, die dort bei einem Jahresumsatz von 25 Mrd. mehr als 225 000 Erwerbstätigen Brot und Arbeit verschaffen.

Die zehn Prozent, das sind 2,5 Mrd., die an öffentlichen Ausgaben vom Musikunterricht in Schulen bis zu den Opernhäusern in dieser Gesamtsumme stecken, haben bedeutende Folgewirkungen auch für den privaten Markt; ja dieser Markt mit seinen Arbeitsplätzen ist in vielen Fällen direkt abhängig von den nichtgewerblichen Vorleistungen.

Auch der sogenannte „alternative" Bereich hat für sich genommen einen viel beachtlicheren Arbeitsmarkteffekt, als allgemein bekannt ist. Allein in Frankfurt organisieren 20 alternative Zentren und freie Institutionen mit 115 Mitarbeitern, die zur Hälfte nicht subventioniert werden und auch nicht gewinnorientiert sind, mindestens 345 Veranstaltungen im Monat, bei denen durchschnittlich jeweils vier Künstler auftreten.

Von ihnen werden somit 1386 Künstler-Arbeitstage nachgefragt.

Hier ist also ein beachtlicher Arbeitsmarkt mit sparsamen öffentlichen Subventionen abgedeckt; rein rechnerisch sind das fast 200 Arbeitsplätze mit einer knappen halben Million, also grob gerechnet 2500 DM pro Arbeitsplatz und Jahr.

Zynisch gewendet, wäre das gewiß ein konkurrenzlos billiger Effekt der Arbeitsplatzsicherung.

Auch in der Szene der Kleinkünstler, der Liedermacher, der freien Musikgruppen und Theater haben Myriaden von sog. „mittelständischen Existenzen" kleiner, freiberuflich Tätiger nicht nur Selbstverwirklichung gefunden, sondern auch einen Mindestlebensunterhalt. Streichungen in diesem Sektor würden daher eines Tages um ein Vielfaches höhere Mehrkosten im Sozialetat notwendig machen. In der öffentlichen Diskussion sollten wir daher darauf beharren, daß in kommunalen Haushalten nicht allein Investitionsmittel Arbeitsplätze schaffen oder sichern, sondern daß sogenannte konsumtive Ausgaben im Kulturbereich meist mit geringem finanziellen Aufwand noch viel größeren Effekt haben können. Daß viele dieser Initiativen dank ihres Publikums inzwischen auf eigenen Füßen stehen können, verschafft ihnen ein starkes Selbstbewußtsein. Aus Furcht, von der Politik vereinnahmt und abhängig zu werden, sind sie öffentlichen Subventionen gegenüber eher skeptisch; ja viele lehnen sie rundweg ab — wenn auch manchmal bloß aus verschmähter Liebe.

In dieser Situation sollten wir solchen Initiativen wenigstens alles bürokratische Gestrüpp aus dem Weg räumen helfen, wie wir es beim Sport und bei der nicht minder wichtigen Vereinsarbeit ja auch selbstverständlich tun. Eine der politischen Konsequenzen, die wir aus der Lebendigkeit einer solchen Entwicklung sowie aus ihrer ökonomischen Bedeutung ziehen sollten, ist: $1/2$ Prozent des kommunalen Kulturhaushaltes umschichten zugunsten der freien Gruppen und der kulturellen Verbesserung als Infrastruktur. Das sind bei einem Kulturhaushalt von 50 Mill. 250 000 DM. Mit dieser Summe könnten die freien Gruppen Berge versetzen.

Grundsätzlich dürfen wir bei allen unseren Plädoyers und Legitimationsstrategien für den Kulturbereich nicht vergessen: Kultur ist notwendigerweise ein personalintensiver Bereich, das heißt: die finanzielle Krise unserer Kultur ist keineswegs spezifisch, sie ist vielmehr Teil der öffentlichen „Kostenkrankheit":

Wenn auf der einen Seite dank neuer Technologien die Produktivität pro Arbeitsstunde fortwährend steigt, so können personengebundene Leistungen damit nicht Schritt halten — und dazu gehören Bühnen ebenso wie der Bildungs- oder Sozialbereich.

4. Toleranz gegenüber Umbrüchen

Wir sollten uns erst recht bei der Würdigung der noch jungen alternativen Szene bewußt machen, daß Umbrüche immer mit Problemen einhergehen.

Die erste Opernaufführung im Italien des 17. Jahrhunderts war damals genauso sensationell und ungewohnt wie es heute eine Rockoper im Opernhaus wäre.

In zwanzig Jahren wundert sich die junge Generation vielleicht über die Nostalgie, mit der die dann älteren an jene phonstarken Rockpalast-Nächte der späten 70er und frühen 80er Jahre zurückdenken, weil diese neue „Soft-Generation" sich inzwischen von der elektronisch verstärkten technisierten Musik abgewandt hat. Vielleicht lauscht sie lieber verzückt und still den vergleichsweise leisen Tönen von einfachen Instrumenten und der menschlichen Stimme. Veränderung ist Wesensmerkmal der Kultur; auch die Kulturpolitik muß sich für Veränderungsprozesse offenhalten, auch wenn es immer Teile der Bevölkerung geben wird, die solche Veränderungen ärgern. Dieser Prozeß aber muß befördert werden, weil Kultur und Künste in ihrer freien Entfaltung lebenswichtige Leistungen erbringen, die durch keine anderen substituierbar sind.

Deshalb sollten auch die Grenzen für die Freiheit der künstlerischen, wissenschaftlichen und pädagogischen Tätigkeit mindestens in der Praxis nicht so eng gezogen werden, wie aus dem Vorbericht herauszulesen war. Administrative Eingriffe in den Kommunikationsprozeß Kunst richten meist mehr Schaden an, als sie vielleicht verhindern möchten.

5. Kultur ist Zukunftsinvestition

Wir dürfen nicht vergessen, daß Kulturausgaben nicht nur wegen der Folgewirkungen für den Arbeitsmarkt und für die Attraktivität einer Stadt Zukunftsinvestitionen sind, sondern auch in ihrer Spezifik. Sie schaffen in den Köpfen und Herzen unserer Mitbürger Schätze, die keine Krise, kein Bankrott zerstören kann. Sie entwickeln jene Kreativität und Innovationsfähigkeit, die auch dann noch Auswege zu finden vermag, wenn die Wachstumsfaktoren keine Wirkung mehr zeigen. Der Weg vom Wohlstand zum Wohlbefinden, der für die Kulturpolitik als Verlängerung der Sozialpolitik zum Programm werden sollte, könnte diese humanen Funktionen der Kultur nutzen.

All dies gilt selbstverständlich gleichermaßen für die alternative Szene, ja vielleicht sogar in besonderem Maße für sie.

Ständiger Stellvertreter des Hauptgeschäftsführers *Dr. Pappermann* erläutert die Intention des Präsidiums des Deutschen Städtetages, in der 22. Hauptversammlung vorrangig über kommunale Einrichtungen zu diskutieren. Deshalb seien exemplarisch in den Kurzreferaten drei Kultureinrichtungen vorgestellt worden. Selbstverständlich seien die Musikschulen, die Volkshochschulen, ebenso etwa der Bereich des Denkmalschutzes in die Diskussion des Arbeitskreises miteinbezogen.

Zu unterstreichen sei die Feststellung des Ministerpräsidenten von Nordrhein-Westfalen, Johannes Rau, am Abend zuvor an gleicher Stelle, daß die Stadt nicht nur Umsetzung von Flächennutzungsplänen in Stahl und Beton sei. Zuzustimmen sei dem Gastgeber der diesjährigen Hauptversammlung, Oberbürgermeister Wallmann, der erklärt habe, das Gesicht einer Stadt werde bestimmt vom Geist der Plätze und Winkel, Abschlüsse und Durchblicke, der Brunnen und Denkmäler, der Kirchen, Bahnhöfe und Rathäuser. Angesichts des raschen ökonomischen und technischen Strukturwandels, der zu einem Verlust an Umwelt- und Wohnqualität führe, werde die kultur- und bildungspolitische Aufgabenstellung der Städte immer wichtiger. Die Kulturpolitiker müßten dem Verlust an Urbanität bewußt entgegensteuern. Die Renaissance des Begriffs „Heimat" mache deutlich, daß auch die Bürger diese Zielsetzung unterstützten. Die Kulturpolitiker müßten dies nutzen, um die Rolle der Gemeinde als Kulturgemeinschaft stärker bewußt zu machen und von daher den Stellenwert der kommunalen Kulturarbeit zu erhöhen. Kulturarbeit stärke die Identifikationsmöglichkeiten des Bürgers mit seiner Stadt und damit auch die Idee der kommunalen Selbstverwaltung. Dies zeige auch, daß gerade die angeblich „freiwilligen Aufgaben" die eigentlich kommunalpolitisch wichtigen Aufgaben seien.

OBm *Hoffmann*, Biberach, weist auf die Notwendigkeit der Haushaltskonsolidierung für die öffentliche Hand und damit auf den Zwang zum Sparen in allen Aufgabenbereichen hin. Dabei sei allerdings zu berücksichtigen, daß die Kultur zwar in den vergangenen 10 Jahren im Vergleich zu anderen Aufgabenbereichen aufgeholt habe, daß sie aber einen ungeheuren Nachholbedarf gehabt hätte gegenüber anderen Bereichen, die in der Nachkriegszeit vorrangig finanziell bedacht worden seien. Deshalb dürfte in der Kulturförderung kein Abbau erfolgen; aber die Zuwachsraten müßten beschränkt werden. Nicht zulassen dürfe man, daß in der Kultur reduziert werde, während in anderen Bereichen lediglich die Zuwachsraten gekürzt würden. Die Investitionen, die in den vergangenen Jahren für den Ausbau kultureller Einrichtungen (Theater, Museen, Bibliotheken) getätigt worden seien, seien auch unter dem Gesichtspunkt eines Kämmerers unwirtschaftlich, wenn man jetzt daran gehe, durch verhältnismäßig hohe Reduzierungen der Öffnungszeiten etwa in Bibliotheken oder in Museen diese Einrichtungen der Öffentlichkeit zu entziehen. Die Einsparungseffekte seien auch nur relativ gering. Es sei selbstverständlich, daß Straßen, die defekt seien, repariert würden. Nicht selbstverständlich sei es, daß in den Bibliotheken die Medienbestände ständig erneuert werden müßten.

Investition in Kultur habe auch eine besondere geistige Dimension. Er wolle dies in zwei Zitaten ausdrücken: Sigmund Freud sage, alles was für die Kultur geschehe, arbeite auch gegen den Krieg. Selma Lagerlöff habe erklärt: Kultur ist das, was übrig bleibt, wenn alles andere vergessen ist. Kultur mache die Substanz unseres Lebens aus. Kultur bedeute die Arbeit an der Vervollkommung des Menschen. Dies sollten auch diejenigen, die nicht Kulturpolitiker seien, bedenken und in ihren Städten vertreten.

Beig *Gorschlüter,* Koblenz, beklagt, daß Kultur vielfach immer noch mit dem Ruch des Luxus, des Zweckfreien verbunden sei. Es komme darauf an, diejenigen, die nicht Kulturspezialisten seien, davon zu überzeugen, daß Kultur heute praktische Notwendigkeit sei. Hierzu könne, wie es auch im Vorbericht für den Arbeitskreis dargelegt sei, insbesondere die Zusammenarbeit mit anderen Institutionen, vorrangig mit den Schulen und der Jugendarbeit, einen wichtigen Beitrag leisten. Leider habe man dies nicht immer in der Vergangenheit erkannt. Schulen hätten sich beispielsweise aufwendige Oberstufenbibliotheken angeschafft, die anschließend kaum zu gebrauchen gewesen seien, anstatt hier Kooperationsmodelle mit den städtischen Büchereien zu entwickeln.

OStD *Dr. Lehmann-Grube,* Hannover, stellt fest, daß die Bundesrepublik Deutschland im Vergleich zu anderen Staaten das dichteste Theaternetz, das dichteste Orchesternetz und mindestens eines der dichtesten Bibliotheksnetze besitze. Deshalb müsse er der These widersprechen, daß im Jahre 1980, dem Jahr des Konjunktureinbruchs, in der Kultur gewissermaßen der Status des Allernötigsten erreicht sei, an dem jetzt absolut nicht gerüttelt werden dürfe. Sicherlich gäbe es viele Beispiele für sinnloses Sparen an der Kultur; er zähle sich zu denjenigen, die die Kultur gegen sinnlose Spareingriffe verteidigen würde. Gleichwohl dürften sich auch die Kultureinrichtungen sinnvollen Sparmaßnahmen nicht verweigern. Hier hoffe man oft vergeblich auf mehr Unterstützung durch die Fachleute. Man müsse intensiver darüber nachdenken, ob nicht manche kulturelle Aufgaben mit etwas weniger materiellem Aufwand ebenso zu erfüllen seien. Um eine Bemerkung von Stadtrat Hoffmann, Frankfurt, aufzugreifen, müsse Kulturpolitik für Veränderungsprozesse offen sein. Das bedeute, daß Kulturpolitik aktiv mitwirken müsse, auch neue Formen der kulturellen Aufgabenerfüllung zu finden. Kultur sei zu begreifen als Daseinsfürsorge für eine neue Zeit.

OStD *Heinze,* Dortmund, stimmt dem Vorredner zu. Er komme aus einer Stadt mit einem Haushaltsdefizit von über 70 Mill. DM in diesem Jahr. Daher helfe ihm von keinem Fach die Aussage, daß hier nicht gespart werden könne. Es helfe im Grunde nur die Mithilfe zum sinnvollen Sparen. Beim sinnvollen Sparen müßten Schwerpunkte in der Kulturarbeit gesetzt werden. Der Vorwurf des sinnlosen Sparens, des sachwidrigen oder sachfremden Sparens, könne eigentlich nur dann entstehen, wenn man sich selber den Zwängen verweigere und nicht mitarbeite. Er wolle auch zwei Beispiele sinnvollen Sparens nennen: So erfüllten beispielsweise Stadtbereichsbibliotheken eine sehr gute, nützliche Aufgabe. Gleichwohl frage er sich, ob nicht von der Leitung der Bibliothek ein Vorschlag kommen könne, wie man beispielsweise dort durch Reduzierung der Öffnungszeiten (z.B. an einem Nachmittag in der Woche) ein wenig einsparen könne. Allein die Überlegung, die Buchbinderei zu privatisieren, habe die Fachleute zum Nachdenken bewegt, so daß die Buchbinderei nunmehr wirtschaftlich arbeite.

Stadtrat *Dr. Glaser,* Nürnberg, wendet sich dem Begrifflichen zu und trifft folgende Feststellungen:

1. Wenn man von der Sinnkrise der Gesellschaft, vom Rückgang der Lebensqualität der Städte, von der Vereinsamung der Menschen spreche, dann könne man in der Kultur nicht sinnvoll sparen, auch wenn im Einzelfall einmal eine Kostenreduktion möglich sei.

2. Zwar müsse man den Stellenwert der Kulturförderung auch mit wirtschaftlichen und Arbeitsplatzargumenten untermauern. Entscheidend sei aber, die Kultur aus einer politischen Anthropologie, aus einer republikanischen Identität heraus zu interpretieren. Für den Kulturbegriff sei es wichtig, nicht nur auf die Quantität zu sehen, sondern auch die Qualität ins Auge zu fassen, auch die Qualität der Provokation.

3. Mit großen Bedenken beobachte er, wie ein durchaus legitimer Begriff der KGSt, der Begriff der „Aufgabenkritik", neuerdings für Kürzungsprogramme, vor allem im Kulturbereich, herangezogen werde. Echte Aufgabenkritik müsse eigentlich zu einer enormen Ausweitung des Kulturhaushaltes führen.

4. Das Motto der Hauptversammlung „Unser Land braucht starke Städte" dürfe nicht nur als finanzielle Stärke gedeutet werden. Die eigentliche Stärke der Städte bestehe in der geistigen und kulturellen Freiheit. Finanzielle Kürzungen dürften nicht zur geistigen Disziplinierung führen. Dabei dürfe auch die Gefahr nicht übersehen werden, daß die Leiter kultureller Einrichtungen unter dem Druck quantitativer Erfolgskontrolle zur „inneren Zensur" neigten.

Bm *David,* Mannheim, beklagt, daß die Diskussionen über Theaterschließungen in Köln, Bremen oder Dortmund auch negative

Auswirkungen in den süddeutschen Ländern gezeigt hätten, indem auch dort im Rat die Frage nach erheblichen Kürzungsmöglichkeiten im Kulturbereich gestellt werde. Er appelliert an die Oberbürgermeister im Präsidium des Deutschen Städtetages, solche negativen Beispiele künftig nicht zu wiederholen.

Leider seien die kulturell Interessierten zu sehr Individualisten, um sich eine wirksame Lobby zu verschaffen. Gerade für die Kultur sei es wichtig, in die großen Parteien hineinzuwirken, die über den Haushalt einer Stadt entschieden.

Bürgermeister David unterstützt den Vorschlag von Stadtrat Hoffmann, ein halbes Prozent im Kuluretat zugunsten der offenen, sozialen Kulturarbeit umzuschichten. Zugleich sollte man sich darauf besinnen, ob nicht private Träger mehr als bisher für die Kulturarbeit zu gewinnen seien. Immerhin gebe es eine Reihe von Konzertagenturen, die Rock- und Jazzkonzerte anbieten würden, für die die jungen Leute 35,— bis 40,— DM an Eintrittsgeldern zu zahlen bereit seien.

Eine Entlastung der großen Städte in der Kulturförderung könne auch erreicht werden, wenn die kleineren Gemeinden in gleicher Weise wie die Großstädte die Kulturarbeit förderten.

Stadtverordneter *Dausien,* Hanau, bemängelt, in den Referaten zuwenig Anregungen für Einsparungen in der Kulturarbeit erhalten zu haben. Das Beispiel von Dr. Beilharz, daß im Theater 4 Mill. DM Sparauflagen im Endeffekt an Einsparungen nichts brächten, könne er nicht akzeptieren.

Demgegenüber stellt *Dr. Beilharz* klar, daß er nur die Konsequenzen kurzfristiger und kurzsichtiger Sparauflagen habe darstellen wollen. Der geringe Veränderungsspielraum an den Theatern sei auf die tarifvertraglichen Sicherungen im öffentlichen Dienst zurückzuführen, die nicht von den Theatern zu vertreten seien.

Zum Thema „Kooperation zwischen Schulen und Kultureinrichtungen" erläutert Dr. Beilharz, daß die Bühnen in Freiburg einen Jugendtheaterreferenten eingestellt hätten, der zur Hälfte Lehrer mit einem halben Stundedeputat und zur anderen Hälfte Angestellter des Theaters sei. So erfahre das Theater etwas über die Schule und zugleich werde der Kollege in der Schule ernster genommen, als wenn er allein ein Repräsentant des Theaters wäre. Das Oberschulamt Freiburg habe die Regelung akzeptiert.

Im Gegensatz zu manchem Vorredner betont Herr *Kramer,* Kulturpolitische Gesellschaft, daß der Anteil der Kultur an den Gesamthaushalten der Kommunen, aber auch von Bund und Ländern im Vergleich zu ihrer Bedeutung zu gering sei. Kultur sei kein Luxus, sondern soziale Notwendigkeit und Investition in die Zukunft einer sich tiefgreifend verändernden Gesellschaft. Die Kulturarbeit müsse die Menschen durch Förderung von Kreativität und Innovationsfähigkeit befähigen, sich an veränderte

Umwelt- und Lebensbedingungen anzupassen. Es gelte vom Wohlstand zum Wohlbefinden zu kommen. Dies verlange eine Steigerung der Kulturausgaben.

Auf den Einwand von Ratsmitglied Frau *Geiger,* Kaiserslautern, sie hätte sich vom Arbeitskreis mehr konkrete Anregungen und Beispiele zum Sparen erhofft, stellt Oberbürgermeister *Dr. Gebauer* fest, daß man bei allen Überlegungen finanzwirtschaftlicher Art der Kultur den Spielraum lassen müsse, den sie brauche.

Dr. Schwencke, MdPE, Vorsitzender der Kulturpolitischen Gesellschaft, betont, daß es der Kultur trotz vieler Reden über Kultur bisher noch nicht ausreichend gelungen sei, eine wirksame Lobby zu bilden. Hier sei der Deutsche Städtetag, besonders auch sein Kulturausschuß, gefordert.

Dr. Schwencke unterstreicht die Forderung von Stadtrat Hoffmann, daß Umschichtungen im Kulturetat zugunsten der offenen, nicht institutsgebundenen Kulturarbeit notwendig seien. Die Erhöhung der Mittel für die sog. alternative Kultur nur um ein halbes Prozent sei allerdings zu gering. Die hohen Aufwendungen der Städte für die Hochkultur sei nur gerechtfertigt, wenn gleichermaßen die Initiativen in der Stadtteil-Kulturarbeit, in den Kommunikationszentren usw. gesichert seien. Daher gebe es auch im Grunde in der Kultur nichts zu sparen.

Beig *Jüchter,* Wuppertal, sieht sich als Kulturdezernent in einer doppelten Loyalität, nämlich einmal in der Loyalität den verantwortlichen Kommunalpolitikern gegenüber, die einen Weg finden müßten, mit den Finanzproblemen der Stadt fertigzuwerden. Zum andern stehe er aber auch in der Loyalität gegenüber den Kultureinrichtungen und ihren Mitarbeitern.

In der derzeitigen Situation seien in der Kulturpolitik deutlichere Schwerpunkte zu setzen. Es sei zu entscheiden, ob es wichtiger sei, die Zentralbibliothek weiter auszubauen oder die Stadtteilbibliotheken. Ebenso müßten die Museen überlegen, ob sie nicht vermehrt Ausstellungsgegenstände aus ihren Beständen präsentieren könnten. Auch die Theater dürften sich Einsparungsnotwendigkeiten nicht entziehen. Es gebe durchaus Sparmöglichkeiten durch mehr Kooperation, durch einen Spielplanverbund, durch einen Umlandverbund oder durch den Austausch von Produktionen.

Allerdings gebe es für ihn drei allergische Punkte in der Spar- und Kürzungsdiskussion:

1. Er nehme es nicht hin, wenn in anderen Bereichen der Stadtpolitik weniger strenge Maßstäbe angelegt würden, etwa im Baubereich, im technischen Bereich oder im Bereich der zentralen Verwaltung und der zentralen Verwaltungsdienste.

2. Auf das Thema „Freiwilligkeit" lasse er sich grundsätzlich nicht mehr ein. Wenn kommunale Selbstverwaltung noch einen

Sinn habe, dann müsse man gerade das, was bisher als „freiwillige" Aufgaben deklariert worden sei, verteidigen. Zunächst müsse über die Pflichtaufgaben und deren Standards diskutiert werden.

3. Wenn die Kulturdezernenten schon Kürzungen hinzunehmen hätten, dann müßten sie sehr sorgfältig darlegen, was sie mit den verbliebenen Haushaltsmitteln kulturpolitisch gestalteten. Diese Mittel müßten entschlossen verteidigt werden.

Referent *Dr. Grabbe,* Hauptgeschäftsstelle, betont, daß bei allen unvermeidlichen Sparmaßnahmen wichtige innovative Ansätze der Kulturarbeit, d.h. zum Beispiel die Förderung freier Gruppen, die Förderung von Kommunikationszentren, aber auch die Förderung der Kooperation zwischen traditionellen Instituten und der freien Kulturszene, gesichert bleiben müßten. Einsparungen bei den traditionellen Kulturinstituten würden leider nicht mehr zu Umschichtungen im Sinne allgemeiner kulturpolitischer Zielsetzungen genutzt, sondern die freiwerdenden Mittel gingen der Kultur überhaupt verloren.

Es werde immer wieder deutlich, daß Kulturpolitik eines längerfristigen Konzepts bedürfe. Kulturentwicklungsplanung, verstanden allerdings nur als Planung der Rahmenbedingungen, könne auch helfen, den Stellenwert der Kultur in einer Stadt zu verdeutlichen.

Auf Private zu setzen, wie es am Beispiel der privaten kommerziellen Rockszene diskutiert worden sei, sei kein Weg. Kulturpolitik müsse gerade dort ansetzen, wo zunächst Minderheiten sich kulturell betätigten, wo kein kommerzielles Interesse dahinterstehe. Das bedeute, daß die Städte z.B. im Bereich der Rockszene Initiativen im nichtkommerziellen Raum unterstützen sollten, indem man etwa Räumlichkeiten zur Verfügung stelle oder bessere Auftrittsbedingungen vor Ort schaffe.

Beig *Dr. Erny,* Bochum, stellt klar, daß man bei der Themenstellung „Kultur in unseren Städten unverzichtbar" nicht in erster Linie Handreichungen zum Sparen erwarten dürfe, auch wenn dies den größten Applaus herausfordere. Aufgabe der Fachleute sei es, im Kulturarbeitskreis die Sachverhalte darzustellen und Konsequenzen eines ganz bestimmten Handelns aufzuzeigen.

Dr. Erny macht darauf aufmerksam, daß 90 Prozent der Kulturausgaben Personalausgaben seien, wobei insgesamt allerdings die Kulturausgaben den Verwaltungshaushalt nur in recht bescheidener Weise belasteten. Er stelle sich die Frage, wo überhaupt Kürzungsmöglichkeiten beständen, um Not von den Gemeindefinanzen zu wenden. Kürzungen in der Kultur trügen zur Sanierung der Haushalte sicher nicht bei. Es stelle sich auch die Frage, woran man sich orientieren solle, wenn man Kürzungen an der Kultur für notwendig halte. Wenn man sich an politischen Mehrheiten orientiere, dann seien die einsparungswilligen

Kulturpolitiker sicher auf dem falschen Wege. Da Kultur Konjunktur habe, könnten massive Kürzungsmaßnahmen in der Öffentlichkeit auch einen Umschwungeffekt bewirken.

Stadtverordnete Frau *Ringwall*, Offenbach, betont die Bedeutung freier Träger und privater Initiativen in der Kulturförderung. Sie bedauert zugleich, daß es leichter sei private Zuschüsse für Ankäufe in Museen zu gewinnen als für die laufende Unterstützung beispielsweise einer Jugendkunstschule.

Verbandstagsabgeordneter *Klar*, Umlandverband Frankfurt, beklagt, daß Kultur immer als Zuschußkultur begriffen werde. Kulturarbeit müsse auch ohne öffentliche Zuschüsse auskommen.

OBm *Dr. Böhme*, Freiburg, weist demgegenüber die These, Kulturarbeit gehe auch ohne öffentliche Zuschüsse, als erzkonservativen Standpunkt zurück. Als Finanzpolitiker habe er in seiner kurzen Tätigkeit in der Kommunalpolitik schnell feststellen können, daß man durch eine sinnvolle Kulturpolitik sparen könne, vor allem in der Sozialpolitik. In vielen Bereichen bestehe kaum noch ein Unterschied zwischen Sozialpolitik und Kulturpolitik. Die Grenzen seien fließend, insbesondere in der Stadtteilarbeit. Er habe nicht erwartet, im Arbeitskreis Sparrezepte zu erhalten; das könne er im Zweifel auch selbst. Ihm komme es darauf an, Argumente über den Stellenwert der Kulturpolitik, über ihren Beitrag zur Förderung der Identifikation der Bürger mit ihrer Stadt zu hören.

Prof. Dr. Borger warnt davor, das Sparen zu überziehen und Politik durch Buchhaltung zu ersetzen. Allerorten hätten die Kulturinstitute Einbrüche hinnehmen müssen, die jetzt an der Substanz zehrten. Aber es gebe auch vernünftige Wege in der Misere. Den Instituten sollte mehr Freiheit in der Bewirtschaftung ihrer Mittel gewährt werden, indem ihnen gestattet werde, Unter- und Überdeckungen im nächsten Haushaltsjahr auszugleichen. So könne man Reserven erwirtschaften und sie kulturpolitisch im nächsten Jahr sinnvoll nutzen.

Nachdenken müsse man über neue Formen des Ausstellens. Es gehe auch mit kleineren Ausstellungen und solchen aus Magazinbeständen. Nicht weiter erhöhen dürfe man die Eintrittsgelder zu den Museen. Dann hätten zwar die Kämmerer ein wenig mehr Geld in der Kasse, aber den Museen blieben die Besucher weg. Derzeit denke er in Zusammenarbeit mit dem Hauptamt darüber nach, wie man in der Bewachung der Museen Hauptschulabsolventen ohne Hauptschulabschluß sinnvoll einsetzen und sie damit von der Straße holen könne. Aufgabe des Kulturarbeitskreises der Hauptversammlung sei es nach seinem Verständnis, über Prioritäten in der Kulturpolitik zu diskutieren, aber nicht Sparrezepte zu liefern.

Dr. Kuhlmann, appelliert an die Kommunalpolitiker, bei allen Sparbemühungen die Fachleute an den Beratungen zu beteiligen. Er weist darauf hin, daß der Deutsche Bibliotheksverband allen Kommunen mit der Veröffentlichung „Etatkürzungen in öffentlichen Bibliotheken" konkrete Hilfestellungen gegeben habe.

Dr. Beilharz, Freiburg, warnt nochmals vor falschen Erwartungen hinsichtlich möglicher Einsparungen beim Theater. Seit Jahren arbeite man z.B. in Kassel mit dem gleichen Ausstattungsetat, d.h., das was damit hergestellt werde, werde immer kleiner. Auch würden vielfach freie Stellen im Theater nicht wieder besetzt. Durch die Einbindung der Theater in das Tarifvertragssystem des öffentlichen Dienstes seien aber die großen Einsparungen kaum zu realisieren.

Stadtrat *Hoffmann,* Frankfurt, hält es für bedenklich, wenn Kulturpolitiker ihren Parlamenten willfährig Argumente lieferten, wie sie am besten in der Kulturarbeit kürzen könnten. In vielen Städten bestehe doch in der Kultur noch ein großer Nachholbedarf lasse die kulturelle Infrastruktur noch zu wünschen übrig. Deshalb gelte es, das Erreichte mit allen Mitteln zu verteidigen. Man müsse sich eine wirksamere Lobby für Kultur schaffen. In Frankfurt habe die Kultur die Lobby dort, wo sie hingehöre, nämlich im Stadtparlament. Der Oberbürgermeister erkläre allenthalben, daß Kulturpolitik das wichtigste Element der Kommunalpolitik sei. Die Kulturpolitiker wollten keinen Freibrief. Nur dürfe nicht einseitig bei der Kultur gespart werden. Um das Schlimmste zu verhindern, dürften Einschränkungen die Kultur jedenfalls nicht überproportional betreffen.

Zusammenfassend stellt der Vorsitzende, OBm *Dr. Gebauer* fest, daß die Diskussion im Arbeitskreis teilweise, insbesondere zu Möglichkeiten und Notwendigkeit von Einsparungen, sehr kontrovers geführt worden sei. Festzuhalten sei, daß der kulturelle Auftrag der Städte nur erfüllt werden könne, wenn die Kulturausgaben bei Sparmaßnahmen nicht überproportional gekürzt würden. Er hoffe aber, daß die Kulturförderung nur unterproportional von Sparmaßnahmen betroffen würde. Die Kommunalpolitiker müßten dafür Sorge tragen, daß die Kultur auch in Zukunft Symbol für unsere Städte sei.

Das Leitthema der Hauptversammlung laute: „Unser Land braucht starke Städte." Der Kulturarbeitskreis unterstreiche: „Unser Land braucht starke Städte, gerade auch im kulturellen Bereich!"

Als Ergebnis der Diskussionen des Arbeitskreises wird für die Öffentlichkeit folgendes festgehalten:

Kultur in unseren Städten unverzichtbar

1. Die Städte haben in den vergangenen Jahren durch zahlreiche Aktivitäten eine zunehmende Zahl von Bürgern zur Teilhabe am kulturellen Geschehen ermutigt. Diese positiven Ansätze dürfen

auch in finanziell schwierigen Zeiten nicht gefährdet werden. Kulturelle Leistung verlangt Kontinuität. Es gilt, voreilige Entscheidungen zu vermeiden. Sinnvolles Sparen geht nicht ohne Beratung durch Fachleute.

2. Kulturpolitik steht im Spannungsfeld der gesellschaftlichen Entwicklungen unserer Zeit. Kulturarbeit unterstützt die Menschen in der Suche nach neuen Formen der Selbstverwirklichung, vor allem im erfahrbaren Lebens- und Wohnbereich. Vermehrte Freizeit der Bürger durch Arbeitszeitverkürzung verlangt ein Mehr an kulturellen Angeboten. Kulturarbeit muß dazu beitragen,

— die Nachdenklichkeit der Menschen anzuregen,

— Kommunikation zu fördern und

— die Entfaltung von Kreativität zu unterstützen.

Kulturarbeit ist soziale Vorsorge für die Bürger.

Ein von der Qualität des Kulturlebens bestimmter hoher Wohn- und Freizeitwert einer Stadt und damit die Attraktivität der Arbeitsplätze in dieser Stadt sind ein nicht zu unterschätzender Faktor bei den Bemühungen um die Ansiedlung von Gewerbe und Industrie, also für die Schaffung von Arbeitsplätzen.

3. Nach wie vor bildet die Pflege der gewachsenen Kulturinstitute wie z.B. Theater, Museen und Bibliotheken einen besonderen Schwerpunkt kommunaler Kulturpolitik. Sie müssen in ihrer Leistungsfähigkeit gesichert bleiben, dürfen sich aber auch Sparnotwendigkeiten nicht entziehen.

Gleichermaßen wichtig bleibt die Kulturarbeit außerhalb der großen Institutionen, die Kulturarbeit im Stadtteil. Die zahlreichen Initiativen der Städte in der Förderung der „kleinen Kultur", einer „Kultur zum Selbermachen" müssen fortgeführt werden. Es gilt, den Bürger vor Ort unmittelbar in Wohn- und Arbeitsplatznähe anzusprechen, wenn Kulturarbeit Breitenwirkung erzielen will. Dies verlangt nicht selten politischen Mut.

4. Für die Förderung kultureller Innovationen in den traditionellen Instituten und in der offenen, sozialen Kulturarbeit muß Spielraum erhalten bleiben. Auch Umschichtungen im Kulturhaushalt werden deshalb zu diskutieren sein. Dies ist allerdings ein langfristiger und nur schrittweise zu erreichender Prozeß. In den Kulturinstituten sollten neuen Formen der flexibleren und wirtschaftlicheren Organisation erprobt werden.

Der kulturelle Auftrag der Städte kann nur erfüllt werden, wenn die Kulturausgaben bei Sparmaßnahmen nicht überproportional gekürzt werden, da der Anteil der Ausgaben für Kulturförderung an den Gesamtausgaben der öffentlichen Haushalte immer noch bescheiden genug ist.

Von einigen Diskussionsteilnehmern wurde die Auffassung vertreten, angesichts der Aufgaben, die der Kulturarbeit in einer sich tiefgreifend verändernden Gesellschaft erwachsen, müßten die Kulturausgaben auch in wirtschaftlich schwierigen Zeiten noch ausgeweitet werden.

5. Neben dem öffentlichen Engagement hat die Förderung von Kunst und Kultur durch vielfältige bürgerschaftliche Initiativen und private Mäzene in Deutschland eine lange Tradition. Derartiges privates Engagement gilt es in den Städten verstärkt zu aktivieren.

Private Mittel können indes immer nur die öffentliche Kulturförderung ergänzen, aber nicht ersetzen. Deshalb liegt in der Privatisierung der Kultur kein Ausweg.

6. Kulturarbeit ist ein Schwerpunkt und praktisch der letzte Freiraum kommunaler Selbstverwaltung. Dennoch wird Kulturarbeit vielfach als angeblich „freiwillige Selbstverwaltungsaufgabe" im Sinne von „beliebig" angesehen. Hier zeigt sich, daß die überkommene Trennung von freiwilligen Aufgaben und Pflichtaufgaben politisch zunehmend fragwürdig wird. Gerade die „freiwilligen" Aufgaben machen die eigentliche Substanz kommunaler Selbstverwaltung aus. Aufgabenkritik darf deshalb nicht nur bei freiwilligen Aufgaben ansetzen.

7. Die Lebensqualität, das geistige Klima und damit auch letztlich die wirtschaftliche Entwicklung einer Stadt werden wesentlich von der Vielfalt der kulturellen Angebote bestimmt. Kultur ist in unseren Städten unverzichtbar!

Krankenhäuser gesund erhalten

Vorbericht

Krankenhäuser gesund erhalten

Das Präsidium des Deutschen Städtetages hat dieses Thema ausgewählt, um angesichts der außerordentlich schwierigen finanziellen Situation, in die die Krankenhäuser in den letzten Jahren zunehmend geraten sind, die öffentliche Diskussion aus der Sicht der Städte, die sich für diesen Bereich zum Wohle ihrer Bürger verantwortlich fühlen, weiterzuführen.

Situation der 60er Jahre

Schon einmal in den 60er Jahren war es, verursacht durch die Kürzungen des damals geltenden Preisrechts, zu einem erheblichen Rückstand in der Krankenhausversorgung gekommen. Die Bundesregierung stellte damals für das Jahr 1968 auf der Grundlage der Krankenhausenquete eine Gesamt-Unterdeckung von rd. 2 Mrd. DM fest. Ursache waren nicht getätigte Investitionen und von den Sozialversicherungsträgern nicht voll abgedeckte Betriebskosten. Allein das Betriebskostendefizit wurde ohne Investitionsrücklagen auf rd. 840 Mill. DM beziffert. Diese Defizite entstanden durch die Eingriffe des Staates in die Pflegesatzverordnung. Die herkömmlich geleisteten Betriebszuschüsse mußten von den Pflegesätzen abgesetzt werden. Ferner war bei der Festsetzung der Pflegesätze auf die wirtschaftliche Leistungsfähigkeit der beteiligten Sozialversicherungsträger Rücksicht zu nehmen. Ein großer Teil der Krankenhäuser war deshalb baulich und in der medizinisch-technischen Ausstattung überaltert. Die wenigen voll leistungsfähigen Krankenhäuser wiederum arbeiteten mit chronischen Defiziten.

Die wirtschaftliche Sicherung der Krankenhäuser war zum öffentlichen Problem geworden. Besonders betroffen waren die Gemeinden, da sie die Defizite ausgleichen mußten, wenn die Krankenkassen aufgrund ihrer wirtschaftlichen Lage die Pflegesätze nicht mehr zahlen konnten (sog. Garantieverpflichtung der Gemeinden). Städte und Kreise leisteten regelmäßig Betriebszuschüsse und brachten einen wesentlichen Anteil der Investitionskosten auch für freigemeinnützige Häuser auf. Durch das Urteil des Bundessozialgerichts vom 24. 5. 1972 wurde dann festgestellt, daß nicht die Gemeinden, sondern der Bund Garantieträger für die Orts- und Landkrankenkassen ist. Die Gemeinden konnten nicht mehr zum Ausgleich finanzieller Schwierigkeiten der Krankenkassen herangezogen werden.

Das Krankenhausfinanzierungsgesetz 1972

Durch Änderung des Grundgesetzes ist darauf dem Bund die konkurrierende Gesetzgebung für die wirtschaftliche Sicherung der Krankenhäuser und die Regelung der Krankenhauspflegesätze übertragen worden. Mit dem im Jahre 1972 auf dieser Grundlage verabschiedeten Krankenhausfinanzierungsgesetz und der Bundespflegesatzverordnung wollte die Bundesregierung nach ihren eigenen Worten eine der „bedeutendsten Reformen des Gesundheitswesens und der gesamten Gesellschaftspolitik" einleiten. Damit sollten

— die wirtschaftliche Sicherung der Krankenhäuser

— eine bedarfsgerechte Versorgung der Bevölkerung mit leistungsfähigen Krankenhäusern und

— sozial tragbare Pflegesätze

erreicht werden. Eine duale Finanzierung, bei der die Investitionskosten von der öffentlichen Hand (Bund, Länder und Gemeinden) und die Betriebskosten von den Benutzern bzw. deren Krankenkassen getragen werden, sollte die Selbstkostendeckung der Krankenhäuser garantieren. Die wesentlichen Unzulänglichkeiten des bisherigen Finanzierungsrechts sollten damit beseitigt werden.

Tatsächlich hat sich seit Inkrafttreten des neuen Krankenhausfinanzierungsrechts die Situation für die Krankenhäuser zunächst deutlich verbessert. Die Länder verabschiedeten Landeskrankenhausgesetze und erklärten die Sicherstellung der Krankenhausversorgung zur öffentlichen Aufgabe. Nach den meisten Landesgesetzen obliegt sie neben dem Land den Städten und Kreisen. Die Länder stellten Krankenhausbedarfspläne auf. Darüber hinaus wurden vielfach Regelungen zur inneren Struktur der Krankenhäuser — die nicht in jedem Fall zu mehr Wirtschaftlichkeit geführt haben — getroffen.

Die Entwicklung seit 1972

In dem Jahrzehnt 1972 bis 1982 haben Bund, Länder und Gemeinden rd. 35 Mrd. DM für Krankenhausinvestitionen aufgebracht. Damit konnten seit langem geplante Neubauten, dringende Ersatzbauten und Wiederbeschaffungsmaßnahmen finanziert werden. In vielen Häusern wurde durch die vorgenommenen Investitionen der Leistungsstandard verbessert. Eine flächendeckende bedarfsgerechte Versorgung der Bevölkerung ist im wesentlichen erreicht.

Bald zeigte sich aber, daß Bund und Länder die finanziellen Notwendigkeiten und Auswirkungen völlig falsch eingeschätzt hatten. Der größte Teil der verfügbaren Finanzmittel mußte für Wiederbeschaffungskosten und Ergänzungsbedarf sowie weitere Verpflichtungen nach dem KHG (z.B. Alte Last, Ausgleich für Eigenmittel) verwandt werden. Außerdem wurden mit dem Haushaltsstrukturgesetz 1975 die Bundesmittel an der Krankenhausfinanzierung beträchtlich gekürzt. Der ursprünglich vorgegebene Drittelanteil des Bundes an den Fördermitteln ist in den letzten Jahren bis auf ca. 18% abgesunken. Auch die Länder konnten zunehmend weniger Gelder für den Krankenhausbau aufbringen. Inzwischen ist es im Bundesgebiet zu einem allgemein anerkannten Investitionsstau von ca. 12 bis 15 Mrd. DM gekommen. Das heißt, auch heute gibt es noch eine Vielzahl von völlig überalterten Krankenhäusern, die statt durch wirtschaftlich günstigere Ersatzbauten durch Notmaßnahmen funktionsfähig gehalten und weitergeführt werden müssen. Rationalisierungsinvestitionen, die sich kostensenkend auf die Pflegesätze auswirken würden, sind häufig nicht möglich, weil auch dafür kein Geld zur Verfügung steht.

Aber nicht nur bei den Investitionen hat sich die Situation bedenklich verschärft. Zunehmend bereitet der Betriebskostenbereich den Krankenhäusern mit z.T. hohen jährlichen Defiziten große Sorgen. Die kommunalen Gebietskörperschaften leisten über ihren Beitrag nach dem KHG hinaus von Jahr zu Jahr höhere Zuschüsse zu den Investitionskosten, um die Häuser funktionsfähig zu halten und den Betrieb aufrecht zu erhalten. Nach einer zuletzt 1982 durchgeführten Umfrage beliefen sich die zusätzlichen kommunalen Zuschüsse im Jahre 1980 auf weit über 700 Mill. DM (ohne Stadtstaaten), die überwiegend zur Abdeckung von Betriebskostendefiziten aufgebracht werden mußten. Davon wurden rd. 600 Mill. DM an kommunale Krankenhäuser und rd. 100 Mill. DM an Krankenhäuser in freigemeinnütziger Trägerschaft gezahlt.

Die angespannte Finanzsituation wird es den Städten zukünftig nicht mehr erlauben, weiterhin mit hohen Zuschüssen Fehlbeträge auszugleichen. Wie in den 60er Jahren drohen Substanzverluste der Häuser und damit eine Minderung ihrer Leistungsfähigkeit. Die im KHG zugesicherte Selbstkostendeckung ist, wie die Zuschußbeträge zeigen, de facto bis heute in einer Vielzahl von Krankenhäusern nicht erreichbar gewesen. Eine offizielle Abkehr von diesem tragenden Prinzip der Krankenhausfinanzierung wird heute offen diskutiert.

Angesichts der vorgenannten Zahlen und Fakten setzt sich immer mehr die Erkenntnis durch, daß das derzeitige Krankenhausfinanzierungssystem zusammengebrochen ist. Der Krankenhaussektor ist z.Z. nicht mehr finanzierbar. Die öffentliche Hand kann die erforderlichen Investitionsmittel nicht mehr aufbringen. Die Krankenkassen können die Betriebskosten nicht mehr über die Pflegesätze abdecken, da sie bei ungebremster Kostenentwicklung ohne Beitragssatzerhöhungen nicht auskommen.

Die „Kostenexplosion" im Gesundheitswesen

Bereits Mitte der 70er Jahre geriet zunehmend der Begriff der „Kostenexplosion" in das Bewußtsein der Öffentlichkeit; ein Problem, das sicherlich nicht nur auf die Bundesrepublik beschränkt, sondern weltweit ist. Auch betrifft es nicht das Krankenhauswesen allein, sondern alle Bereiche des Gesundheitswesens.

Da der Anteil der Kosten für stationäre Behandlung an den Gesamtausgaben der gesetzlichen Krankenversicherung 30% (1982 31,2%) ausmacht, wird natürlich diesem Bereich bei den Überlegungen, den Kostenzuwachs in einem gesamtwirtschaftlich vertretbaren Rahmen zu halten, besondere Aufmerksamkeit gewidmet. Tatsächlich sind die Kosten im Krankenhaussektor nach Verabschiedung des KHG stark angestiegen. Hauptursache war der große Nachholbedarf im investen Bereich. Durch den Übergang zum sogenannten vollpauschalierten Pflegesatz, mit dem alle medizinisch zweckmäßigen und ausreichenden Krankenhausleistungen abgegolten sind, während es vorher eine Vielzahl von Nebenleistungen gab, sind aber auch die Pflegesätze zunächst sprunghaft angestiegen. Diese Kosten sind dann nach einer in den folgenden Jahren zunächst abflachenden Entwicklung in letzter Zeit wieder stärker angewachsen.

Über die Ursachen gibt es unterschiedliche Meinungen:

Die Krankenhäuser würden unwirtschaftlich betrieben. Es gebe einen hohen Überhang von an sich nicht benötigten Betten; dabei werden verschiedene Zahlen — ohne Nachweis — in die Welt gesetzt (bis zu 50 000). Um die Kapazitäten auszulasten, würden die Patienten zu lange in den Krankenhäusern festgehalten. Die Krankenhäuser seien z.T. personell überbesetzt u.a.m.

Dagegen muß festgestellt werden, daß die Krankenhäuser schon deshalb zu größter Wirtschaftlichkeit gezwungen sind, weil ihnen sonst Betriebsverluste drohen, die sie selbst abzudecken haben. Die immer härter werdenden Pflegesatzverhandlungen mit den Krankenkassen und die Wirtschaftlichkeitsprüfungen der Pflegesatzbehörden lassen den Krankenhäusern keinen Spielraum zu großzügigem Wirtschaften. Die Kosten sind, ohne daß sie von den Krankenhäusern maßgeblich zu beeinflussen waren, davongelaufen. Die Investitionskosten verteuerten sich von Jahr zu Jahr; heute muß man pro Krankenhausbett in Häusern der Spitzenversorgung mit Investitionskosten von mehr als 350 000 DM rechnen. Im Personalbereich bestimmten die Tarifabschlüsse die Entwicklung. Bei den Sachkosten, hier insbesondere für Energie sowie für medizinisch-technisches Gerät, mußten jährlich hohe Steigerungsraten hingenommen werden.

Die gesetzliche Krankenversicherung gab im Jahre 1981 27,2 Mrd. DM für die Krankenhäuser aus; 1970 waren es noch 6 Mrd. DM. Während 1970 9,3 Mill. Patienten in den Krankenhäusern behandelt wurden, waren es 1981 schon 11,6 Mill. Die Zahl der im

Krankenhaus Beschäftigten entwickelte sich von 1970 = 537 300 auf 1981 = 765 600. Die Krankenhauspflegetage erhöhten sich von 1970 = 115,6 Mill. auf 1980 = 137,3 Mill. Die Zahl der Akutbetten stieg zunächst von 1972 = 475 555 auf 489 756 im Jahre 1975 an, um dann 1979 auf 478 888 und 1980 auf 476 652 abzusinken. Das Statistische Bundesamt hat errechnet, daß sich 1981 die Betten weiter um etwa 5000 verringert haben, ein Trend, der sich nach einer Stichprobenerhebung der Deutschen Krankenhausgesellschaft auch 1982 fortgesetzt hat.

Gegen den Vorwurf, die Patienten würden zu lange in den Krankenhäusern festgehalten, spricht insbes. die jährliche Reduzierung der sog. Verweildauer (1970 = 18,3 Tage, 1980 = 14,9 Tage).

Die Anpassung der Bettenzahlen an den veränderten Bedarf ist eine dauernde Aufgabe und wird von den Krankenhausträgern auch als solche erkannt und angegangen. Reduzierungen von einzelnen Betten können jedoch nicht den erhofften Einsparungseffekt haben, da sich dadurch die Fixkosten des gesamten Hauses kaum ändern. Nur die Schließung ganzer Abteilungen oder ggf. ganzer Krankenhäuser wirkt sich kostenentlastend für die Krankenkassen aus. Dies war und ist jedoch vom tatsächlichen Bedarf her und unter dem Gesichtspunkt einer ortsnahen Versorgung der Bevölkerung nur in wenigen Fällen möglich. Eine drastische Reduzierung der Betten, wie sie von den Kassen und auch anderen Gruppen gefordert wird, wäre nur durch eine völlige Umstrukturierung der Krankenhäuser möglich bei gleichzeitiger Schaffung begleitender Einrichtungen (z.B. Pflege- und Nachsorgeeinrichtungen; sog. Hostels, in denen die Patienten nach dem Krankenhausaufenthalt untergebracht werden können). Voraussetzung dafür wäre, daß die Krankenkassen auch für die Kosten dieser Einrichtungen aufkämen. Es liegen aber noch keine exakten Untersuchungen darüber vor, ob eine solche Ausgliederung von Patienten aus dem Akutbereich der Krankenhäuser tatsächlich insgesamt für die Kassen preisgünstiger wäre. Es ist nicht abwegig zu vermuten, daß wegen der dann höheren Kosten pro Tag und Patient im Akutbereich und der notwendig werdenden neuen Investitionen für begleitende Einrichtungen die Kosten das bisherige Niveau kaum unterschreiten würden.

Zum Personalbereich, der 70% der Betriebskosten ausmacht, ist anzumerken, daß örtlich und nach Fachdisziplinen verschiedene Planstellen, also auch von den Kassen als notwendig anerkannte Stellen, nicht besetzt sind, weil im konkreten Fall Ärzte und Schwestern fehlen. Von einer personellen Überbesetzung kann im Schnitt aller Krankenhäuser nicht gesprochen werden. Die starke Vermehrung des Personals in den letzten zehn Jahren ergab sich zwangsläufig u.a., weil immer mehr Patienten und schwerere Krankheiten in den Krankenhäusern behandelt werden, weil die Behandlungs- und Pflegeintensität (z.B. Intensivmedizin, kürzere Verweildauer) zugenommen hat, weil die Arbeitszeit verkürzt wurde (tägliche Arbeitszeit, Jahres- und Mutterschaftsurlaub etc.). Die Kostensituation der Krankenhäuser wird dadurch schwer belastet, daß die Auseinandersetzungen um die sog. Personalanhaltszahlen zwischen Krankenhausträgern, Krankenkassen und Ländern bis heute nicht beendet sind. Nach wie vor gibt es keine allgemein anerkannten Größenordnungen für die Personalbedarfsbemessung.

Die Kostendämpfungsdebatte

Angesichts der sog. Kostenexplosion im Gesundheitswesen trat das ursprüngliche Ziel des KHG, als Finanzierungsgesetz die wirtschaftliche Leistungsfähigkeit der Krankenhäuser zu sichern, mehr und mehr hinter den Aspekt der Kostendämpfung zurück. Die im Laufe der Jahre erfolgten Änderungen des KHG lassen den Zielkonflikt zwischen der wirtschaftlichen Sicherung der Krankenhäuser und der Kostendämpfung immer deutlicher werden.

Ein erstes Zeichen setzte das 1977 verabschiedete Krankenversicherungskostendämpfungsgesetz. Es manifestierte den Willen der politisch Verantwortlichen, die Beiträge für die gesetzliche Krankenversicherung stabil zu halten, die Versicherten nicht noch stärker zu belasten. Dem Krankenversicherungskostendämpfungsgesetz liegt die Konzeption einer einnahmeorientierten Ausgabenpolitik der Krankenkasen zugrunde; d.h. die Kosten im Gesundheitswesen dürfen im Prinzip nur so hoch sein, wie die Krankenkassen (bei gleichbleibenden Beitragssätzen) Einnahmen erzielen. Um dieses Konzept zu verwirklichen, wurde die sog. Konzertierte Aktion im Gesundheitswesen geschaffen, in der alle am Gesundheitswesen beteiligten Behörden und Verbände mitwirken. Die Konzertierte Aktion soll jährlich Empfehlungen zur Ausgabenbegrenzung für die verschiedenen Bereiche des Gesundheitswesens abgeben. Seit dem Jahre 1982 sind auch die Krankenhäuser ausdrücklich in diese Ausgabenempfehlungen einbezogen. Durch Empfehlungen der Konzertierten Aktion soll erreicht werden, daß sich die Gesamtausgaben für Krankenhauspflege an die Einnahmeentwicklung der Krankenkasen anpassen.

Auch der neue Bundesarbeitsminister hat in der von ihm erstmals geleiteten Frühjahrssitzung 1983 der Konzertierten Aktion erklärt, er sehe sich politisch dafür mitverantwortlich, daß die Ausgaben der Gesetzlichen Krankenversicherung (GKV) für das Gesundheitswesen im Rahmen stabiler Beitragssätze finanzierbar bleiben. Das gelte auch für die einzelnen Teilbereiche wie etwa den stationären Sektor. Alle neuen gesetzgeberischen Maßnahmen stünden daher unter dem Postulat: Erhaltung der Beitragsstabilität, besser noch Senkung der Krankenversicherungsbeiträge.

Es ist zu fragen, wie weit eine solche Zielsetzung mitgetragen werden kann. Ohne Zweifel ist die Belastung der Bürger durch

Sozialausgaben für Krankenversicherung, Rentenversicherung und Arbeitslosenversicherung gefährlich hoch. Gesundheitspolitisch stellt sich die Frage, welchen Stellenwert die Bürger diesem Bereich beimessen. Sind sie bereit, für die Sicherung einer umfassenden und den neuesten medizinischen Erkenntnissen entsprechenden Gesundheitsversorgung einen noch höheren Anteil ihres Einkommens einzusetzen? Oder wird das derzeitige Gesundheitssystem bereits als überzogen angesehen und ein „mittleres Niveau" für ausreichend gehalten?

Ohne andere Finanzierungsquellen zu erschließen, müßte Beitragsstabilität bei die Einnahmeentwicklung überholenden Kostensteigerungen effektiv zu Defiziten bei den Krankenhäusern oder zu Ausgabenbegrenzungen führen. Dies muß zwangsläufig negative Folgen für das Leistungsniveau haben. Politisch wäre dann die Frage zu entscheiden, welches Leistungsniveau die einzelnen Bereiche des Gesundheitswesens auf Dauer haben können oder sollen. Dazu müßten die gesundheitspolitisch Verantwortlichen bereit sein, in eine Leistungsüberprüfung einzutreten und die Leistungen auf ein Niveau festzulegen, das durch die Beiträge der Versicherten noch finanziert werden kann. Bisher wurde immer unterstellt, allein durch Kostendämpfungsmaßnahmen könne das Ziel der Beitragsstabilität erreicht werden, ohne daß das Leistungsniveau sinken müsse. Diese Auffassung dürfte sich als irreal erweisen.

Der nunmehr von den Ausgabenempfehlungen der Konzertierten Aktion ausdrücklich miterfaßte Krankenhausbereich steht bei der Verwirklichung eines solchen Konzepts vor besonderen Problemen. Einerseits wird den Krankenhäusern die Selbstkostendeckung gesetzlich zugesichert, andererseits sollen sich die Ausgaben der Kassen für stationäre Behandlung an die Einnahmeentwicklung anpassen. Das gesetzlich vorgegebene Spannungsverhältnis dieser beiden Grundsätze konnte bisher nicht aufgelöst werden. Da die Krankenhäuser nur ihre Selbstkosten erstattet bekommen (keine Gewinnmargen als „Puffer"), geraten sie, sofern die Einnahmeentwicklung der GKV hinter der Kostenentwicklung der Krankenhäuser zurückbleibt (womit auch in den nächsten Jahren noch zu rechnen ist), zwangsläufig in die Verlustzone. Nach den Erfahrungen der Praxis ist es eine Illusion anzunehmen, die Krankenhäuser könnten im Rahmen dieser Konzeption ihre Kosten decken, trotzdem ihr Leistungsniveau erhalten und darüber hinaus auch noch mit der medizinisch-technischen Entwicklung Schritt halten.

Neustrukturierung der Krankenhausfinanzierung

Das Ende 1981 verabschiedete Kostendämpfungsgesetz läßt erste Ansätze für neue Strukturen erkennen. Der Deutschen Krankenhausgesellschaft und den Bundesverbänden der Krankenkassen sowie den Landeskrankenhausgesellschaften und den Landesverbänden der Kassen ist eine Reihe neuer Aufgaben übertragen worden (Erarbeitung von Empfehlungen über Maßstäbe und Grundsätze für Wirtschaftlichkeit und Leistungsfähigkeit der Krankenhäuser, insbesondere für Personalbedarf und Sachkosten; Abgabe von Rahmenempfehlungen zum Inhalt der Verträge über Art und Umfang der Krankenhauspflege; Beteiligung an der Krankenhausbedarfsplanung und den Pflegesatzverhandlungen; Abschluß von Verträgen; Beteiligung an neu einzurichtenden Prüfungsausschüssen und Schiedsstellen). Offensichtlich sollen Regelungen des ambulanten Bereichs, in dem es globale Steuerungsmöglichkeiten gibt, auf den Krankenhaussektor übrtragen werden, in dem diese Instrumentarien fehlen. Zur Verfassungsmäßigkeit dieser Vorschriften ist Verfassungsklage eingereicht worden, über die aber noch nicht entschieden ist.

Nachdem der Zusammenbruch des Finanzierungssystems offenkundig ist, fordern die Krankenhausträger, die Finanzierung der Krankenhäuser grundlegend neu zu regeln. Mit punktuellen Änderungen des geltenden Rechts können die Probleme nach ihrer Ansicht nicht mehr bewältigt werden. Von verschiedenen Seiten wurden — zum Teil stark voneinander abweichende — Vorschläge für ein neues Finanzierungskonzept formuliert. Der Vorstand der Deutschen Krankenhausgesellschaft hat Ende 1982 Thesen zur Neuordnung der Krankenhausfinanzierung vorgelegt. Die kirchlichen Krankenhausträgerverbände haben ein eigenes Konzept für ein neues Planungs- und Finanzierungssystem entwickelt. Die kommunalen Spitzenverbände haben ebenfalls eigene Grundsatzpositionen erarbeitet und werden sie in ihren Organen verabschieden.

Auch Bund und Länder sehen nunmehr die Neuordnung des Finanzierungssystems als vordringliche Aufgabe des Gesundheitswesens an. Der Bundesarbeitsminister hat seine Absicht erklärt, spätestens zu Beginn des Jahres 1984 einen entsprechenden Gesetzentwurf vorzulegen.

Kommunale Grundsatzpositionen eines neuen Finanzierungssystems [*]

Nach dem derzeitigen Beratungsstand der kommunalen Spitzenverbände werden weder das geltende rein duale Finanzierungssystem (Investitionskosten tragen Bund, Länder und Gemeinden, Betriebskosten tragen die Benutzer — sprich Krankenkassen) noch ein rein monistisches Finanzierungssystem (alle Kosten tragen die Benutzer, d.h. die Krankenkassen) die offenkundig gewordenen Probleme lösen.

Es sollte vielmehr ein modifiziertes duales System entwickelt werden, in dem die bestehenden Hindernisse für ein betriebswirtschaftlich sinnvolles und sparsames Wirtschaften des einzelnen Krankenhauses ausgeräumt und überflüssige externe Investitionsvorgaben und -entscheidungen, die sowohl die Investitionen als auch die Betriebsführung unnötig erschweren und verteuern, eliminiert sind.

Bestimmte teure Investitionen wie Um-, Ersatz- und ggf. Neubauten sollen weiterhin aus öffentlichen Mitteln finanziert werden, die in ausreichender Höhe zur Verfügung gestellt werden müssen.

Erhaltungsinvestitionen (mittel- und kurzfristige Investitionen) sollen in die Benutzerkosten — sprich Pflegesätze — eingehen. Rationalisierungskosten sollen ebenfalls über die Pflegesätze von den Kassen getragen werden. Das Rationalisierungsergebnis schlägt sich in verminderten Benutzerkosten zugunsten der Krankenkassen nieder.

An den Finanzierungsfonds der Länder soll im Prinzip festgehalten werden, da überzeugende andere Lösungen sich nicht aufdrängen.

Für die Wirtschaftlichkeit und Leistungsfähigkeit der Krankenhäuser, insbesondere für Personalbedarf und Sachkosten, sind praxisgerechte und verbindliche Maßstäbe und Grundsätze aufzustellen.

Die Praxis der Länder bei der Vergabe der Fördermittel muß tiefgreifend revidiert werden (z.B. Rückführung der Bau- und Ausstattungsstandards auf ein finanzierbares und trotzdem bedarfsangemessenes Niveau, Übergang zur Festbetragsförderung, Überprüfung sonstiger Standards, Normen, Richtlinien und Erlasse auf verzichtbare kostentreibende Vorgaben).

Eigeninitiative und -verantwortung der einzelnen Krankenhausträger (unternehmerische Entscheidungen) müssen gestärkt und in Teilbereichen neu ermöglicht werden.

Die Krankenhausplanung soll Aufgabe des jeweiligen Landes bleiben. Sie muß aber ortsnäher in einem regionalisierten Raster in engem Kontakt mit allen Beteiligten erfolgen. Dabei soll sich das Land stärker auf eine Mittlerrolle zwischen den Partnern (Krankenhausträger/Krankenkassen) konzentrieren, mehr auf einvernehmliche Lösungen hinarbeiten als — wie in der Vergangenheit häufig zu beobachten — seine eigene Konzeption unter allen Umständen durchzusetzen.

Der sog. vollpauschalierte Pflegesatz soll aufgegeben werden. Jedoch wird ein reines Preissystem (Festsetzung von Preisen für einzelne Leistungen ohne Berücksichtigung der Kostensituation des einzelnen Krankenhauses) wie es verschiedentlich gefordert wird, derzeit auch aus technischen Gründen noch nicht für durchführbar gehalten und daher zum gegenwärtigen Zeitpunkt abgelehnt. Vertretbar erscheint vielmehr eine Differenzierung in ein dreistufiges System:

— Pauschale für Unterkunft und Verpflegung

— Pauschale für pflegerische und medizinische Grundleistung

— Spitzabrechnung für besonders teure Leistungen sowie Vereinbarung von besonderen Pflegesätzen für einzelne Abteilungen oder besondere Einrichtungen des Krankenhauses.

Bei allen Neustrukturierungsbemühungen darf der für ein leistungsfähiges gegliedertes Krankenhauswesen existentiell notwendige Grundsatz der Selbstkostendeckung unter Beachtung der jeweiligen Kosten- und Leistungsstruktur der Krankenhäuser nicht aufgegeben werden. Er soll allerdings nicht eine bloße Formel bleiben, sondern muß durch handhabbare Regelungen konkretisiert werden, die die Wirtschaftlichkeit erhöhen.

Die aktuell anstehende gesetzliche Neukonzeption der Krankenhausfinanzierung wird mitentscheidend dafür sein, ob die Krankenhäuser gesund erhalten werden und bereits kranke Einrichtungen wieder gesunden können. Ein krankes Krankenhauswesen kann sich die Bundesrepublik Deutschland aus vielerlei Gründen nicht leisten. Einen Beitrag in diesem Prozeß soll die Behandlung des Themas in der Hauptversammlung 1983 des Deutschen Städtetages liefern. Hier sollen Fachleute aus den wichtigsten Partnerorganisationen im Krankenhauswesen (Deutsche Krankenhausgesellschaft/Ortskrankenkassen) mit politisch und fachlich Verantwortlichen aus den Städten ihre Positionen austauschen und Denkanstöße für die weitere Arbeit geben.

Einführung

FRANZ JOSEF SCHMITT

Meine Damen und Herren, ich darf zu Beginn ein paar Bemerkungen machen: „Krankenhäuser gesund erhalten", das ist ein Thema, mit dem das Präsidium des Deutschen Städtetages uns vor eine schwierige Aufgabe gestellt hat, obgleich es gerade in letzter Zeit oft behandelt worden ist. Der 12. Deutsche Krankenhaustag, der in der vergangenen Woche in Düsseldorf zu Ende gegangen ist, Herr Professor Müller, hat gezeigt, wie schwierig das ist, und Sie haben dort festgestellt, noch nie war die Zeit für die Krankenhäuser so schwierig wie heute. Wir haben versucht, in dem Arbeitspapier, das den Teilnehmern unserer Veranstaltung zur Verfügung steht, die Entwicklung aufzuzeigen, wie sie sich in den letzten 20 Jahren abgespielt hat. Diese Entwicklung ist, auf den Punkt gebracht, gekennzeichnet durch die finanzielle Situation der gesetzlichen Krankenversicherung, die nicht mehr in der Lage ist, ohne Beitragserhöhungen steigende Ausgaben in unserem Bereich, den wir hier zu beraten haben, zu finanzieren. Der zweite Punkt sind die finanziellen Engpässe bei Bund und Ländern, die nicht mehr in der Lage sind, ihren Pflichten zur Investitionsfinanzierung im Krankenhausbereich nachzukommen. Der dritte Punkt sind meines Erachtens investitions- und innovationshemmende Planungssysteme, die die Träger der Krankenhäuser überwölben und in ihrer Tätigkeit ernsthaft behindern. Auf dem Hintergrund dieser Problemsituation muß man einerseits sehen, daß wegen der hohen Belastung der Bürger mit Sozialversicherungsabgaben es erklärter politischer Wille ist — und der Bundesarbeitsminister wird nicht müde, das immer wieder zu unterstreichen — in Zukunft Beitragsstabilität, möglichst sogar Beitragssenkungen zu erreichen. Das ist die eine Seite der Affäre. Die andere Seite ist — auch das ist Aussage des Bundesarbeitsministers — daß ein neues Krankenhausfinanzierungsrecht kommen soll, in dem folgende Ziele angestrebt werden:

— Sicherung der Krankenhausversorgung der Bevölkerung auf hohem medizinischen und pflegerischen Niveau,

— ausreichende Finanzierung der Krankenhäuser mit klarer Zuordnung der Verantwortlichkeiten, Entscheidungskompetenzen usw.

— Erhaltung der Vielfalt der Träger — freigemeinnützig, privat, öffentlich

— Stärkung der Selbstverwaltung der Krankenhäuser, stärkere Kooperation unter den Krankenhäusern, Förderung der Ausbildung usw.

Von den Krankenhäusern wird also auch in Zukunft erwartet, daß sie ihr hohes Leistungsniveau beibehalten. Gleichzeitig sollen sie sich aber mit ihrer Ausgabenentwicklung im Rahmen der Einnahmenentwicklung der gesetzlichen Krankenversicherung halten. Krankenhäuser stehen damit, wie der letzte Krankenhaustag deutlich gemacht hat, im Spannungsfeld zwischen Finanzierung und Leistungsanspruch. Die Quadratur des Kreises, das ist eigentlich die Aufgabe, die von uns verlangt wird. Das Ergebnis kann leicht sein, wenn diese Aufgabe nicht bewältigt wird — und wer hat schon je die Quadratur des Kreises hergestellt —, daß die Städte und Gemeinden die ungedeckten Schecks einlösen müssen, die dann auf den Tisch gelegt werden.

Zu all dem, meine Damen und Herren kommt, daß der Verteilungskampf um Anteile im Gesundheitswesen zwischen dem ambulanten und dem stationären Bereich angesichts der knapper werdenden Mittel besonders der gesetzlichen Krankenversicherung immer stärker wird. Statt die Grenze zwischen ambulanter und stationärer Versorgung aufzulockern, werden immer tiefere Trennungsgräben gezogen. Gestatten Sie mir zu diesem Thema zwei besondere Bemerkungen:

Die eine geht dahin, wenn wir die stationäre Versorgung von Patienten entlasten wollen, die nicht unbedingt in das Akutkrankenhaus gehören, wenn wir hier einen Prozeß in Gang setzen wollen, dann muß die Pflegegeldversicherung oder etwas vergleichbares kommen. Es muß dann sichergestellt werden, wie der Pflegebereich, der dann, jedenfalls in einem sehr wichtigen Sektor, gefordert ist, finanziell über die Runden kommt. Daß die Kommunen das alles auffangen, wie es bisher der Fall ist, ist völlig ausgeschlossen angesichts der kommunalen Finanzsituation. Diese Pflegeversicherung wird sicherlich für die Krankenkassen, die dann wohl nolens volens die Träger sein würden, ein schwerer Brocken sein. Dieser Thematik sollten sich die Krankenkassen einmal offen zuwenden, denn Kostendämpfung kann ja auch kein Selbstzweck sein. Hier muß man etwas mehr differenzieren, wenn man die Probleme wirklich lösen will. Mehr Durchlässigkeit in Richtung raus aus dem stationären Bereich fordert eine Antwort auf die Frage nach der Pflegeversicherung.

Eine zweite Bemerkung zum ambulanten Bereich. Die Krankenhausambulanzen sind m.E. auf dem Wege, für Kassenpatienten in Zukunft mehr oder weniger verschlossen zu sein. Wir sind auf dem besten Wege dahin, daß die Ambulanzen nur noch für Wohlhabende da sind. Ich meine, das ist auch eine sehr besorgniserregende Entwicklung. Es besteht die Gefahr, daß bei der Einschränkung der Genehmigung zur ambulanten Tätigkeit für die Krankenhausärzte durch die kassenärztlichen Vereinigungen das Kind mit dem Bade ausgeschüttet wird. In zahlreichen Fällen kann der Kassenpatient praktisch kaum noch die besonderen personellen und apparativen Möglichkeiten, die nun einmal die Krankenhausambulanz bietet, in Anspruch nehmen. Eigentlich ein Thema, das auch die Krankenkassen auf den Plan rufen müßte.

Meine Damen und Herren, das Präsidium des Deutschen Städtetages hat gestern Grundpositionen der kommunalen Spitzenverbände zu einer Neufassung der Krankenhausfinanzierung verabschiedet. Sie finden diese Grundpositionen wiedergegeben im Vorbericht auf den Seiten 14 bis 16. Ich will deshalb die Beschlüsse nicht hier noch einmal vortragen oder gar kommentieren. Wir hoffen, daß jetzt in den dafür zuständigen Gremien ernsthaft darüber nachgedacht wird. Auch die heutige Diskussion soll ein Beitrag sein zu dem Prozeß, der mit diesen Beschlüssen in Gang gesetzt werden soll.

Meine Damen und Herren, das war das, was ich einleitend zu unserem Arbeitskreis sagen wollte. Ich bitte jetzt Herrn Professor Dr. Müller, mit seinem Referat zu beginnen.

Das Thema der Sitzung des Arbeitskreises III lautet „Krankenhäuser gesund erhalten". Sie sind demnach noch nicht als krank anzusehen, aber immerhin in ihrer Leistungsfähigkeit gefährdet.

Das geht auch aus dem Thema des 12. Deutschen Krankenhaustages hervor, der vom 7. bis 10. Juni, d.h. vor wenigen Tagen, in Düsseldorf stattgefunden hat. Das Thema lautete: „Leistungspflicht und Leistungsvermögen der Krankenhäuser". Die Krankenhausträger hatten es in ihrer Veranstaltung mit dem Titel „Die Krankenhäuser im Spannungsfeld zwischen Finanzierung und Leistungsanspruch" noch konkreter gefaßt.

Gerade das Thema „Die Krankenhäuser im Spannungsfeld zwischen Finanzierung und Leistungsanspruch" drückt das Dilemma aus, in dem sich die Krankenhäuser in der Bundesrepublik Deutschland, aber auch in den meisten Industrieländern seit geraumer Zeit befinden: Einem wachsenden Leistungsanspruch des Patienten stehen immer größere Schwierigkeiten in der Finanzierung durch die öffentlichen Kassen gegenüber. Bisher haben die Krankenhäuser dem ökonomischen Druck noch nicht nachgegeben; sie sind vielmehr bemüht, auch einem ständig wachsenden Leistungsanspruch gerecht zu werden. Irgendwo werden die Grenzen des Machbaren jedoch erreicht. Es ist deshalb unsere Pflicht zu prüfen, wie das ständige Wachstum des Leistungsanspruchs zustande kommt, wie weit es objektiv berechtigt ist, und in welchem Umfange die Krankenhäuser ihm Rechnung tragen müssen und können.

Die Krankenhausträger haben die Aufgabe

— die Grenzen der Finanzierungsmöglichkeiten und

— die Grenzen der Leistungsmöglichkeiten der Krankenhäuser aufzuzeigen sowie

— Vorschläge zur Verbesserung der jetzigen Situation zu unterbreiten.

Wir müssen uns darüber im klaren sein: Noch nie war die Situation für die Krankenhäuser so schwierig wie zur Zeit. Der Vorwurf, die Krankenhäuser seien der teuerste Bereich im Gesundheitswesen der Bundesrepublik Deutschland und deshalb so teuer, weil sie unwirtschaftlich arbeiten würden, wird unter dem Druck der „Ärzteschwemme" und ihren Auswirkungen auf den Bereich der niedergelassenen Ärzte verstärkt und zum Teil polemisch erhoben u.a. mit dem Ziel, den Aufgabenbereich der Krankenhäuser auszuhöhlen und gewachsene Strukturen des Gesundheitswesens aufzuheben, indem „stationärübliche Maßnahmen" aus dem Krankenhaus in den Bereich der niedergelassenen Ärzte verlagert werden.

Wenn wir heute von einem „Verteilungskampf" sprechen, so haben wir diese Formulierung von Vereinigungen der niedergelassenen Ärzte übernommen. Wir, das heißt die Krankenhausträger, erwarten von den verantwortlichen Politikern eine klare Aussage, welchen Standpunkt sie in diesem „Verteilungskampf" einnehmen und wohin diese bereits im Gang befindliche Entwicklung führen soll. Die bislang bereits bekannt gewordenen Aussagen von politisch Verantwortlichen sind für die Krankenhäuser nicht gerade ermutigend. Das gilt auch für einzelne Passagen der Koalitionsaussagen.

Im übrigen: Was ist das für eine Gesundheitspolitik, bei der unter Zustimmung von maßgeblichen Vertretern der Landesregierung der Leiter eines Landesverbandes der Ortskrankenkassen frohlockend verkünden kann, daß der von ihm mit den Kassenärzten geschlossene Vertrag den Krankenhäusern „ein saftiges Defizit von 500 Millionen DM bescherte", und zugleich den Hausärzten ein Honorar in Aussicht stellt, wenn sie ihre Patienten aus den Krankenhäusern zurückholen.

Bisher sind die Krankenhäuser zu dieser für sie existenzbedrohenden Entwicklung nicht gehört worden. Das Demokratieverständnis würde jedoch mit Füßen getreten, wenn man diesen Verteilungskampf zum Nachteil der Krankenhäuser ohne Befragen des eigentlich Betroffenen, nämlich des Versicherten bzw. des Patienten, zu Ende führen würde.

Die Gründe, warum die Krankenhäuser in ihren Aufgaben beschränkt werden sollen, stützen sich auf die Behauptungen:

— Die Krankenhäuser seien der teuerste Bereich im Gesundheitswesen,

— Sie konservierten zu viele Betten, auch „Bettenberge" genannt und

— Sie würden die Patienten unnötigerweise zu lange in den Krankenhäusern zurückhalten (zu lange Verweildauer).

Tatsache ist folgende: Die Ausgaben der gesetzlichen Krankenversicherung für die niedergelassenen Ärzte können nicht mit den Ausgaben für den stationären Bereich verglichen werden. Beim stationären Bereich handelt es sich um einen voll versorgten Patienten einschließlich der Leistung, Unterbringung und Verpflegung, bei den Ausgaben für die niedergelassenen Ärzte müssen die von diesen Ärzten verordneten Arznei-, Heil- und Hilfsmittel dazugezählt werden. Dann sind jedoch die Ausgaben für den ambulanten Bereich höher als für den angeblich teuersten Bereich, das Krankenhaus.

Was die Weigerung, Betten abzubauen, angeht, so kann diese Behauptung durch amtliche Zahlen richtiggestellt werden:

— Heute gibt es in der Bundesrepublik Deutschland 430 Krankenhäuser weniger als 1965 (1965 3619, 1981 3189 Krankenhäuser),

— Der Abbau des angeblichen Bettenberges ist in vollem Gange und hat in den letzten 7 Jahren einen Umfang erreicht, der alle anderen europäischen Länder übertrifft. Seit 1976 wurden 34 188 Betten abgebaut (1976 729 791, 1981 695 603 Betten).

Was die Verweildauer in den Akutkrankenhäusern der Bundesrepublik Deutschland angeht, so ist sie seit 1965 von 20,0 Tage auf 14,7 Tage zurückgegangen. Diese Entwicklung hat sich nach den neuesten Erhebungen im Jahre 1982 weiter fortgesetzt. Die Verweildauer wurde auf 14,3 Tage im Bundesdurchschnitt gesenkt, die Zahl der Betten wurde um weitere 3000 reduziert. Allein in Nordrhein-Westfalen wurden seit 1975 115 Krankenhäuser mit 9000 Betten stillgelegt.

Vergegenwärtigen wir uns die derzeitige Situation im Gesundheitswesen der Bundesrepublik Deutschland: Sie wird zweifellos entscheidend durch gesamtwirtschaftliche Entwicklungen geprägt. Obwohl die Ausgaben für Gesundheit im Vergleich zum Bruttosozialprodukt seit 1975 keineswegs überproportional gestiegen sind, werden die finanziellen Spielräume der Kostenträger — insbesondere der gesetzlichen Krankenversicherung — zunehmend enger. Dadurch ausgelöst wird von Anbietern von Gesundheitsleistungen, insbesondere den niedergelassenen Ärzten, der Versuch unternommen, die Nachfrageströme so zu beeinflussen, daß auf ihren Bereich ein möglichst großer Anteil der Leistungen fällt. Dieser „Verteilungskampf" — um einen solchen handelt es sich zweifellos — verhindert, daß die Zusammenarbeit zwischen dem stationären und dem ambulanten Bereich effizienter und damit auch kostengünstiger gestaltet werden kann.

Man geht davon aus, daß die Krankenhäuser in den letzten drei Jahrzehnten Aufgaben übernommen hätten, die früher der niedergelassene Arzt erledigt habe. Es gelte — so unter anderem der Vorsitzende des Verbandes der niedergelassenen Ärzte Deutschlands — diesen Zustand wieder herbeizuführen, das heißt also die Uhren zurückzustellen.

Besonders der Krankenhausbereich ist gekennzeichnet durch ein Spannungsverhältnis zwischen dem ständig steigenden Erwartungshorizont des Patienten an das Leistungsvermögen der Krankenhäuser und den finanziellen Möglichkeiten der öffentlichen Hände und der GKV. Zwar kommen die Krankenhäuser gegenwärtig ihrer Leistungspflicht gegenüber ihren Patienten noch in vollem Umfange nach. Jedoch inzwischen geschieht dies nur unter Inkaufnahme erheblicher Defizite, welche die kommunalen Spitzenverbände allein für ihren Bereich für das Jahr 1981 mit einer Milliarde DM angaben. Es bestehen keine

Zweifel, daß im Bereich der freigemeinnützigen Krankenhäuser die Defizite noch höher liegen und damit für diese existenzbedrohend sind.

Die öffentliche Hand hat bekanntlich mit dem Krankenhausfinanzierungsgesetz im Jahre 1972 die Verpflichtung übernommen, ausreichende Fördermittel für die erforderlichen Investitionen im Krankenhausbereich zur Verfügung zu stellen. Dieser Verpflichtung kommen die öffentlichen Hände nicht mehr bzw. nur noch unzureichend nach. Belegt wird dies durch einen „Antragsstau" für Investitionsmaßnahmen in Höhe von 15 Milliarden DM.

Darüber hinaus sind für die jetzige Situation noch weitere Entwicklungen verantwortlich:

— Die GKV wurde zunehmend aus politischen und ideologischen Gründen mit systemfremden Aufgaben belastet.

— Es fehlen Steuerungsmaßnahmen hinsichtlich des Nachwuchses an Medizinern. Zur Zeit werden etwa doppelt so viele Ärzte ausgebildet als notwendig sind, und mehr als in den USA mit einer wesentlich größeren Bevölkerungszahl.

— Der Krankheitsbegriff wurde systematisch ausgeufert, so daß auch Befindensstörungen immer mehr zur ärztlichen Behandlung führen.

— Für die Zunahme der Erkrankungen ist auch die Verhaltensweise eines Teils der Bevölkerung verantwortlich. Die Zahl der behandlungsbedürftigen Alkoholiker ist seit 1955 bundesweit von 200 000 auf 1,6 Millionen, das heißt um rund 800 Prozent angestiegen. Die Zahl der Todesfälle durch Leberschrumpfung ist in demselben Zeitraum auf 40 000 jährlich, das heißt 180 Prozent angestiegen.

— Die Altersstruktur der Bevölkerung hat sich erheblich verändert, wodurch es zu einer Zunahme der Rentner kam. Nach einer im Auftrage des Bundesarbeitsministeriums durchgeführten Untersuchung zeigt die Altersstruktur der Patienten im Krankenhaus in den letzten Jahren einen auffälligen Wandel. 1961 wurde jedes 4. Bett in der Bundesrepublik Deutschland von einem Rentner beansprucht, im Jahre 1980 jedes 2. Bett. Die Zahl der Krankenhausfälle der Rentner zwischen 1970 und 1980 ist um 87,9 Prozent, die der übrigen Versicherten im gleichen Zeitraum nur um 49,7 Prozent gestiegen.

Angesichts dieser Situation setzt eine bedarfsgerechte und zugleich noch finanzierbare Weiterentwicklung des Gesundheitswesens zwei wesentliche Maßnahmen voraus:

These 1

Das Gesamtangebot der Gesundheitsleistungen, das gegenwärtig gekennzeichnet ist durch eine starre Trennung in den ambu-

lanten und den stationären Versorgungsbereich sowie in den öffentlichen Gesundheitsdienst, muß in Richtung eines integrierten Gesamtsystems der Gesundheitsversorgung entwickelt werden.

— Die scharfe und übergangslose Trennung vor allem zwischen ambulanter und stationärer medizinischer Versorgung führt heute zwangsläufig zu regelmäßigen, systemgebundenen Doppelleistungen auf dem diagnostischen Feld und bedingt darüber hinaus überflüssige Doppelinvestitionen (z.B. medizinisch-technische Geräte, die oft ohnehin bereits im Krankenhaus vorhanden sind) mit der Konsequenz teilweiser ungewöhnlich ungünstiger Nutzung der diagnostischen und therapeutischen Apparaturen und der Arbeitskräfte, meist hochdotierter Spezialisten.

— Die gegenwärtige Angebotsstruktur an Gesundheitsleistungen wird den krankheitsadäquaten Versorgungsnotwendigkeiten nicht immer gerecht. So stehen z.B. für sogenannte Alterspatienten, die aufgrund des medizinischen Fortschritts zunehmend behandlungsfähig sind, keine entsprechenden Versorgungseinrichtungen zur Verfügung. Die derzeitige Alternative lautet: Entweder teure stationäre Versorgung in Akutkrankenhäusern oder nicht krankheitsgerechte Versorgung in Pflegeheimen mit der möglichen Konsequenz des Abstiegs des Patienten zum Sozialhilfeempfänger.

— Die Einrichtungen des Gesundheitswesens selbst müssen eine kontinuierliche und durchlässige ärztliche und pflegerische Versorgung der Bürger eines Versorgungsgebietes gewährleisten.

These 2

Das gegenwärtige Krankenhausfinanzierungssystem bedarf einer grundlegenden Änderung in Richtung auf die stärkere Einbeziehung marktwirtschaftlicher Elemente einerseits und politisch-planerischer (sozialpolitischer) Gestaltungselemente andererseits.

— Das geltende dualistische Krankenhausfinanzierungssystem weist eine Reihe systemimmanenter Strukturmängel auf, wie z.B

— Zerstörung der einheitlichen Betriebsführung und Verwischung der Verantwortlichkeit,

— Verlagerung der Entscheidungen auf Entscheidungsträger außerhalb des Krankenhauses,

— Unzureichende Fördermittel,

— Fehlende Anreize für wirtschaftliches Verhalten,

— Fehlende Maßstäbe für Beurteilung der Wirtschaftlichkeit,

— Tendenz zur Gewährung nicht kostendeckender Pflegesätze.

Bei der Veränderung des geltenden Krankenhausfinanzierungs-systems kann es nicht alleine um die Alternative „dualistisches oder monistisches Finanzierungssystem" gehen, da letztlich alle reinen Modelle einen gewissen Grad an Unvollkommenheit auf-weisen. Bei einem neuen Finanzierungssystem muß daher ein Kompromiß in Form eines Mischsystems gefunden werden: Einerseits muß die starre Trennung zwischen Investitions- und Benutzerkosten aufgehoben werden, andererseits soll der Pfle-gesatz wieder zu einem echten Preis hin entwickelt werden.

Die Deutsche Krankenhausgesellschaft hat nach langer und intensiver Beratung mit ihren Mitgliedsverbänden am 7. Juni „Aussagen zur Neuordnung des Krankenhaus-Finanzierungs-systems" verabschiedet. Sie spricht sich darin für ein Kranken-haus-Finanzierungs- und Planungssystem aus, in dem, soweit es die besonderen Bedingungen des Krankenhausbereichs zulas-sen, verstärkt marktwirtschaftliche Elemente wirksam sind. Die starre Trennung zwischen den Kosten der Anlagenutzung (Inve-stitionsbereich) und denen des laufenden Betriebes wird vom Grundsatz her aufgehoben.

Alle Kostenarten — unabhängig davon, ob sie dem Bereich der Anlagenutzung oder dem Bereich des laufenden Betriebes zuzu-rechnen sind — müssen grundsätzlich in die Entgelte für die Krankenhausleistungen eingehen. Dies schließt nicht aus, daß die öffentliche Hand den Krankenhäusern auch in Zukunft öffentliche Mittel zur Entlastung der Entgelte zur Verfügung stellt, die nicht für bestimmte Maßnahmen zweckgebunden sein müs-sen und von den im übrigen nach betriebswirtschaftlichen Grundsätzen ermittelten Kosten abzusetzen sind.

Die kurz- und mittelfristigen Investitionen sollten in Zukunft über die von den Benutzern zu tragenden Entgelte finanziert werden. Ihre Finanzierung über die Benutzerentgelte sollte mit Ausnahme der Rationalisierungsinvestitionen in Form gesetzlich vorzu-gebender und zeitnah fortzuschreibender Pauschalen unter Berücksichtigung der medizinischen und technischen Entwick-lung erfolgen.

Unbeschadet des Grundsatzes, daß alle Kostenarten in die Ent-gelte für die Krankenhausleistung eingehen, muß die Errichtung von Krankenhäusern (z.B. Neubauten bzw. Ersatzneubauten, Umbau oder Erweiterung) auch in Zukunft mit öffentlichen Mit-teln gefördert werden.

Der vollpauschalierte Pflegesatz in seiner jetzigen Form sollte aufgegeben werden. Die DKG spricht sich für eine allgemeine Grundpauschale für die Unterbringung und Verpflegung sowie für die pflegerischen und medizinischen Grundleistungen aus, wie sie in der Regel für die Mehrzahl der Patienten im jeweiligen Haus erbracht werden. Daneben sollten alle Leistungen, die über Unterbringung, Verpflegung sowie über die medizinischen und pflegerischen Grundleistungen hinausgehen, gesondert berechnet werden. Einvernehmlich zwischen Krankenkassen und Krankenhäusern sollten in den Pflegesatzverhandlungen besondere Entgeltformen (z.B. Abteilungspflegesätze) vereinbart werden können.

Die Entgelte für Krankenhausleistungen sollten zukünftig auf der Basis einer Vorauskalkulation ermittelt werden. Die Ermittlung der Entgelte auf der Basis einer Vorauskalkulation ist nur vertretbar und für den Krankenhausträger zumutbar, wenn sie mit einem Ausgleich für die Änderung der in der Kalkulation zugrundegelegten Berechnungstage sowie für allgemeine Preis- und Tariflohnänderungen verbunden ist. Diese Kostenänderungen sind von den Krankenhäusern nicht zu beeinflussen, daher auch nicht zu verantworten. Die Vorauskalkulation muß außerdem einen angemessenen Wagniszuschlag enthalten für den Teil der Kostenänderungen, die im Risikobereich der Krankenhäuser verbleiben.

Überschüsse sollten dem Krankenhausträger für Zwecke des Krankenhauses verbleiben; entsprechende Unterdeckungen sind vom Krankenhausträger zu tragen.

Die Deutsche Krankenhausgesellschaft erwartet bei Realisierung der vorgeschlagenen Grundsätze eine größere Wirtschaftlichkeit der Leistungserbringung und damit eine Entlastung für die Kostenentwicklung. Die bestehenden Restriktionen für eine wirtschaftliche Leistungserbringung würden im wesentlichen beseitigt. Insbesondere dürfte sich durch die Beseitigung der bestehenden Hemmnisse für die Finanzierung von Rationalisierungsinvestitionen auf Dauer eine Entlastung der von den Patienten bzw. ihren Kostenträgern zu zahlenden Entgelte ergeben. Jedoch ist zu berücksichtigen, daß durch die Übernahme von Investitionskosten in die vom Benutzer zu zahlenden Entgelte die Krankenkassen zumindest für eine Übergangszeit zusätzlich belastet werden.

Trotzdem ist vor zu optimistischen Erwartungen zu warnen. Das beste Finanzierungssystem ist nicht in der Lage, die leeren Kassen der öffentlichen Hände und der gesetzlichen Krankenversicherung zu füllen.

Außer einer Neuordnung des Krankenhausfinanzierungssystems müssen zur Verbesserung der bedrohlichen Situation weitere Forderungen erfüllt werden:

— Befreiung der gesetzlichen Krankenversicherung von systemfremden Aufgaben,

— Begrenzung des Angebotes an Gesundheitsleistungen bzw. quantitative Verringerung,

— Abbau von Betten, wo sie nachweislich nicht benötigt werden,

— Steuerung des Ärztenachwuchses,

— Schaffung von Möglichkeiten beim Krankenhaus, den Patienten nicht als einzige Alternative ins Bett legen zu müssen. Die überzeugendsten Argumente für diese Forderung werden vom LDO Bayern — wenn auch unfreiwillig — geliefert. Nach dessen Feststellungen ist seit 1979 die Zahl der Patienten, die nur bis zu 24 Stunden im Krankenhaus behandelt werden, um 16 Prozent, die bis zu 2 Tagen um 39 Prozent und die bis zu 3 Tagen um 46 Prozent angestiegen.

In bestimmten Fällen sollte den niedergelassenen Ärzten aus der Umgebung des Krankenhauses die Beteiligung an Einrichtungen des Krankenhauses ermöglicht werden.

— Es darf nicht das medizinisch und im Rahmen der vorhandenen Ressourcen Machbare den Ausschlag für die tatsächlich erbrachten ärztlichen Leistungen geben, sondern das — bezogen auf die Bedürfnisse des Patienten — angemessene:

— Keine „Systemveränderung" zum Nachteil der Krankenhäuser.

Die Erfüllung dieser Forderungen könnten wesentlich mit dazu beitragen, die Krankenhäuser gesund zu erhalten.

GERHARD UTTER

Der Versuch, die Krankenhausfinanzierung auf eine sichere Basis zu stellen, wird allenthalben als gescheitert bezeichnet. Die Krankenhäuser beklagen einen erheblichen Investitionsstau und Defizite aus dem Betriebskostenbereich; die Krankenkassen kritisieren den anhaltenden überproportionalen Anstieg der Benutzerkosten im Vergleich zu der für die Höhe ihrer Beitragseinnahmen maßgeblichen Grundlohnentwicklung. Das Krankenhauswesen ist erneut in die öffentliche Diskussion gerückt. Es ist deshalb nur verständlich und auch zu begrüßen, daß sich auch der Deutsche Städtetag dieses wichtigen Themas angenommen und auf seiner diesjährigen Hauptversammlung hierfür einen eigenen Arbeitskreis gebildet hat. Ich danke den Veranstaltern dafür, daß sie mir Gelegenheit geben, zu den drängenden Fragen aus der Sicht eines Kostenträgers Stellung zu nehmen.

Im Mittelpunkt der Diskussion über die Ursachen für die aufgetretenen Finanzierungsprobleme auf dem stationären Sektor unseres Gesundheitswesens steht das 1972 verabschiedete Krankenhausfinanzierungsgesetz. Oft dieselben Stimmen, die es dankbar begrüßten, sagen heute, daß es in seiner Grundkonzeption falsch sei. Durch seine duale Finanzierungsform sei einer Fehlentwicklung Vorschub geleistet worden, bei der es zwangsläufig zu der gegenwärtigen Misere habe kommen müssen. Diese Schuldzuweisung ist mir zu einfach, zu unkritisch, weil dabei völlig das Verhalten derjenigen außer acht gelassen wird, an die sich das Gesetz richtet.

Grundprinzipien des KHG sind die wirtschaftliche Sicherung der Krankenhäuser, eine bedarfsgerechte Versorgung der Bevölkerung mit leistungsfähigen Krankenhäusern und sozial tragbare Pflegesätze. Obgleich das Gesetz keinem dieser Ziele Priorität zuweist — das KHG stellt sie gleichrangig nebeneinander —, spielt die bedarfsgerechte Versorgung mit leistungsfähigen Krankenhäusern die dominierende Rolle, denn nur über eine streng am Bedarf orientierte Krankenhausversorgung sind die übrigen Ziele überhaupt erreichbar.

Die Bettenzahl und ihre Verteilung auf Fachdisziplinen am Bedarf auszurichten, ist ein hoher Anspruch. Er wird aber, wenn man auf Dauer leistungsfähige und finanzierbare Krankenhäuser vorhalten will, auch nicht durch eine wie auch immer geartete gesetzliche Neuregelung kleiner. Allgemein sind die Länder, denen die Bedarfsplanung übertragen ist, diesem hohen Anspruch nicht gerecht geworden.

Es ist nicht zu verkennen, daß die Planungsbehörden beim Einstieg in die Planung Neuland betraten. Gesicherte Erkenntnisse darüber, wie der Bedarf zu ermitteln ist, lagen seinerzeit nicht vor und fehlen teilweise auch heute noch. Von daher ist es verständlich, daß man sich zu Anfang darauf beschränkte, die Planung weitgehend am Ist-Zustand zu orientieren. Zur damaligen Zeit entsprach dies eindeutig auch dem vorrangigen Interesse an der Erhaltung des Bestehenden.

Unverständlich ist aber, daß auch nach über 10 Jahren, in denen durchaus neue, für die Planung verwertbare Erkenntnisse gewonnen werden konnten und in denen Folgeerscheinungen, die sicher nicht mit dem Planungsziel beabsichtigt waren, offenkundig wurden, die Planungsbehörden an der bisherigen Planungsmethodik festgehalten haben. Beispielhaft für eingetretene Entwicklungen, die zu einer Veränderung der für die stationäre Versorgung maßgeblichen Bedarfsgrößen geführt haben, bei der Fortschreibung der Bedarfspläne aber nicht gebührend berücksichtigt wurden, seien hier die Errichtung von Sozialstationen und auch die Zunahme von Kassenarztpraxen erwähnt. Mit Sicherheit haben die Planungsbehörden Entwicklungstendenzen dieser Art auch als für die Bedarfsplanung relevant erkannt, vielfach konnten sie aber darauf, wenn überhaupt, nur bedingt und insgesamt gesehen nur unbefriedigend reagieren. Der Realisierbarkeit der Maßnahmen, die als Reaktionen notwendig gewesen wären, waren meist enge Grenzen politischer Natur gesetzt. Erstaunlich ist immer wieder zu beobachten, welche breite Übereinstimmung in der Öffentlichkeit erzielt werden kann, wenn z.B. ein Eingriff in den Bettenbestand ansteht. Wünschenswert wäre eine gleichgroße Einsicht insbesondere bei den politischen Gruppierungen in die Notwendigkeit, auch unpopuläre Einzelmaßnahmen zur Erhaltung und Finanzierbarkeit einer leistungsfähigen Krankenhausversorgung insgesamt durchzusetzen.

Allein daraus, daß die Planung den Strukturveränderungen in der Krankenversorgung nicht Rechnung getragen hat und mitunter auch nicht konnte, läßt sich ableiten, daß bis zur Gegenwart mehr Betten vorgehalten werden, als es die Bedarfssituation erfordert. Auch wenn diese Feststellung verschiedentlich, wenn auch meist aus verständlichem Eigeninteresse, bestritten wird; erhärtet wird sie m.E. dadurch, daß in den Jahren nach Inkrafttreten des KHG, in denen sich die Haushaltslage der öffentlichen Hand noch günstiger als derzeit darstellte, insbesondere der Neubau von Krankenhäusern kräftig vorangetrieben wurde, obwohl zuverlässige Prognosen über ihre künftige Auslastung nicht mit ausreichender Sicherheit gestellt werden konnten. Am Ende dieser Entwicklung steht ein Bettenüberhang, dessen finanzielle Folgen im Hinblick auf die wirtschaftliche Gesamtsituation ein beängstigendes, nicht länger vertretbares Ausmaß angenommen haben.

Betroffen hiervon ist die öffentliche Hand als Träger der Investitionskosten ebenso wie der Benutzer bzw. seine Versichertengemeinschaft als Träger der Benutzerkosten. Vergegenwärtigt man sich die Probleme, vor die sich die öffentliche Hand schon seit längerem gestellt sieht und für die Lösungen auch in naher Zukunft nicht in Aussicht stehen, so ist es nicht verwunderlich, daß vor allem von dieser Seite das duale Finanzierungssystem in Frage gestellt wird. Erste Schritte in Richtung einer Abkehr vom bisherigen dualen Finanzierungssystem hat die öffentliche Hand bereits getan. So hat der Bund sich schon frühzeitig eines großen Teils seiner Verpflichtungen entledigt. Auch die Länder versuchen zunehmend, sich durch Verlagerung von Kosten vom Investitionssektor in den vom Pflegesatz abzudeckenden Benutzerbereich zu entlasten.

In gleichem Maße wie sich über Jahre ein Bettenüberhang aufgebaut hat, hat dieser zu einer instrumentellen Überkapazität geführt und im Gefolge davon einen zusätzlichen Bedarf an Re-Investitionen geschaffen. Beides hat wegen knapper Kassen der Länder wesentlich zu dem schon eingangs zitierten Investitionsstau oder besser gesagt Antragsstau, der allgemein auf 12 bis 15 Milliarden DM beziffert wird, beigetragen — Entwicklungen, die das Interesse der Länder an einer Modifizierung des jetzigen Finanzierungssystems verstärken. In Konsequenz solcher Bestrebungen bleibt nur eine gänzliche oder teilweise Überwälzung auf den Benutzerbereich zu erwarten. Gelöst ist damit die Gesamtproblematik aber keineswegs, weil in diesem Falle sich zwangsläufig erheblich höhere Pflegesätze ergeben müßten. Dies bedeutete wiederum für die Krankenkassen, bei denen schon jetzt die Ausgaben für Krankenhauspflege rund ein Drittel ihrer gesamten Leistungsaufwendungen ausmachen und die von einer solchen Regelung am stärksten betroffen wären, die Notwendigkeit einer u.U. drastischen Anhebung ihrer ohnehin überwiegend zu hohen Beitragssätze. Was unsere Wirtschaft in der augenblicklichen Situation aber am wenigsten gebrauchen kann, sind zusätzliche Belastungen.

Es bedarf keiner grundlegenden Neuerungen im Finanzierungssystem, denn kein Finanzierungssystem allein kann die Problematik lösen, vielmehr gilt es, die Lösung dort zu suchen, wo die Probleme ihren Ursprung genommen haben. Um es deutlich auszusprechen, es kommt in erster Linie darauf an, den Bettenüberhang als die Wurzel des Übels anzuerkennen und zu beseitigen. Hier schließt sich der Kreis zu meinen anfänglichen Ausführungen, mit denen ich versucht habe darzulegen, welch hohem Anspruch eine Planung gerecht werden muß, die ein am tatsächlichen Bedarf ausgerichtetes System leistungsfähiger Krankenhäuser sicherstellen und auf Dauer finanzierbar halten soll. Einem solchen Anspruch kann sie am ehesten dann genügen, wenn alle am Krankenhauswesen Beteiligten entsprechend ihrer Verantwortung und ausgestattet mit dem Recht einer echten Mitwirkung in die Planung eingebunden werden. Insoweit wäre eine Änderung des KHG geboten, zumal in diesem Falle eher davon ausgegangen werden könnte, daß die Ergebnisse der Planung selbst ein höheres Maß an Zustimmung finden. Auch unpopuläre Maßnahmen hätten mehr Aussicht, in die Realität umgesetzt zu werden. Dies aber nur dann, wenn alle Beteiligten die erforderliche Einsicht zeigen. Vielleicht auch ein zu hoher Anspruch?

Die Feststellung, daß es keiner grundlegenden Neuerungen im Finanzierungssystem bedarf, soll nicht besagen, daß die bisherige Regelung in allen Teilen befriedigen kann. Bei Änderungen und Verbesserungen, welche Teilbereiche sie auch immer betreffen, ist jedoch strikt an dem bisherigen gesellschaftspolitischen Grundsatz festzuhalten, daß die Vorhaltung von Krankenhäusern eine öffentliche Aufgabe ist. Denn so wie es allgemein anerkannt ist, daß die Gemeinschaft der Bürger mit ihren Steuergeldern Schulen, Verkehrseinrichtungen usw. unterhält, so darf es keinen Zweifel daran geben, daß auch Krankenhäuser von der öffentlichen Hand bereitzustellen sind. Die Bereitstellung von Krankenhäusern ist eine dem Gemeinwohl dienende Aufgabe — deshalb ist es nur logisch und gerecht, wenn die dazu erforderlichen Mittel als Gemeinlast von allen getragen werden. Ebenso ist es folgerichtig, daß derjenige, der das Krankenhaus in Anspruch nimmt, die Kosten für die Benutzung aufbringen muß. Dazu gilt es aber, Vorhalte- und Benutzerkosten streng voneinander zu trennen. Insoweit ist sehr wohl eine neue gesetzliche Regelung zu fordern, mit der die öffentliche Hand und der Benutzer als Kostenträger beharrlich in die Pflicht genommen werden; die öffentliche Hand ohne Abstriche für den Bereich der Vorhaltung und der Benutzer ausschließlich für die Inanspruchnahme. In letzter Konsequenz hat es an einem solchen Bekenntnis der öffentlichen Hand bisher gefehlt. Die Folge davon war, daß teilweise Investitionskosten entweder über den Pflegesatz zu Lasten des Benutzers finanziert werden mußten oder aber den Krankenhäusern entsprechende Verluste entstanden sind.

Nachdem ich mich bis dahin vorwiegend mit der Bedarfsplanung und dem Problem der Abgrenzung von Investitions- und Benutzerkosten befaßt habe, möche ich mich jetzt einem Problemkreis zuwenden, der in der Öffentlichkeit weit mehr mit Besorgnis diskutiert wird. Gemeint ist die Entwicklung der Pflegesätze und die sie bestimmenden Ursachen. Nach der derzeit geltenden Rechtslage müssen die öffentliche Förderung und die Erlöse aus den Pflegesätzen zusammen die Selbstkosten eines sparsam wirtschaftenden und leistungsfähigen Krankenhauses decken. Damit ist grundsätzlich den Krankenhäusern die volle Erstattung ihrer Selbstkosten garantiert. Eingeschränkt ist diese Garantie nur insoweit, als der Anspruch der Krankenhäuser auf Erstattung der Selbstkosten auf die Kosten eines sparsam wirtschaftenden Krankenhauses begrenzt ist. Die Kostenträger haben von Anfang an Bedenken gegen diese Regelung geltend gemacht, die einseitig die Selbstkostendeckung favorisiert. Sie haben auch eindringlich vor den Folgen gewarnt, die eine gesetzlich garantierte und durch die Verwendung unbestimmter Rechtsbegriffe nur unzulänglich eingeschränkte Selbstkostenerstattung auf die Wirtschaftlichkeit im Krankenhaus erwarten läßt.

Leider sieht man sich heute durch die zwischenzeitlich eingetretene Entwicklung in den damals geäußerten Befürchtungen bestätigt. Es ist deutlich geworden, daß das Selbstkostendeckungsprinzip nicht in ausreichendem Maße Anreize für ein wirtschaftliches Handeln geboten hat. Mehr noch: Die Praktizierung des Selbstkostenprinzips hat letztlich zum Ergebnis geführt, daß vielfach nicht die Realisierung von Kosteneinsparungen im Vordergrund des Handelns stand, sondern der Nachweis von Kosten. Deshalb drängt sich mehr denn je die Frage auf, ob das Selbstkostendeckungsprinzip in der jetzigen Form beibehalten werden kann.

Ich meine nein. Man wird nach Möglichkeiten suchen müssen, die das Interesse der Krankenhäuser an mehr Wirtschaftlichkeit verstärken und die gleichzeitig eine insgesamt leistungsfähige und finanzierbare Krankenhausversorgung gewährleisten. Ideal wäre eine mehr oder ausschließlich auf die Leistungen bezogene Vergütungsform. Für eine kurzfristige Umsetzung einer solchen Vergütungsform fehlen allerdings zur Zeit die Voraussetzungen, weil keine konkreten und gesicherten Kriterien zur Beurteilung und Bewertung von Krankenhausleistungen vorhanden sind. Eine alternative Lösung, mit der sich schon in naher Zukunft beide Zielsetzungen weitgehend realisieren ließen — nämlich die Förderung der Wirtschaftlichkeit auf der einen Seite und die Verhin-

derung weiterer Überforderungen der Benutzer auf der anderen
Seite —, könnte ein sogenanntes Budgetsystem sein. Auf jeden
Fall erscheint es der Diskussion wert. Ich will es kurz vorstellen,
damit es nicht nur als Begriff im Raum steht.

Bei einer Budgetierung kann es auch weiterhin bei voll pauscha-
lierten Pflegesätzen zur Finanzierung der Benutzerkosten bleiben. Eine Änderung tritt nur insoweit ein, als der Pflegesatz den
Charakter einer Festvorgabe erhält, deren Verbindlichkeit nicht
mehr wie bisher durch einen nachträglichen Verlustausgleich in
Frage gestellt werden kann. Damit der Vorgabecharakter in vollem Umfange gewahrt ist, wird der Pflegesatz vor Beginn der
Periode, für die er gelten soll, festgelegt. Zu diesem Zweck analy-
sieren und bewerten die Vereinbarungspartner die auf der Grundlage der Ist-Kosten des laufenden Geschäftsjahres aufgestellten
Rechnungsergebnisse, wobei selbstverständlich den individuellen Gegebenheiten des einzelnen Krankenhauses Rechnung zu
tragen ist. Die darauf aufbauende Budgetierung hat sodann alle
kostenverursachenden bzw. pflegesatzrelevanten Faktoren zu
berücksichtigen, die kurz- und mittelfristig den Haushalt des
Krankenhauses bestimmen. Dabei ist an die Entwicklung der
Lohn- und Gehaltstarife, der Sachgüterpreise, der Verweildauer
und Patientenzahl ebenso zu denken wie auch an die Entwicklung der medizinisch-technischen Leistungsfähigkeit.

Hat man sich danach im voraus verbindlich auf einen Pflegesatz
geeinigt, so sind Abweichungen davon nur zulässig, wenn
bestimmte und zuvor festgelegte eingeschränkte Bedingungen
erfüllt sind. Die Betriebsgewinne, die das Krankenhaus dann
erzielt, wenn es mit geringeren Mitteln auskommt, als das Kosten-
budget vorsieht, sollen ihm ebenso verbleiben wie es die selbst
verursachten Betriebsverluste zu tragen hat. Denn nur unter dieser Voraussetzung ergibt es für die Krankenhäuser überhaupt
einen Sinn, ihre Bemühungen um eine sparsame Wirtschaftsführung zu verstärken. Anzustreben ist letztlich ein Finanzierungssystem, das dem wirtschaftlich arbeitenden Krankenhaus Möglichkeiten der Gewinnerzielung und -einbehaltung eröffnet.

Aus Erfahrungen, die ich in zahlreichen Pflegesatzverhandlungen sammeln konnte, weiß ich, welchen Schwierigkeiten sich die
Krankenhausverwaltung manchmal gegenübergestellt sieht,
wenn es darum geht, Forderungen aus ökonomischen Gründen
zurückzuweisen, die an sie aus den verschiedenen Bereichen
herangetragen werden. Ich könnte mir gut vorstellen, daß den
verantwortlichen Leitern der Verwaltung mit der vorgeschlagenen Regelung der Rücken gestärkt wird und sie dadurch in die
Lage versetzt werden, alles zu tun, die Kostenentwicklung in den
vorgegebenen Grenzen zu halten. Herrschte bislang überwiegend die Auffassung vor, daß das bestehende hohe Leistungsniveau nur durch den Einsatz zusätzlicher finanzieller Mittel
aufrecht erhalten werden kann, so setzt sich vielleicht bei einer

derartigen Pflegesatzregelung allgemein die Erkenntnis durch, daß dieses Ziel auch erreicht werden kann, wenn zunächst und vor allem die zweifellos im Krankenhaus vorhandenen Leistungsreserven mobilisiert werden.

Verbesserungsbedürftig sind aus der Sicht der Kostenträger auch die verfahrenstechnischen Regelungen, nach denen sich die Pflegesatzfestsetzung bislang vollzieht. Zwar sollten die Pflegesätze wie bisher auch künftig zwischen Krankenhausträgern und Versicherungsträgern vereinbart werden, allerdings erscheint es aus grundsätzlichen Erwägungen nicht vertretbar, weiterhin an der Regelung festzuhalten, wonach die Länder über die Höhe des Pflegesatzes entscheiden, wenn sich die Beteiligten hierüber nicht einigen können. Diese Regelung verstößt, da die Länder selbst Träger von Krankenhäusern sind, gegen die Erfordernisse eines gerechten Interessensausgleichs. Die Krankenkassen fordern seit langem eine Konfliktlösung, nach der eine aus Vertretern der Versicherungsträger und der Krankenhausträger zusammengesetzte Schiedsstelle bei Nichteinigung die abschließende Entscheidung über die Höhe des Pflegesatzes trifft. Bei einer Reform des Krankenhausfinanzierungsgesetzes sollte die Gelegenheit nicht ausgelassen werden, diese aus sachlichen Gründen gebotene Änderung des Verfahrens der Pflegesatzfestsetzung vorzunehmen.

Lassen Sie mich abschließend noch einige Worte zu den kommunalen Krankenhäusern sagen. Zweifellos bilden die kommunalen Krankenhäuser die Basis der Krankenhausversorgung in der Bundesrepublik, weil sie die Versorgung der Bevölkerung im regionalen Bereich, der gegenüber sich der Träger in besonderem Maße verpflichtet fühlt, sicherstellen. Mit der Sicherstellung der stationären Versorgung im regionalen Bereich erfüllen die Gemeinden eine verdienstvolle und zugleich risikoreiche Aufgabe. Bei Anerkennung aller Verdienste der Kommunen in diesem Bereich erlauben Sie mir dennoch einige kritische Anmerkungen:

Die Pflegesätze der kommunalen Krankenhäuser liegen meist über denjenigen vergleichbarer Krankenhäuser in freigemeinnütziger Trägerschaft. Trotzdem klagen besonders die kommunalen Krankenhäuser über Defizite aus dem Benutzerbereich. Vorherrschender Streitpunkt in den Pflegesatzverhandlungen war und ist noch immer — allerdings mit abnehmender Tendenz — der Personalbestand. Man kann sich des Eindrucks nicht erwehren, daß in den für die Personalentscheidungen zuständigen Gremien nicht immer genügend beachtet wird, daß nicht alle Selbstkosten über den Pflegesatz zu finanzieren sind, sondern nur die eines sparsam wirtschaftenden und leistungsfähigen Krankenhauses. Oft erscheint auch die Entscheidungsfindung insgesamt zu schwerfällig. Zu beobachten ist, daß die Krankenhausverwalter vielfach nicht mit der notwendigen Kompetenz ausgestattet sind, die ein flexibles und situationsgerechtes Handeln ermöglicht. Dies ist aber für die Funktionsfähigkeit eines nach betriebswirtschaftlichen Grundsätzen zu führenden Krankenhauses unabdingbare Voraussetzung. In unserer Zeit brauchen die Krankenhäuser ein nach den Prinzipien der Wirtschaft agierendes Management.

Meine sehr geehrten Damen und Herren! Dieser Arbeitskreis steht unter dem Motto „Die Krankenhäuser gesund erhalten". Lassen Sie mich ein letztes Wort noch dazu sagen: Daß eine nachhaltige Gesundung unseres Krankenhauswesens nottut, ist unbestritten. Der Heilungsprozeß sollte aber nicht mit dem Ruf nach mehr Geld eingeleitet werden, sondern am Anfang der Therapie muß das verstärkte Bemühen stehen, Übereinstimmung zwischen dem für die stationäre Versorgung Notwendigen und dem wirtschaftlich Möglichen herzustellen. Gewiß eine schwierige, in Partnerschaft vor allem zwischen Krankenhäusern und Krankenkassen, aber — wie ich meine — lösbare Aufgabe.

Vielen Dank!

Aussprache

Die von OStD *Schmitt,* Neuss, geleitete Aussprache geht von der schriftlichen Vorlage der Hauptgeschäftsstelle sowie den einführenden Referaten der Herren Prof. Dr. Müller, Deutsche Krankenhausgesellschaft, und Utter, Ortskrankenkassen Saarland, aus. Die Diskussion ist vor allem geprägt durch die derzeitigen Finanzierungsprobleme der Krankenhäuser, von denen einerseits die Beibehaltung ihres hohen Leistungsniveaus erwartet wird, auf die jedoch andererseits ein immer stärkerer Kostendruck ausgeübt wird. Wegen der z.T. gegensätzlichen Standpunkte der Krankenhausträger und Krankenkassen zur Neuordnung der Krankenhausfinanzierung ist die Einigung auf ein gemeinsames Konzept wenig wahrscheinlich. Die von den kommunalen Spitzenverbänden entwickelten Grundsatzpositionen für eine neue gesetzliche Regelung wollen durch eine vorsichtige Modifizierung des geltenden Systems zur Lösung der gegenwärtigen Probleme beitragen.

Im einzelnen wird folgendes vorgetragen:

StD *Lentz,* Düren, warnt davor, durch Appelle an den Gesetzgeber noch stärkere Reglementierungen als nach dem geltenden Recht zu riskieren. Er fragt, ob es nicht auch heute möglich sei, ein Krankenhaus kostendeckend zu führen. Wenn man bereit sei, herkömmliche Strukturen in Frage zu stellen und Wege zu gehen, die nicht immer kommunalpolitisch opportun erscheinen, sei s.E. diese Frage zu bejahen. Er hätte sich daher ein weiteres einleitendes Referat vorstellen können, in dem aus der Sicht eines Trägers am Beispiel eines von ihm geführten Hauses dargelegt worden wäre, daß man auch heute besser zurechtkommen könne, als häufig der Eindruck vermittelt werde. Das ursprünglich als Zweck-verband geführte Dürener Krankenhaus mit 600 Betten sei in eine GmbH überführt worden. Diese Gesellschaftsform habe s.E. viele Vorteile, wie auch die wirtschaftlichen Ergebnisse bewiesen. Während noch 1977 eine Unterdeckung von 5,5 Mill. DM ausge-wiesen worden sei, habe man 1981 sogar mit einem kleinen Gewinn abschließen können. Die Krankenkassen könnten in den Pflegesatzverhandlungen nicht mehr den Einwand erheben, die Kommune stehe hinter dem Krankenhaus und könne entstan-dene Verluste ausgleichen. Der Aufsichtsrat sei an die Stelle des Rates und seiner Ausschüsse getreten. Dies habe zu einer Ver-kürzung der Entscheidungsprozesse und besserer Verhand-lungsdichte bei zu treffenden Entscheidungen geführt. Es dürfe keine beamteten Ärzte mehr geben. Des weiteren sei die Fest-schreibung der Abteilungs-Bettenzahlen ein für allemal beseitigt worden. Es komme darauf an, die Motivation aller Verantwort-lichen zu stärken. Er spreche aus der Erfahrung eines in ver-schiedenen Funktionen (Stadtdirektor, Verbandsvorsteher und Geschäftsführer) seit über 15 Jahren im Krankenhauswesen Tätigen.

Geschäftsführerin *Peretzki-Leid,* Hauptvorstand der Gewerk-schaft ÖTV, weist auf die Schwierigkeiten hin, in Pflegesatzaus-einandersetzungen die Wirtschaftlichkeit eines Krankenhauses zu beurteilen. Ihres Erachtens seien bei gerichtlichen Anfechtun-gen der Pflegesatzfestsetzungen die Richter überfordert. Zur Krankenhausbedarfsplanung vertritt sie die Ansicht, man habe in der Vergangenheit über den Bedarf hinaus gebaut. Die ÖTV unterstütze die Forderung der Krankenkassen, daß der Selbstver-waltung der Kassen mehr Mitbestimmung in der Bedarfsplanung eingeräumt werden müsse. Außerdem trete die ÖTV dem Antrag der Krankenkassen bei, den Pflegesatz von benutzerfremden Kosten — wie z.B. Ausbildungs- und bestimmten Vorhaltekosten, hier insbesondere in kommunalen Häusern — zu entlasten. Was die Personalbesetzung anbelange, fordert sie die Krankenkassen auf, in die Krankenhäuser zu gehen und mit dem Personal zu sprechen. Wegen der knappen Besetzung sei das Krankenhaus-personal heute überaus stark belastet. Die Situation im Personal-sektor dürfe nicht weiter verschlechtert werden. Es müsse auch ein Anliegen aller am Gesundheitswesen Beteiligten sein, die Beschäftigten im Krankenhaus gesund zu erhalten.

Stadtkämmerer *Dr. Klein,* Duisburg, setzt sich als Vorsitzender der Betriebsleitung zweier städtischer Häuser, die in Form des Eigenbetriebes geführt werden, für den weiteren Fortbestand der Ausbildungsstätten an den Krankenhäusern ein. Das Land habe sich weitgehend aus der Finanzierung herausgestohlen. Die Ein-beziehung der Kosten für die Ausbildungsstätten in die Pflegesätze funktioniere in den meisten Fällen nicht, weil sich die Kassen verweigerten. Die Stadt könne die Defizite nicht tragen. In Anbetracht der Jugendarbeitslosigkeit dürfe man es aber auf keinen Fall soweit kommen lassen, daß Ausbildungsstätten geschlossen würden und damit Ausbildungsplätze verlorengingen. Die Krankenhausträger kämen daher nicht umhin, von den Schülern ein Entgelt (Schulgeld) zu fordern. Das Land mache es sich dagegen bei der Hebammenausbildung mit der Erhebung einer entsprechenden Umlage leicht. Wenn dies auch bei den anderen Ausbildungen am Krankenhaus möglich wäre, sei die Finanzierung gelöst. Nicht nur die kommunalen Krankenhäuser hätten Finanzierungsprobleme, sondern — wie er festgestellt habe — auch Häuser in freigemeinnütziger Trägerschaft. Diese kämen auf die Stadt mit der Bitte zu, Zuschüsse zu zahlen. Er halte die kommunalen Häuser nicht für besonders teuer. Es müsse berücksichtigt werden, daß gerade die kommunalen Krankenhäuser sehr aufwendige Leistungen erbringen und damit auch teure Einrichtungen vorhalten müßten. Das kommunale Krankenhaus sei häufig ein „gläsernes" Haus, das alle Kosten exakt nachzuweisen habe. Dagegen seien häufig in freigemeinnützigen Häusern die Kostenstrukturen nicht nachzuvollziehen. Wenn man zu mehr Wirtschaftlichkeit im Krankenhaus kommen wolle, solle man den vollpauschalierten Pflegesatz aufgeben. In seinem Haus gebe es ein ausgereiftes Kostenrechnungssystem. Er ermutige die Krankenkassen, auf dieser Grundlage mit den Trägern zu verhandeln. Bei den Pflegesatzverhandlungen müßten die Vorjahresgewinne ebenso wie die entsprechenden Verluste in den neu zu vereinbarenden Pflegesätzen berücksichtigt und ausgeglichen werden.

Stadtverordneter *Kralemann*, Recklinghausen, schildert die Situation aus der Sicht eines im Krankenhaus tätigen Arztes. Er bedauert, daß die Diskussion zu pauschaliert geführt werde, ohne Einblick in die Arbeit der einzelnen Häuser zu nehmen. Das treffe insbesondere bei dem Problem des Bettenüberhangs zu. Die Abteilung, in der er arbeite, sei z.B. im Durchschnitt des Jahres zu 92 Prozent ausgelastet. Die Folge dieser hohen durchschnittlichen Auslastung sei, daß in Monaten, in denen die Krankenhäuser stark belegt seien, der Tagesraum mit 5 bis 8 Betten vollstehe. Es sei sicherlich von Vorteil, wenn die Betten fachübergreifend belegt werden könnten. Während es zeitweilig die Tendenz gegeben habe, das Belegarztsystem abzuschaffen, hole man heute aus krankenhauspolitischen Gründen wieder mehr Belegärzte in die Krankenhäuser, um die Betten zu belegen. Der sog. „Bayern-Vertrag" habe dazu geführt, daß praktisch nur noch schwierige Fälle ins Krankenhaus kämen. Man müsse sehr häufig mit den niedergelassenen Ärzten telefonieren, um die dort gestellten Diagnosen richtigzustellen. Auf diese Weise verbringe er häufig Stunden am Telefon, um Dinge geradezurücken. Zum Thema Doppeluntersuchungen, die nach dem Bayern-Vertrag in den

Krankenhäusern vermieden werden sollten, sei anzumerken, daß es häufig schwer sei, sich auf die Kurzfassung der Berichte der niedergelassenen Ärzte bei der weiteren Behandlung der Patienten zu verlassen, ohne selbst eine eingehende Untersuchung vorzunehmen.

StD *Schwering*, Wolfsburg, bezeichnet die Wahl der richtigen Betriebsform als wesentliche Voraussetzung für ein selbständiges und wirtschaftliches Handeln der Krankenhäuser. Leider sei es in Niedersachsen bisher nicht möglich, wie in Nordrhein-Westfalen das Krankenhaus in Form eines Eigenbetriebes oder einer Eigengesellschaft zu führen. Krankenhäuser müßten in einer Betriebsform geführt werden, die selbständiges Handeln nach den jeweiligen Vorgaben des Trägers erlaube, ohne daß alle Ämter in das Betriebsgeschehen mit hineinreden könnten. Seines Erachtens werde man in Zukunft nicht mehr jede neue technische Möglichkeit ausschöpfen und umsetzen können. In den nächsten Jahren werde immer mehr die Frage zu entscheiden sein, ob wir nicht zu einer Leistungseingrenzung kommen müssen.

Beig *Dr. Happe*, Deutscher Städtetag, Köln, nimmt zu einigen Einzelthemen der Beratungen Stellung. Er störe sich ebenfalls an der pauschalen Behauptung, es gebe viel zuviel Betten in der Bundesrepublik. Niemand könne genaue Angaben zu der Höhe machen. Ständig würden neue und meist höhere Zahlen in die Öffentlichkeit gebracht. Zur Versachlichung der Diskussion sollten die Länder hierzu genauere Feststellungen treffen. Wenn in die Pflegesätze Teile aus dem Investitionsbereich eingerechnet würden, wie es die kommunalen Spitzenverbände forderten, komme es nicht zu einem massiven Anstieg der Pflegesätze. Dies hätten Beispielsberechnungen ergeben. Eine gemeinsame Aushandlung der Pflegesätze zwischen Krankenhäusern und Krankenkassen unter gänzlicher Ausschaltung der Länder als Festsetzungsbehörden bei gleichzeitiger Einrichtung von Schiedsstellen, wie es die Krankenkassen wünschten, würde den Krankenhäusern keine Vorteile bringen. Strukturen, wie es sie im niedergelassenen Bereich gebe, könnten nicht ohne weiteres auf den Krankenhaussektor übertragen werden, da hier andere Voraussetzungen vorlägen. Die bisherigen Strukturen im Krankenhauswesen sollten nicht aufgegeben werden, da sich insbesondere auch die freien Träger nicht in neue Zwänge bringen lassen würden. Wenn, wie von den Krankenkassen vorgeschlagen, künftig bei den Pflegesatzverhandlungen ein Budget für die Zukunft ausgehandelt werden solle, müsse gewährleistet sein, daß darin alle Kosten berücksichtigt würden, die dem Krankenhaus bei der Erbringung seiner Leistungen entstünden. Die zuvor angesprochene Frage der Finanzierung der mit den Krankenhäusern notwendigerweise verbundenen Ausbildungsstätten solle nochmals schwerpunktmäßig in die Beratungen auf Bundes- und Landesebene eingebracht werden.

Landesdirektor *Dr. Pünder,* Landeswohlfahrtsverband Hessen, berichtet, in seinem Bereich seien eine erhebliche Anzahl von psychiatrischen Betten abgebaut worden. Bis 1985 würden weitere Reduzierungen vorgenommen. Der Bedarf nach Leistungen sei vorhanden; nur strukturiere er sich heute um. Je mehr ambulante und teilstationäre Dienste es gebe, um so weniger Betten würden benötigt. Bundeskanzler Kohl habe heute morgen erklärt, daß er sich für eine versicherungsrechtliche Absicherung des Pflegerisikos einsetzen werde. An dieser Aussage sollte die Bundesregierung festgehalten werden.

Stellv. Bürgermeisterin *Tzschachmann,* Iserlohn, meint, es müsse heißen „Krankenhäuser gesund und menschlich erhalten". In diesem Zusammenhang sollten vor allem die Anhaltszahlen für das Pflegepersonal überdacht werden. Sie gehöre dem Wirtschaftsrat eines evangelischen Krankenhauses an und kenne die Schwierigkeiten eines Hauses mit knappem Personal. Es komme darauf an, daß der Kranke im Krankenhaus auch Mensch bleibe und nicht nur an die von ihm verursachten Kosten gedacht werde.

Beig *Dr. Wiese,* Neuss, bedauert, daß die Ambulanzen in den Krankenhäusern rückläufig seien. Wenn sich diese Tendenz fortsetze, entwickle sich ein Zwei-Klassen-System, in dem der Privatversicherte sich den Besuch des Chefarztes leisten könne, der Kassenpatient aber nicht. Die Krankenhäuser könnten ihre Einrichtungen besser auslasten, wenn sie auch Ambulanzen betreiben dürften. Er halte dies aus wirtschaftlichen und sozialen Gesichtspunkten für wichtig. Er beklagt, daß heute in der öffentlichen Diskussion die sparsamen Krankenkassen gefeiert und gleichzeitig die „bösen" Krankenhäuser beschimpft würden. Sowohl kommunale als auch freigemeinnützige Häuser bemühten sich, wirtschaftlich zu arbeiten. Es dürfe nicht vergessen werden, daß die im Pflegesatz enthaltenen 70 Prozent Personal- und Lohnkosten den Krankenhäusern von außen aufgenötigt würden. Die Krankenhäuser müßten endlich aus der Buhmann-Rolle heraus, dies auch in der Öffentlichkeit.

Herr *Schenk,* Diakonisches Werk der Evangelischen Kirche Deutschlands, Stuttgart, spricht sich für eine Partnerschaft, nicht aber für Konkurrenz zwischen freigemeinnützigen und kommunalen Häusern aus. Die Probleme, die auf die Krankenhäuser zukämen, seien so drängend, daß sie nur gemeinsam von allen Gruppen, z.B. über die Deutsche Krankenhausgesellschaft, angegangen werden könnten. Alle Krankenhäuser hätten gemeinsam die Sorge einer ausreichenden Finanzierung sowie zunehmender Eingriffe in die Selbstverwaltung. Gerade letzteres Problem sei auch von den Landeskrankenhausgesellschaften als gemeinsames Problem aller Träger erkannt worden, und man sei darum bemüht, zu einer Klärung zu kommen. Ca. 40 Prozent der Häuser in der Bundesrepublik befänden sich in freigemeinnütziger Trägerschaft. Dies zeige, daß es den freien Häusern nicht möglich sei, nur kostengünstige Fachdisziplinen auszuwählen. Weil es in vielen Städten keine kommunalen Krankenhäuser gebe, müßten dort die freigemeinnützigen Häuser die Sicherstellung der Bevölkerung mit Krankenhausleistungen allein wahrnehmen. In Nordrhein-Westfalen betrage der Anteil der freigemeinnützigen Häuser sogar zwei Drittel. Die kirchlichen Häuser nähmen nicht das Primat der Wirtschaftlichkeit, Sparsamkeit und Menschlichkeit für sich allein in Anspruch. Wie ein Krankenhaus arbeite, hänge von den dort tätigen Menschen ab. Insofern müsse es keine Unterschiede zwischen kirchlichen und kommunalen Häusern geben. Die Diakonie sei gern bereit, mit den kommunalen Krankenhäusern in allen Fragen im Sinne einer intensiven Partnerschaft eng zusammenzuarbeiten.

Dipl.-Ing. *Heymanns,* Bund Deutscher Architekten, Frankfurt, geht auf den Investitionsstau ein, der für die Bundesrepublik auf ca. 15 Mrd. DM beziffert wird, und zweifelt die Höhe an. Diese Anträge sollten streng auf ihre Dringlichkeit und Nützlichkeit hin überprüft werden. Da die Planungen in der Praxis um so besser seien, je größere Entscheidungskompetenzen das Krankenhaus selbst habe, rege er an, die entsprechenden Voraussetzungen zu schaffen. Es habe sich als schlecht erwiesen, wenn Planungen sowie Baumaßnahmen auf die Schnelle durchgeführt werden müßten. Zielplanungen müßten grundsätzlich langfristig erstellt werden.

Stadträtin *Keßler,* Heidenheim, ist interessiert zu erfahren, ob sich die kürzlich eingeführte Eigenbeteiligung für den Krankenhausaufenthalt in Höhe von 5,— DM finanziell für die Krankenkassen lohne.

Geschäftsführer *Bölke,* Hessische Krankenhausgesellschaft, geht nochmals auf den Antragsstau in der Bundesrepublik ein. Er bestreitet nachdrücklich, daß die ermittelten Zahlen zu niedrig gegriffen seien. Richtig sei, daß eine Fülle von Krankenhäusern wegen der Aussichtslosigkeit erst gar keine Anträge gestellt hätten. Er sehe daher keinen Grund, die Höhe von 15 Mrd. DM in Zweifel zu ziehen, zumal die meisten Anträge auch bereits von den zuständigen Landesbehörden als bedarfsgerecht anerkannt worden seien.

OStD *Schmitt* dankt für die Diskussionsbeiträge und bittet die beiden Referenten um abschließende Stellungnahmen.

Hauptgeschäftsführer *Prof. Dr. Müller,* Deutsche Krankenhausgesellschaft, stellt zu dem Investitionsstau fest, daß es sich hierbei insbesondere um Investitionsmaßnahmen handele, die sich, da sie nicht realisiert werden können, nachteilig auf den Pflegesatz niederschlagen. Das Problem des Antragsstaus müsse in irgendeiner Form bewältigt werden. Die DKG habe daher vorgeschlagen, die kurz- und mittelfristigen Investitionen über den Pflegesatz zu finanzieren. Da die Investitionskosten nur ca. 15

Prozent der Gesamtkosten des Krankenhauses ausmachten und davon auch nur ein Teil auf den kurz- und mittelfristigen Bereich entfalle, dürften die Pflegesatzsteigerungen nicht allzu hoch sein. Er habe jedoch Bedenken, ob man mit den Krankenkassen hier zu einem Konsens kommen könne. Es bleibe abzuwarten, ob mit der Änderung des Krankenhausfinanzierungsgesetzes eine Besserung erreicht werden könne. Seines Erachtens dürfe man nicht zu optimistisch sein. Sowohl der Vorwurf des „Bettenberges" als auch der „Inhumanität" in den Krankenhäusern habe bisher nicht nachgewiesen werden können. Die Diskussion über die Humanität sei nach dem Thema Bettenberg aufgekommen. Das Personal in den Krankenhäusern sei sicherlich nicht inhumaner als in anderen Bereichen. Eine zu knappe Personalbesetzung müsse zwangsläufig dazu führen, daß man sich weniger um die Patienten kümmern könne. Die Chefarztambulanz sei in den letzten Jahren erheblich zurückgegangen. Dies sei nicht nur ein Problem der Einkommen der Chefärzte, sondern auch der Ausbildung der nachgeordneten Ärzte. Beim letzten Deutschen Krankenhaustag habe er gefordert, man solle den Krankenhäusern die Möglichkeit einräumen, die Patienten nicht nur im Bett zu behandeln. Dies spreche die Ambulanz an. Die Krankenkassen hielten den Krankenhäusern vermehrte Selbsteinweisungen vor. Als Begründung werde angegeben, viele Patienten blieben nur ein bis drei Tage in den Krankenhäusern. Dies sei ein Widerspruch in sich selbst, da gerade die ersten Tage im Krankenhaus sehr teuer seien. Die DKG habe sich von Anfang an gegen die gewählte Form der Eigenbeteiligung am Krankenhausaufenthalt gewandt. Diesen Einstieg in die Selbstbeteiligung halte er für falsch. Bundesarbeitsminister Blüm hingegen erwarte, daß sich die Eigenbeteiligung regulierend auswirken werde. Da die niedergelassenen Ärzte nach der Schwere der Erkrankung in die Krankenhäuser einwiesen, dürfte an und für sich für den stationären Bereich von der 5 DM-Regelung kein Regulativ ausgehen. Den Krankenhäusern bereite das Einziehen des Geldes großen Ärger. Es sei ohnehin zu fragen, warum die Krankenhäuser die Gelder einnehmen müßten, die einzig und allein den Kassen zuständen.

Geschäftsführer *Utter,* Ortskrankenkassen Saarland, stellt abschließend fest, er habe in der Diskussion eine Reihe von gemeinsamen Ansatzpunkten erkannt. Nur wenn im gesetzlichen Vorfeld etwas in Bewegung gebracht werde, bestehe die Chance, etwas zu erreichen, um zu verhindern, daß den Krankenkassen und den Krankenhäusern vom Gesetzgeber Regelungen aufgezwungen würden. Die Beteiligten im Krankenhauswesen sollten sich nicht vorwerfen lassen, die Selbstverwaltung habe zu wenig getan. Krankenhäuser und Krankenkassen sollten deshalb gemeinsam versuchen, dem Gesetzgeber Lösungen vorzuschlagen.

Als Ergebnisse der Diskussionen des Arbeitskreises wird für die Öffentlichkeit folgendes festgehalten:

„Krankenhäuser gesund erhalten"

Die Situation der kommunalen Krankenhäuser ist durch große Finanzierungsprobleme gekennzeichnet. Allein im Jahre 1980 brachten die kommunalen Gebietskörperschaften neben den ihnen gesetzlich auferlegten Leistungen nahezu eine Milliarde DM zusätzlich für die Krankenhäuser auf, um Defizite im Investitions- und Betriebskostenbereich auszugleichen. Davon entfiel der Hauptanteil auf Betriebskosten-Zuschüsse. Vor diesem Hintergrund diskutierte der Arbeitskreis III die Gründe für diese Entwicklung und Möglichkeiten, die zu einer Verbesserung der wirtschaftlichen Lage der Krankenhäuser führen könnten. Die Städte seien auf die Dauer nicht in der Lage, die Verluste der Krankenhäuser aus Mitteln der kommunalen Haushalte zu tragen. Der Gesetzgeber wurde daher dringend aufgefordert, seine Arbeiten für ein neues Krankenhausfinanzierungsgesetz zügig fortzusetzen. Das geltende Gesetz habe seine Ziele nur unvollkommen erreicht: Weder ständen ausreichende öffentliche Fördermittel für die erforderlichen Investitionen zur Verfügung noch deckten die Pflegesätze immer die Betriebskosten. Die Investitionsfinanzierung sei in einer Reihe von Bundesländern praktisch zusammengebrochen. Dort könnten selbst dringende Ersatz- und Notmaßnahmen nicht finanziert werden. Es müsse nach Lösungen gesucht werden, wie der bundesweit aufgelaufene Antragsstau in Höhe von 12—15 Mrd. DM abgebaut werden kann.

Der Arbeitskreis unterstützte die vom Präsidium des Deutschen Städtetages am 13. Mai 1983 verabschiedeten Grundpositionen zur Neuordnung der Krankenhausfinanzierung. Die Vorschläge zielen darauf ab, die bestehenden Hindernisse für ein betriebswirtschaftlich sinnvolles und sparsames Wirtschaften des einzelnen Krankenhauses auszuräumen und überflüssige externe Investitionsvorgaben und -entscheidungen, die den Krankenhausbetrieb unnötig erschweren und verteuern, zu beseitigen. Besonders teure Investitionen, wie Neu-, Um- und Ersatzbauten sollten weiterhin aus öffentlichen Mitteln finanziert werden, die in ausreichender Höhe zur Verfügung gestellt werden müssen. Erhaltungs- und Rationalisierungsinvestitionen sollten in die Benutzerkosten — sprich Pflegesätze — eingehen. Der Bund sollte in der Finanzverantwortung für die Krankenhausfinanzierung bleiben.

Die Länder wurden aufgerufen, die Bau- und Ausstattungsstandards auf ein finanzierbares und trotzdem bedarfsangemessenes Niveau zurückführen, die Standards, Normen, Richtlinien und Erlasse auf verzichtbare kostentreibende Vorgaben zu überprüfen. Die Krankenhausbedarfsplanung sollte als Aufgabe der Länder ortsnäher und in engerem Kontakt mit allen Beteiligten erfolgen. Der sog. vollpauschalierte Pflegesatz sollte durch ein dreistufiges System abgelöst werden: Pauschale für Unterkunft und Verpflegung, Pauschale für pflegerische und medizinische Grundleistung, Spitzabrechnung für besonders teure Leistungen sowie Vereinbarung von besonderen Pflegesätzen für einzelne Abteilungen oder besondere Einrichtungen des Krankenhauses. Bund und Länder wurden dringend aufgefordert, dafür Sorge zu tragen, daß die Ausbildungsstätten an den Krankenhäusern auch in Zukunft in der Lage sind, ausreichendes und qualifiziertes Personal ausbilden zu können.

Übereinstimmung herrschte unter den Arbeitskreis-Teilnehmern darüber, daß bei allen Neustrukturierungs-Bemühungen der für ein leistungsfähiges Krankenhauswesen existenziell notwendige Grundsatz der Selbstkostendeckung unter Beachtung der jeweiligen Kosten- und Leistungsstruktur der Krankenhäuser nicht aufgegeben werden darf. Dazu müßten handhabbare Regelungen gefunden werden, die die Wirtschaftlichkeit der Krankenhäuser erhöhen, indem Anreize für eine sparsame Wirtschaftsführung geschaffen werden.

Wenn die Krankenhäuser auch in Zukunft ihr hohes Leistungsniveau beibehalten sollten, müßte auch eine ausreichende Finanzierung gesichert werden. Eine starre Anbindung der Kostenentwicklung der Krankenhäuser an die Einnahmenentwicklung der Krankenkassen wurde daher abgelehnt. Wenn auch das Ziel der Beitragsstabilität grundsätzlich anerkannt wurde, so sei es aber eine Illusion, allein durch Kostendämpfungsmaßnahmen bei unvermindert hohem Leistungsniveau und Anpassung an die medizinisch-technische Entwicklung die Kosten der Krankenhäuser im Rahmen der Einnahmeentwicklung der Kassen halten zu wollen.

Der Arbeitskreis stellte heraus, daß die Krankenhausfinanzierung nicht isoliert betrachtet und neu geregelt werden dürfe. Erfolgversprechende Überlegungen zur Kostendämpfung, zum Abbau nicht bedarfsgerecht genutzter Betten, zur Beitragsstabilität der Krankenversicherung setzten Abklärung des Verhältnisses zwischen ambulanter und stationärer Versorgung ebenso voraus wie Neuorientierungen im komplementären Bereich, was die ambulante und stationäre Versorgung von sogenannten Pflegefällen angehe. Die von den kommunalen Spitzenverbänden vorgeschlagene versicherungsrechtliche Absicherung des Pflegerisikos wurde als dringendes gesellschaftspolitisches Problem herausgestellt. Die Akutkrankenhäuser könnten nur dann von sogenannten Pflegefällen entlastet werden, wenn es ausreichende und finanziell abgesicherte ambulante Hauspflege- und stationäre Pflegeeinrichtungen gebe.

Die unser heutiges Gesundheitssystem kennzeichnende Trennung von ambulantem und stationärem Bereich erschwere eine gesamtwirtschaftliche Lösung. Sie führe vielmehr zu den heute angesichts knapper Kassen immer stärker werdenden Verteilungskämpfen beider Bereiche. Eine bessere Verzahnung von ambulantem und stationärem Sektor würde zu einer besseren und wirtschaftlicheren gesundheitlichen Versorgung der Bevölkerung führen.

Arbeitskreis IV

Die Verantwortung der Städte
für Versorgung und Verkehr

Vorbericht

I. Städte und Versorgungswirtschaft

Energie und Wasser sind Versorgungsgüter, auf die der moderne Mensch und seine Wirtschaft unverzichtbar angewiesen sind. Diese Unverzichtbarkeit für sich allein macht bereits deutlich, daß der öffentlichen Hand politische und wirtschaftliche Funktionen bei der Deckung des Bedarfs an diesen Gütern auferlegt sind.

Die daraus resultierende besondere Stellung der Städte in der Versorgungswirtschaft hat eine rechtliche und eine tatsächliche Seite.

Rechtlich obliegt den Gemeinden gegenüber ihren Bürgern die Verpflichtung, die Versorgung mit Energie und Wasser zu gewährleisten. Sowohl aufgrund der geschichtlichen Entwicklung als auch aufgrund der gegenwärtigen Sachnotwendigkeiten gehört die Befugnis der Städte, die Versorgung ihres Gebietes mit Energie zu regeln, zu dem durch Art. 28 Abs. 2 GG geschützten Wesenskern der kommunalen Selbstverwaltung.

Die tatsächliche Position der Städte und Gemeinden in der Versorgungswirtschaft entspricht durchaus der rechtlichen Situation. So beträgt der Anteil der kommunalen Unternehmen an der öffentlichen Elektrizitätsversorgung der Bundesrepublik 28%, an der öffentlichen Gasversorgung 68%, an der öffentlichen Fernwärmeversorgung und an der öffentlichen Wasserversorgung jeweils 55%. Das Gewicht der kommunalen Versorgungsunternehmen wird auch in ihrem Investitionsvolumen deutlich, das im Durchschnitt der letzten fünf Jahre 5,5 Mrd. DM jährlich betrug. Das entspricht dem Investitionsvolumen des RWE als größtem deutschen Investor.

Gründe für die besondere Stellung der Städte und Gemeinden in der Versorgungswirtschaft sind im wesentlichen folgende:

— das Wegeeigentum der Städte und Gemeinden,

— die Bedeutung der Versorgungseinrichtungen für die Entwicklung der Städte und Gemeinden sowie die Erfüllung der sonstigen kommunalen Aufgaben,

— die zum Gebietsmonopol neigende Eigenart der Versorgungswirtschaft und die daraus resultierende erhöhte Kontrollbedürftigkeit.

Als Formen für die Wahrnehmung der Versorgungsverpflichtung kommen in Betracht

— Betreiben der Versorgungsunternehmen als Eigenbetrieb oder als Eigengesellschaft,

— Übertragung der Versorgung auf private Unternehmen aufgrund eines Konzessionsvertrages.

Welche Betätigungsform sich im Einzelfall empfiehlt, hängt letzten Endes von den konkreten Umständen ab. Für eigene Unternehmen spricht eine Vielzahl von Gründen. Vor allem wird auf diese Weise am besten die notwendige umfassende Willensbildung in allen Fragen der Stadtentwicklung und der Verbesserung der örtlichen Infrastruktur bei einem unter bürgerschaftlicher Kontrolle stehenden Entscheidungsträger gewährleistet.

Die Energie- und Wasserversorgung ist ein unentbehrliches Element des Gemeinschaftslebens und damit wegen ihrer örtlichen Bezogenheit eine kommunale Angelegenheit und Aufgabe, die zu erfüllen nicht nur das Recht, sondern auch eine Verpflichtung der Städte ist. Das setzt voraus, daß der bestehende Einfluß der Städte auf die Versorgungswirtschaft gewahrt bleibt. Die Wahrung dieses Einflusses rechtfertigt und gebietet, zumal es sich um rentierliche Unternehmen handelt, auch in der heutigen Situation ein nachdrückliches finanzielles Engagement der Städte.

Bei der Überlegung, wie die Wirtschaftslage der kommunalen Unternehmen verbessert und in welcher Form das für dringende Investitionen erforderliche Kapital beschafft werden kann, muß gesehen werden, daß die Finanzierung der Investitionen mittels Fremdkapital keine Belastung der städtischen Haushalte bedeutet, sofern dafür gesorgt wird, daß das Unternehmen als Ganzes und die einzelnen Betriebssparten rentabel arbeiten und damit in der Lage sind, den Kapitaldienst aus den eigenen Erträgen zu erwirtschaften.

Reicht in Einzelfällen die örtliche Finanzbasis für die Realisierung bestimmter Energieversorgungsprojekte (z.B. Ausbau der Fernwärmeversorgung) nicht aus, so sind zunächst solche Möglichkeiten der Finanzierung ins Auge zu fassen, bei denen die Stellung der Städte als Träger der Versorgungsaufgaben nicht beeinträchtigt wird. In Betracht kommen dabei einmal Modelle von Sonderfinanzierungen sowohl einzelner Investitionsvorhaben als auch von Eigenkapitalverstärkungen der Unternehmen (z.B. durch Landesbanken, Sparkassen u.ä.). Zum anderen könnte der Weg der Zusammenarbeit mit anderen Städten ins Auge gefaßt werden, z.B. in Form des Baus und Betriebs eines gemeinschaftlichen Kraftwerks für die Stromerzeugung und die Auskopplung von Fernwärme.

II. Städte und öffentlicher Personennahverkehr

Der öffentliche Personennahverkehr bildet nach wie vor und auch in Zukunft das Rückgrat des städtischen Verkehrs. Er ist für die Lebensfähigkeit der Städte unverzichtbar. Die Gewährleistung eines ausreichenden Angebots an öffentlichen Nahverkehrsleistungen gehört zu den kommunalen Grundaufgaben.

Der öffentliche Personennahverkehr ist im Vergleich zum motorisierten Individualverkehr raum- und energiesparend, wirtschaftlich für den Benutzer und umweltfreundlich zugleich. Daher ist er am besten geeignet, die Mobilität der Bevölkerung stadterhaltend, ressourcen- und umweltschonend zu gewährleisten und eine gesunde Stadtentwicklung zu ermöglichen. Zur Lebensqualität einer Stadt gehört dementsprechend eine auf die Bedürfnisse der Stadtbevölkerung abgestellte Grundausstattung mit öffentlichen Verkehrsmitteln, die alle Bereiche der Stadt erschließen.

Künftig stehen in der Verkehrspolitik der Städte folgende Aufgaben im Vordergrund: Die gegenseitige Abhängigkeit zwischen Siedlungs- und Verkehrsplanung muß stärker als bisher erkannt und berücksichtigt werden. Städtebauliche Verdichtungen sollten außerhalb der Zentren nur im Einzugsbereich von Schnellbahnstationen vorgenommen werden. Streusiedlungen sind möglichst zu vermeiden. Die Wahl zwischen unabhängigen Schnellbahnsystemen, Straßenbahnen, Kraftomnibussen oder neu entwickelten Verkehrssystemen muß entsprechend der Stadtgröße und der örtlichen Gegebenheiten nach Kriterien des volkswirtschaftlichen Nutzens, aber auch der Betriebswirtschaft unter Beachtung der Auswirkungen auf Stadtgestalt und Umwelt getroffen werden.

Für den Ausbau des öffentlichen Personennahverkehrs sind erhebliche Finanzmittel von Bund, Ländern und Gemeinden erforderlich. Um die notwendigen ÖPNV-Investitionen wegen der Finanzkrise der öffentlichen Hände nicht zu gefährden, müssen alle vertretbaren Einsparungsmöglichkeiten, vor allem beim besonders teuren unterirdischen Bahnbau, ausgeschöpft werden. In erster Linie ist zu prüfen, ob unterirdisch geführte Bahnen im bisher gewünschten Umfang auch wirklich erforderlich sind. Streckenführungen an der Oberfläche auf eigenem Gleiskörper und in Ausnahmefällen sogar niveaugleich im Straßenraum können bei entsprechender Verkehrsführung auch im Innenstadtbereich in Betracht kommen. Ausbau- und Ausstattungsstandards sollen einen tragbaren Kompromiß zwischen dem notwendigen Komfortangebot und den erforderlichen Aufwendungen einschließlich der Folgekosten ermöglichen.

Auch der Betrieb des öffentlichen Personennahverkehrs fordert seinen Preis. Dabei hat der Grundsatz zu gelten, daß die Kosten für die Verkehrsbedienung aus den Erlösen zu decken sind. Allerdings darf unter Erlös nicht nur die Fahrgeldeinnahme verstanden werden. Zum Erlös rechnet vielmehr die Summe der Fahrgeldeinnahmen sowie der Betrag der notwendigen Ausgleichsleistungen für die gemeinwirtschaftlichen Belastungen des ÖPNV. Grundsätzlich hat der Fahrgast den Preis zu zahlen, der dem Wert seiner Beförderung entspricht. Dieser Wert ist nicht exakt berechenbar, wird aber über den am Markt erzielbaren Fahrpreis deutlich, ohne daß die Fahrgastzahlen nennenswert zurückgehen. Angesichts der Kostenentwicklung müssen die Fahrpreise kontinuierlich der Geldwertentwicklung angepaßt werden.

Die marktgerechten Tarife reichen jedoch in der Regel nicht aus, um die Kosten der Verkehrsunternehmen zu decken. Dies liegt an den gemeinwirtschaftlichen Belastungen, denen der ÖPNV in unterschiedlichem Maße unterworfen werden muß. Die gemeinwirtschaftlichen Belastungen rechtfertigen sich aus dem volkswirtschaftlichen Nutzen des ÖPNV. Sie bestehen auch in der Einräumung betriebswirtschaftlich nicht gerechtfertigter Fahrpreisvergünstigungen aus bildungs-, sozial- und strukturpolitischen Gründen. Die gemeinwirtschaftlichen Leistungen des ÖPNV, die insgesamt der Allgemeinheit zugute kommen, können seinen Benutzern nicht über kostendeckende Fahrpreise auferlegt werden. Sie sind vielmehr aus öffentlichen Kassen zu decken, wobei die finanzielle Mitverantwortung von Bund und Ländern für den Ausgleich der Mindereinnahmen im besonders hochrabattierten Ausbildungsverkehr und im Bereich der Schwerbeschädigtenbeförderung aufrecht erhalten bleiben muß.

Um den Zuschußbedarf für den Betrieb des ÖPNV in Grenzen zu halten, müssen alle vertretbaren Möglichkeiten der Kostensenkung ausgeschöpft werden. Hierzu gehört auch die Klärung der Folgekosten und ihrer Finanzierbarkeit, bevor in teure und unterhaltungsaufwendige ÖPNV-Systeme investiert wird. Eine noch stärkere Rationalisierung im personellen Bereich, der rd. 60% der gesamten ÖPNV-Betriebskosten ausmacht, darf nicht außer Betracht bleiben. Für Zeiten geringer Verkehrsnachfrage müssen attraktivere, betriebswirtschaftlich vertretbare Angebote entwickelt, notfalls allerdings auch Leistungseinstellungen erwogen werden. Es muß der Gefahr vorgebeugt werden, daß eines Tages allgemein drastische Leistungseinschränkungen erforderlich werden, weil die Aufwendungen für den Betrieb des ÖPNV nicht mehr aufgebracht werden können. Aus dem Spannungsverhältnis zwischen marktorientierten Fahrpreisen einerseits und bildungs-, sozial- und strukturpolitischen Zielsetzungen bei der Tarifgestaltung andererseits gilt es, eine ausgewogene Entscheidung über die Höhe des Kostendeckungsgrades zu treffen, der durch Fahrgeldeinnahmen mindestens erreicht werden sollte. Wie schon der Deutsche Städtetag und der Verband öffentlicher

Verkehrsbetriebe im Jahre 1976 empfohlen haben*, sollte dieser Kostendeckungsgrad je nach Struktur des Verkehrsgebietes und nach der Art des Leistungsangebotes unter folgende Werte nicht absinken:

— 80% im ländlichen Raum mit Omnibusbetrieb und Linienstruktur,

— 70% in kleineren und mittleren Städten mit Omnibusbetrieb und

— 60% in Großstädten und Verdichtungsräumen mit Schnellbahnen oder Straßenbahnen und Omnibussen.

Wo Bundesverkehrsunternehmen Nahverkehrsleistungen erbringen, trifft die finanzielle Verantwortung schon aus verfassungsrechtlichen Gründen allein den Bund. Soweit die Städte den Nahverkehr als eigene Aufgabe durchführen, kann ihnen nicht ohne weiteres zugemutet werden, auch diejenigen Fehlbeträge ihres Verkehrsunternehmens abzudecken, die durch für das Umland erbrachte Leistungen entstehen. Hinsichtlich der finanziellen Verantwortung darf nicht allein die Eigenschaft als Eigentümer des Verkehrsunternehmens maßgebend sein, sondern muß das Kriterium „Begünstigter" mitberücksichtigt werden. Die in Verkehrsverbünden gefundenen finanziellen Regelungen können als Vorbild dienen. Soweit sich kommunale Gebietskörperschaften am Ausgleich der Fehlbeträge fremder Verkehrsunternehmen beteiligen, muß ihnen auch ein ausreichender Einfluß auf die Tarif- und Leistungsgestaltung eingeräumt werden.

III. Versorgungs- und Verkehrsunternehmen im Querverbund

Die örtlichen Versorgungen mit Energie und Wasser werden durchweg im „Querverbund" geführt, d.h. unter Zusammenfassung verschiedener Versorgungssparten in einem einheitlichen Unternehmen unter einheitlicher Leitung. Vielfach sind Verkehrsbetriebe organisatorisch angegliedert. Die Zusammenfassung bringt für alle zusammengeschlossenen Betriebssparten erhebliche organisatorische und kostenmäßige Vorteile, z.B. bei der allgemeinen technischen und kaufmännischen Leitung, auf dem Gebiet der Verbrauchsabrechnung und des Inkassowesens, bei der Lagerhaltung, bei der elektronischen Datenverarbeitung und in vielen anderen Zweigen der Betriebswirtschaft.

Der Querverbund ist also ein wesentlicher Faktor zur Leistungssteigerung der kommunalen Unternehmen in allen ihren Tätigkeitsbereichen. Daß die Städte und Gemeinden die Vorteile wahrnehmen, die ein Gewinn- und Verlustausgleich verschiedener Sparten — auch steuerlich — bieten kann, ist berechtigt und

---

* Fahrpreise im öffentlichen Personennahverkehr. Empfehlungen für die Gestaltung von Tarifen im öffentlichen Personennahverkehr. Herausgegeben vom Deutschen Städtetag und vom Verband öffentlicher Verkehrsbetriebe.

nicht zu beanstanden, solange sich dieser Vorgang im Bereich der Verwendung von Gewinnen hält, die bei angemessenen Preisen erwirtschaftet werden.

Soweit Verkehrsbetriebe im Querverbund mit Versorgungsunternehmen geführt werden, werden ihre Verluste meistens durch die Gewinne der anderen Sparten gedeckt. Freilich muß gesehen werden, daß dadurch die Fähigkeit der Versorgungssparten zur Selbstfinanzierung beeinträchtigt werden kann. Das ist im Einzelfall sorgfältig zu prüfen. Vor allem wird dabei die Frage der Tarifgestaltung, insbesondere im öffentlichen Personennahverkehr, von Bedeutung sein.

Einführung

ERICH KIESL

Im April ist Ihnen vom Deutschen Städtetag der Vorbericht zu unserem heutigen Beratungsthema des Arbeitskreises IV „Die Verantwortung der Städte für Versorgung und Verkehr" zugegangen. Dieser Vorbericht soll als Grundlage für die Diskussion des Arbeitskreises dienen. Ich mache darauf aufmerksam, daß dieser Vorbericht kein Papier darstellt, das von unserem Arbeitskreis verabschiedet werden soll. Deshalb ist auch nicht notwendig, über jede Formulierung des Vorberichts zu diskutieren. Zu erörtern sind vielmehr die grundsätzlichen Aussagen zum Beratungsthema. Wenn wir uns darüber einig werden, so können wir dies als Votum des Arbeitskreises abschließend zum Ausdruck bringen.

Unsere heutige Beratung wird sich, gemäß der Gliederung des Vorberichts, mit drei Themenkreisen befassen:

— Städte und Versorgungswirtschaft

— Städte und öffentlicher Personennahverkehr

— Versorgungs- und Verkehrsunternehmen im Querverbund

Herr Kollege Zimmermann wird in seinem Referat den ersten Themenkreis beleuchten, Herr Dr. Flieger wird auf den öffentlichen Personennahverkehr (ÖPNV) und die Problematik des Querverbunds eingehen. Zu erwähnen ist noch, daß der Deutsche Städtetag zum Thema ÖPNV in absehbarer Zeit in einem umfassenden Papier, nämlich dem „Verkehrspolitischen Konzept der deutschen Städte", äußern wird. Die Verabschiedung dieses Konzepts ist für die Sitzung des Hauptausschusses am 18. November dieses Jahres vorgesehen.

Bevor ich nun den Herren Zimmermann und Dr. Flieger das Wort erteile, lassen Sie mich bitte thesenartig auf einige wichtige Punkte eingehen, ohne daß ich damit Anspruch auf Vollständigkeit erhebe.

Städte und Versorgungswirtschaft

Die städtischen Versorgungsbetriebe haben ein — hohes — Niveau der Grundversorgung für die Bevölkerung vorzuhalten. Ein darüber hinausgehendes Angebot muß grundsätzlich nachfrageorientiert sein, z.b. im Bereich der Fernwärme.

Es gibt nicht „die" ideale Rechtsform für schlechthin alle kommunalen Versorgungsbetriebe.

Entscheidend ist, auf welche Weise der öffentliche Zweck der Unternehmen erfüllt werden kann. Dies ist keine Frage der Rechtsform, sondern in erster Linie eine Frage der inneren Organisation der Versorgungsbetriebe (z.b.: Neuorganisation der Stadtwerke München).

Städte und öffentlicher Personennahverkehr

Mit zunehmender Größe der Städte steigt die Bedeutung der Leistungsfähigkeit des ÖPNV für die Funktionsfähigkeit der Städte. Große Städte mit oberzentralen Aufgaben brauchen jedenfalls besonders leistungsfähige ÖPNV-Systeme, d.h. die Schnellbahnen (z.b. absolute Notwendigkeit des weiteren Ausbaus der U-Bahn im Falle Münchens).

Die Bewältigung des Personenverkehrs in den Städten darf nicht die Form eines Verteilungskampfes annehmen; vielmehr muß die Suche nach Formen der Partnerschaft zwischen Individualverkehr und ÖPNV konsequent fortgesetzt werden (z.b.: P + R-Plätze bei Übergabepunkten, Radabstellplätze).

Das Leistungsangebot des ÖPNV trägt wesentlich dazu bei, die Funktionsfähigkeit der Stadtkerne zu erhalten: durch die Aufnahme des Berufsverkehrs und Teilen des Einkaufsverkehrs kann für den notwendigen Wirtschaftsverkehr der möglichst ungehinderte Zugang zu den Stadtkernen gewährleistet werden.

Die Umverteilung vom Individualverkehr zum ÖPNV darf nicht in erster Linie durch restriktive und bestrafende Maßnahmen erfolgen; dauerhaften Erfolg versprechen dagegen positive Alternativen durch Steigerung der Attraktivität des ÖPNV (Münchner Erfahrung: Erst die kurze Reisezeit von U- und S-Bahn hat ein stärkeres Umsteigen auf den ÖPNV bewirkt).

Bei Bundeszuschüssen und Finanzzuweisungen muß die Fremdbestimmung über die konkrete Verwendung dieser Gelder zugunsten einer höheren Verwendungskompetenz der Städte abgebaut werden.

In der kommunalwirtschaftlichen Theorie gelten die Gemeinde-
wirtschaftsbetriebe als verlängerter Arm der Gemeinden. Im
Sinne der Instrumentalthese sollen sie dazu beitragen, die politischen Aufträge ihrer Gebietskörperschaften zu erfüllen. Bei den
kommunalen Unternehmen der Versorgung mit Elektrizität, Gas
und Wasser sind dem jedoch unüberschreitbare Grenzen gezogen. Die kommunalen Energie- und Wasserversorgungsunter-
nehmen stehen in einem ständigen Als-ob-Wettbewerb im Sinne
des Kartellrechts mit den privaten und gemischtwirtschaftlichen
Versorgungsunternehmen. Der vom Energiewirtschaftsgesetz
vorgeschriebene Leistungsstandard bestimmt letztlich für alle
Energieversorgungsunternehmen — gleich welcher Rechtsform
und Trägerschaft — das Zielbündel: Sicherheit, Preiswürdigkeit,
aber auch Kostendeckung und in der Regel eine angemessene
Gewinnerzielung. Die Gestaltungsmöglichkeiten in der Energie-
und Wasserversorgung können und müssen sich bis hin zum
Bilanzergebnis an den festgefügten Grundsätzen der Betriebswirtschaft orientieren. Lassen Sie mich bitte schon an dieser
Stelle vorab feststellen, daß eine Subventionierung defizitärer
Betriebszweige über die Preise florierender Versorgungssparten
nicht zulässig ist und auch von den betreffenden Unternehmen
nicht durchgehalten werden könnte.

Die wirtschaftlichen Verhältnisse der Verkehrsbetriebe stehen im
krassen Gegensatz zu denen der Versorgungssparten. Die Konkurrenz des ÖPNV mit dem Individualverkehr läßt z.Z. jede
Gewinnerwartung im typischen Stadtverkehr illusorisch erscheinen. Die Städte stehen sogar vor der schier unlösbaren Aufgabe,
ihren Bürgern ein attraktives Nahverkehrsangebot zu machen,
obwohl bei laufend steigenden Kosten wirtschaftlich zufriedenstellende Erträge nicht erwartet werden können. Beim ÖPNV fehlt
es meist an dem harmonischen Zusammenklang der wirtschaftlichen Erfolgsindikatoren: Verkehrsleistung, Wirtschaftlichkeit
und Rentabilität. Die Bilanzergebnisse der meisten großstädtischen Verkehrsunternehmen lassen den Akkord zum Mißklang
werden, und trotz überzeugender technischer und organisatorischer Leistung bleibt die verdiente Resonanz aus.

Da der Markt keine kostendeckenden Preise für die Beförderungsleistungen zuläßt, tritt an die Stelle des Marktmechanis-
mus — hier also im Gegensatz zu den Versorgungssparten —
der politische Auftrag der Gebietskörperschaft. Dabei hat die
Gebietskörperschaft das Recht, den Leistungsumfang zu bestimmen, und das Verkehrsunternehmen die Pflicht, nach wirtschaftlichen Grundsätzen zu arbeiten. Die Bestimmung des Leistungs-
umfanges umfaßt insbesondere die Erschließung der Siedlungs-
räume und die erforderliche Fahrplandichte. Aus der Vorgabe der
gewünschten Verkehrsinfrastruktur und des politisch gewünsch-

ten Bedienungsstandards ergibt sich aber auch der ggf. notwendige Ausgleich des Jahresergebnisses durch den Stadthaushalt.

Aus Zeitnot möchte ich zwei Probleme nur anreißen, nämlich: Die Tarifgestaltung sowie die Abgeltungsleistungen und Zuwendungen von Bund und Ländern:

— Grundsätzlich hat der Fahrgast den Preis zu zahlen, der dem Wert seiner Beförderung entspricht. Dieser anlegbare Preis liegt aber z.Z. unterhalb der Vollkosten. Zur Erhaltung eines angemessenen Kostendeckungsgrades sind laufend Tarifanpassungen an den sich ändernden Geldwert erforderlich. Anhaltswerte für die Kostendeckungsgrade bei der Tarifgestaltung können der gemeinsamen Empfehlung des Deutschen Städtetages und des Verbandes öffentlicher Verkehrsbetriebe aus dem Jahre 1976 entnommen werden.

— Um eine verkürzte Darstellung zu vermeiden, beschränke ich mich auf die Feststellung, daß die Abgeltungsleistungen und Zuwendungen von Bund und Ländern für die Bewältigung der Finanzprobleme des ÖPNV, insbesondere in den Großstädten und Ballungsgebieten, von existenzieller Bedeutung sind.

— Unabhängig davon muß generell, also auch für die Gemeinden, gelten, daß jeder politischen Auflage im ÖPNV die Frage nach der Abgeltung der Aufwendungen bzw. entgangenen Erträge vorangestellt werden muß.

Attraktivität und Bezahlbarkeit sind zwei Bedingungen, deren gleichzeitige Erfüllung kaum noch möglich erscheint. Auch wenn ich die erforderliche Zeit im Rahmen meines Referates hätte, würde es mir nicht gelingen, entsprechende Patentrezepte vorzutragen. Ich kann mich nur darauf beschränken, thesenartig einige Grundsätze aufzustellen, die geeignet sind, die Diskrepanz zu mildern:

— Es ist eine wichtige Aufgabe von Städten und Verkehrsbetrieben, die Siedlungsplanung und die Verkehrsplanung aufeinander abzustimmen.

— Das Leistungsangebot der Verkehrsbetriebe muß laufend an die sich wandelnde Nachfrage angepaßt werden. Der Glättung der Verkehrsspitzen und dem Abbau von Parallelverkehren ist verstärkte Aufmerksamkeit zu widmen.

— Die Verkehrsbetriebe müssen ständig an der Kostensenkung bzw. Kostenbegrenzung arbeiten. Hierher gehört die Rationalisierung im Personalsektor genauso wie im Bereich der Sachmittel durch eine Typenbereinigung der Fahrzeuge, zentrale Bevorratung von Ersatzteilen usw. sowie eine ständige Verbesserung der Organisation.

— „Attraktivitätssteigerungen" sollten nur mit Maß und Augenmaß angegangen werden, auch wenn dieses Schlagwort heute in aller Munde ist. Das gilt besonders bei der Wahl des angemessenen Verkehrsmittels: Es muß nicht immer gleich eine U-Bahn sein, wenn es auch eine Unterpflaster-Straßenbahn tut. Auch eine Hebung des Ausstattungsstandards bei den Fahrzeugen sollte nur dann erfolgen, wenn dadurch eine äquivalente zusätzliche Nachfrage erzeugt wird.

— Die Zusammenfassung von öffentlichen Verkehrsbetrieben ist kein Allheilmittel. Dies schließt jedoch nicht aus, daß bestimmte typische Bereiche, z.B. Straßenbahnhauptwerkstätten, Reservehaltung von Fahrzeugen und Ersatzteilbevorratung, gemeinschaftlich betrieben werden können. Keineswegs aber sollten leistungsfähige Verkehrsbetriebe im Interesse sogen. „großer Lösungen" ihre Selbständigkeit und ihre Überschaubarkeit verlieren oder aus einem gut funktionierenden Querverbund herausgelöst werden. Bei der Diskussion der Zusammenlegung mehrerer bisher selbständiger Verkehrsbetriebe müssen also stets die Verhältnisse vor Ort gesehen werden.

Damit komme ich zu dem weiteren Schwerpunkt meines Statements, dem Verbund von Versorgungs- mit Verkehrssparten. — Zahlreiche Verkehrsbetriebe werden mit Versorgungsbetrieben im Querverbund als ein Unternehmen geführt. Hier ist der Vorteil der Aufgabenbündelung bereits ausgenutzt. Der Nutzen des Querverbundes kommt zum Beispiel in einer besseren personellen und technischen Ausstattung der Verwaltung zum Ausdruck.

Erst ab einer gewissen Größenordnung ist die Einstellung qualifizierter Persönlichkeiten sowie von Spezialisten für die Kostenrechnung, die elektronische Datenverarbeitung, die Öffentlichkeitsarbeit, den betrieblichen Unfallschutz oder dergleichen möglich. Eine bessere technische Ausrüstung kann sich u.a. im Vorhandensein leistungsfähiger Betriebs-, Fuhrpark- und Ausbildungswerkstätten zeigen. Der Einsatz größerer Datenverarbeitungssysteme erweitert die Möglichkeiten zur Automatisierung von Routinearbeiten und bietet dem Management den ständigen Zugriff zu führungsrelevanten Unternehmensdaten. Die Zusammenfassung von verschiedenen Betriebssparten hat eine Summierung des Unternehmensbedarfs und eine Verstetigung seiner Deckung durch Ausgleich zeitlich verschiedener Bedarfsspitzen zur Folge. Daraus ergibt sich zwangsläufig auch im Querverbund ein Risikoausgleich zwischen den einzelnen Betriebszweigen und die Möglichkeit, die Gewinne und Verluste der verschiedenen Sparten mit steuerlicher Wirkung zu saldieren.

Bedingt durch die anhaltend schlechte Wirtschaftslage der Verkehrsbetriebe haben die Möglichkeiten der Steuerersparnis so stark an Bedeutung gewonnen, daß die dem Querverbund zugrunde liegenden betriebswirtschaftlichen Überlegungen oft in den Hintergrund gedrängt werden. Lediglich der Verdacht einer „internen Subventionierung" der Verkehrsbetriebe, z.B. durch überhöhte Strompreise, wird immer wieder geäußert. Dem muß entschieden entgegengetreten werden! Der Verlustausgleich im Querverbund ist eine legitime Methode der Gewinnverwendung. Schießlich steht den Kommunen wie jedem anderen Investor eine angemessene Verzinsung des eingesetzten Kapitals zu.

In der Diskussion über den Nutzen des Verbundes von Verkehrs- und Versorgungsunternehmen wird häufig darauf hingewiesen, daß durch die ständige Verlustsituation der Verkehrsbetriebe die Selbstfinanzierungskraft der Energieversorgungssparten geschwächt werden könnte. Hier handelt es sich aber nicht um ein Risiko, das dem Querverbund immanent ist. Die Gefahr besteht nur dann, wenn Städte das Gefühl für das Machbare verloren haben. Solche Städte wollen

1. die Vorteile des Querverbundes an sich (Rationalisierung durch Aufgabenbündelung und Steuervorteile durch die Saldierung von Gewinn- und Verlustergebnissen),

2. den vollen Ausgleich der Verkehrsverluste über die echt erwirtschafteten Gewinne der Versorgungssparten hinaus, also eine Substanzausschüttung, und

3. noch weitere „Überschüsse", mindestens aber eine volle Konzessionsabgabe, obwohl sie aus den sogenannten Scheingewinnen bezahlt wird. (Scheingewinne entstehen in der Höhe, wie die steuerlich zulässigen Abschreibungen auf Anschaffungswerte nicht ausreichen, Ersatzinvestitionen zum Wiederbeschaffungswert zu finanzieren.)

Die Verbindung von Versorgungs- und Verkehrsbetrieben bietet praktisch nur Vorteile, solange die Städte sinnvoll wirtschaften und Finanzdisziplin bewahren. Von wenigen schlechten Beispielen abgesehen, kann davon ausgegangen werden, daß die kommunale Selbstverwaltung sich der großen Vorteile bewußt ist, die mit dem Besitz eigener Versorgungsunternehmen und dem Querverbund mit Verkehrsunternehmen verbunden sind.

FELIX ZIMMERMANN

Herr Dr. Flieger hat sein Kurzreferat mit der Feststellung begonnen — ich übersetze ein wenig überspitzt — daß wegen der Rahmenbedingungen die Instrumentalfunktion der Gemeinwirtschaftsbetriebe nur auf dem Papier stünde. Wenn das so wäre, wenn die Gemeinden durchweg nur nachvollziehen müßten, was — von außen her durch Behörden oder durch Umstände — bereits bindend vorbestimmt ist, dann müßte man sich allerdings ernsthaft fragen, welchen Sinn es denn machte, die Zugehörig-

keit der versorgungswirtschaftlichen Aufgaben zur verfassungsrechtlichen Regelungskompetenz der Gemeinden im Sinne der
Unterhaltung eigener Unternehmen auszuüben. Dabei will ich
den Einwand gar nicht gering schätzen, daß ihnen ja in jedem
Falle die Überschüsse blieben, die einzelne Versorgungssparten
erbrächten und die zur Lösung von Gemeinschaftsaufgaben bei-
trügen. Bei konkurrenzfähigen Preisen wohlgemerkt — und hier
möchte ich Herrn Dr. Flieger nachdrücklich beipflichten — nicht
indem man Verluste eines Zweiges, z.B. des Verkehrs, in die
Preise anderer Zweige, z.B. des Stromes oder des Gases, einkal-
kuliert. Es handelt sich, wie schon Herr Dr. Flieger ausgeführt hat,
um nicht mehr als um reine Gewinnverwendung.

Ich verstehe übrigens nicht, daß an einem fairen ordnungsgemä-
ßen Ausgleich der Verluste des Verkehrs mit Überschüssen aus
der Versorgung manche Verbände der Wirtschaft und der Bund
der Steuerzahler Kritik üben. Die Wirtschaft produziert die Verkehrsverluste in sehr hohem Maße mit; denn die besonders aufwendige Spitze des Nahverkehrs wird ganz wesentlich vom
Berufsverkehr bestimmt.

Dieser finanzielle Aspekt, daß Vorteile städtischer Versorgungsgebiete nicht unseren Bürgern entzogen und — aus der
Gemeinde heraus Dritten übertragen werden, hat gewiß sein
Gewicht, und kein geringes. Aber das ist nicht der einzige Grund,
warum Städte an ihren Energieversorgungsbetrieben festhalten,
ja ihre Versorgungsgebiete durch den Zuerwerb von Netzteilen
arrondieren.

Daß einerseits die Bedeutung der Versorgung von Bevölkerung
und Wirtschaft mit Energie ständig steigt und andererseits die
Unsicherheiten des internationalen Energiemarktes für den Rest
des Jahrhunderts nicht geringer, sondern eher größer werden, ist
eine Einschätzung, die sicherlich weithin Zustimmung finden
wird.

Daß viele Städte im Interesse ihrer Bürger unter diesen Umständen ihren Einfluß auf die Energieversorgung wahren wollen, ist
nur zu verständlich.

Daß sie die Einflußnahme am besten durch eigene Unternehmen
gewährleistet sehen, scheint mir so lebensfremd nicht. Aber auch
diese Gründe sind es nicht allein, um das beharrliche Festhalten
der Kommunen an ihren Energieversorgungsunternehmen nachzuvollziehen. Was spricht also darüber hinaus für eine eigene
kommunale Versorgungstätigkeit, was ist typisch?

— Kommunale Querverbundunternehmen orientieren im Rahmen wirtschaftlicher Grundprinzipien und rechtlicher Rahmenbedingungen ihre Ausbaustrategie für die einzelnen Energieversorgungssparten an den Zielen von Stadtplanung, Stadtentwicklung und Wirtschaftsförderung. Auf diese Weise entsteht das
örtliche Versorgungskonzept, das als Teilentwicklungsplanung
Bestandteil der Gesamtentwicklungsplanung der Gemeinde ist.

Es besteht wohl Einigkeit darüber, daß für die Gesamtentwicklungsplanung die Vertretungskörperschaft verantwortlich zeichnet, daß aber die Gemeinde die Versorgungsplanung als Fachplanung dort erarbeiten läßt, wo der spezielle Sachverstand zur Verfügung steht, bei ihren Stadtwerken.

— Kommunale Unternehmen stehen unter bürgerschaftlicher Kontrolle und damit letztlich unter der Kontrolle der Verbraucher. Dies gilt insbesondere für die Preise und Bedingungen, die bei den Eigenbetrieben unter direkter, bei den Eigengesellschaften unter indirekter Aufsicht durch gewählte Gemeindevertreter gebildet werden.

Wenn kommunale Energieversorgungsunternehmen deshalb als gemeinwirtschaftlich bezeichnet werden, so heißt das nicht, daß sie keine Gewinne erzielen dürften. Sie sind durch die Gemeindeordnungen sogar dazu verpflichtet. Gemeinwirtschaftlich heißt nur, daß sie im Konfliktfall zwischen Gewinnstreben und öffentlicher Aufgabe letzterer den Vorzug geben müssen. Der Konfliktsfall ist aber die ultima ratio. Zunächst müssen sie dafür sorgen, daß durch eine vernünftige, betriebswirtschaftlichen Grundsätzen folgende Preispolitik angemessene Gewinne erzielt werden, damit sie lebensfähig bleiben und im Sinne ihrer öffentlichen Aufgaben und im gebotenen Rahmen expandieren können.

Dabei soll nicht geleugnet werden, daß der Spielraum für eine kostendeckende und substanzerhaltende Preispolitik, den die Preis- und Kartellbehörden auf der einen und der Druck der Substitutionskonkurrenz auf der anderen Seite lassen, nicht eben groß ist.

— Die Gewinne kommunaler Energieversorgungsunternehmen fließen entweder direkt oder — wenn sie zum Verlustausgleich verwendet werden — indirekt in die Kasse der Gemeinde und nicht in die Hände mehr oder weniger anonymer Gesellschafter oder Aktionäre. Sie kommen damit den Bürgern zugute, die sie auch aufgebracht haben.

Damit wird aber auch der berechtigte Anspruch der Städte realisiert, daß ihre strukturellen Vorteile auch für ihre Bürger genutzt werden, zumal diese Vorteile durch erhebliche Vorleistungen, z.B. durch Aufschließungen und eine Vielzahl von Infrastrukturmaßnahmen, erkauft worden sind, die Energieabsatzpotential erst geschaffen haben. Auch Belastungen im Bereich von Verkehr und Umwelt fallen ins Gewicht.

Die Interessenlage des Bürgers und der Gemeinde decken sich uneingeschränkt. Ihr gemeinsames Interesse ist eine sichere, ausreichende und preiswürdige Versorgung. Es fordert leistungsfähige Unternehmen. Was unwirtschaftlich ist, kann demnach nicht erhalten werden. Dabei darf man allerdings nicht Größe und Wirtschaftlichkeit verwechseln, was häufig geschieht. Deshalb müssen kommunale Unternehmen durch ihre technische und wirtschaftliche Leistungen die Behauptung widerlegen, daß Dezentralisierung die Versorgung verteuere.

— Kommunale Unternehmen sind bürgernah. Der dadurch erreichte enge Kontakt ermöglicht besonders intensive Beratung und flexibles Eingehen auf Verbraucherwünsche. Auch Kritik ist naturgemäß auf direktem Wege besonders wirkungsvoll.

Daß die Bürger im übrigen die Aufgaben der Energieversorgung als Aufgaben der Städte ansehen, wird selbst dort deutlich, wo die Aufgabenerfüllung auf fremde Unternehmen übertragen wurde. Auch dort stehen sie — lassen Sie mich dies so salopp sagen — der Stadtverwaltung und den Kommunalpolitikern „auf der Matte", wenn sie etwas an der Strom- und Gasversorgung zu beklagen haben. Ich finde dies erfreulich und verantwortungsvoll zugleich.

— Kommunale Querverbundunternehmen reden bei Industrie-ansiedlungen für alle Versorgungssparten mit einer Zunge. Anschlüsse erfolgen in optimaler Koordination.

— Kommunale Energieversorgungsunternehmen nehmen am Wirtschaftsprozeß teil. Sie bieten vielen Gemeindebürgern Arbeitsplätze und ortsansässigen Unternehmen Aufträge.

— Darüber hinaus gewährleisten kommunale Energieversor-gungsunternehmen den ordnungspolitischen Pluralismus in der Versorgungswirtschaft. Sie sichern damit den volkswirtschaft-lich vorteilhaften Leistungsvergleich zwischen Unternehmen ver-schiedener Versorgungsstufen, verschiedener Trägerschaft und unterschiedlicher Größe als belebendes, die Transparenz von Kosten und Preisen förderndes Element.

Im übrigen muß jeder, der die beherrschende Stellung der großen gemischtwirtschaftlichen EVU noch weiter ausbauen möchte, sich klar darüber sein, daß er den Staat zum Handeln zwingt. Ich meine, Bundesbahn und Bundespost sind schon genug Staat in der Wirtschaft.

— Kommunale Energieversorgungsunternehmen bewahren durch Dezentralisation der Entscheidungsbefugnis auf eine große Zahl verantwortlicher Führungskräfte ein hohes Maß an Flexibilität und Anpassungsfähigkeit.

Wer rentable kommunale Energieversorgungsunternehmen ganz oder teilweise veräußert, verzichtet nicht nur auf die Wahrneh-mung der beschriebenen Vorteile, er verschenkt auch Erträge der Zukunft. Denn nur in den seltensten Fällen sind Interessenten bereit, einer unter Druck handelnden Gemeinde den wirklichen Unternehmenswert zu vergüten, und dessen Erlös reicht oft nicht einmal aus, die Haushaltslöcher zu stopfen. Die Erträge der Zukunft fehlen aber.

Wenn aus all dem gefolgert werden muß, daß der Einfluß der Städte auf die Energieversorgung einen hohen kommunalpolitischen und finanzpolitischen Wert darstellt, so muß damit zugleich die Bereitschaft einhergehen den Unternehmen zu geben, was der Unternehmen ist.

Das erfordert eine Gratwanderung, die besondere Anforderungen stellt an die Organe, die auf Unternehmensentscheidungen und Unternehmensgebaren einwirken. Eine Gratwanderung, die — ich spreche als langjähriger Werkleiter kommunaler Eigenbetriebe, als Werksdezernent und als Oberbürgermeister — mit Erfolg möglich ist, wenn die Beteiligten die Position der Unternehmen zwischen Wirtschaft und Verwaltung beachten.

— Die Städte müssen, wie dies ein bayerischer Oberbürgermeister einmal vor vielen Jahren ausgedrückt hat, ihre Werke pflegen. Sie müssen ihnen ausreichenden Entscheidungsspielraum lassen, damit sie den Gesetzen der Wirtschaft folgen und die ihnen innewohnenden Vorteile — zum Wohle der Bürger — ausschöpfen können.

— Die Städte dürfen die Selbstfinanzierungskraft ihrer Energieversorgungsunternehmen nicht dadurch schwächen, daß sie bei der Verlustabdeckung die steuerlichen Grenzen überschreiten.

— Die Erhaltung einer betriebswirtschaftlich angemessenen Eigenkapitalquote ist besonders in Zeiten tendenziell hoher Fremdkapitalzinsen unbedingt notwendig, um rentabel arbeiten zu können. Nur so ist die Gewähr geboten, daß die Städte auch weiterhin in der Lage sind, unmittelbaren Einfluß auf die stets ausreichende, sichere und preisgünstige Energieversorgung ihrer Bürger und Wirtschaft auszuüben. Bei der gegenwärtigen und absehbaren Finanzlage der Städte kann es sich keine Stadt leisten, auch in diesem Aufgabenbereich kommunaler Daseinsvorsorge eine defizitäre Situation entstehen zu lassen. Deshalb ist eine gesunde, vor allem durch Selbstfinanzierung erwirtschaftete Eigenkapitalausstattung ihrer Energieversorgungsunternehmen auch für die Eigner selbst von überragender Bedeutung.

— Auf der anderen Seite müssen sich die Unternehmensleitungen der besonderen Verpflichtungen gegenüber dem Eigner stellen. Sie müssen sich der besonderen Aufgabenstellung eines kommunalen Unternehmens bewußt sein, den „sui generis"-Charakter erkennen und anerkennen.

Sie sollten — gerade in schwierigen Zeiten — alles Verantwortbare tun, was der Stadt nützt. Dazu gehört, daß gerade auch in dem Bereich, in dem man mit Dauerdefiziten leben muß, Rationalität und Sparsamkeit besonders groß geschrieben wird.

Sicher gibt es Unternehmensleitungen, die meinen, sie könnten — losgelöst von der Gemeinde — „ohne wenn und aber" Unternehmen spielen. Und es gibt gewiß Gemeinden, die meinen, sie könnten die Unternehmen als Ämter der Verwaltung betrachten.

In Wirklichkeit handelt es sich um eine Position der Bivalenz, um einen Weg zwischen Freiheit und Bindung. Daß wir, die wir für die so ungeheuer wichtige Aufgabe der Energieversorgung mit verantwortlich sind, diesen Weg finden und nicht wieder verlassen, ist mein Wunsch, mit dem ich meine Ausführungen schließen möchte.

Aussprache

OBm *Kiesl,* der Vorsitzende des Arbeitskreises, dankt Direktor Dr. Flieger und Oberbürgermeister Zimmermann herzlich für ihre einführenden Referate und gibt die Diskussion frei.

Ratsmitglied *Peiß,* Duisburg, geht generell auf das Problem der Finanzierung des öffentlichen Personennahverkehrs und speziell auf den Verkehrsverbund Rhein-Ruhr ein. Er bezweifelt dabei, ob der für den Arbeitskreis erstellte Vorbericht noch der heutigen Situation gerecht wird, weil er genauso in das Jahr 1940 wie in das Jahr 2000 passe. Nach kürzlich gemachten Angaben des Präsidenten des Verbandes öffentlicher Verkehrsbetriebe müßten im Busbereich durchschnittlich 30 bis 40 Prozent, im Schienenbereich durchschnittlich 40 bis 50 Prozent des Fahrzeugparks ausschließlich für die Verkehrsspitzen vorgehalten werden. Das Gebot der Stunde sei deshalb eine Staffelung der Arbeitszeiten großer Unternehmen und Behörden sowie eine Verlegung der Schulanfangszeiten. Der erst seit 1980 bestehende Verkehrsverbund Rhein-Ruhr tue sich hier noch etwas schwer im Vergleich zu hervorragend funktionierenden Verbünden, wie z.B. in München und Hamburg. Im Verkehrsverbund Rhein-Ruhr müßte noch einiges abgeklärt werden, vor allem in organisatorischer Hinsicht. Nach seinen Erfahrungen könne man z.B. über die Frage der Deckung der Defizite der Verkehrsunternehmen mit den Politikern wesentlich besser sprechen als mit den Verkehrsdirektoren. Den Mitgliedern des Verkehrsverbundes Rhein-Ruhr sei zur Reduzierung des Defizits aufgegeben worden, zum Beginn des neuen Fahrplans 3 Prozent des jeweiligen Verkehrsangebots abzubauen. Dieser Abbau bewege sich tatsächlich zwischen + 0,3 und — 5,3 Prozent. Hinzuweisen sei auch noch auf das egoistische Denken der Verkehrsbetriebe, weil es trotz aller gesetzlich vorgesehenen Finanzierungsmöglichkeiten immer noch sehr stark auf den „guten Draht" zu Bundes- und Landesbehörden ankomme. Sehr wichtig sei für ihn, daß auch das Taxi als Teil des öffentlichen Personennahverkehrs gesehen wird. Zu bestimmten Zeiten und in bestimmten Bereichen sei das Taxi wesentlich günstiger und z.T. auch attraktiver als große Fahrzeuge. Diese Möglichkeit werde aber aus seiner Sicht noch viel zu wenig genutzt. Über diese und ähnliche Fragen müsse man sicherlich noch tiefer als bisher nachdenken.

OBm *Kiesl* weist zu diesen Ausführungen darauf hin, daß der Vorbericht und die Referate für den Arbeitskreis sich an allgemein gültigen Grundsätzen auszurichten versucht hätten und deshalb zwangsläufig Fragen aus speziellen Bereichen, wie dem des Verkehrsverbundes Rhein-Ruhr, nicht berücksichtigen könnten. Was die Staffelung der Arbeits- und Schulanfangszeiten anbelange, so handele es sich dabei um ein Problem, das nicht zuletzt auch von der Größe der Stadt abhängig sei. Mit dem Einsatz von Taxis anstelle von Bussen habe auch München Erfahrungen gesammelt. Werde beispielsweise auf einer Buslinie anstelle eines Omnibusses ein Taxi eingesetzt, so sei das auch wirtschaftlich durchaus interessant. Müßten aber zwei Taxis eingesetzt werden, sei die Sache schon viel problematischer, weil das teuerste bei Bussen das Fahrpersonal sei. Würde ein Bus durch drei oder vier Taxis ersetzt, dann würden die Personalkosten erheblich ansteigen. Es zeige sich aber immer wieder, daß es zu großen Schwierigkeiten führe, zu allgemein gültigen Aussagen zu kommen. Darunter leide auch der Vorbericht, der allerdings nicht verabschiedet werden, sondern nur eine gewisse Richtung aufzeigen solle.

Stadträtin *Obermeier-Weißer*, Ulm, verweist auf die unterschiedliche Situation des Nahverkehrs in kleineren und größeren Städten, insbesondere in wirtschaftlicher Hinsicht. In Ulm sei ein noch vorhandener kleiner Schienenverkehr abgebaut worden mit der Begründung, daß der Busverkehr rentabler und beweglicher sei. Sie frage sich, warum man eigentlich der Schiene keine Chance mehr gebe, zumal mit dem Schienenverkehr in Zukunft sicher die ökologischen und wirtschaftlichen Probleme besser zu meistern sein dürften. Allerdings dürfte die Unterhaltung von Trassen und Schienen nicht mehr dem öffentlichen Nahverkehrsbetrieb angelastet, sondern müsse genau so gesehen werden, wie bei Bussen die Benutzung der Straße. Bei diesem Ungleichgewicht zuungunsten der Schiene würde sie interessieren, welche Priorität in Zukunft der Schiene und welche Priorität dem Straßenverkehr eingeräumt werden solle.

Stadtrat *Kinzer*, Völklingen, sieht sich veranlaßt, insbesondere dem Referat von Oberbürgermeister Zimmermann in einigen Punkten zu widersprechen aus der Sicht kleinerer Städte. Die Stadtwerke als Eigenbetriebe der Städte und Gemeinden stellten sich vielfach als eine Art Tante-Emma-Laden mit negativem Charakter dar. Es dürfe nicht dem Prestigedenken der Stadtwerksdirektoren überlassen sein, wie sie wirtschaften und dabei auf Kosten des Bürgers mitunter negative Erfolge erzielten. So würden beispielsweise aufgeblähte Verkehrsbetriebe beibehalten, und tagsüber stünden dann ganze Reihen von Bussen untätig in der Gegend und kosteten Geld, weil man sich scheue, die Verkehrsspitzen durch private Unternehmer abfahren zu lassen. Leider weigerten sich viele Stadtwerksdirektoren, solche Bereiche an Private abzugeben. Er sei im übrigen der Meinung, daß kommunale Versorgungsbetriebe unter einer gewissen Größenordnung das Angebot enorm verteuerten, zugleich auf Kosten der Qualität und der Sicherheit. Das größere kommunale Versorgungsunternehmen sei weit besser in der Lage, nicht nur die Qualität, sondern auch die absolute Sicherheit des Angebots zu gewährleisten. Außerdem würden größere Versorgungsunternehmen nicht weniger Leute beschäftigen als mehrere kleine Unternehmen. Hinzu komme, daß in kleinen Gemeinden oft die Bürgermeister Werkleiter seien, ohne die nötigen Fachkenntnisse hinsichtlich der Gas- und Elektrizitätsversorgung zu haben. Auch die Ratsmitglieder kleinerer Gemeinden seien häufig besonders in Fragen der Finanzierung notwendiger Investitionen überfordert. Das sei gefährlich und sollte deshalb dazu führen, kommunale Versorgungsunternehmen in einer solchen Größenordnung abzustecken, daß sie die elementaren Forderungen der Bürger erfüllen können.

Stadtrat *Sauter,* Heidenheim, hält es für erforderlich, bei der Betrachtung des Themas Versorgung und öffentlicher Nahverkehr über die einzelwirtschaftlichen und in der Diskussion bereits angesprochenen Aspekte hinaus den gesamtwirtschaftlichen Zusammenhang, vor allem die ökologischen Aspekte zu bedenken, die bisher in der gesamten Politik zu kurz gekommen seien. Von dieser Warte aus müßten die Gemeinden dann ihre Forderungen an Bund und Länder richten. Gehe man z.B. von dem Gegensatz öffentlicher Nahverkehr auf der einen und Individualverkehr auf der anderen Seite aus, so könne es in bestimmten Bereichen für den einzelnen günstiger sein, den eigenen Pkw, ggf. im Rahmen einer Fahrgemeinschaft, zu verwenden und statt dessen Eisenbahnen und Busse leer fahren zu lassen. Zugleich müsse aber gesehen werden, daß es gerade dieser Individualverkehr ist, der fast unübersehbare Kosten verursache. Angesichts dieser Situation müsse man sich eigentlich fragen, warum man diese gesamtwirtschaftlichen Kosten, die letztendlich ökologische Schäden seien, nicht denen aufbürdet, die sie verursachen, und statt dessen die entlastet, die sie weniger verursachen, also beispielsweise den Omnibus oder den Zug benutzen. Hier sei eine über die einzelne Gemeinde hinausgehende klare politische Entscheidung notwendig. Das gelte in ähnlicher Weise für die Versorgung mit Wasser. Die Städte seien gezwungen auf immer teureres Trinkwasser zurückzugreifen, weil vor allem das Grundwasser in vielen Bereichen der Bundesrepublik bereits heute bedroht sei. Auch hier sollte man die Verursacher der Grundwasserbeeinträchtigung heranziehen, weil sie es den Kommunen nur unter hohem finanziellen Aufwand oder praktisch kaum noch möglich machen, die Versorgung mit lebensnotwendigem Trinkwasser aufrechtzuerhalten. Bei der Energieversorgung müßten die Gemeinden unabhängiger werden, d.h. es sollte eine dezentrale und umweltfreundliche, eine für die Bürger überschaubare Versorgung angestrebt werden, die in der einzelnen Gemeinde kontrollierbar und nachvollziehbar ist. In all diesen Fragen müßten die Städte und Gemeinden zusammenstehen und gemeinsam ihre Appelle an die Verantwortlichen in Bund und Ländern richten.

Bm *Röthemeier*, Minden, geht auf die Aussage von Oberbürgermeister Zimmermann ein, wonach die Versorgungsunternehmen eine ausreichende Eigenkapitaldecke benötigen, damit sie rentabel arbeiten können. Dieser Satz könnte dahin mißverstanden werden, daß bei besonders guter, im Idealfall hundertprozentiger Eigenkapitalausstattung ein Versorgungsunternehmen seine Leistungen billiger anbieten könne als ein anderes, das mit relativ viel Fremdkapital arbeitet. Das sei aber nicht der Fall. Dr. Flieger habe darauf hingewiesen, daß auch eine angemessene Kapitalverzinsung erwirtschaftet werden müsse, die im Gewinn enthalten sei. Dieser Gewinn unterliegt zunächst der Körperschaftssteuer. Das Versorgungsunternehmen müßte also erst einmal diesen Gewinn einschließlich des an die Körperschaftssteuer abzuführenden Betrages erwirtschaften, um das Eigenkapital entsprechend bedienen zu können. Unter diesem Gesichtspunkt sei Fremdkapital billiger als Eigenkapital, womit allerdings nichts gegen eine gute Ausstattung mit Eigenkapital gesagt werden solle.

Stadtrat *Layritz*, München, spricht sich nachdrücklich dafür aus, bei allen Überlegungen hinsichtlich der Zukunft der Schiene endlich mit der Verteufelung des Busses aufzuhören. In der Bundesrepublik sei es dem größten Teil der Verkehrsbetriebe nicht möglich, einen Schienenverkehr durchzuführen. In der ganzen Ökologiediskussion werde übersehen, daß die Umweltfreundlichkeit des Busses darin bestehe, eine Reihe von Individualfahrzeugen zu ersetzen und auf diese Weise dazu beizutragen, die Städte sauberer zu machen. Zudem sei es nicht so, daß ein Schienenverkehr immer das Wirtschaftlichste sei, was die Städte anbieten könnten. Zum Beispiel könne bei den Verkehrsspitzen in manchen Bereichen mit dem Bus wirksamer und effektiver, auch zugunsten des Fahrgastes, agiert werden, was sich auch kostenmäßig auswirken würde. Was die Forderung anbelange, man solle die Schiene nicht den Verkehrsbetrieben anlasten, so müsse man sehen, daß nur die Straßenbahn die Schiene benütze und auch abnütze. Ihm habe bis heute kein Verkehrsfachmann den Grad der Abnutzung sagen können, der bei einer Straße dadurch eintrete, daß hier alle 10 Minuten ein Bus fahre. Deshalb sollte man die Kosten dort lassen, wo sie erzeugt werden, also bei der Straße überwiegend beim Individualverkehr, und nicht dem Bus anlasten. Entsprechende Überlegungen müsse man bei dem Schienenverkehr anstellen, für den im übrigen z.B. beim U-Bahnbau Beträge in Milliardenhöhe aus öffentlichen Mitteln eingesetzt worden seien, die nicht den Verkehrsbetrieben angelastet würden. Was den stärkeren Einsatz privater Busse anbelange, so sei sicher kein Unternehmer daran interessiert, mit seinem Bus nur morgens und abends je 2 Stunden zu fahren, weil das für ihn nicht wirtschaftlich sei. Wenn man aber private Busse für den ganzen Tag anmiete als sogenannte Durchläufer, dann komme es praktisch nicht zu einer Kostenentlastung. Man sollte es im übrigen den Werkleitern glauben, daß sie bemüht seien, im Interesse der Städte so wirtschaftlich wie möglich zu arbeiten. Anschneiden wolle er noch das Thema Konzessionsabgaben. Immer wieder werde heute darauf hingewiesen, daß die Konzessionsabgabe eigentlich nicht mehr in die Landschaft passe. Da die Werke zur Zahlung der Konzessionsabgabe bereit seien, sollte sich der Städtetag dafür einsetzen, daß bei der Genehmigung von Stromtarifen die Konzessionsabgabe nicht als eine Art freiwillige Leistung der Versorgungsunternehmen angesehen, sondern als Kostenfaktor anerkannt wird. Bei den Preisbehörden müsse hier ein gewisses Umdenken einsetzen.

Direktor *Dr. Flieger* vertritt die Ansicht, daß die von Stadtrat Peiß geschilderten Verhältnisse im Verkehrsverbund Rhein-Ruhr zwar nicht repräsentativ für die allgemeinen Anliegen der Personennahverkehrswirtschaft seien, insbesondere hinsichtlich der Frage einer Arbeits- und Schulzeitstaffelung. Aber man dürfe nicht übersehen, daß viele Verkehrsunternehmen schon vor 15 oder 20 Jahren versucht hätten, mit den Schulen zu verhandeln. Nicht selten hätten sie dann nach einiger Zeit resigniert, weil es offenbar nicht möglich sei, mit Pädagogen über die Schulanfangszeit zu verhandeln. Häufig sei der Vorwurf gemacht worden, eine solche Staffelung würde die Psyche der Kinder verletzen, in das Haushaltsgeschehen der Familie eingreifen u.ä.m. Es entspräche nicht den Tatsachen, daß erst im Rahmen des Verkehrsverbundes Rhein-Ruhr die Verantwortlichen in den Verkehrsunternehmen auf diese Gesichtspunkte aufmerksam gemacht worden seien. Was den Frankfurter und Münchner Verkehrsverbund im Vergleich zum Verkehrsverbund Rhein-Ruhr anbelange, so müsse der Unterschied zwischen monozentrischen Verbünden wie in Frankfurt und München und polyzentrischen Verbünden wie dem Verkehrsverbund Rhein-Ruhr gesehen werden.

Anschließend geht Direktor Dr. Flieger näher auf die unterschiedlichen Ergebnisse und die örtliche Problematik der Versuche des Verkehrsverbundes Rhein-Ruhr ein, bei den einzelnen Unternehmen eine Reduzierung des Verkehrsangebots zu erreichen.

Weiter führt Direktor Dr. Flieger aus, daß jedes Verkehrsmittel, sei es ein Autobus oder eine Straßenbahn, einen ganz bestimmten Anwendungsbereich habe, wobei es auf die Verkehrsverhältnisse vor Ort ankomme. so sei das Verkehrsaufkommen dafür entscheidend, ob man ein Schienenfahrzeug oder einen Omnibus einsetze.

Deswegen werde man es auf keinen Fall nur darauf abstellen können, daß man der Straßenbahn den Schienenweg bezahle, um sie dann genauso vernünftig und konkurrenzfähig einsetzen zu können wie einen Autobus. Beide Verkehrsmittelarten hätten ganz unterschiedliche Anforderungsprofile, so daß es sich in Ulm allenfalls um einen Grenzbereich handeln könne, wo es noch möglich ist, vielleicht eine Straßenbahn einzusetzen, aber vielleicht schon möglich, einen Omnibus fahren zu lassen. Was das Abfahren von Verkehrsspitzen anbelange, so sei festzustellen, daß die meisten Verkehrsunternehmen bereits private Unternehmer im nötigen bzw. möglichen Maße einsetzen. Bei den Eigenbetrieben und Eigengesellschaften der Städte, die beim Deutschen Städtetag organisiert seien, dürfte sich schließlich die Frage der technischen und organisatorischen Leistungsfähigkeit nicht stellen. Allerdings sei die Behauptung, kleinere Eigenbetriebe würden generell das Angebot verteuern, nicht zutreffend.

OBm *Zimmermann* geht noch einmal auf die Staffelung der Arbeits- und Schulzeiten ein. Die Staffelung der industriellen Arbeitszeiten sei in den Betrieben vieler Städte gelöst worden. Hinsichtlich der volkswirtschaftlich dringend gebotenen Staffelung der Schulanfangszeiten sei es bisher leider nicht gelungen, mit den Schulelternbeiräten und mit den Lehrern vernünftig zu diskutieren. Hinzu komme ein anderes volkswirtschaftliches Problem, nämlich das der Rundumverkehre im Individualverkehr. Die Kinder würden zu ihren Schulen gebracht, und das Ganze werde koordiniert mit dem beruflichen Ziel des Vaters bzw. der Mutter. Weil diese Probleme so ernst seien, sollten jetzt noch einmal mit sämtlichen Gymnasien und anderen Schulen der Stadt Trier eindeutige Gespräche unter den genannten volkswirtschaftlichen Aspekten geführt werden. Hinsichtlich des engagiert geforderten Vorrangs für den Schienenverkehr müsse gesehen werden, daß hier selbst Gutachter zu unterschiedlichen Ergebnissen kämen. Zu bedenken sei auch, daß das für schienengebundene Fahrzeug benötigte Werkstattpotential erheblich größer sei als das für Busse benötigte.

Außerdem brauchten Schienenfahrzeuge Strom, und man müsse sich deshalb überlegen, wo man die für den Betrieb der Schienenfahrzeuge benötigte Leistung herbekomme. Auf jeden Fall würde eine einseitige Präferenz für die Schiene den unterschiedlichen Problemlagen der Städte nicht gerecht. In seinem Statement habe er gesagt, daß sich sowohl der Werkleiter als auch der Hauptgemeindebeamte ihrer bivalenten Position bewußt sein sollten. Den Werken sollte das gegeben werden, was der Werke ist, um ihnen die notwendige wirtschaftliche Bewegungsfreiheit zu verschaffen. Andererseits sollte auch der Werkleiter nicht so tun, als leite er ein Unternehmen sui generis, und nicht in die Versuchung geraten, etwa der heimliche Bürgermeister des Ortes zu werden. Man müsse hier klar sehen, daß die kommunalen Betriebe Unternehmen zwischen Wirtschaft und öffentlicher Hand seien. Im übrigen würden auch kleine Versorgungsunternehmen ihre Leistungen in hervorragender Form erbringen. Was die Frage der Dotierung eines Stadtwerkes mit Eigenkapital anbelange, so müßten die Städte eine vernünftige Eigenkapitalquote verlangen und dafür sorgen, daß diese Eigenkapitalquote erhalten bleibt, weil anderenfalls die Gefahr der in der Gemeindeordnung vorgesehenen Verlustabdeckung durch die Gemeinde drohe.

Stadtrat *Peiß* weist anhand von Beispielen noch einmal darauf hin, daß die Ausführungen im Vorbericht etwas konkreter sein müßten, um zu verhindern, daß der Vorbericht einfach zu den Akten gelegt wird.

Stadtrat *Krämer*, Pirmasens, verweist zur Frage einer Staffelung der Schulanfangszeiten darauf, daß man den Rhythmus eines Kindes nicht umdrehen könnte. Man müsse sich eher fragen, ob man nicht den Arbeitsprozeß ein wenig verlagern könnte. Kinder und Lehrer hätten Phasen, in denen sie leistungsfähig seien und Phasen, in denen sie weniger leistungsfähig seien. Diese Phasen ließen sich nicht so verschieben, daß man erst um 10.00 Uhr morgens mit dem Unterricht beginne und dann bis in den Nachmittag hinein unterrichte. Eine stärkere Rücksichtnahme auf die Kinder sei wichtig, hier müsse bei unserer immer noch auf Wachstum ausgerichteten Gesellschaft ein gewisser Umdenkungsprozeß in Gang kommen. Was generell den Verkehr anbelange, sollte man vielleicht überlegen, in Schwachlastzeiten und auch für Schwachlastbereiche kleinere Fahrzeuge einzusetzen. Das spare zwar kein Personal ein, habe aber sonst einen Einsparungseffekt.

OBm *Kiesl* weist darauf hin, daß sicher nicht alle Kinder den gleichen Rhythmus haben, und geht dann auf das Problem kleinerer Fahrzeugeinheiten ein. Wenn man kleinere Einheiten fahre, dann entstehe entweder ein wesentlich höherer Personalkostenaufwand oder es müsse gewissermaßen mit doppelter Ausstattung gefahren werden, also zu gewissen Zeiten mit großen Bussen, zu anderer Zeit mit kleinen Bussen. Solche Investitionskosten könnte sich aber keine Stadt leisten. Deshalb habe man sich längst überall zugunsten einer einheitlichen Busausstattung entschieden, und zwar in der Regel für große Busse.

Stadtrat *Mühlich*, Zweibrücken, erkundigt sich im Hinblick auf die Verpflichtung der Städte zur Versorgung ihrer Bürger mit Wasser danach, wie eine Kommune sich verhalten sollte, wenn mitten durch ihr Hauptgrundwasservorkommen eine Bundesstraße gebaut werden solle. Die Stadt Tübingen stehe konkret vor dieser Frage und müsse entscheiden, ob der Schutz ihres Grundwasservorkommens vorgehe oder die Erhaltung von Arbeitsplätzen in der Straßenbauwirtschaft. Der Bund, der die Straße mit allen Mitteln bauen wolle, messe offenbar der Frage der Wasserversorgung nicht den Wert bei, der ihr zukomme. Ihn würde interessieren, wie man diesen Konflikt lösen könne.

Stadtrat *Weskamp* berichtet, daß in Zweibrücken die Versorgungsbetriebe bei Erwirtschaftung der vorgeschriebenen Konzessionsabgabe regelmäßig Gewinne auswiesen, während die Verkehrsbetriebe ein jährlich steigendes Defizit hätten. Bisher seien diese Defizite des Verkehrsbetriebes aus den Überschüssen der Versorgung abgedeckt worden. Jetzt werde immer wieder die Frage gestellt, wieso die Abnehmer von Strom, Wasser und Gas durch überhöhte Tarife die Defizite im Verkehr decken müßten, zumal die öffentlichen Verkehrsmittel von vielen von ihnen nie benutzt würden. Es spräche vieles dafür, das Defizit der Verkehrsbetriebe aus allgemeinen Steuermitteln abzudecken. Ihn würde interessieren, wie das in Städten vergleichbarer Größenordnung und vergleichbarer Verhältnisse gehandhabt werde.

OBm *Zimmermann* verdeutlicht, daß es bei einer Staffelung der Schulanfangszeiten lediglich um Verschiebungen von 5 bis 15 Minuten gehe, durch die der Rhythmus der Kinder wohl kaum beeinträchtigt werden dürfte. Da er den von Stadtrat Mühlich vorgetragenen Fall zu wenig kenne, könne er keine fertige Lösung anbieten. Er persönlich habe sich stets dafür eingesetzt, daß die Wasserversorgung insgesamt auf die sicherste Grundlage gestellt wird, die denkbar ist. In den nächsten 10 bis 20 Jahren würden sich wahrscheinlich große Wasserverteilungsprobleme in der Bundesrepublik ergeben, die ohne erhebliche Einschnitte in die Bequemlichkeit der Bürger nicht zu lösen sein dürften.

OBm *Kiesl* weist auf die Gesetzeslage hin. Selbstverständlich könne der Stadtrat Prioritäten setzen. Da es aber gewisse überörtliche Planungen gebe, seien dafür natürlich auch andere Verfahren zuständig, z.B. Raumordnungsverfahren, Planfeststellungsverfahren usw. Die jeweilige Stadt sei dann nur ein Träger öffentlicher Belange, der lediglich gehört werde im Abwägungsprozeß. Es gebe immer wieder Planungsvorhaben der Bundesbahn, der Bundespost oder sonstiger Bundes- oder Länderverwaltungen, für die übergeordnete Gesichtspunkte gelten, die letztlich zu Auseinandersetzungen führen könnten.

OBm *Zimmermann* bemerkt zu den Ausführungen von Stadtrat Weskamp, daß die Verwendung der Gewinne aus den Versorgungsbetrieben zur Deckung der Defizite aus den Verkehrsbetrieben eine absolut legitime Gewinnverwendung darstelle. Allerdings sei es ein fundamentales Mißverständnis, daß die Versorgungsbetriebe zu diesem Zweck mit überhöhten Tarifen arbeiteten. Das sei bei Strom und Gas kartellrechtlich nicht möglich, so daß entsprechende Anträge im Genehmigungsverfahren scheitern würden.

Abschließend weist OBm *Kiesl* darauf hin, daß sowohl die Einführungsreferate als auch die Diskussionsbeiträge veröffentlicht würden und für die weitere Arbeit des Deutschen Städtetages auf dem Gebiet Versorgung und öffentlicher Personennahverkehr mit als Grundlage verwendet würden.

Als Ergebnisse der Diskussionen des Arbeitskreises wird für die Öffentlichkeit folgendes festgehalten:

Die Verantwortung der Städte für Versorgung und Verkehr

Die größte Teilnehmerzahl hatte der Arbeitskreis IV „Die Verantwortung der Städte für Versorgung und Verkehr" im Rahmen der diesjährigen Hauptversammlung des Deutschen Städtetages. Daran war zu erkennen, wie sehr sich die Städte ihrer Verantwortung für diese Bereiche bewußt sind.

In seinen einleitenden Ausführungen schnitt der Vorsitzende des Arbeitskreises, OBm Kiesl, München, einige zentrale Punkte des Verhältnisses der Städte zu ihren Versorgungs- und Verkehrsunternehmen an. Die städtischen Versorgungsbetriebe hätten ein hohes Niveau der Grundversorgung für die Bevölkerung vorzuhalten, ihr darüber hinausgehendes Angebot müsse grundsätzlich nachfrageorientiert sein. Entscheidend sei dabei weniger die Rechtsform des Betriebes als die Qualität, mit der der öffentliche Zweck des Unternehmens erfüllt würde. Die Bewältigung des Personennahverkehrs in den Städten dürfe nicht die Form eines Verteilungskampfes annehmen, vielmehr müsse die Suche nach Formen der Partnerschaft zwischen Individualverkehr und öffentlichen Personennahverkehr konsequent fortgesetzt werden. Ein Hinlenken der Fahrgäste zum öffentlichen Personennahverkehr sollte daher weniger durch restriktive Maßnahmen, sondern vielmehr durch attraktive Angebote bewirkt werden.

Direktor Dr. Flieger, Vorstandsvorsitzender der Dortmunder Stadtwerke AG, beleuchtete das Thema des Arbeitskreises vom Gesichtspunkt des öffentlichen Personennahverkehrs als kommunalen Wirtschaftsunternehmen. Er wies auf die prinzipiell unlösbare Aufgabe der Städte hin, ihren Bürgern ein attraktives Nahverkehrsangebot zu machen, obwohl bei laufend steigenden Kosten wirtschaftlich zufriedenstellende Erträge nicht erwartet werden könnten. Zwar habe der Fahrgast grundsätzlich den Preis zu zahlen, der dem Wert seiner Beförderung entspreche. Dieser angemessene Preis liege aber unter den Vollkosten, die Differenz müsse aus öffentlichen Haushalten ausgeglichen werden. Da der Markt keine kostendeckende Preise für die Beförderungsleistungen zulasse, trete an die Stelle des Marktmechanismusses der politische Auftrag der Gebietskörperschaft. Dabei habe die Gebietskörperschaft das Recht, den Leistungsumfang zu bestimmen, und das Verkehrsunternehmen die Pflicht, nach wirtschaftlichen Grundsätzen zu arbeiten. Da Attraktivität und Bezahlbarkeit zwei Bedingungen seien, deren gleichzeitige Erfüllung kaum noch möglich erscheine, bleibe lediglich der Weg, diese Diskrepanz auf verschiedene Weise zu mildern.

Zahlreiche Verkehrsbetriebe würden heute im Querverbund mit Versorgungsbetrieben als ein Unternehmen geführt. Der Nutzen eines solchen Querverbundes zeige sich vor allem in einer besseren personellen und technischen Ausstattung der Verwaltung. Die Verbindung von Versorgungs- und Verkehrsbetrieben biete erhebliche Vorteile, solange die Städte sinnvoll wirtschafteten und Finanzdisziplin bewahrten. Grundsätzlich könne davon ausgegangen werden, daß die kommunale Selbstverwaltung sich der großen Vorteile bewußt sei, die sich aus dem Besitz eigener Versorgungsunternehmen und dem Querverbund mit Verkehrsunternehmen ergäben.

OBm Zimmermann, Trier, stellte in seinem anschließenden Statement heraus, daß einerseits die Bedeutung der Versorgung von Bevölkerung und Wirtschaft mit Energie ständig steige und andererseits die Unsicherheiten des internationalen Energiemarktes zunähmen. Es sei deshalb verständlich, daß unter diesen Umständen viele Städte im Interesse ihrer Bürger ihren Einfluß auf die Energieversorgung wahren wollten. Diese Einflußnahme werde am besten durch eigene Unternehmen gewährleistet, da diese unter bürgerschaftlicher Kontrolle und damit letztlich unter der Kontrolle der Verbraucher stünden. Wichtig sei in diesem Zusammenhang, daß die Gewinne kommunaler Energieversorgungsunternehmen entweder direkt oder — wenn sie zum Verlustausgleich verwendet werden — indirekt in die Kasse der Gemeinde und nicht in die Hände mehr oder weniger anonymer Gesellschafter oder Aktionäre flössen. Sie kämen damit den Bürgern zugute, die sie auch aufgebracht hätten.

Auf der anderen Seite dürfe nicht übersehen werden, daß kommunale Energieversorgungsunternehmen am Wirtschaftsprozeß teilnehmen. Sie gwährleisten darüber hinaus den ordnungspolitischen Pluralismus in der Versorgungswirtschaft. Sie sicherten damit den volkswirtschaftlich vorteilhaften Leistungsvergleich zwischen Unternehmen verschiedener Versorgungsstufen, verschiedener Trägerschaft und unterschiedlicher Größe als belebendes, die Transparenz von Kosten und Preisen förderndes Element. Wer rentable kommunale Energieversorgungsunternehmen ganz oder teilweise veräußere, verzichte nicht nur auf die Wahrnehmung dieser Vorteile, er verschenke auch Erträge der Zukunft. Die Städte sollten sich deshalb die Pflege ihrer Werke angelegen sein lassen. Sie sollten die Selbstfinanzierungskraft ihrer Energieversorgungsunternehmen nicht dadurch schwächen, daß sie bei der Verlustabdeckung die steuerlichen Grenzen überschritten. Schließlich sei die Erhaltung einer betriebswirtschaftlich angemessenen Eigenkapitalquote besonders in Zeiten tendenziell hoher Fremdkapitalzinsen unbedingt notwendig, um rentabel arbeiten zu können. Auf der anderen Seite müßten sich die Unternehmensleitungen der besonderen Verpflichtungen gegenüber den sie tragenden kommunalen Gebietskörperschaften stellen.

Im Mittelpunkt der Diskussion stand die Art der Erfüllung der Nahverkehrsaufgabe und die Auswahl der Verkehrsmittel, insbesondere in Verbundgebieten. Eingehend erörtert wurden auch Fragen der Tarifbildung und des Abbaus von Verkehrsspitzen durch Staffelung von Arbeits- und Unterrichtsbeginnzeiten. Kontrovers diskutiert wurde die Frage, ob auch kleinere Städte eigene Versorgungsunternehmen betreiben und zum Ausgleich der Verluste des öffentlichen Personennahverkehrs beitragen sollten.

OBm Kiesl schloß mit der Bemerkung, daß die Diskussion wertvolle Anregungen für die weitere Arbeit des Deutschen Städtetages gebracht hätte, und teilte mit, daß dem Hauptausschuß des Deutschen Städtetages in seiner nächsten Sitzung der Entwurf eines verkehrspolitischen Konzepts der deutschen Städte zur Verabschiedung vorgelegt werden soll.

Arbeitskreis V

Die Zukunft der Sparkassen

Vorbericht

I. Geschäftspolitische Entwicklungen

1. Sparkassen im Wettbewerb

Die Institute der Sparkassenorganisation (Sparkassen und Landesbanken/Girozentralen) sind ein wesentlicher Bestandteil des deutschen Bankensystems, das vor allem durch folgende zwei wesentliche Merkmale gekennzeichnet ist:

(1) Es überwiegen die universell tätigen Kreditinstitute, wobei sich allerdings Differenzierungen in rechtlicher und tatsächlicher Hinsicht ergeben.

(2) Im Bereich der universell tätigen Institute stehen sich drei große und leistungsfähige Kreditinstitutsgruppen im Wettbewerb gegenüber: Die privaten Kreditbanken, die Institute des Genossenschaftssektors und die Institute der Sparkassenorganisation.

Dieses Nebeneinander von drei großen leistungsfähigen Bankengruppen mit unterschiedlichen Organisationsstrukturen (zentral/dezentral) und mit unterschiedlichen geschäftspolitischen Prinzipien (ertragsorientiert, genossenschaftlich ausgerichtet, aufgabenorientiert) ist die Grundlage des für deutsche Verhältnisse typischen Gruppenwettbewerbs, der dazu geführt hat, daß es in der Bundesrepublik keine Regionen oder Wirtschaftszweige gibt, die eine institutionell bedingte Unterversorgung mit kreditwirtschaftlichen Leistungen aufweisen. Diese Wettbewerbssituation hat zu einer umfassenden flächen- und zielgruppenabdeckenden Versorgung mit kreditwirtschaftlichen Leistungen geführt. Nicht zuletzt hieraus resultieren die beachtliche Innovationskraft und der ausgeprägte Rationalisierungsstand des deutschen Kreditapparates. Aus dem doppelten Spannungsfeld zwischen Gewinnorientierung und Aufgabenorientierung einerseits sowie örtlicher Bindung und überregionaler Tätigkeit andererseits ergibt sich die Effizienz des Wettbewerbs in der deutschen Kreditwirtschaft.

Die Institute der Sparkassenorganisation bilden in diesem System den öffentlich-rechtlichen Teil der Kreditwirtschaft. Sie erhält ihren Charakter als spezifische Gruppe des Kreditgewerbes aus ihrer Aufgabenstellung, die sich an öffentlichen Belangen orientiert. Ausgangspunkt hierfür ist der öffentliche Auftrag. Die Sparkassen sind aufgrund ihrer satzungsmäßigen Aufgaben verpflichtet, ein ausreichendes Angebot kreditwirtschaftlicher

Leistungen an alle Bevölkerungskreise, insbesondere auch an die mittelständische Wirtschaft, und an jedem Ort, also auch in strukturschwachen Gebieten, bereitzustellen (Gewährleistungsfunktion). Dabei beschränkt sich die geschäftliche Tätigkeit der Sparkassen auf das Gebiet des Gewährträgers (Regionalprinzip). Damit sind zugleich auch die kreditwirtschaftlichen Voraussetzungen für eine ausgeglichene räumliche Wirtschaftsstruktur und den wettbewerbspolitisch wichtigen dezentralen Aufbau der Kreditwirtschaft gegeben (Struktursicherungsfunktion). Außerdem obliegt es den Sparkassen, zu einem intensiven Wettbewerb im Kreditgewerbe beizutragen (Wettbewerbskorrekturfunktion).

Die ortsnahe Geschäftspolitik der Sparkassen hat dazu geführt, daß sie sich eine starke Marktstellung gerade in den Bereichen verschaffen konnten, die satzungsmäßig zu ihren besonderen Aufgaben gehören. Sie konnten in den letzten Jahren ihre Marktstellung stabilisieren, während die Kreditgenossenschaften fast in allen Bereichen Marktanteilsgewinne erzielten.

Mehr als die Hälfte aller Spareinlagen sind bei Sparkassen angelegt. Zwei Drittel der umlaufenden Sparbriefe und Sparobligationen werden von Sparkassen ausgegeben. Knapp ein Viertel aller Kredite an Nichtbanken (private Haushalte, Unternehmen, öffentliche Hand) entfallen auf Sparkassen. Den gleichen Marktanteil haben sie bei Krediten an Unternehmen. Dies ist vor allem auf ihr starkes Engagement bei der Finanzierung der örtlichen, mittelständischen Unternehmen zurückzuführen, die ein überproportionales Kreditwachstum aufweisen. Damit haben die Sparkassen insgesamt mehr Kredite der Wirtschaft zur Verfügung gestellt, als die drei Großbanken zusammen. Der Marktanteil beim Handwerkskredit allein beträgt 55%. Die wirtschaftlich unselbständigen Privatpersonen haben ihren Kreditbedarf zu einem Drittel bei den Sparkassen gedeckt. Mehr als ein Viertel aller Wohnungsbaukredite wurden von Sparkassen gewährt. Fast 70% aller Kredite an Gemeinden und Gemeindeverbände stammen von Sparkassen und Landesbanken/Girozentralen. Nach jahrelangen Bemühungen um die geldwirtschaftliche Integration der privaten Haushalte verfügen die Sparkassen über 55% aller Privatgirokonten.

Vor allem der Wettbewerb um den Sparer ist in den letzten Jahren noch intensiver geworden. Die Daueremissionen des Bundes sowie die Verkürzung der Laufzeiten der Wertpapiere haben für den Sparer neben der Spareinlage neue attraktive Anlagemöglichkeiten eröffnet.

Die zunehmende Technisierung und Automatisierung in der Kreditwirtschaft wird zu einer weiteren Verschärfung des Wettbewerbs führen, weil Standortnachteile filialloser Banken verringert werden und sich die Transparenz geldwirtschaftlicher Leistungen erhöht.

Die folgende Tabelle verdeutlicht die Marktstellung der Sparkassen, vor allem auch in den gesetz- und satzungsmäßig besonders wichtigen Aufgaben:

Marktanteile in % Ende 1982

	Sparkassen	LB/GZ	Spark.-Organis. insges.	Kreditbanken	Kreditgenossenschaften[1]
Spareinlagen	52,6	0,7	53,3	15,7	24,9
Sparbriefe und -obligationen	65,7	0,2	65,9	14,8	12,9
Kredite an Nichtbanken	23,0	16,2	39,2	20,1	11,6
Kredite an inländische Unternehmen	23,1	14,0	37,1	24,8	13,7
darunter: an das Handwerk	(55,2)	(2,8)	(58,0)	(10,5)	(26,7)
Kredite an Unselbständige und sonstige Priv. Pers.	32,3	6,9	39,2	17,5	17,9
Wohnungsbaukredite	27,5	11,3	38,8	12,9	12,4
Kommunalkredite	36,4	30,6	67,0	7,0	3,3
Geschäftsvolumen	22,0	16,2	38,4	22,2	11,4

[1] nur berichtspflichtige Kreditgenossenschaften.

2. Sparzinspolitik

Die Spareinlage bildet die wichtigste Refinanzierungsgrundlage der Sparkassen. Zugleich ist die Spareinlage nach wie vor wesentliches Instrument der Vermögensbildung der privaten Haushalte.

In den letzten Jahren haben sich allerdings strukturelle Veränderungen in der Geldvermögensbildung der privaten Haushalte zu Lasten der Spareinlagen ergeben. So ist der Anteil des Wertpapiersparens und des vertraglich gebundenen Sparens — insbesondere des Versicherungssparens — deutlich angestiegen.

Aufgabe der Sparzinspolitik ist es, durch die entsprechende Zinsgestaltung dieser Entwicklung entgegenzuwirken, um die Spareinlage als Refinanzierungsbasis, vor allem auch für die variabel verzinsliche Wohnungsbaufinanzierung, für die Zukunft zu sichern. Es gilt, die längerfristige Spareinlage für die Anlage der Lebensersparnisse attraktiv zu machen, ohne den Sparer zu benachteiligen, der kürzerfristig und eher zweckbestimmt spart. Dies bedeutet ein stärkere Orientierung der Verzinsung längerfristiger Spareinlagen an der Zinsentwicklung des Kapitalmarktes, wobei häufigere Zinsanpassungen als in der Vergangenheit zweckmäßig erscheinen. Gleichzeitig ergibt sich eine deutliche Trennung zur Verzinsung von Spareinlagen mit gesetzlicher Kündigungsfrist. Für diese Spareinlagen gilt unverändert der Grundsatz einer Verstetigung der Zinspolitik, d.h., daß sich dieser Zinssatz nur wenig ändert und nur nachhaltigen Entwicklungen des allgemeinen Zinsniveaus anpaßt. Zur Stärkung der Spareinlage ist es also notwendig, daß der „Zinsgraben" zwischen Spareinlagen mit gesetzlicher und vereinbarter Kündigungsfrist langfristig ausgeweitet wird.

3. Neue Vertriebswege

Die Kreditwirtschaft steht vor weitreichenden Investitionsentscheidungen über neue Technologien. Die Rationalisierung des Mengengeschäfts wird konsequent durch Einsatz von Selbstbedienungsautomaten fortgesetzt. Hier sind Kontoauszugsdrucker, Geldautomaten und Bildschirmtext zu nennen, in Zukunft noch ergänzt um die Verfügungsmöglichkeit über Point of Sale-Systeme (d.h. Verfügungsmöglichkeit über das Konto bei Datenstationen des Handels). Von dieser Entwicklung sind die Sparkassen aufgrund ihrer starken Stellung im Privatkundengeschäft besonders betroffen.

Aufgrund der gegenwärtig bekannten Daten werden zum Jahresende 1983 ca. 1100 Geldautomaten bei den Sparkassen und rd. 500 Automaten bei den übrigen Banken installiert sein. Zusätzlich werden bei den Sparkassen dann über 1500 Kontoauszugsdrucker in Betrieb sein.

Die Veränderung der Betriebswege für Bankdienstleistungen wird entscheidend durch die neue Kommunikationstechnik Bildschirmtext vorangetrieben. War bisher das Zweigstellennetz entscheidend für die Marktdurchdringung, insbesondere im Privatkundengeschäft, so kann in Zukunft die Situation entstehen, daß sich die Verfügbarkeit von Bankdienstleistungen von der Geschäftsstelle und damit von der persönlichen Bedienung löst.

Die Veränderung der Betriebswege beeinflußt nicht nur die Struktur und die Gestaltung der Arbeitsplätze, sondern hat auch Auswirkungen auf die Aufgabenstellung der einzelnen Geschäftsstellen und damit auch auf die Struktur des gesamten

Geschäftsstellennetzes. Einmal können die aufgrund der technischen Entwicklung von Routinegeschäften entlasteten Mitarbeiter für komplexere Anlage- und Kreditfälle qualifiziert eingesetzt werden. Zum anderen kann durch Konzentration noch mehr Raum für eine weitere Verbesserung der Kundenbetreuung bei erklärungsbedürftigen Finanzierungsangelegenheiten gegeben werden, was sich positiv für die Kunden auswirkt.

Die Gründe für den Übergang zur Kundenselbstbedienung haben handfeste Ursachen, die sich aus der Aufwands- und Ertragssituation des Kreditgewerbes ergeben. Denn trotz interner Rationalisierungsleistungen in den vergangenen Jahren ist der Verwaltungsaufwand für das Geschäftsstellennetz sehr hoch, wobei insbesondere die Personalkosten ständig ansteigen. Dieser permanent wachsende Kostenblock konnte bisher durch steigende Geschäftsvolumina abgefangen werden. Geschäftsexpansionen werden aber nunmehr aufgrund der gestiegenen Risikosituationen eingeschränkt. Dies gilt insbesondere für die Institute, die bittere Erfahrungen im Industriekredit- und Auslandsgeschäft gemacht haben. Ihr Augenmerk richtet sich zwangsläufig auf das Privatkundengeschäft und das Geschäft mit der mittelständischen Wirtschaft. Damit verschärft sich in diesem Markt die Wettbewerbssituation, was besonders die Sparkassen zu spüren bekommen.

Diese Entwicklung wird durch die Einführung des Bildschirmtextes wegen der damit steigenden Markttransparenz einen zusätzlichen Impuls erhalten.

II. Erwartungen der Sparkassen

1. Eigenkapitalprobleme

Ihre Aufgabenstellung hindert die Sparkassen daran, lukrative Geschäftsmöglichkeiten außerhalb ihres Geschäftsgebietes zu suchen. Dem trug bis 1967 ein besonderer Steuersatz Rechnung. Die permanente Finanznot des Bundeshaushaltes führte sukzessive zur Vollbesteuerung der Sparkassen, die im Subventionsabbaugesetz 1981 erreicht wurde. Sie traf die Sparkassen besonders hart, da sie das für ihre Geschäftstätigkeit lebensnotwendige Eigenkapital — im Gegensatz zu konkurrierenden Instituten — ausschließlich aus dem versteuerten Gewinn bilden können. Das Kreditwesengesetz setzt für die einzelnen Rechtsformen der Kreditinstitute jeweils spezifische Eigenkapitalanforderungen fest. Die enorme geschäftspolitische Bedeutung dieses aufsichtlichen Eigenkapitalbegriffs wird durch den Grundsatz I des Bundesaufsichtsamtes für das Kreditwesen signifikant, der das gesamte Kreditvolumen auf das 18fache des haftenden Eigenkapitals begrenzt. Ebenso knüpft die Großkreditbegrenzung in § 13 an das haftende Eigenkapital an. Infolge dieser Relationen ist das bankaufsichtliche Eigenkapital wegen der unmittelbaren Auswirkungen auf die jeweiligen Wettbewerbsmöglichkeiten für alle Kreditinstitutsgruppen von zentraler Bedeutung. Anfang 1981 hatten fast 40% aller Sparkassen die Grenze des Grundsatzes I erreicht; sie konnten damit ihr Kreditgeschäft nicht weiter ausdehnen. Da Sparkassen nicht die Möglichkeit der Außenfinanzierung konkurrierender Kreditinstitute haben, können sie ihr Eigenkapital ausschließlich aus versteuertem Gewinn bilden. Die drastische Steuererhöhung reduziert damit zwangsläufig diese Möglichkeit. Zwar erkennt das Kreditwesengesetz auch Dotationskapital an, das der Gewährträger der Sparkasse zuführt. Wegen der angespannten Finanzlage der öffentlichen Haushalte wird aber die Vertretungskörperschaft des Gewährträgers nur in Ausnahmefällen der Sparkasse Dotationskapital zur Verfügung stellen; in der Regel werden die Mittel kommunalen Aufgaben von größerer politischer Priorität zugewiesen.

2. Forderung nach Haftungszuschlag

Aus diesen Gründen haben sich die kommunalen Spitzenverbände und der Deutsche Sparkassen- und Giroverband nachhaltig für die Anerkennung eines Haftungszuschlags bei den Eigenkapitalregelungen des Kreditwesengesetzes eingesetzt. Dieser fiktive Zuschlag zu den Rücklagen der Sparkassen trägt der besonderen Haftung des Gewährträgers für seine Sparkasse aufgrund der Anstaltslast und Gewährträgerhaftung Rechnung. Er ist auch bankaufsichtlich konsequent, da die Eigenkapitalvorschriften des Kreditwesengesetzes primär den Schutz der Einleger bezwecken. Angesichts der unbestrittenen Bonität der öffentlichen Hand, die sich wie ein roter Faden durch das gesamte Bankaufsichtsrecht zieht, ist der bei öffentlich-rechtlichen Kreditinstituten 100%ig gewährleistete Einlegerschutz sicheres Fundament für einen solchen Zuschlag. Er hat auch sein Vorbild im Kreditwesengesetz, das den Kreditgenossenschaften mit ihrem Haftsummenzuschlag vergleichbares Eigenkapital zuerkennt.

Gemessen an der Gläubigerschutzfunktion des § 10 KWG dürfte die Haftsummenverpflichtung weniger werthaltig als die Gewährträgerhaftung und Anstaltslast öffentlich-rechtlicher Gewährträger sein. Im Insolvenzfall müßte der Konkursverwalter der Genossenschaft eine Vielzahl von Einzelansprüchen gegen die Genossen liquidieren; der Erlös stände dann den Gläubigern des genossenschaftlichen Kreditinstituts zur Verfügung. Demgegenüber begründet die Gewährträgerhaftung einen unmittelbaren Anspruch der Sparkassengläubiger gegen den Gewährträger, der der Höhe nach unbegrenzt ist und sich gegen einen einzigen Schuldner richtet.

Im Wettbewerb ist der Haftsummenzuschlag für die Kreditgenossenschaften von großer Bedeutung: Bei gleicher Kapitalausstattung kann eine Kreditgenossenschaft bis zu 50% höhere

Großkredite anbieten und ihr Kreditgeschäft um 50% gegenüber einer Sparkasse ausweiten. Zwar hat das erste Subventionsabbaugesetz den Körperschaftsteuersatz auch der Kreditgenossenschaften angehoben. Für sie wirkt sich diese Höherbesteuerung jedoch bei weitem weniger drastisch als für Sparkassen aus, weil die Kreditgenossenschaften ihr Eigenkapital durch die Hereinnahme von Geschäftsguthaben und durch die damit automatische Aufstockung des Haftsummenzuschlags vergrößern können. Die Einführung des körperschaftsteuerlichen Anrechnungsverfahrens hat auch für die genossenschaftlichen Kreditinstitute den Anreiz für die Zuführung von Eigenkapital durch die Leistung von Geschäftsguthaben erhöht. Dagegen sind Sparkassen nicht in das Anrechnungsverfahren einbezogen.

Aus diesen Gründen hat die Bankenstrukturkommission auch festgestellt, daß der Haftsummenzuschlag die Kreditgenossenschaft im Wettbewerb bevorzugt und sich für seine Beseitigung ausgesprochen. Auch die Deutsche Bundesbank fordert die Beseitigung des Haftsummenzuschlags.

Die Notwendigkeit der vorgeschlagenen Verbesserung der Eigenkapitalausstattung für Sparkassen ist nicht etwa — wie oft behauptet wird — entbehrlich, weil sich aufgrund der allgemein guten Ertragslage im Kreditgewerbe, vor allem aber wegen der relativ geringen Ausweitungen des Bilanzsummenwachstums, die Eigenkapitalquote verbessert und die durchschnittliche Auslastung des Grundsatzes I verringert hat. Schon aus Wettbewerbsgründen ist mittelfristig im KWG eine Verbesserung der bislang für Sparkassen geltenden Eigenkapitalregelung notwendig, um eine dauerhafte Benachteiligung gegenüber den Kreditgenossenschaften abzubauen.

3. Notwendigkeit der KWG-Novelle

Die Anerkennung der unbeschränkten Haftung der Gewährträger der Sparkassen im Kreditwesengesetz wurde bei der parlamentarischen Beratung des ersten Subventionsabbaugesetzes 1981 von einer breiten politischen Mehrheit gefordert und führte auf Antrag des Landes Baden-Württemberg nach intensiver Beratung in seinen Ausschüssen zu einer Bundesratinitiative, die wegen des Ablaufs der 9. Legislaturperiode unerledigt blieb.

In Übereinstimmung mit diesem Gesetzentwurf des Bundesrates befindet sich ein Mitte des Jahres 1982 vorgelegter interner Referentenentwurf einer umfassenden KWG-Novelle des Bundesfinanzministeriums, der die Eigenkapitalausstattung u.a. durch einen Zuschlag zum haftenden Eigenkapital für öffentlichrechtliche Kreditinstitute aufgrund ihrer Gewährträgerhaftung verbessern will. Diese und andere neu konzipierte Eigenkapitalformen werden auf 20% des Kapitals und der Rücklagen begrenzt, gleichzeitig aber der Haftsummenzuschlag der Kreditgenossenschaften auf die gleiche Grenze eingefroren. Damit sollen — wie die Entwurfsbegründung ausdrücklich feststellt — ungerechtfertigte Wettbewerbsvorteile der Kreditgenossenschaften beseitigt werden. Das vorgelegte Konzept erscheint grundsätzlich akzeptabel, weil der Forderung nach Gleichbehandlung von Haftungszuschlag und Haftsummenzuschlag der Kreditgenossenschaften entsprochen wird.

Aus Sicht konkurrierender Kreditinstitute ist verständlich, wenn sie zur Erhaltung ihrer durch das geltende Recht vorhandenen wettbewerbspolitischen Vorteile die vorgesehene ausgewogene Eigenkapitalregelung zu verhindern versuchen. Sie kalkulieren damit, daß für die Politiker der Schwerpunkt der KWG-Novelle die vorgesehene Konsolidierungsregelung ist. Sie bezweckt, sog. Kreditpyramiden zu verhindern, die durch die Mehrfachbelegung des haftenden Eigenkapitals über — insbesondere ausländische — Tochterbanken deutscher Kreditinstitute gebildet werden können und dadurch die Begrenzung des Grundsatzes I und die Großkreditgrenzen faktisch unterlaufen können. Die Gegner des Haftungszuschlags versuchen deshalb den Eindruck zu erwecken, eine gesetzliche Regelung werde durch ein sog. „Gentlemen's Agreement" zwischen den betroffenen Banken und dem Bundesaufsichtsamt für das Kreditwesen entbehrlich. Eine solche Vereinbarung kann indes nicht eine gesetzliche Regelung ersetzen, die allein der Bankenaufsicht notwendige Eingriffsbefugnisse zur Einhaltung der maßgeblichen Eigenkapitalnormen verschafft. Konsolidierungs- und Eigenkapitalregelung sind durch einen inneren Zusammenhang untrennbar miteinander verknüpft. Auch die übrigen Lösungsvorschläge des Referentenentwurfs beruhen sowohl auf den sorgfältigen Recherchen und Vorschlägen der Bankenstrukturkommission, intensiver Arbeit der betroffenen Ministerien sowie ausgiebiger Erörterung mit allen betroffenen Institutionen. Deshalb sollte die KWG-Novelle möglichst bald in den 10. Deutschen Bundestag eingebracht werden.

III. Erwartungen der Gewährträger

1. Sparkassen als kommunale Kreditinstitute

Die Städte als Gewährträger wissen sich mit ihren Sparkassen in den Forderungen nach dem Haftungszuschlag und einer Novelle zum Kreditwesengesetz einig. Die geforderte Eigenkapitalregelung für die Sparkassen hat für die Städte sehr grundsätzliche Bedeutung. Die Städte verlangen nämlich, daß der Rechtsstatus der Sparkassen und damit ihre kommunale Bindung unverändert bleibt, daß der öffentliche Auftrag der Sparkassen nicht angetastet wird und die Einhaltung des Regionalprinzips gewährleistet ist. Auch deshalb ist eine sparkassenadäquate Eigenkapitallösung erforderlich.

Schon in der 99. Sitzung unseres Hauptausschusses am 4. Mai 1977 formulierte der Präsident des Deutschen Städtetages: „Im

Blickfeld steht das Verhältnis von Gewährträger und den wesentlich durch die Geschäftspolitik bestimmten Eigenkapitalbedürfnissen der Sparkassen. Es ist einmütige Auffassung, daß die Sparkassen ihren öffentlich-rechtlichen Status behalten und in der Obhut der Gewährträger bleiben müssen. Die Gewährträger dürfen sich nicht ihrer Gewährleistungspflicht entziehen. Die Städte kämpfen um den Bestand ihrer Sparkassen und gegen Veränderungen, die sie nur zu Zahlmeistern ohne Einwirkungsmöglichkeit auf die Institute machen."

Mit diesen grundsätzlichen kommunalen Positionen hängt eng zusammen, daß die Städte gegen privates Haftkapital in den Sparkassen eingestellt sind. Bei Aufnahme privaten Haftkapitals als Eigenkapitalbestandteil wäre eine tiefgreifende Veränderung der kommunalen Sparkassen zu befürchten. Die Sparkassen könnten womöglich nicht mehr die ihrem öffentlichen Auftrag verpflichteten, aufgabenorientiert arbeitenden Einrichtungen sein. Auf Dauer könnte es zu einer bedenklichen Strukturveränderung in unserer Kreditwirtschaft kommen. Es gäbe dann Tendenzen der Konzentration und Zentralisierung mit der Gefahr der Verschlechterung der Versorgung aller Bevölkerungskreise mit Bankleistungen. Das alles kann mit dem kommunalen Auftrag der Sparkassen nicht vereinbart werden. Die Sparkassen sollten solche Veränderungen ebenfalls nicht wollen. Die Städte können denen nicht folgen, die etwa eine Teilprivatisierung der Sparkassen ins Auge fassen, um Dynamik und Wachstum besonders forcieren zu können.

Die Sparkassen sind ein wichtiges und unverzichtbares Instrument der kommunalen Selbstverwaltung. Die Sicherung ihres Bestandes und ihre angemessene Entwicklung sind ganz grundsätzliche kommunalpolitische Forderungen. Die Sparkasse als öffentlich-rechtliche Einrichtung gehört anerkanntermaßen zum Kernbestand der kommunalen Selbstverwaltung, wie ihn Art. 28 Abs. 22 GG garantiert. Das kann auch das Kreditwesengesetz nicht außer acht lassen.

2. Mitbestimmung bei Sparkassen

Den Verwaltungsräten der Sparkassen gehören Dienstkräfte als Arbeitnehmervertreter an. Jede Mitbestimmungsregelung für die kommunalen Sparkassen muß auf die Ausstrahlungen des Verhältnisses zu den konkurrierenden Kreditinstituten Bedacht nehmen. Zu berücksichtigen ist auch, daß die Sparkassen Anstalten des öffentlichen Rechts unter Verantwortung des Gewährträgers sind. Die vom Volke gewählten Vertretungen der Gewährträger und die von ihnen bestimmten Mitglieder der Sparkassen-Verwaltungsräte haben gleichermaßen die bei einer Anstalt des öffentlichen Rechts besonders hervortretenden Interessen der Allgemeinheit wie die Belange der Dienstkräfte der Sparkasse zu beachten.

3. Öffentlicher Auftrag und Geschäftstätigkeit

Sparkassen sind *kommunale* Kreditinstitute. Kommunal ist dabei nicht allein im Hinblick auf die Gewährträgerschaft der Kommunen zu verstehen, sondern markiert auch die Ausrichtung der Geschäftstätigkeit.

Die Sparkassen sind verpflichtet, ein ausreichendes Angebot kreditwirtschaftlicher Leistungen an alle Bevölkerungskreise, insbesondere auch an die mittelständische Wirtschaft, an jedem Ort, also auch in strukturschwachen Gebieten, bereitzustellen (Gewährleistungsfunktion). Mit dieser Gewährleistungsfunktion eng verbunden ist der nach wie vor gültige Kontrahierungszwang im Passivgeschäft.

Wesentlicher Bestandteil der öffentlichen Aufgabenstellung der Sparkassen und gleichzeitig auch Folge der kommunalen Bindung ist die Beschränkung der geschäftlichen Tätigkeit der Sparkassen auf das Gebiet des Gewährträgers (Regionalprinzip). Diese räumliche Beschränkung garantiert eine intensive Betreuung des örtlichen Marktes durch die Sparkassen. Damit sind zugleich die kreditwirtschaftlichen Voraussetzungen für eine ausgeglichene räumliche Wirtschaftsstruktur und den wettbewerbspolitisch wichtigen dezentralen Aufbau unserer Kreditwirtschaft gegeben (Struktursicherungsfunktion).

Weiteres wesentliches Merkmal der öffentlichen und gemeinnützigen Sparkassen ist die Wettbewerbs(Korrektur-)funktion, um den Wettbewerb im Kreditgewerbe sicherzustellen und weiter zu fördern.

Da die kommunalen Sparkassen im Wettbewerb mit den übrigen Kreditinstituten stehen, kann sich — das erkennen die Städte — die kommunale Bindung nicht in jeder Kreditgewährung manifestieren. Entscheidend ist die Ausrichtung der Geschäftspolitik. Sie bestimmt, inwieweit die Sparkasse ihrer Aufgabenstellung nachkommt und insbesondere ihrer kommunalen Bindung genügt. Letztendlich heißt dies Konzentration auf die kreditversorgungswirtschaftlichen Belange des Bürgers im Geschäftsgebiet, das im allgemeinen mit dem Gewährträgergebiet identisch ist. Dies heißt auch Unbedingtheit der Leistungserbringung, unabhängig von Möglichkeiten der Gewinnoptimierung oder sonstigen rein ertragsorientierten Gesichtspunkten. Wenn auch durch das allgemeine Wirtschaftswachstum die typischen Kundenkreise der Sparkassen zugleich für die privaten Banken und die Genossenschaftsinstitute interessant geworden sind, ändert dies aber nichts an der fortbestehenden Aufgabenstellung der Sparkassen.

Der *Kommunalkredit* ist eine satzungsgemäße Aufgabe der Sparkassen als Hausbanken ihrer Gewährträger. So muß es bleiben. An diesem Grundsatz ändert nichts, daß sich die Struktur dieses Marktes in der letzten Zeit nicht unerheblich gewandelt hat. Es ist nicht mehr selbstverständlich, daß der Gewährträger die benötigten Mittel bei seinem Institut aufnimmt. Durch Einschaltung von Maklern tendiert der Kommunalkredit zu einem „überregionalen Markt". Das Eindringen privater Kreditinstitute in das traditionelle Kommunalkreditgeschäft der Sparkassen hat in den letzten Jahren im Neugeschäft zu gewissen Wettbewerbsverschiebungen geführt. Um dem entgegenzuwirken, sollten Sparkassen und Gewährträger aufeinander zugehen.

4. Der Einfluß des Gewährträgers auf die Geschäftspolitik

Was die Einwirkungsmöglichkeiten des Gewährträgers auf die Geschäftspolitik seiner Sparkasse angeht, so wird oft ins Feld geführt, angesichts der sparkassenrechtlichen und tatsächlichen Entwicklung in den letzten Jahrzehnten habe der Gewährträger nur noch einen sehr schwachen Einfluß.

Es ist aber anzuerkennen, daß die kommunale Bindung nicht bedeuten kann, daß der kommunale Gewährträger der Sparkasse im Detail die aus seiner Warte notwendigen Entscheidungen vorgibt. Bewußt hat der Gesetzgeber die frühere enge organisatorische Verbindung zwischen Kommune und Sparkasse gelöst und der Sparkasse eigene Rechtspersönlichkeit zugebilligt. Damit ist jedoch keineswegs der Sparkasse ein unbegrenzter Freiraum eingeräumt worden. Der kommunale Gewährträger kann durch seine Vertreter in maßgebenden Organen der Sparkasse mitwirken. Die Zusammensetzung des obersten Organs der Sparkasse, des Verwaltungsrates, wird maßgeblich von der Vertretungskörperschaft der Kommune bestimmt. Das wirkt sich auch auf die Bestellung der Mitglieder des wichtigen Kreditausschusses der Sparkasse aus. Hier bieten sich mannigfache Möglichkeiten, auf die Geschäftspolitik der Sparkasse — und gerade auch im Sinne stadtentwicklungspolitisch geprägter Maßnahmen — Einfluß zu nehmen. Die Bedeutung und die nach wie vor hohe Effizienz der kommunalen Sparkasse für das Gemeinwesen, das ihr Anstaltsträger ist, liegt in dem vielfältigen Zusammenspiel von kreditwirtschaftlichen Möglichkeiten und kommunalpolitischen Zielsetzungen. Die Verantwortlichen der Sparkassen sollten hierzu Ja sagen.

Man kann auch folgendermaßen postulieren: Die Sparkasse, ein Wirtschaftsunternehmen, ist nach wirtschaftlichen Grundsätzen zu führen, soll es auch in Zukunft zur Wahrnehmung der ihm zugewiesenen Aufgaben in der Lage bleiben. Vorstand und Verwaltungsrat wirken in gesetzlich fixiertem Rahmen zusammen. Es kommt nicht darauf an, ob der Gewährträger auf Einzelheiten der Geschäftspolitik der Sparkasse Einfluß nehmen kann. Bedeutsam ist der Zusammenklang der Sparkassenarbeit mit den kommunalpolitischen Anstrengungen. Daran ändert nichts, daß die Sparkassen geschäftlich neue Wege gehen, ihre Leistungspalette erweitern und bemüht sind, am Markt zu bestehen.

5. Sparkassenaufgabe und Gewinnausschüttungen

Die Ausschüttungspolitik ist eine spezielle Frage. Sie steht im Widerstreit zwischen Ertrag und Aufgabe. Für das Institut ist die Thesaurierung des Gewinns wichtig, damit es auch zukünftig das notwendige Wachstumspotential besitzt, um am Markt weiterhin mithalten zu können. Der Gewährträger erwartet andererseits eine hohe Ausschüttung, auch wenn er diese Einnahmen nicht in den allgemeinen Verwaltungshaushalt einstellen darf, sondern für gemeinnützige Zwecke verwenden muß. Gelten sollte: Ausschüttungen können nur insoweit erfolgen, als hierdurch nicht die Funktionsfähigkeit des Instituts tangiert wird oder dies dazu führt, daß sich die Sparkasse von ihrer Aufgabenstellung, und sei es nur tendenziell, abwendet, um der Ertragsoptimierung ihr besonderes Augenmerk zu widmen.

Einführung

KLAUS MÜLLER

Ich eröffne die Sitzung unseres Arbeitskreises, dem das Thema der Zukunft der Sparkassen aufgegeben ist. Ich begrüße Sie alle, besonders aber unsere Referenten, den Präsidenten des Deutschen Sparkassen- und Giroverbandes, Herrn Dr. h.c. Geiger, und Herrn Direktor Lehner, Vorsitzender des Vorstandes der Stadtsparkasse München. Wir danken beiden Herren für ihre Bereitschaft, uns in die Thematik einzustimmen.

Wir tagen hier in der Alten Oper an einer Stätte, die sozusagen noch Sparkassenatmosphäre gespeichert hat. Vor annähernd zwei Monaten fand hier der beeindruckende Deutsche Sparkassentag 1983 statt, der zum Teil auch Fragen zum Gegenstand hatte, die uns heute beschäftigen werden. Vielleicht ist das alles ein gutes Omen für die Diskussion in unserem Arbeitskreis.

Gestatten Sie mir, daß ich in der gebotenen Kürze einige Anmerkungen zum Thema mache. Wenn Sie den Vorbericht durchgeblättert haben, so werden Sie festgestellt haben, daß die Zukunft der Sparkassen auf der Grundlage der bisherigen und prognostizierten geschäftspolitischen Entwicklungen aus zwei Blickwinkeln angesprochen worden ist, nämlich einerseits unter dem Aspekt der Erwartungen der Sparkassen und andererseits unter dem Gesichtspunkt der Erwartungen der Gewährträger. Es sind Erwartungen, die sich sowohl an den Bundesgesetzgeber richten als auch wechselbezüglich das Verhältnis von Sparkasse und Gewährträger betreffen.

Ich denke, daß uns heute die durch das sogenannte Poullain-Urteil des Bundesgerichtshofs vom 10. März 1983 postulierte Amtsträgereigenschaft auch von Sparkassen-Vorstandmitgliedern nicht sonderlich zu beschäftigen braucht. Die aus diesem Urteil sich ergebenden praktischen Konsequenzen werden Sparkassen und Gewährträger schon meistern.

Ich möchte aber zwei Fragenkreise, an denen mir sehr viel gelegen ist, ansprechen.

Als Erstes: Im Vorbericht steht der Satz: „Sparkassen sind kommunale Kreditinstitute". Darüber gibt es zwischen den Städten, also den Gewährträgern, und den Sparkassenleuten sicherlich keine Meinungsverschiedenheit. Möglicherweise werden aber die Gewichte bei der Interpretation des den Charakter unserer Institute beschreibenden Wortes „kommunal" etwas unterschiedlich gesetzt.

Ich will das mit den Begriffen „öffentlicher Auftrag", „Regionalprinzip" und überhaupt „kommunale Bindung" umschreiben. Für mich, als einen Gewährträgervertreter, ist es ein unumstößlicher Grundsatz, daß unsere Sparkassen ihren öffentlich-rechtlichen Status behalten müssen und aus ihnen keine halbprivaten Einrichtungen oder Aktiengesellschaften werden dürfen. Damit ist naturgemäß verbunden — und nicht nur, weil es entsprechende gesetzliche Gebote gibt —, daß die kommunalen Sparkassen aufgabenorientiert ausgerichtet sein müssen. Mit ihrem öffentlichen Auftrag, vor allem auch der Verpflichtung auf die Kreditversorgung des Mittelstandes und auf die Pflege des Kommunalkredits, sind die Sparkassen groß geworden. Wenn sie in der Obhut der Gewährträger bleiben, so wird diese bewährte Bindung beiden Partnern auch in Zukunft zugute kommen, den Sparkassen selbst und den für sie verantwortlichen Gewährträgern.

Präsident Geiger hat auf der Mitgliederversammlung des Deutschen Sparkassen- und Giroverbandes am 9. Dezember 1982 in Bonn in seinem Geschäftsbericht zwei Sätze vorgetragen, die das, was ich hier andeuten wollte, zusammenfassen. Präsident Geiger formulierte: „Wir müssen uns hüten, unsere Identität zu verlieren. Das heißt, unter Sparkasse darf man zukünftig kein Sammelsurium für Geldgeschäfte verstehen, sondern der Name muß weiter markante typische Züge behalten."

Wir wünschen uns die kommunale Sparkasse auch in Zukunft als das den kreditwirtschaftlichen Entwicklungen aufgeschlossene, kreative Institut, das sich bei allen Neuerungen seiner kommunalen Einbindung bewußt ist.

Als Zweites muß ich auf die Eigenkapitalproblematik hinweisen. Im Klartext heißt das: Wie steht es um unsere gemeinsame Forderung nach der gesetzlichen Anerkennung des Haftungszuschlages, also eines Zuschlages zum bilanzierten Eigenkapital der Sparkasse auf der Grundlage der Gewährträgerhaftung und

Anstaltslast. Da liegt im Bundesfinanzministerium der Referenten-Entwurf einer Novelle zum Kreditwesengesetz, der diesen Haftungszuschlag vorsieht. Welches Schicksal dieser Entwurf haben wird, ist noch nicht abzusehen. Die Bundesregierung ist sich in dieser Frage, aber wohl auch überhaupt in der Frage der Novellierung des Kreditwesengesetzes noch nicht schlüssig. In der Regierungserklärung des Bundeskanzlers vom 4. Mai d.J. ist hierzu nichts zu finden.

Ich will ganz deutlich sagen, daß die Städte, daß die kommunalen Gewährträger, an ihrer Forderung nach Anerkennung des Haftungszuschlages festhalten. Ohne das jetzt im einzelnen beschreiben zu können, muß immer wieder herausgestellt werden, daß der Haftungszuschlag eine sparkassenadäquate Eigenkapitallösung und damit nicht zuletzt kommunalpolitisch von besonderer Bedeutung ist.

Wir wollen keinen ins Uferlose gehenden Haftungszuschlag. Die „Bremsfunktion", die dem Eigenkapital und seinen Surrogaten zukommt, soll auch für die Sparkassen gelten. Wir halten die gegen den Haftungszuschlag vorgebrachten Argumente vielfach für betont interessenbestimmt. Die neuesten Arbeiten von Professor Krümmel „Bankaufsichtsziel und Eigenkapitalbegriff" und von Professor Hieber „zu den wettbewerbspolitischen Aspekten der Neuregelung des haftenden Eigenkapitals" sind geeignet, mit manchen Vorurteilen gegenüber dem Haftungszuschlag aufzuräumen. Das gilt ganz besonders für die immer wieder ins Feld geführte Behauptung, der Haftungszuschlag würde den Sparkassen am Markt einen schwerwiegenden Wettbewerbsvorteil verschaffen, unter anderem weil das private Kreditinstitut zusätzliches Eigenkapital marktüblich verzinsen muß, die Sparkasse hingegen mit keiner höheren Zinsrechnung konfrontiert wird. Professor Hieber begründet in seiner Untersuchung, warum — anders als von der Bankenstruktur-Kommission behauptet — „im Regelfall eine Anerkennung von Haftungszuschlägen als haftendes Eigenkapital bei Sparkassen wettbewerbspolitisch völlig irrelevant ist." Und nicht unerwähnt darf bleiben, daß die Berücksichtigung der Gewährträgerhaftung und der Anstaltslast in Gestalt eines Haftungszuschlages auf das bilanzierte Eigenkapital bei den kommunalen Sparkassen auch einen verfassungsrechtlichen Hintergrund hat, den der Gesetzgeber nicht außer Betracht lassen sollte.

Wir hoffen, daß mit vielen anderen auch der Bundesbankpräsident seinen Standpunkt in Sachen Haftungszuschlag noch einmal überprüft. Auf dem Sparkassentag hat Herr Pöhl am 27. April den Haftungszuschlag ja noch einmal ausdrücklich abgelehnt.

Der Bundeskanzler hat in seiner Regierungserklärung vom 4. Mai die Forderung des Mittelstandes als ein wichtiges Ziel der Bundesregierung beschrieben. Ich meine, daß Politiker, die zu Recht den Mittelstand stützen wollen, auch den Sparkassen wohlgesonnen sein müssen; das sind die Institute, deren vornehmlicher Auftrag die kreditwirtschaftliche Versorgung des Mittelstandes ist.

Vor wenigen Tagen hat das Land Hessen dem Bundesrat einen Initiativantrag mit dem Entwurf einer Novelle zum Kreditwesengesetz zugeleitet. Der Gesetzentwurf sieht u.a. die Anerkennung eines Haftungszuschlages für die Sparkassen vor. Wir sind heute in Hessen und wollen uns für diese Initiative ausdrücklich bedanken. Wir hoffen, daß die anderen Länder im Bundesrat diesen Antrag unterstützen.

Sparkassen und Gewährträger drängen auf eine entsprechende Novelle zum Kreditwesengesetz. Wir können Aussagen (zum Beispiel Parlamentarischer Staatssekretär Grüner vom Bundeswirtschaftsministerium, nachzulesen im Handelsblatt vom 5. Mai 1983), es sei nicht vorstellbar, daß es in absehbarer Zeit in der Eigenkapitalfrage gesetzgeberische Reformen geben werde, nicht widerspruchslos hinnehmen. Das wird sicherlich die Diskussion in unserem Arbeitskreis ebenfalls aufzeigen.

HELMUT GEIGER

Im umfassenden Vorbericht und in den Einleitungsworten von Herrn Oberstadtdirektor Müller sind alle wesentlichen Gesichtspunkte zum Thema Kommunen und Sparkassen bereits angesprochen worden. Herr Lehner wird aus der Sicht eines Sparkassenpraktikers anschließend das Thema noch ausführlich kommentieren. Gestatten Sie deshalb, daß ich mich auf einige Thesen beschränke.

1. Kommunale Sparkassen sind für die wirtschaftliche Entwicklung der Bundesrepublik ein Glücksfall. Sie sichern einerseits eine starke lokale Orientierung des Bankenwettbewerbs auf das jeweilige Geschäftsgebiet. Sie fördern dort Kapitalbildung und sinnvolle Kreditvergabe in gleichem Maße. Ein Blick auf Länder mit einem zentralisierten Bankensystem macht deutlich, daß ein solches System auch eine Zentralisierung der Wirtschaft rund um die jeweilige Hauptstadt fördert. Deshalb bemüht sich z.B. die französische Regierung derzeit, mit einem neuen Sparkassengesetz die Dezentralisierung zu fördern und das nachzuholen, was das kommunale Sparkassensystem in der Bundesrepublik Deutschland seit über 100 Jahren geleistet hat, nämlich überall in der Fläche ein ausreichendes Finanzierungsangebot für Wirtschaft und Infrastruktur bereitzustellen. Die Bindung an die Kommunen garantiert aber auch in schwierigen wirtschaftlichen Zeiten die organisatorische Selbständigkeit der Sparkassen, ver-

hindert somit Konzentrationsbewegungen und sichert einen vernünftigen organischen Fortschritt. Vor wenigen Tagen habe ich eine geschäftspolitische Diskussion des Internationalen Instituts der Sparkassen in Genf geleitet. Dabei zeigte sich, daß wegen Inflationstendenzen und Hochzinspolitik überall das Sparkassenwesen in Bewegung geraten ist und dabei alte, ehrwürdige Institutionen gefährdet sind. So hat die älteste und größte Sparkasse der USA in Philadelphia vor kurzem den Status der Gemeinnützigkeit verlassen und sich in eine normale Aktiengesellschaft umgewandelt. Gleiches geschieht jetzt auch in Großbritannien. Auch hier werden die bisher gemeinnützigen Sparkassen in Aktiengesellschaften umgewandelt, deren Aktien später frei an der Börse gehandelt werden sollen. In Italien ermöglicht der Gesetzgeber den Sparkassen ebenfalls, Aktien zu emittieren. Um das Überleben der Institute zu sichern, geht man also in vielen Ländern jetzt den Weg von der Gemeinnützigkeit weg hin zur Aktienbank. Es gehört nicht viel Phantasie dazu, zu erkennen, daß dies im Bankgewerbe eines Landes in mittlerer Sicht Konzentration und Nivellierung auslösen muß.

Nur die kommunale Sparkasse schützt vor Konzentration und garantiert in der Bundesrepublik auf Dauer die örtliche Bindung und damit das Regionalprinzip. Größer werdende Betriebseinheiten drängen nämlich zwangsläufig in größere Betätigungsräume, investieren das Geld, das sie im eigenen Geschäftsbereich aufgebracht oder verdient haben an anderen Orten. Der lokale Bezug geht dabei zwangsläufig verloren.

2. Die Kommune muß in ihrer Sparkassenpolitik auf die besonderen Gesetzmäßigkeiten eines Wettbewerbsunternehmens Rücksicht nehmen. Sparkassenarbeit ist keine Verwaltungstätigkeit, sie unterliegt anderen Zwängen und Notwendigkeiten. Wenn die Sparkasse im Markt erfolgreich operieren soll, muß sie sich zwangsläufig nach den Marktgesetzen orientieren. Dies gillt für Investitionen ebenso wie für die Personalpolitik. Wesensfremde Auflagen gefährden den geschäftlichen Erfolg.

Andererseits können die Sparkassen nicht nach der Rosinentheorie verfahren und sich aus öffentlicher Verankerung und Geschäftsorientierung die besten Teile heraussuchen. Die Sparkassen müssen bei ihrer Geschäftspolitik bedenken, daß sie nicht Selbstzweck sind, sondern öffentlichen Aufgaben verpflichtet bleiben.

Bloße Unternehmenssicherung allein — auch mit Hilfe höherer Erträge und überörtlicher Geschäfte — würde als Rechtfertigung einer öffentlich-rechtlichen Anstalt sicher nicht ausreichen. Konzentration der geschäftlichen Bemühungen auf die eigene Stadt und den eigenen Kreis ist aus meiner Sicht öffentliche Aufgabe der Sparkassen Nummer 1. Aufgabe Nummer 2 bleibt es, das örtliche Kapitalaufkommen soweit wie möglich zu stimulieren und alle Bevölkerungsschichten an eine planmäßige Vermögensbildung heranzuführen. Mit diesen Mitteln sollen dann Nummer 3 die örtliche Wirtschaft und Infrastruktur möglichst günstig finanziert werden. Nur optimalen Gewinn zu erzielen, kann nicht die Aufgabe einer Sparkasse sein.

3. Leider nimmt die Bundesgesetzgebung seit vielen Jahren auf die Belange aufgabenorientierter öffentlicher Kreditinstitute keine Rücksicht mehr, im Gegenteil erschwert sie diese Aufgabenerfüllung immer mehr durch einen recht einseitig interpretierten Wettbewerbsbegriff. War es zunächst die Steuergesetzgebung, die von den Sparkassen immer höhere Bruttoerträge verlangte und damit allen Kreditinstituten eine höhere Zinsspanne zu Lasten der Kunden bescherte, so fordert jetzt die lang anhaltende Eigenkapitaldiskussion die Gewinnoptimierung als oberste Geschäftsmaxime nachgerade heraus. Ich vermag deshalb dieser Diskussion seit einiger Zeit logisch nicht mehr zu folgen. Wenn nämlich die These stimmen sollte, daß die bloße Berücksichtigung von Haftzuschlägen die Sicherheit des Bankgeschäftes gefährdet und marktwirtschaftliche Grundsätze in Frage stellt, so wäre es doch die oberste Pflicht des Gesetzgebers, diesen unhaltbaren Zustand bei den Kreditgenossenschaften so schnell wie möglich zu beseitigen. Statt dessen hört man auch von den heftigsten Kritikern der Bundesratsempfehlungen und des Referentenentwurfs nur gewundene und verklausulierte Erklärungen, warum dieses Problem nur vielleicht irgendwie und irgendwann gelöst werden wird. Dies ist auch verständlich, weil sich — sowohl aus der Sicht des Kundenschutzes als auch der Sicherung des Kreditinstitutes selbst — gegen vernünftig begrenzte und ordentlich abgesicherte Haftungszusagen nichts vortragen läßt. Da sich die heftige Kritik des Bankenverbandes auch nur gegen Haftzuschläge bei den Sparkassen wendet, die Haftsummenzuschläge bei Kreditgenossenschaften aber ausdrücklich toleriert, dürfte klar sein, daß die eigentliche Zielrichtung der Kritik die Wettbewerbsstellung der öffentlichen Kreditinstitute am deutschen Kreditmarkt ist.

Und hier beginnt der zweite logische Bruch: Welches Interesse kann der Bund oder die Bundesbank eigentlich haben, öffentlich-rechtliche Kreditinstitute zur Gewinnmaximierung zu zwingen? Ich habe im Hearing des Bundestages zur letzten Steuererhöhung schon darauf hingewiesen, daß die Wettbewerbsklagen der privaten Banken doch nur den Zweck haben können, die Sparkassen zu höheren Zinsspannen zu zwingen, um ihrerseits dann die Spanne ausweiten zu können. Dies ist, wie die amtliche Zinsstatistik zeigt, auch prompt geschehen. Die Eigenkapitaldiskussion, die die Sparkassen weiter einseitig belastet, kann nur den gleichen Effekt haben. Damit verträgt es sich aber schlecht, daß die Bundesregierung und die Bundesbank ständig über zu hohe Kreditzinsen klagen und entsprechende Adressen an die Kreditinstitute richten. Wenn man selbst Anlaß für die Zinsspannenausweitung liefert, darf man sich darüber nicht beschweren.

Völlig unverständlich ist vollends die Presseerklärung des Bundesfinanzministeriums aus der vergangenen Woche: Die Sparkassen bräuchten keinen Haftungszuschlag mehr, weil sie jetzt ja gut verdienten. Ursache und Wirkung wird damit völlig auf den Kopf gestellt. Und hat man je eine solche Begründung schon zum Haftsummenzuschlag der Genossenschaften gehört? Die Genossenschaften haben traditionell besser als die Sparkassen verdient, trotzdem aber seit vier Jahrzehnten den Haftsummenzuschlag beansprucht.

Das Gentlemen's Agreement zur Konsolidierung der Bankkonzern-Bilanzen ist in der vergangenen Woche — wie von mir schon länger vorausgesagt — endgültig geplatzt. Die abermalige Vertagung auf den Oktober dient nur dazu, die Schwarzen Peter auf der jeweils anderen Seite zu plazieren. Jetzt ist der Gesetzgeber gefordert. Er darf sich nicht mit Teillösungen begnügen, sondern muß die Frage beantworten, wie er sich künftig das Nebeneinander von privat-wirtschaftlichen, genossenschaftlichen und öffentlich-rechtlichen Kreditinstituten vorstellt, und welches Ergebnis er dann für die Kunden von Bankdienstleistungen erreichen will. Unvorstellbar ist für mich dabei, zwar den Haftungszuschlag für Sparkassen abzulehnen, den Haftsummenzuschlag für Genossenschaften aber zu belassen.

Wenn aber Haftzuschläge für die beiden Gruppen lokaler Kreditinstitute abgelehnt werden, bleibt nur die Verweisung beider Gruppen auf verstärkte Innenfinanzierung aus höheren Gewinnen oder stärkere Finanzierung von außen. Im wirtschaftlichen Endergebnis wird aber die gesamte Aktion auf eine Schwächung der lokalen Kreditinstitute insgesamt und eine entsprechende Stärkung der überregionalen Banken hinauslaufen. Kann das sinnvolle Bankenpolitik in einem föderativ gegliederten Staat sein? Ich meine, nein! Deshalb sollten wir alle Verantwortlichen im Bund und in den Ländern in den nächsten Wochen und Monaten bedrängen, bald sachgerechte Lösungen zu verabschieden.

4. Ein weiterer kritischer Punkt in der Bundesgesetzgebung ist die neue Initiative zur Vermögenspolitik, zu der morgen eine erste Anhörung im Bundesarbeitsministerium stattfinden wird.

Die Meinungen hierzu sind auch in unserer Organisation geteilt. Ich vertrete dabei den Standpunkt, daß es aus volkswirtschaftlichen Gründen angebracht und gerechtfertigt ist, bei staatlichen Förderungsmaßnahmen zur Vermögenspolitik der Anlage im Produktivkapital gewisse Präferenzen einzuräumen, weil dieser wichtige Bereich der Kapitalbildung in den letzten Jahrzehnten in der Bundesrepublik zu kurz gekommen ist. Dies muß aber seine Begrenzung dort finden, wo Präferenzgewährung faktisch in Zwangssparen umschlägt. Der Arbeitnehmer muß die Freiheit behalten, sein Geld in der Anlageform anzulegen, die ihm nach seinen persönlichen Bedürfnissen am besten geeignet erscheint. Deshalb bejahe ich zwar eine Differenzierung der Prämiensätze im Vermögensbildungsgesetz, lehne aber den jetzigen Vorschlag entschieden ab, die Zusatzprämie für 312 DM Produktivkapitalanlage nur dann zu gewähren, wenn auch die restlichen 624 DM im Produktivkapital angelegt werden. Ziel sollte es dagegen sein, die Wahlfreiheit des Arbeitnehmers für den Gesamtbetrag des Vermögensbildungsgesetzes sicherzustellen.

5. Lokale Kreditinstitute benötigen, um im Wettbewerb mit zentral organisierten Banken mithalten zu können, eine organisierte Kooperation. Dies ist für die Sparkassen in der Bundesrepublik durch die Eingliederung in ein Verbundsystem gewährleistet. Dazu gehören leistungsfähige Landesbanken, Landesbausparkassen und regionale Sparkassen- und Giroverbände mit ihren Dienstleistungseinrichtungen. Gerade die Kommunen müssen daran interessiert sein, daß die Gemeinschaftsinstitutionen der Sparkassenorganisation leistungsstark bleiben und den Sparkassen die notwendige Unterstützung gewähren können.

Trotz der Irritationen, die durch die unschlüssige Haltung des Bundesgesetzgebers zu öffentlich-rechtlichen Kreditinstituten hervorgerufen wird, brauchen wir für die Zukunft nicht pessimistisch zu sein. Die kommunalen Sparkassen liegen mit ihrer Struktur und ihrer Aufgabenstellung weiter richtig in der Zeit. Sie entsprechen dem Bedürfnis nach Dezentralisierung unserer Wirtschaft. Wenn wir uns nicht auseinanderdividieren, werden wir gemeinsam die schwierigen zukünftigen Aufgaben gut meistern können. Ich wünsche weitere gute Zusammenarbeit mit den deutschen Städten und Kreisen.

ALFRED LEHNER

Die Frage nach den Perspektiven, die sich den Sparkassen in den nächsten Jahren eröffnen und nach den Problemen und Aufgaben, vor die sie künftig gestellt werden, kann nur beantwortet werden, wenn die Tendenzen, die sich aus Entwicklungen der Vergangenheit und aus der gegenwärtigen Situation heraus abzeichnen, richtig erkannt, gewichtet und bewertet werden.

Auftrag der Sparkassen

Ausgehend von unserem Auftrag machen wir uns in unserem Hause Gedanken über unsere zukünftige Rolle und versuchen Lösungen künftiger Probleme auszuarbeiten.

Die grundsätzlichen Aufgabenbereiche der Sparkassen ergeben sich aus ihrer Stellung als öffentlich-rechtliche Institute und dem damit verbundenen öffentlichen Auftrag. Mit der Aufgabe, breite Bevölkerungskreise, speziell aus sozial schwächer gestellten

Schichten und in strukturschwächeren Regionen, kreditwirt-
schaftlich zu versorgen, haben die Sparkassen eine wichtige
gesellschafts- und strukturpolitische Funktion übernommen.
Gleichzeitig unterstützen sie die Kommunen bei der Durchführung ihrer im öffentlichen Interesse stehenden Aufgaben und
tragen somit einen nicht unbedeutenden Teil zur kommunalen
Daseinsvorsorge bei. Die Sparkassen haben also eine wichtige
marktwirtschaftliche Korrekturfunktion, indem sie den Wettbewerb zugunsten derer beeinflussen, die anderen, nach der Zielsetzung der Gewinnmaximierung arbeitenden Kreditinstituten,
als Kunden zumindest zeitweise uninteressant erscheinen.

Auftrag bisher erfüllt

Bisher konnten die Sparkassen diese Funktion und damit ihren
Auftrag erfüllen. Durch ein breites Angebot an Geldanlagemög-
lichkeiten, speziell durch die Förderung der Sparer, ist Vermögensbildung heute auch in breiten Bevölkerungsschichten kein
Fremdwort mehr. Bei der Kreditvergabe stand stets die Bereitstellung von Finanzierungsmitteln für das Handwerk und die mittelständischen Unternehmen der jeweiligen Region (Gemeinde
oder Landkreis) im Vordergrund. Der Konsumentenkredit fand
durch das Engagement der Sparkassen erst seine Verbreitung.
Der für die Funktionsfähigkeit unserer Wirtschaft so wichtige
Unter- und Mittelbau konnte so auf breiter Basis und in vielen
Wirtschaftsbereichen gefördert werden. Durch die Vergabe von
Kommunalkrediten und -darlehen stellten die Sparkassen einen
nicht unerheblichen Teil der Mittel zur Verfügung, die die Kommunen zur Erfüllung ihrer öffentlichen Aufgaben, besonders im
öffentlich geförderten Wohnungsbau, beim Ausbau des Nahver-
kehrsnetzes, für den Bau von Schulen, Krankenhäusern und
Altenheimen, aber auch bei anderen Vorhaben, benötigen, zur
Verfügung.

Welche Voraussetzungen waren und sind zu erfüllen?

Eine effektive Erfüllung ihres Auftrages und der damit verbundenen Aufgaben wird für die Sparkassen aber nur möglich sein,
wenn sie ihre Existenz auf Dauer sichern. Unabhängig von ihrer
Stellung als öffentlich-rechtliche Institute stehen die Sparkassen
im Wettbewerb des gesamten Kreditwesens. Das heißt, sie unterliegen den gleichen Wettbewerbsregeln und Marktmechanismen
wie alle anderen Kreditinstitute, auch wenn diese andere Zielsetzungen verfolgen. Existenzsicherung heißt also für die Sparkassen, sich am Markt zu behaupten, Marktanteile zu verbessern
oder zumindest zu halten. Nur so können sie einen maßgeblichen
Wettbewerbsfaktor zugunsten der genannten Bevölkerungs- und
Wirtschaftsgruppen darstellen. Es wird häufig gefragt, was denn
die Sparkassen so anders machen würden als die Banken? Die
Angebote und die Konditionen sind doch in der Regel die gleichen wie bei den Banken. Ich meine, das ist nicht die Frage. Die

eigentliche Frage ist, was würden die Banken am Markt machen und wie würde der Markt aussehen, wenn es die Sparkassen nicht gäbe!

Eine aufgabenorientierte Betriebsorganisation mit entsprechender personeller Ausstattung ist zur Existenzsicherung ebenso notwendig, wie eine solide wirtschaftliche Basis, das heißt vor allem eine angemessene Eigenkapitalausstattung, um den Wettbewerb, beispielsweise bei der Kreditvergabe und Konditionsgestaltung, im Sinne unserer Aufgabenstellung beeinflussen und mitbestimmen zu können.

Wie wird die Zukunft der Sparkassen aussehen?

Die Behauptung im Konkurrenzkampf um Marktpositionen und -anteile wird für die Sparkassen künftig noch schwieriger werden als bisher, denn im Prinzip ist das Marktpotential ausgeschöpft. Von wenigen Ausnahmen abgesehen, besitzt jeder Haushalt seine Bankverbindung. In einem harten Verdrängungswettbewerb versuchen die einzelnen Institutsgruppen nicht nur ihre Positionen zu behaupten, sondern in lukrativen Bereichen oder bei interessanten Kundengruppen auszubauen. In den wenigen Bereichen, in denen sich noch neue Kunden gewinnen lassen, beispielsweise bei den Jugendlichen oder bei den Kunden, die ihren Wohnort wechseln, findet ebenfalls ein verstärkter Konkurrenzkampf statt. Hauptkonkurrent der Sparkassen, besonders im ländlichen Bereich, aber auch in zunehmenden Maße in den Städten, sind hierbei die genossenschaftlich organisierten Banken. Sie dringen von den Stadträndern her ein, z.T. mit Kampfkonditionen, die nur durch den funktionierenden Verbund in der Raiffeisenorganisation und durch die bequeme Eigenkapitalsituation möglich sind.

Bedingt durch das genossenschaftliche Solidaritätsprinzip verfolgen Volks- und Raiffeisenbanken traditionsgemäß eine ähnliche Zielsetzung wie die Sparkassen, wenn auch von einem anderen Ausgangspunkt und einer anderen Rechtsgrundlage aus. Demzufolge ähneln sich beide Institutsgruppen in ihrer Struktur, aber auch oftmals in ihrem Kundenkreis, nämlich den Handwerkern, Landwirten, Mittelstandsbetrieben und sozial schwächeren Schichten. Nur besitzen die Genossenschaftsbanken in einigen Bereichen entscheidende Vorteile: Durch die Möglichkeit, sich mit Genossenschaftsanteilen an seiner „Hausbank" zu beteiligen und somit nicht nur Kunde, sondern auch Mitinhaber zu sein, wird die Bindung an die Bank erheblich erhöht, ganz davon abgesehen, daß mit der Beteiligung gleichzeitig Eigenkapital gebildet wird. Besonders bei den Kundengruppen „Meinungsbildner, Unternehmer" ist die durch die Beteiligung erzielte Bindung ein nicht zu unterschätzender Vorteil.

Gerade bei der kreditwesenrechtlichen Behandlung des Eigenkapitals, dessen Höhe die Kreditvergabemöglichkeiten und damit letztendlich die Größe und Wettbewerbsfähigkeit eines Kreditinstitutes bestimmt, besitzen die Genossenschaftsbanken einen weiteren bedeutenden Wettbewerbsvorteil. Durch die Möglichkeit, dem tatsächlichen Eigenkapital einen Haftsummenzuschlag hinzuzurechnen, besitzt ein genossenschaftlich organisiertes Institut gegenüber einer Sparkasse mit eigentlich gleicher Eigenkapitalausstattung eine um bis zu 50 Prozent höhere Kreditvergabemöglichkeit.

Dies ist jedoch nicht der einzige Nachteil, den die Sparkassen in bezug auf die für sie lebensnotwendige Eigenkapitalausstattung zu tragen haben. Sparkassen haben keine Möglichkeit zur Außenfinanzierung, können also die Rücklagen, ihr Eigenkapital, nur aus dem versteuerten Gewinn bilden. Durch die mittlerweile außerordentlich hohe Besteuerung der Sparkassen wurde die einzige Möglichkeit zur Rücklagenbildung drastisch beschnitten und die Sparkassen empfindlich an ihrem Lebensnerv getroffen. Das Eigenkapitalproblem ist deshalb das dringendste Problem, das, sobald es geht, gelöst werden muß, wenn eine Verdrängung der Sparkassen aus dem Markt und damit eine ernsthafte Gefahr für ihre Existenz und die Erfüllung ihrer Aufgabe verhindert werden soll.

Die Möglichkeit, Gewinne zu erwirtschaften und Rücklagen zu bilden, wird auch noch von einer anderen Seite her erschwert. Auf der Einlagenseite wächst in den letzten Jahren der Spareinlagenblock (die Refinanzierungsbasis für Sparkassenkredite und -darlehen) wegen der eingeschränkten Sparfähigkeit der Privathaushalte aufgrund schrumpfender Realeinkommen und vor allem bei hohem Zinsniveau nicht mehr im wünschenswerten Umfang. Die noch erzielten Zuwächse bei den Spareinlagen resultierten überwiegend, teilweise ausschließlich, aus Zinsgutschriften. 1981 mußte sogar einschließlich der Zinsgutschriften ein Minus hingenommen werden.

Besonders in Hochzinsphasen müssen die Sparkassen daher Einlagen mit festverzinslichen Sparkassenbriefen und -obligationen oder teuren Sondersparformen sammeln.

Gleichzeitig stehen die Sparkassen durch das Eindringen anderer Institute in bisher traditionelle Finanzierungsbereiche, wie das Hypothekengeschäft, in ihrer Konditionsgestaltung für Ausleihungen unter starkem Konkurrenzdruck. Auch hier werden außerdem zunehmend Konditionsvereinbarungen zu festen Sätzen gewünscht — allerdings hauptsächlich in Niedrigzinsphasen.

Der Druck auf die Zinsspanne wird damit tendenziell steigen, die Belastung der Rentabilität wird tendenziell zunehmen.

Die momentan gute Ertragslage der Sparkassen und die wieder besser wachsenden Spareinlagenbestände dürfen über diese grundsätzliche Entwicklung nicht hinwegtäuschen.

Stärkere Anforderungen werden an die Sparkassen, hier vor allem an die einzelnen Mitarbeiter, künftig auch von der Kundenseite her gestellt werden. Wünsche und Bedürfnisse unserer Kunden werden anspruchsvoller und der Bedarf an qualifizierter und umfassender Beratungsleistung wird zunehmend größer. Gestiegenes Vermögen und Einkommen der Privaten, die zunehmende wirtschaftliche Verflechtung von Unternehmen und deren wachsende Engagements in Ex- und Importgeschäften sind nur einige Schlagworte, die ich hier zur Begründung anführen möchte.

Eine intensive Kundenbetreuung, auch außerhalb der Geschäftsräume, gewinnt zunehmend an Bedeutung. Dies gilt um so mehr, wenn man bedenkt, daß das Privatkundengeschäft, ein Bereich, in dem die Sparkassen eine starke Marktposition besitzen, künftig unter wesentlich veränderten Bedingungen ablaufen wird. Aus Rentabilitätsgründen wird es erforderlich sein, kostenintensive Bereiche, in erster Linie also sogenannte Routineleistungen und Mengengeschäfte, durch den Einsatz neuer Technologien personell zu entlasten und damit kostengünstiger zu gestalten. Die Sparkassenorganisation arbeitet mit hohem Einsatz an der zukünftigen technologischen Ausstattung.

Die Installation von Selbstbedienungsautomaten, wie Geldautomaten, Kontoauszugdruckern oder eines POS-Systems, wird für den Kunden die Verfügbarkeit von Bankleistungen unabhängig von Geschäftsstellen und Öffnungszeiten und somit auch unabhängig von persönlicher Bedienung machen. Diese Entwicklung wird sich mit der Einführung des Bildschirmtextsystems noch verstärken, da der Kunde hier zudem in der Lage sein wird, Angebote bequem und ohne großen Aufwand zu vergleichen. Aber vor allem der mittelständische Kunde wird dieses Medium nutzen wollen, weil er sich ein eigenes umfassendes EDV-System leisten kann. Der Markt wird in Zukunft transparenter sein, während gleichzeitig das Geschäftsstellennetz an Bedeutung verlieren wird, die ihm heute noch zukommt. Neue Konkurrenten, siehe Verbraucherbank, werden außerdem auf den Plan treten.

Zugleich wird sich die Aufgabenstellung für die Sparkassenmitarbeiter ändern. Entlastet von zeitaufwendigen Routinearbeiten werden sie in Zukunft komplexere und qualifiziertere Tätigkeiten übernehmen müssen, um eine intensive Kundenberatung und -betreuung zu gewährleisten.

Welche Lösungsmöglichkeiten sind zu suchen?

Auf der Suche nach Lösungsmöglichkeiten für die Zukunftsprobleme der Sparkassen steht natürlich die Frage der Existenzsicherung und damit die bereits aufgezeigte Eigenkapitalproblematik im Vordergrund. Hierbei muß vor allem die durch die derzeitige Gesetzessituation bestehende Wettbewerbsbenachteiligung der Sparkassen gegenüber Konkurrenzinstituten, vor allem gegenüber den Genossenschaftsbanken mit ihrem Haftsummenzuschlag, beseitigt werden. Dies kann nur durch eine Neuregelung der Eigenkapitalfrage im Kreditwesengesetz geschehen. Die Haftung des Gewährträgers bei der Berechnung des Eigenkapitals mit einem entsprechenden Zuschlag zu berücksichtigen (sogenannte Quantifizierung der Gewährträgerhaftung), ist die wohl zweckmäßigste Weise, den Sparkassen auch in Zukunft die wirtschaftliche Basis für ihre Auftragserfüllung zu sichern. Das müssen die Kommunen vielleicht noch klarer erkennen und danach handeln; d.h. mächtige Unterstützung unserer Forderung nach Quantifizierung der Gewährträgerhaftung.

Geradezu ideal wäre es, wenn man auch das im Grunde genommen widersprüchliche Besteuerungssystem für die Sparkassen nochmals überdenken würde. Auf der einen Seite hat der Gesetzgeber den Sparkassen wichtige gesellschafts- und kommunalpolitische Aufgaben übertragen, auf der anderen Seite wird vom Gesetzgeber die Erfüllung dieser Aufgaben durch eine hohe Gewinnbesteuerung und ihre Auswirkungen auf die Eigenkapitalbildung gefährdet. Inwieweit sich aus diesem Blickwinkel gesehen für die öffentliche Hand die Mehreinnahmen aus der Sparkassenbesteuerung somit wirklich auszahlen, muß daher als fragwürdig angesehen werden.

Selbstverständlich werden die Sparkassen selbst alles daran setzen, ihre Ertragskraft zu sichern. Ein Hauptaugenmerk muß dabei der Erhaltung und Neugewinnung solcher bilanzwirksamer Anlagen gelten (insbesondere im Spareinlagenbereich), die dazu beitragen, die Refinanzierungsstruktur zu verbessern und dem Druck auf die Zinsspanne entgegenzuwirken, der durch eine wesentlich aufwendigere Refinanzierung durch andere Gelder entstehen würde. Eine Änderung der Sparzinspolitik mit einer Verzinsung für längerfristige Anlagen, die sich deutlich vom Spareckzins abhebt, soll dabei für den Sparer die Anlage von Geldern auf längere Sicht auch im Spareinlagenbereich wieder attraktiv machen.

Gleichzeitig müssen die Sparkassen, um ihre Rentabilität und ihre Ertragskraft zu erhalten und weiter auszubauen, versuchen, kostenintensive Bereiche, wie den Zahlungsverkehr durch den Einsatz moderner Techniken noch rationeller und kostengünstiger zu gestalten. Eigentlich müßte auch der Verbund mit Landesbanken/GZ und anderen Sparkasseneinrichtungen viel effizienter sein, zum Nutzen aller Verbundpartner. Es muß uns gelingen, wirtschaftlicher als die Konkurrenz zu arbeiten. In diesem Zusammenhang möchte ich darauf hinweisen, daß dies nicht bedeutet, daß Sparkassen in Zukunft auf einen Teil ihrer Mitarbeiter verzichten werden. Ganz im Gegenteil: der bereits erwähnte gesteigerte Bedarf an qualifizierter Beratung wird vermehrt den Einsatz entsprechend ausgebildeter Mitarbeiter erforderlich machen. Dazu ist allerdings ein gut funktionierendes Aus- und Fortbildungssystem erforderlich, denn die Anforderungen an Wissen und Qualifikation werden ständig steigen, sie werden sich aber auch schneller ändern. Beweglichkeit der Mitarbeiter wird deswegen ebenso von großer Bedeutung sein. Wir haben an der Förderung unserer Mitarbeiter ein großes Interesse und unseren Mitarbeitern gegenüber eine hohe Verantwortung.

Hier haben die Sparkassen derzeit und wohl auch in den nächsten Jahren mit einem besonderen Problem zu kämpfen. Sie investieren erhebliche Summen in die Aus- und Weiterbildung ihrer Mitarbeiter, die dann zur Konkurrenz abwandern, da ihnen dort bessere Verdienstmöglichkeiten geboten werden, die ihnen die Sparkassen, die bei der Bezahlung ihrer Mitarbeiter an den Tarifvertrag des öffentlichen Dienstes gebunden sind, nicht bieten können. Der kürzlich von der Deutschen Angestelltengewerkschaft unterbreitete Vorschlag, für Sparkassenmitarbeiter einen eigenen Tarifvertrag zu schaffen — ich meine im Rahmen des öffentlichen Dienstrechts —, der eine leistungs- und aufgabenbezogene Bezahlung ermöglicht, halte ich für einen Gedanken, den man auf jeden Fall diskutieren sollte, wenn es den Sparkassen nicht auf Dauer unmöglich gemacht werden soll, qualifizierte Kräfte zu halten bzw. über den Arbeitsmarkt zu gewinnen. Der Vergleich Sparkassenmitarbeiter mit Mitarbeitern kommunalen Verwaltung paßt nicht. Unsere Mitarbeiter konkurrieren nicht mit den Angestellten im Paßamt, sondern mit den Angestellten der Banken. Also müssen die Entlohnungskriterien an diesem Vergleich gemessen werden.

Eine weitere Aufgabe stellt sich hinsichtlich der bereits genannten Konkurrenz der Genossenschaftsbanken. Es gilt, ihr stetiges Vordringen abzuwehren. Einen gleichartigen Ersatz für ihren Vorteil, die Bindung maßgeblicher Personen- und Wirtschaftsgruppen an die Bank durch die Beteiligung an ihr, können und sollen wir nicht bieten. Die Beteiligung privater Personen an den Sparkassen, durch sogenannte nachrangige Hafteinlagen, wäre keine Lösung. Durch eine solche Beteiligungsform könnte möglicherweise die kommunale Bindung in Frage gestellt werden und die Sparkasse zu einer konturlosen Jedermann-Bank werden. Dann können wir auch gleich Filialen von Landesbanken werden. Sie, die kommunale Bindung, soll aber erhalten bleiben. Deshalb muß mehr Engagement der Sparkassen in Angelegenheiten von öffentlichem oder gesellschaftlichem Interesse gefordert werden. Zum Beispiel durch den Ausbau des Informationsdienstes für unsere Bürger (Informationsschriften, Vortragsveranstaltungen etc.), aber auch dadurch, daß die Vorstandsmitglieder verstärkt in mittelständigen Organisationen Funktionen übernehmen. Als besonders diskussionswürdig halte ich die Bildung von sogenannten Beiräten, die geeignet sind, die Kommunikation mit Vertretern aus dem öffentlichen Leben und aus der Wirtschaft zu vertiefen und die Beziehungen enger zu knüpfen. Allerdings haben die Sparkassen objektiv gesehen auch gewisse Vorteile. So genießt z.B. keine Institutsgruppe in der breiten Bevölkerung soviel Vertrauen wie die Sparkassen. Das ist nicht zuletzt auch auf sinnvolle Geschäftsbeschränkungen, die sich bewährt haben, zurückzuführen. Und natürlich spielt hier auch die Gewährträgerschaft durch die Kommunen eine bedeutende Rolle.

Verhältnis „Gewährträger — Sparkassen" in der Zukunft

Aber auch eine noch engere Zusammenarbeit der Sparkassen mit ihren Kommunen, die volle Funktion als Hausbank, würde die Sparkassen den Bürgern näher bringen.

Ich möchte daher noch kurz darauf eingehen, wie aus der Sicht der Sparkassen das Verhältnis zu ihren Gewährträgern, den jeweiligen Kommunen oder Gebietskörperschaften, in Zukunft aussehen könnte.

Die enge Bindung, die zwischen Sparkasse und Gewährträger durch die Haftungsverpflichtung des Gewährträgers auf der einen Seite und durch die Unterstützung kommunaler Vorhaben durch die Sparkassen auf der anderen besteht, die aber vor allem im Regionalprinzip ihren Ausdruck findet, hat sich in der Vergangenheit bewährt. Diese Bindung als Basis stellt für die Sparkassen eine wichtige Voraussetzung dar, um ihren öffentlichen Auftrag direkt und unmittelbar erfüllen zu können. Regionale Arbeitsteilung und Konzentration auf dem Bereich der jeweiligen Kommune ermöglichen der einzelnen Sparkasse eine wirkungsvolle Geschäftstätigkeit. Die kommunale Bindung muß daher bestehen bleiben, sie ist auch in Zukunft unverzichtbar.

Die Unterstützung der Gewährträger bei ihren öffentlichen Aufgaben und Vorhaben bestand bisher in erster Linie in der Ausreichung von Kommunalkrediten. Die Zusammenarbeit könnte im Interesse des Gemeinwesens durchaus auf andere Gebiete ausgedehnt werden. Durch gemeinsam entwickelte Sonderprogramme, zum Beispiel für den Wohnungsbau und Sanierungsmaßnahmen oder für förderungswürdige Wirtschaftsbereiche und durch die Übernahme der Abwicklung dieser Programme, könnte die Sparkasse zur echten Hausbank ihrer Kommune werden und sie auch bei der Abwicklung von Verwaltungsaufgaben unterstützen. Wir praktizieren dies mit Erfolg. Gerade hier bieten sich für beide Seiten durch eine engere und intensivere Zusammenarbeit noch Entwicklungsmöglichkeiten. Die Sparkassen könnten sich im Rahmen ihres öffentlichen Auftrages neue Geschäftsbereiche erschließen, während den Kommunen und Gebietskörperschaften ein modernes Kreditinstitut, das alle kreditwirtschaftlichen Leistungen bieten kann, als Partner zur Seite steht.

Aber noch etwas erscheint mir für die Zukunft eminent wichtig:
Die Kommunikation zwischen Sparkassen und ihrem Gewährträger. Wir Sparkassenleute müssen lernen, mehr von den Problemen der Kommunen zu verstehen und die Kommunen müssen
noch mehr Verständnis für die Probleme der Sparkassen im Wettbewerb entwickeln. Das geht jedoch nur, wenn man möglichst oft
und möglichst offen miteinander spricht.

Aussprache

Der Vorsitzende des Arbeitskreises, OStD *Dr. Müller,* Hagen,
dankt den Herren *Dr. h.c. Geiger* und Direktor *Lehner* für die
einführenden Kurzreferate und eröffnet die Diskussion.

OStD *Vieten,* Göttingen, geht zunächst auf den von Herrn Lehner
referierten Vorschlag der Deutschen Angestellten-Gewerkschaft
ein, für Sparkassenmitarbeiter einen eigenen Tarifvertrag im
Rahmen des öffentlichen Dienstrechts zu schaffen, um eine
leistungs- und aufgabenbezogene Bezahlung zu ermöglichen
und Abwanderungstendenzen zu konkurrierenden Kreditinstituten mit besseren Verdienstmöglichkeiten zu begegnen. Dieser
Vorschlag sei höchst problematisch, da damit ein Stück Abkop-
pelung vom kommunalen Bereich verbunden sein könne.

Mit gleicher Skepsis begegnet Herr Vieten Erwägungen, bei den
Sparkassen Beiräte zu bilden, die nach Meinung von Herrn
Lehner geeignet seien, die Kommunikation mit Vertretern aus
dem öffentlichen Leben und aus der Wirtschaft zu vertiefen und
die Beziehungen enger zu knüpfen. Es genüge auch weiterhin,
wenn über die Verwaltungsräte, in denen ja Angehörige des Rates
vertreten seien, die Verbindung zur Öffentlichkeit hergestellt
werde.

Im Zuge der Verbesserung der Serviceleistungen der Sparkassen
könne an eine Art „Bürgerberatung" gedacht werden, und zwar in
Bereichen, die im weiteren Sinne mit den Finanzgeschäften zu
tun hätten. Zum Beispiel könnten im Technologietransfer zum
Handwerkerbereich oder in Kontakten mit wissenschaftlichen
Instituten neue interessante Möglichkeiten von Serviceleistungen der Sparkassen liegen.

Was die Wettbewerbssituation im Kreditgewerbe angehe, so dürften die Kommunen als Kreditnachfrage nicht ausschließlich auf
ihre jeweilige Sparkasse verwiesen werden; sie müßten sich vielmehr an den Möglichkeiten und Grenzen des überregionalen
Kreditmarkts orientieren können.

Nach Bemerkungen zur Mitbestimmung bei den Sparkassen, die Herr Vieten als unproblematisch charakterisiert, legt er zur Ausschüttungspolitik dar, durch eine Gewinnausschüttung würde die kritische Finanzsituation der Kommunen kaum entspannt. Andererseits aber durch eine Gewinnthesaurierung die Eigenkapitalausstattung der Sparkasse verbessert werden. Eine derartige Politik könne der Diskussion über Haftungszuschläge nur dienlich sein. Deshalb solle zunächst auf Gewinnausschüttungen verzichtet werden.

OBm *Wilczok*, Bottrop, bedauert zum Thema Eigenkapital, daß mit dem Subventionsabbaugesetz von 1981 und der höheren Besteuerung die öffentliche Bankengruppe außerordentlich geschwächt worden sei. Wenn auch die Geschäftsentwicklung der Sparkassen insbesondere 1982 besser als erwartet gewesen sei und deshalb Möglichkeiten für die Eigenkapitalbildung der Sparkassen bestanden hätten, so sei zu bedenken, daß sich dies in der Zukunft durchaus ändern könne. Insofern sei die Forderung, dem tatsächlichen Eigenkapital einen Zuschlag für Gewährträgerhaftung und Anstaltslast hinzunehmen auch weiterhin sinnvoll und notwendig. Die Erfüllung dieser Forderung sei als Gegenleistung für die erhöhte Besteuerung der Sparkassen anzusehen.

Den Vorschlag gesonderter Tarifverträge für Sparkassen hält Herr Wilczok zumindest derzeit für nicht realistisch. Eine grundlegende und gravierende Verbesserung von Gehaltsbezügen in einem Teilbereich des öffentlichen Dienstes passe gegenwärtig nicht in die politische Landschaft. Gegen die Abwerbung qualifizierter Mitarbeiter der Sparkassen durch andere Kreditinstitute müßten andere Wege gefunden werden. Viel wichtiger seien Überlegungen, wie die Verbindung zwischen Sparkasse und Gewährträger wieder stärker werden könne.

Die Fragen um die Mitbestimmung im Sparkassenbereich müßten mit Zurückhaltung verfolgt werden. Dazu sei im Vorbericht Richtiges gesagt. Eine weitere Ausdehnung der Mitbestimmung sei insbesondere dann nicht tragbar, wenn die Städte als Gewährträger bei wichtigen Entscheidungen in den Sparkassen-Verwaltungsräten in die Minderheit geraten könnten.

Zur speziellen Problematik bei der Ausschüttung von Sparkassengewinnen nimmt OBm Wilczok eine Gegenposition zu seinem Vorredner ein. Grundsätzlich sei die Ausschüttung zu befürworten. Auch wenn es sich dabei nicht um Beträge handele, mit deren Hilfe die kommunale Finanzmisere behoben werden könne, so seien dies doch Gelder, mit denen städtische Aktivitäten und Einrichtungen im gemeinnützigen Bereich gefördert werden könnten. Und dies sei ein nicht zu unterschätzendes Bindeglied zwischen Sparkasse und Gewährträger.

OBm *Dr. Henrich*, Saarlouis, weist zur Mitbestimmungsfrage darauf hin, daß der Saarländische Städte- und Gemeindetag eine Änderung des saarländischen Sparkassengesetzes dahingehend angeregt hat, die Mitbestimmung in Mitberatung umzuwandeln.

Nach Ansicht von Dr. Henrich sollten sich die Sparkassen wieder stärker auf ihre kommunale Bindung besinnen. Ein Teil der heutigen Sparkassenprobleme sei darauf zurückzuführen, daß die Sparkassen sich allzu sehr von ihrem öffentlichen Auftrag entfernt hätten. Die Erfüllung des öffentlichen Auftrags der Sparkassen müsse sichtbarer werden, zum Beispiel in der Übernahme von Risiken zugunsten schwächerer Kreditnehmer, in der Konditionengestaltung, in kundennahen Dienstleistungen und schließlich in der lokalorientierten Kapitalsammlung und Kreditvergabe.

Zur Einflußmöglichkeit des Gewährträgers auf die Geschäftspolitik der Sparkasse sei die im Vorbericht dargelegte These zu kritisieren, es komme nicht darauf an, ob der Gewährträger auf geschäftspolitische Einzelheiten Einfluß nehmen könne; bedeutsam sei der Zusammenklang der Sparkassenarbeit mit den kommunalpolitischen Anstrengungen. Diese Maxime sei ihm zu wenig. Wie auch Herr Lehner angedeutet habe, solle und könne die bisherige Unterstützung der Gewährträger bei ihren öffentlichen Aufgaben und Vorhaben durch die Sparkassen durchaus gesteigert werden. Die Zusammenarbeit solle im Interesse des Gemeinwesens über die Ausreichung von Kommunalkrediten auch auf andere Gebiete ausgedehnt werden. Der Vorschlag, durch gemeinsam entwickelte Sonderprogramme, zum Beispiel für Wohnungsbau und Sanierungsmaßnahmen oder für förderungswürdige Wirtschaftsbereiche und durch die Übernahme der Abwicklung dieser Programme, die Sparkasse zur echten Hausbank der Kommunen werden zu lassen, sei aufzugreifen. Im übrigen liege unter dem Gebot des öffentlichen Auftrages eine vorsichtigere Geschäftspolitik und beständigere Geschäftsentwicklung im Interesse sowohl der Sparkassen als auch der Gewährträger.

Präsident *Dr. Merk*, München, geht insbesondere auf die Ausführungen von OBm Dr. Henrich ein. Nach seinen langjährigen Erfahrungen als Landes- und Kommunalpolitiker sei die Diskussion um die Sparkassen durch eine gewisse Widersprüchlichkeit und eine Inkonsequenz gekennzeichnet. Widersprüchlich sei es, daß das Kreditwesengesetz ebenso wie die Steuergesetzgebung des Bundes auf die Sparkassengesetze der Länder in den entscheidenden Punkten keine Rücksicht nehme; das sei im Grunde genommen mit dem Grundsatz bundestreuen Verhaltens, nach dem der eine Gesetzgeber auf die Kompetenzen des anderen in dessen Zuständigkeitsbereich Rücksicht nehmen müsse, nicht zu vereinbaren.

Und die Inkonsequenz, mit der die Diskussion geführt werde, liege eigentlich bei allen gleichermaßen, nicht zuletzt bei den

Ländern, die diese bis zum Widerspruch laufende Entwicklung nicht aufgehalten hätten. Mit dem schon mehrfach zitierten Subventionsabbaugesetz und somit der höheren Besteuerung sei der zweite Schritt vor dem ersten gemacht und dabei lediglich versprochen worden, den ersten Schritt, also die sparkassenspezifische Eigenkapitalregelung, nachzuholen. Es sei bis zur Stunde nicht erkennbar, daß der erste Schritt in einer für uns absehbaren Zeit kommen werde. Auch der neue Vorstoß des Landes Hessen sei nicht problemlos, wenn bedacht werde, daß er die Konkurrenzsituation zu den Genossenschaftsbanken nicht auffange. Inkonsequent sei auch die Diskussion bei Bundesbank und Bankenaufsicht, die ihrerseits zwar öffentlich-rechtliche Institute bejahten, aber nicht bereit seien, daraus auch die Konsequenzen zu ziehen, die sich aus der inneren Struktur und aus der Aufgabenstellung der öffentlich-rechtlichen Institute zwangsläufig ergäben.

Was schließlich die Forderung betreffe, die kommunale Bindung der Sparkassen zu festigen und stärker zu verankern, so gehe es vornehmlich um ein kommunales Interesse. Es sei kein Geheimnis, daß im Sparkassenbereich die Vorstellungen durchaus offen seien. Die Sparkassen könnten als Bankinstitute auch ohne kommunale Verankerung existieren. Dann seien aber die Konsequenzen eine stärkere Konzentration, die Preisgabe des Regionalprinzips und eine andere geschäftspolitische Linie. Die kommunale Selbstverwaltung verlöre ein weiteres Instrument, dessen sie sich bisher in der Erfüllung ihrer Aufgaben bedienen konnte. Das sei sicherlich nicht zu wünschen.

Auf Dauer könnten wir alle mit diesen Widersprüchlichkeiten und mit diesen Inkonsequenzen nicht leben. Je länger die Sparkassen gezwungen würden, nach den gesetzlichen Geboten auf gemeinnütziger Basis theoretisch aufgabenorientiert zu arbeiten, in Wirklichkeit aber ertragsorientierte Geschäftspolitik steuern zu müssen, um so weniger werde noch Verständnis für unsere gemeinsamen Forderungen gefunden werden, auf die öffentlich-rechtliche Strukturierung und Aufgabenstellung Rücksicht zu nehmen. Die Argumente unserer Konkurrenten, denen Sparkassen als privatwirtschaftlich orientierte Institute durchaus angenehm seien, wögen bei den politischen Instanzen stark. Deshalb müßten gerade die Gewährträger mit großem Nachdruck für die sachgerechte Lösung der Probleme ihrer Institute kämpfen; sonst gehe die skizzierte Entwicklung konsequent weiter in Richtung Privatisierung.

OStD *Vieten,* Göttingen, antwortet kurz Herrn Dr. Merk. Sparkassen und Kommunen seien zwei Seiten der selben Medaille. Es gebe organisatorische und wirtschaftliche Gründe, warum in der Geschichte die Sparkassen aus dem kommunalen Verwaltungsgefüge ausgegliedert worden seien. Man dürfe nicht von gegensätzlichen Positionen her diskutieren. Er halte es für ganz selbstverständlich, daß Sparkassen und Gewährträger und die Vertreter der Gewährträger eins seien, daß eine inhaltliche Politik gemeinsam erörtert werde. Und in diesen Bereich der inhaltlichen Erörterung von Geschäftspolitik gehöre auch, daß problemlos auf Ausschüttungen verzichtet werden könne, wenn eine anwendungsorientierte Politik unserer Sparkassen von den Gewährträgern gewollt werde.

Bm *von Schemm*, Gevelsberg, vertritt in der Ausschüttungsfrage einen ähnlichen Standpunkt. Gesetzliche Regelungen seien insoweit nicht erforderlich; das könne örtlich entschieden werden. Das tue er schon seit sechs Jahren. In Gevelsberg sei im vergangenen Jahr zum ersten Mal nach sechs Jahren beim 125jährigen Bestehen der Sparkasse wieder ausgeschüttet worden. Aus Ausschüttungen werde doch nur dem einen oder anderen Verband etwas gegeben, der dann auch noch Kunde bei einer Geschäftsbank oder anderen Instituten sei.

Präsident *Dr. h.c. Geiger* unterstreicht die Darlegungen von Herrn Dr. Merk. Seit annähernd 15 Jahren werde nun bereits darum gerungen, die Sparkassen auf der öffentlich-rechtlichen Schiene im Bereich des öffentlich-rechtlichen Auftrags zu halten. Die Sparkassenorganisation wie die Kommunen seien aber schrittweise von allen Parteien, das müsse leider gesagt werden, zurückgedrängt worden; und dieser Weg sei noch nicht zu Ende, wie die jetzige Diskussion zur Novelle zum Kreditwesengesetz und auch die Bemerkungen von Bundesfinanzminister Dr. Stoltenberg in der letzten Woche wieder gezeigt hätten.

Städte und Sparkassen müßten entschieden zusammenhalten, in Bund und Ländern für die Interdependenzen der Probleme um Verständnis werben und auf die Konsequenzen der bisherigen Entwicklung nachhaltig hinweisen. Er habe das beim Deutschen Sparkassentag in dieser Halle im April in Anwesenheit des Bundesfinanzministers ziemlich nachdrücklich getan. Wenn die von Herrn Merk zutreffend geschilderte Entwicklung nicht aufgehalten werde, dann seien die Sparkassen zu schwach, um sich gegen die wirtschaftlichen Notwendigkeiten zu wehren, in die sie hineingedrängt würden. Dann werde die Durchsetzung einer aufgabenorientierten Geschäftspolitik immer schwieriger, weil die Vorstände dafür sorgen müßten, daß sie ihr Institut in Ordnung halten könnten, daß keine blauen Briefe aus Berlin (vom Bundesaufsichtsamt für das Kreditwesen) kämen, daß die Mitarbeiter bezahlt und genügend Auszubildende eingestellt werden könnten. Dann müßten die Sparkassen eben zunehmend ertragsorientiert handeln.

Für die Sparkassen würden 1983 und 1984 entscheidende Jahre werden. Sollte es nicht gelingen, das Kreditwesengesetz vernünftig auch im Interesse öffentlich-rechtlicher Institute zu gestalten, gehe die Reise unwillkürlich immer weiter weg von der öffentlich-rechtlichen Verankerung, so wie es Dr. Merk beschrieben habe. Deswegen sei die an sich mehr banktechnische Diskussion über den Haftungszuschlag für die kommunalen Gewährträger von existenzentscheidender Bedeutung. Wir alle sollten uns nicht zum Beispiel auf dem ausgesprochenen Nebenkriegsschauplatz von Besoldungsfragen verlieren. Es gehe um wichtigere Dinge. Es gehe darum, ob den Sparkassen ihre Aufgabenorientierung erhalten bleibe oder ob sie unter dem Druck der Konkurrenz immer stärker in die Spannenausweitung getrieben würden. Die Banken handelten nach dem Prinzip der Gewinnmaximierung; das sei ihre Aufgabe, und sie wollten die Sparkassen in die gleiche Richtung drängen. Sparkassen und Gewährträger müßten versuchen, die dahin weisende Entwicklung wenigstens am jetzigen Punkt abzustoppen.

Direktor *Lehner*, München, ergänzt den Diskussionsbeitrag von Herrn Geiger. Wenn die Sparkassen auf den Weg der Lösung von den Kommunen und der Gewinnausweitung gedrängt würden, kämen weitere Probleme hinzu. So werde sich irgendwann die Frage stellen, ob die Sparkassen dann im Konkurrenzkampf angesichts des großen Zweigstellennetzes letztes Endes überhaupt noch bestehen könnten und besonders bei den vielen neuen Medien. Es könne eine Konkurrenzlage entstehen, in der die Sparkassen die teuren Geschichten am Halse hätten und die Mitbewerber wesentlich kostengünstiger arbeiteten.

Zu der Tarifvertragsfrage wolle er noch anmerken, daß die Probleme vor allem auf dem flachen Lande vorhanden seien; dort klagten die Vorstände über Abwerbungen. Darüber müsse man doch nachdenken, nicht, um aus dem öffentlichen Dienst herauszukommen, sondern um eine Lösung zu finden, die uns mit der Bezahlung der Bankenmitarbeiter vergleichbar mache.

Bei den von ihm genannten Beiräten habe er daran gedacht, daß sie die Möglichkeit bieten würden, mit Persönlichkeiten zu kommunizieren, die wir gern als Meinungsbildner etwas näher mit uns in Kontakt bringen möchten. Dankbar sei er für den Hinweis auf die Finanzberatung sowie die Bemerkungen zu dem Kreis der Kreditgeber für die Kommunen. Die Sparkasse solle das machen, was sie gut könne und vielleicht besser könne, als die Konkurrenz. Wenn es aber zum Beispiel um eine zehnjährige Finanzierung gehe, die von der Sparkasse nicht darstellbar sei, dann solle man nicht versuchen, mit der Minimarge das Geld vielleicht von der Landesbank aufzunehmen, dann solle man der Kommune gleich sagen, sie solle das Geld bei der Landesbank aufnehmen. Er meine, hier gebe es pragmatische Lösungsmöglichkeiten.

Er begrüße das klare und deutliche Wort von Herrn Vieten zur Ausschüttung. Es sei doch schizophren, daß wir landauf, landab für die Quantifizierung der Gewährträgerhaftung kämpften und auf der anderen Seite zum Jahresende immer noch diese „Ausschüttungsgeschichten" veranstalteten. Das mache unglaubwürdig. Es gebe für die Sparkassen durchaus andere Möglichkeiten, im Interesse des Gewährträgers tätig zu werden.

Präsident *Dr. Keßler,* Münster, kommt auf die Ausführungen von Oberbürgermeister Wilczok zurück und betont: Es sei unter keinen Umständen Bestandteil offizieller Verbandspolitik weder im zentralen noch im regionalen Bereich, Bestrebungen zu entwickeln oder zu tolerieren, die auf eine Distanzierung der Sparkassen von ihren kommunalen Gewährträgern hinauslaufen könnten. Die Sparkassenverbände seien sehr aufmerksame Beobachter von Entwicklungslinien, die es einmal gegeben habe, und die Verbände wüßten auch sehr genau Äußerungen einzuordnen, die hin und wieder einmal ungeschickterweise kämen. Aber die Gewährträger sollten überzeugt sein, daß es sich dabei um Solotrompeten, manchmal auch nur um Piccoloflöten handele, und nicht um das, was offizielle Verbandspolitik in der Sparkassenorganisation ausmache. In Nordrhein-Westfalen sei das schon deshalb gar nicht möglich, weil die Kräfteverhältnisse in den einschlägigen Gremien beider Verbände so seien, daß die Vertreter der kommunalen Gewährträger solche Ambitionen eines Verbandes schon im Keim ersticken könnten.

Geschäftsführendes Präsidialmitglied *Dr. Weinberger,* Köln, äußert sich zum Verhältnis von Stadt und Sparkasse. Am Vorabend habe hier im Hause der Parlamentarische Staatssekretär im Bundesfinanzministerium auf die Frage, wie es mit dem Kreditwesengesetz unter dem Gesichtspunkt der Quantifizierung der Gewährträgerhaftung stehe, erklärt, vorrangig würde jetzt nur die Konsolidierungsfrage geregelt und die Quantifizierung zurückgestellt. Das sei genau die Lösung, die für uns gefährlich würde und die wir zu vermeiden versuchen müßten. Dabei würden die Sparkassenorganisation, die kommunalen Spitzenverbände und die Gewährträger sicherlich zusammenwirken. Die beiden Aufrufe dazu von Herrn Merk und Herrn Geiger seien voll berechtigt.

Zuzugeben sei, daß vielleicht auf kommunaler Seite die Bedeutung der Sparkassen nicht immer so ganz klar und von allen gesehen werde. Daß wir hier arbeiten müßten, um dieses Verständnis zu erzeugen, dazu solle der heutige Arbeitskreis beitragen. Vielleicht sei das ganze Sparkassengeschäft viel zu leicht gelaufen, so daß man sich in den Reihen der Städte zu wenig Sorgen über die Entwicklung seit mehr als zehn Jahren gemacht habe; zumal ein bestes Sparkassenjahr nach dem anderen auch die Aufbringung der höheren Steuern erleichtert habe. Die Städte müßten insoweit problembewußter werden.

Aber auch die Sparkassenseite müsse um Verständnis gebeten werden, daß bei allem offiziellen Bekenntnis zur kommunalen Bindung und zum kommunalen Auftrag die Töne schädlich gewesen seien, die man im Zusammenhange mit den nachrangigen Haftungsmöglichkeiten auch im Sparkassenbereich habe hören können. Das habe es nicht leichter gemacht, die Front zu stärken.

Er glaube persönlich nicht, daß die Sparkassenorganisation sich als Privatorganisation halten könnte. Binnen weniger Jahre oder weniger Jahrzehnte werde eine völlige Zentralisierung und Filialisierung eintreten, und die Organisation würde sich auflösen. Wichtig sei es, daß die Städte das Gefühl haben könnten, die Sparkassen stünden voll hinter der kommunalen Bindung. Dann würden solche Fragen, wie Herr Dr. Henrich sie mit Recht gestellt habe, gar nicht auftauchen. Jetzt komme es bei der Novelle zum Kreditwesengesetz darauf an, daß die Kommunen sparkassenbewußter würden und die Sparkassen zur Gänze — zu 90 Prozent seien sie es —, zu 100 Prozent, kommunalbewußt blieben.

OStD *Dr. Müller,* Hagen, nimmt auf die Darlegungen von Herrn Dr. Weinberger Bezug und betont, nach seinen praktischen Erfahrungen sei das Bewußtsein, daß Sparkasse und Gewährträger zusammengehörten, sehr groß, und zwar in allen Verbänden, in allen Organisationen. Diskussionsbeiträge, die das in Zweifel stellten, sähen die Dinge doch wohl etwas verzerrt.

Zum Schluß sei festzustellen: Wir — die Vertreter der Sparkassen und der Städte — seien einig, daß erstens Kommune und Sparkasse zusammengehörten; zweitens die Sparkasse weiter kommunal bleiben müsse und nicht privatwirtschaftlich funktionieren solle; drittens wir für die kommunalen Sparkassen einen Haftungszuschlag brauchten.

Diese Einigkeit müsse Bestand haben: „Wir wollen sein ein einig Volk von Brüdern, in keiner Not uns trennen und Gefahr." Mit diesem Rütlischwur habe diese Veranstaltung zu einem guten Nutzen geführt.

Als Ergebnisse der Diskussionen des Arbeitskreises wird für die Öffentlichkeit folgendes festgehalten:

Die Zukunft der Sparkassen

Der Arbeitskreis „Die Zukunft der Sparkassen" war erfreulicherweise von Vertretern der Städte und der Sparkassen besucht. Der Vorsitzende des Arbeitskreises, Oberstadtdirektor Dr. Klaus Müller, Hagen, betonte in seinen einleitenden Bemerkungen, daß es auf zwei Aussagen besonders ankomme:

Die Sparkassen sind kommunale Kreditinstitute mit einem umfassenden öffentlichen Auftrag, und die Weiterentwicklung der kommunalen Sparkassen erfordert es, daß in das Kreditwesengesetz eine sparkassenspezifische Anerkennung des Zuschlages zum bilanzierten Eigenkapital im Hinblick auf die Gewährträgerhaftung und Anstaltslast der Kommunen aufgenommen wird.

Diese Kernpunkte kamen auch in den kurzen Referaten von Präsident Dr. h.c. Helmut Geiger, Deutscher Sparkassen- und Giroverband, und Direktor Alfred Lehner, Vorsitzender des Vorstandes der Stadtsparkasse München, wiederholt zum Ausdruck.

Aus den Referaten folgende zentrale Sätze:

„Kommunale Sparkassen sind für die wirtschaftliche Entwicklung der Bundesrepublik Deutschland ein Glücksfall! Die Kommune muß in ihrer Sparkassenpolitik auf die besonderen Gesetzmäßigkeiten eines Wettbewerbunternehmens — eben der Sparkasse — Rücksicht nehmen!

Die Bundesgesetzgebung nimmt seit vielen Jahren auf die Belange aufgabenorientierter öffentlicher Kreditinstitute, auf die Belange der Sparkassen, keine Rücksicht mehr!"

Auch in der Diskussion wurde sehr deutlich gemacht: „Unsere Städte brauchen starke Sparkassen."

Sowohl die Referenten als auch die Diskussionsredner betonten, daß an der Institution der kommunalen Sparkasse als einem öffentlich-rechtlichen Kreditinstitut mit enger kommunaler Bindung unbedingt festzuhalten ist. Die Sparkassen können zukünftig am Markt nur bestehen, wenn dieser besondere Charakter auch vom Gesetzgeber anerkannt wird, und zwar dadurch, daß die Eigenkapitalfragen dieses Bereiches der Kreditwirtschaft durch die Zuerkennung des Haftungszuschlages zum bilanzierten Eigenkapital sachgerecht gelöst werden.

In der Diskussion des Verhältnisses von Stadt — und somit von Gewährträger — zur Sparkasse wurde immer wieder hervorgehoben, daß im Interesse der Partner eine enge Kooperation notwendig ist, daß Gewährträger und Sparkasse füreinander Verständnis aufbringen müssen.

Das einmütige Eintreten für den öffentlich-rechtlichen Status der Sparkasse und ihre kommunale Bindung führt dazu — und das wurde in der Aussprache im Arbeitskreis betont —, daß die Sparkassen nicht durch die Aufnahme privaten Kapitals — etwa von nachrangigem Haftkapital — teilweise oder auf Dauer gänzlich privatisiert werden dürfen.

Der Arbeitskreis forderte die Gewährträger und die Sparkassen auf, aufeinander zuzugehen und gemeinsam bei Bund und Ländern für gesetzliche Regelungen einzutreten, die den Bestand und die Entwicklungsmöglichkeiten der kommunalen Sparkassen auf Dauer garantieren.